TEOLOGÍA MÍSTICA

WILLIAM JOHNSTON

TEOLOGÍA MÍSTICA

La ciencia del amor

Traducción de María Belén Ibarra

Herder

Título original: Mystical Theology, *Harper Collins Publishers, Ltd., Londres 1995*

Diseño de la cubierta: Claudio Bado y Mónica Bazán

© *1995, William Johnston*
© *1997, 2003, Herder Editorial, S.L., Barcelona*

2ª edición: 2003

ISBN: 84-254-2026-1

La reproducción total o parcial de esta obra sin el consentimiento expreso de los titulares del *Copyright* está prohibida al amparo de la legislación vigente.

Imprenta: Liberdúplex, S.L.
Depósito legal: B - 20.671 - 2003
Printed in Spain

Herder
www.herder-sa.com

Índice

Introducción 13

PARTE I. LA TRADICIÓN CRISTIANA

1. *Antecedentes (I)* 27
   El Nuevo Testamento 27
   Orígenes y el Cantar de los Cantares 29
   La teología de la negación 31
   Los Padres del desierto y el monaquismo 35
   La contemplación en el mundo occidental 38
   Conclusión 40

2. *Antecedentes (II)* 41
   Fuentes bíblicas 41
   Helenismo 43
   El término *misterio* en el Nuevo Testamento 44
   Misterio y *místico* en los Padres de la Iglesia 47
   La primera *Teología mística* 49
   El primer gran diálogo 52

3. *Razón* versus *misticismo* 57
   Hacia la sistematización 57
   Bernardo y Abelardo 58
   Aquino, místico 59
   Metafísica tomista 60

Teología mística

    El conocimiento por connaturalidad 63
    El conocimiento a través del amor 65
    Connaturalidad con Cristo 68
    La teología mística en declive 71

4. *Misticismo y amor* 73
    La primacía del amor 73
    Bernardo de Claraval 74
    Escuelas de espiritualidad 76
    Lo sagrado y lo seglar 78
    Los místicos del siglo XIV 79
    Una nueva rama de la teología 82
    Dos tipos de conocimiento: dos tipos de oración 84
    La teología del amor 85
    Conclusión 86

5. *El cristianismo oriental* 87
    El gran cisma 87
    El hesicasmo 88
    El peregrino ruso 90
    Fuego 92
    Luz 93
    Controversia 94
    La teología de la luz 95
    Energías increadas 97
    Luz mística en Occidente 99
    Dos teologías 102

6. *La sabiduría a través del amor* 105
    Hacia los carmelitas españoles 105
    Teresa como teóloga mística 106
    Teresa y la Encarnación 107
    Teología mística sanjuanista 108
    La llama de amor viva 110
    Sabiduría secreta 112
    El conocimiento místico y la Biblia 113
    La teología mística hoy 115

PARTE II. DIÁLOGO

7. *Ciencia y teología mística* 119
   Física y misticismo 119
   La mística de la ciencia 121
   Lonergan, ciencia y Dios 123
   El método trascendental 126
   Enamorarse de Dios 127
   Ciencia y amor 129
   Conclusión 131

8. *Ascetismo y Asia* 133
   Práctica ascética 133
   Crisis 135
   La nueva búsqueda 136
   Asia oriental 137
   Fe y salvación 141
   Asia y Occidente 142
   Misión e inculturización 144
   El zen y la contemplación cristiana 145
   El nuevo misticismo 147
   Significación teológica 149

9. *Misticismo y energía vital* 151
   La energía en la tradición cristiana 151
   Chamanismo 152
   Hakuin, maestro de zen 154
   La kundalini 156
   Fuego de amor 159
   Energías extraordinarias 163
   Examinando los espíritus 165
   Conclusión 168

10. *Sabiduría y vacío* 169
    Sabiduría cristiana y sabiduría budista 169
    El Sutra del Corazón 171
    La iluminación 173
    El vacío de Jesús 176

Teología mística

Diálogo 178
El vacío sanjuanista 180
Conclusión 184

PARTE III. EL VIAJE MÍSTICO HOY

11. El viaje de la fe 189
   Abraham, místico 189
   Fe definida 191
   La revelación 192
   Fe y entendimiento 194
   La fe pura 195
   La gran muerte 198
   El despertar 201
   Crisis de fe 204

12. La vía purgativa 207
   El triple camino 207
   La conversión del corazón 207
   El viaje 209
   Pecado y redención 211
   Optimismo conciliar 212
   El seguir a Cristo 214
   Bienaventurados sean los pobres 216
   Muerte y nueva vida 218
   El objetivo 220
   La esposa 222

13. La noche oscura 227
   El pecado social 227
   Antecedentes psicológicos 228
   Psicología moderna 230
   La noche de los sentidos 232
   Entre las noches 234
   La segunda noche 236
   El sufrimiento de la noche 237
   El fuego de la purificación 240

Índice

El purgatorio	241
La transformación de la sexualidad	244
El nacimiento del niño	247
Conclusión	248

14. *Enamorarse de Dios* 251
    La teología del amor 251
    El amor primero de Dios 252
    Fuego de amor 253
    Llama de amor 255
    Vino de amor 257
    Herida de amor 258
    Espíritu, materia, energía 261
    Enamorarse de Dios 264
    La Encarnación 268
    Conclusión 271

15. *Esposa y Esposo* 273
    Yin y *yang* 273
    La tradición bíblica 274
    Persona a persona 276
    Hombre y mujer 278
    Amor y belleza 281
    Los esponsales 283
    El matrimonio espiritual 286
    Misticismo y sexualidad 287
    Comunidad de amor 290

16. *Unión* 295
    Todas las cosas son una 295
    Todas las cosas no son una 296
    La unión con Dios 297
    La unión con Cristo 299
    Dimensión eclesial 302
    La comunidad al completo 303
    Experiencia mística comunitaria 305
    Amistad contemplativa 307
    Subida al amor 309

Teología mística

    La comunidad mundial 312
    Conclusión 314

17. *Sabiduría* 315
    La búsqueda de la sabiduría 315
    Amor y sabiduría 316
    El don de la sabiduría divina 319
    La sabiduría mística y el conocimiento científico 321
    El método de Lonergan 324
    La sabiduría y el mundo 326
    Profecía 328
    La voz interior 331
    Seguimos adentrándonos en el misterio 336
    El despertar 337
    La visión de Dios 339

18. *Acción* 341
    El problema de nuestros días 341
    Acción contemplativa 343
    La toma de decisiones 344
    Místico en acción 345
    Discernimiento de espíritus 347
    Grandes decisiones 349
    Discernimiento de la pobreza 351
    El despertar 353
    Visión de amor 356
    Maestro de oración 358

19. *Misticismo de acción social* 359
    La conciencia social 359
    El papel de la teología mística 360
    Antecedentes escriturísticos 363
    Las raíces del problema 365
    El poder de ser 367
    El poder de la no-violencia 370
    La purificación de la ira 373
    La mística de la paz 374
    Conclusión 377

Índice

Apéndice 379
   El Sutra del Corazón 379

Agradecimientos 381

Índice analítico 383

Introducción

En el siglo XX hemos asistido a un renacer del interés por el misticismo que se refleja en la aparición constante, tanto en Occidente como en Oriente, de publicaciones sobre la mística, porque los estudiosos han caído en la cuenta de que ésta es una de las experiencias religiosas más importantes en la vida del ser humano. Pero incluso más importante que este fenómeno es el gran número de individuos de nuestro mundo moderno que practican la meditación y que experimentan los profundos estados de conciencia que se denominan comúnmente místicos. Estas personas, bien sea mediante la repetición de un mantra, la atención en la respiración o la recreación en una frase de las Sagradas Escrituras, se sienten transportadas más allá del pensamiento y la razón hasta una conciencia unitaria donde descansan en silencio en presencia del gran misterio que envuelve todo el universo.

Cuando nos sumergimos en estados profundos de conciencia necesitamos ser guiados y ayudados; ello lo corroboran todas las grandes tradiciones místicas, ya que el viaje al misterio que yace en el corazón de las cosas está cargado de peligros. Sin un maestro experimentado podemos vagar por ilusiones, perdernos en tempestades o llegar a un punto muerto sin hacer progresos.

Por fortuna, desde los primeros siglos de nuestra era ha existido en el Cristianismo una ciencia de la teología mística que pretende enseñar a orar y que ayuda a las personas en su peregrinaje a través de la noche hasta la cima de la montaña. El primer tratado conocido de teología mística fue escrito a finales del siglo IV o principios del V por un anónimo monje siriaco muy influido por el neoplatonismo, que firmó su obra con el nombre de Dionisio el Areopagita. Su *teología mística,* estructurada en forma de carta a

Teología mística

un discípulo, es un conjunto de consejos prácticos sobre cómo ascender al monte de la oración. Conduce al contemplativo más allá de la imaginación, de la razón y del pensamiento hasta una nube del no saber donde, como Moisés, se encuentra con Dios en una oscuridad impenetrable.

En esta misma época los Padres del desierto guiaban a sus seguidores en las vías de la oración contemplativa, mostrándoles cómo penetrar en un silencio sin palabras que les llevaría a encontrarse con Dios. Sus enseñanzas tuvieron una profunda influencia en el cristianismo oriental, donde floreció la teología mística a través de los hesicastas que difundían la Oración de Jesús –y guiaban a discípulos a las cimas de la contemplación[1]. Los Padres del desierto también dejaron huella en el monaquismo occidental, donde la contemplación plantó una semilla que sigue siendo fecunda en nuestros días.

En el siglo XIV hubo un grupo extraordinario de místicos en la Renania, en Flandes y en Inglaterra, que fueron asimismo maestros y guías espirituales. El autor inglés de *La nube del no saber,* que tradujo la *Teología mística* de Dionisio, mantuvo correspondencia con sus discípulos, a los que explicaba cómo penetrar en la nube, cómo evitar los escollos, cómo capear las tormentas. Un movimiento similar aparece en la España del siglo XVII, donde los carmelitas enseñaron un misticismo extático centrado en la cruz de Jesús y en la renuncia a todas las cosas por amor. Ellos condujeron a los contemplativos a través de la noche oscura del alma hasta la cima del Monte Carmelo o a través de las moradas al castillo interior.

En la primera mitad del siglo XX, la teología mística –llamada algunas veces teología ascético-mística– estaba presente en los seminarios católicos y las facultades de teología de todo el mundo. Era ésta una disciplina práctica o pastoral que enseñaba a los estudiantes cómo orar y cómo guiar a los contemplativos que habrían de encontrar en su futuro ministerio. Los libros de texto, escritos por algunos destacados teólogos místicos, mantenían la existencia de una contemplación adquirida, por una parte, y de una contemplación infusa o mística, por otra[2]. Se llegaba a la primera mediante el proceso ordinario del conocimiento, con la ayuda de la gracia

---

1. Cf. *The Mystical Theology of the Eastern Church*, Vladimir Lossky, St Vladimir's Seminary Press, Nueva York, 1976. Ed. castellana: *Teología mística en la iglesia de Oriente*. Herder, Barcelona, 1982.
2. Réginald Garrigou-Lagrange (1877-1964), Adolphe Alfred Tanquerey (1854-1932), Joseph de Guibert (1877-1942), Juan González Arintero (1860-1928) y otros.

Introducción

divina, mientras que la segunda era un don que procedía de Dios, y que de ninguna manera podía alcanzarse por méritos propios. Comienza con lo que santa Teresa llama la oración de silencio en la que uno descansa calladamente en presencia de Dios, sin atender a las distracciones errantes de la mente inquieta; luego se procede a través de moradas al interior del castillo hasta alcanzar la meta, que es el matrimonio espiritual. Un tema sobre el que hubo una gran controversia era el referido a la frecuencia de la contemplación mística. Algunos autores hablaron de una llamada universal al misticismo, y propugnaban que la contemplación infusa es un desarrollo ordinario de la vida cristiana incluido en la gracia del bautismo. Otros mantenían que la contemplación mística es un don carismático que sólo se concede a unos pocos privilegiados.

Después del Concilio Vaticano II la teología mística dejó de estar presente en los seminarios católicos y en los departamentos de teología, puesto que las cambiantes circunstancias en todo el mundo la habían convertido en irrelevante. Pero ¿qué ocurrirá en el futuro?

El autor de esta obra cree que ha llegado la hora de reescribir la teología mística para los hombres y mujeres del siglo XXI, que ha llegado el momento de que le volvamos a dar el lugar de honor que antes ocupaba en el curriculum de los estudios de teología. Sin embargo, no puede ser enseñada en el siglo XXI como lo fue del siglo IV al XVI, sino que tiene que ser renovada y puesta al día; debe hacerse relevante. El reto al que nos enfrentamos es ser fieles al Evangelio y a la tradición al tiempo que nos encaramos con los problemas excepcionales que se han generado en el siglo XX.

En la concepción más ajustada de la teología mística este libro sigue a san Juan de la Cruz, con las adaptaciones y cambios que parecen necesarios en nuestros días.

Los escritos en prosa del místico español evidencian que él es ante todo un maestro y un guía que conduce al lector a la cima de la montaña o al centro del alma donde mora la sabiduría suprema. Al principio de la *Subida del Monte Carmelo* lamenta que muchas personas buenas fracasen en alcanzar el progreso que deberían: «Y así, es lástima ver muchas almas... quedarse en un bajo modo de trato con Dios, por no querer o no saber, o no las encaminar y enseñar a desasirse de aquellos principios». Confiando en que su propia doctrina es sólida y fidedigna escribe:

Y así, para este saberse dejar llevar de Dios cuando su Majestad los quiere pasar adelante, así a los principiantes como a los aprovechados, con su ayuda

Teología mística

daremos doctrina y avisos, para que sepan entender o, a lo menos, dejarse llevar de Dios[3].

La primera lección es, por tanto, abandonarse a Dios. Pero he aquí que la contemplación patalea y grita como el niño que se niega a ser llevado por su progenitora. San Juan de la Cruz es un hábil guía espiritual que enseña al niño a rendírsele a la madre: muestra al contemplativo cómo abrir su corazón al flujo de amor que emana de Dios. Tiene a su disposición un corpus de doctrina que deriva de las Sagradas Escrituras, de la tradición mística, de su propia experiencia y de la experiencia de aquellos que se le han confiado. Bien versado en los caminos de la oración y en la supervisión espiritual, es el doctor místico por excelencia.

Cuando define la teología mística sigue una antigua tradición según la cual teología significa sabiduría. No establece distinción entre la teología mística y la sabiduría mística o la oración mística, incluso iguala teología mística con contemplación, y escribe que «contemplación... es la teología mística, que llaman los teólogos sabiduría secreta, la cual dice santo Tomás que se comunica e infunde en el alma por amor»[4].

Este libro, sin embargo, entiende el término *teología* en un sentido más moderno, es decir, acepta que la teología mística no es sólo la sabiduría secreta que llega a través del amor, sino que es *la ciencia que refleja, y que enseña, la sabiduría secreta que proviene del amor*. Para desarrollar una ciencia así es necesario preguntarse en qué consiste esta sabiduría secreta que proviene del amor, qué es este secreto y amoroso conocimiento.

En el gran poema *Cántico espiritual*, donde canta el amor del esposo y la esposa, san Juan de la Cruz nos dice que el esposo le ofrece el pecho a la esposa y enseña a ésta un conocimiento dulce y de vida, que es, según nos explica, contemplación o teología mística:

> La ciencia sabrosa que dice aquí que la enseñó, es la teología mística, que es ciencia secreta de Dios, que llaman los espirituales contemplación, la cual es muy sabrosa, porque es ciencia por amor, el cual es el maestro de ella y el que todo lo hace sabroso[5].

---

3. *Subida del Monte Carmelo*, prólogo 4.
4. *La noche oscura* 2.17.2. San Juan de la Cruz llama a la teología mística «la ciencia del amor». Cf. *La noche oscura* 2.17.2 y 2.18.5.
5. *Cántico espiritual* 27.5.

Introducción

En este fragmento nos encontramos con dos palabras que precisan de explicación: una es *amor* y la otra es *secreto*.

Cuando san Juan de la Cruz dice que la sabiduría mística emana del amor no se refiere al amor por Dios, sino al amor de Dios por nosotros. «Amamos porque Dios nos amó primero», escribe san Juan Evangelista; y san Pablo dice que el amor de Dios lo derrama en nuestros corazones el Espíritu Santo que nos es dado. La vida mística comienza con una profunda experiencia de esta infusión de amor divino.

En los primeros estadios de la vida contemplativa uno puede disfrutar de un gentil y consolador sentido de la presencia de Dios. Pero con el paso del tiempo —quizá tras el sufrimiento de la noche oscura— el amor infuso de Dios enciende un fuego en las profundidades de nuestro ser. Esta experiencia interior que el autor de *La nube* llama «agitación ciega de amor» es el fenómeno central de la experiencia mística cristiana. También los hesicastas hablan constantemente del fuego divino.

En un principio este fuego puede no parecer tal. Es, en las paradójicas palabras de san Juan de la Cruz, un fuego oscuro, y lo es porque realiza una función de purificación:

> A los principios que comienza esta purgación espiritual, todo se le va a este divino fuego más en enjugar y disponer la madera del alma que en calentarla; pero ya, andando el tiempo, cuando ya este fuego va calentando el alma, muy de ordinario siente esta inflamación y calor de amor[6].

El humo empieza a fluir, luego el leño se prende. Finalmente despide llamas cortas que con el tiempo se convierten en una llama de amor viva que hiere al alma en lo más profundo de su interior. Esta llama de amor viva es el Espíritu Santo.

La segunda palabra que precisa explicación es *secreto*. El conocimiento secreto es conocimiento místico; es opaco, oscuro, informe, en una nube del no saber. Es el conocimiento que se experimenta como la nada, la vacuidad o el vacío. El pobre ser contemplativo, incapaz de entender lo que le está ocurriendo, grita preso de la angustia. San Juan explica el secreto de las comunicaciones de Dios:

---

6. *La noche oscura*, 2.12.5.

Teología mística

La sabiduría secreta se comunica e infunde en el alma por amor, lo cual acaece secretamente a oscuras de la obra del entendimiento y de las demás potencias. De donde, por cuanto las dichas y potencias no la alcanzan, sino que el Espíritu Santo la infunde y ordena en el alma, como dice la Esposa en los Cantares (2, 4) sin ella saberlo, ni entenderlo cómo sea, se llama secreta[7].

Hay dos tipos de conocimiento. Uno es el conocimiento distinto y particular que se adquiere a través del proceso ordinario del saber y que se utiliza en la vida corriente, en la ciencia y en la erudición. Pero hay otro conocimiento que es vago, oscuro, informe, general y amoroso. Éste es la sabiduría secreta, mística.

Entonces se produce la paradoja, porque este conocimiento vago, oscuro y secreto es luz, es la luz de Dios que en su intensidad ciega al alma, sumergiéndola en la oscuridad y causando un gran tormento. La luz interior, como el fuego interior, es el centro y el núcleo de la experiencia mística cristiana. Fuego y luz son inseparables.

Y la luz, como el fuego, es un don, puesto que nadie puede hacerla aparecer por intervención humana. Dios es el maestro; y san Juan de la Cruz describe delicadamente la divina pedagogía:

> La contemplación... quiere decir sabiduría de Dios secreta o escondida, en la cual, sin el ruido de palabras y sin ayuda de algún sentido corporal ni espiritual, como en silencio y quietud, a oscuras de todo lo sensitivo y natural, enseña Dios ocultísima y secretísimamente al alma sin ella saber cómo; lo cual algunos espirituales llaman entender no entendiendo[8].

¡Entender no entendiendo! Estas palabras que resuenan a través de la tradición apofática desde el tiempo de Dionisio dan a entender que para conocer con sabiduría divina se debe abandonar el conocimiento ordinario, se debe penetrar en la nube, se debe des-conocer.

Esta es la teología mística desde el punto de vista del santo español. Como ya se ha dicho, sus escritos exponen toda una ciencia de esta sabiduría secreta y amorosa, reflexionan sobre ella y la enseñan a otros sobre la base de las Sagradas Escrituras y la teología escolástica.

La interpretación de la Biblia es uno de los mayores desafíos a los que se enfrenta la teología mística hoy en día. Nadie puede obviar la riqueza

---

7. Ibid., 2.17.2.
8. *Cántico espiritual*, 39.12.

Introducción

de la erudición bíblica que se ha generado en el siglo XX; nadie puede ignorar la crítica literaria, la crítica de la forma, la crítica de la redacción y los avances en el conocimiento sobre la historicidad, la autoría y los géneros literarios. Y el desarrollo continúa, porque los estudiosos han caído en la cuenta de que hay muchas maneras de interpretar las Escrituras, y de que aquellos que se limitan a un único punto de vista empobrecen su visión. Pero, ¿qué ocurre entonces con el enfoque místico?

San Juan plantea claramente que no desea basarse en la ciencia o en la experiencia, sino en las Sagradas Escrituras:

> Y, por tanto, para decir algo de esta noche oscura, no fiaré ni de experiencia ni de ciencia porque lo uno y lo otro puede faltar y engañar; mas, no dejándome de ayudar en lo que pudiere de estas dos cosas, aprovecharme he para todo lo que, con el favor divino hubiere de decir... de la divina Escritura, por la cual guiándonos no podemos errar, pues el que en ella habla es el Espíritu Santo[9].

El Espíritu Santo nos habla a través de las Escrituras; esta es la clave de la interpretación que los místicos hacen de ellas. Dios es el autor. El Concilio Vaticano II planteó claramente esta creencia tradicional cuando dijo: «Las Sagradas Escrituras contienen la palabra de Dios y, puesto que están inspiradas, son realmente la palabra de Dios; y de esta forma su estudio es, como una vez lo fue, el alma de la teología sagrada»[10]. El Concilio va más allá y cita las palabras de san Ambrosio: «Le hablamos a Él cuando oramos; Le oímos cuando leemos las palabras divinas»[11]. Lo más importante es que el Concilio opina que hay una presencia de Cristo en las Escrituras, que hay dos mesas, la mesa de la Palabra y la mesa de la Eucaristía, y que Cristo se halla presente en ambas.

Podemos estudiar las páginas sagradas de dos maneras distintas. Se puede seguir el enfoque erudito y crítico, inquiriendo sobre la autoría, la historicidad, los géneros literarios, etc. Este enfoque es completamente necesario para entender correctamente las Escrituras, pero si nos limitamos a él no hallaremos la sabiduría secreta que proviene del amor, no llegaremos a presencia de Cristo, estaremos comiéndonos la cáscara exterior sin saborear el delicioso fruto interior.

9. *Subida*, prólogo 2.
10. *Dei Verbum*, 24.
11. Ibid., prólogo 3.

Teología mística

El segundo enfoque es contemplativo o místico. No obvia la erudición, pero pone más énfasis en disfrutar y saborear las páginas sagradas con fe. Podemos repetir cualquiera de las frases que encontramos en ellos abriéndonos a la guía del Espíritu Santo, del Divino Maestro, que habita en ellos y en el corazón humano. Somos así receptivos a la sabiduría secreta que proviene del amor.

San Juan de la Cruz, que escucha al Espíritu mientras lee las Escrituras, es consciente de que aquellos que no comparten su fe considerarán absurdas sus interpretaciones, especialmente la que hace del Cantar de los Cantares:

> Las cuales semejanzas, no leídas con la sencillez del espíritu de amor e inteligencia que ellas llevan, antes parecen dislates que dichos puestos en razón, según es de ver en los divinos Cantares de Salomón, y en otros libros de la Escritura Divina, donde, no pudiendo el Espíritu Santo dar a entender la abundancia de su sentido por términos vulgares y usados, habla misterios en extrañas figuras y semejanzas[12].

La sabiduría secreta que proviene del amor puede parecer una locura.

En este siglo algunos estudiosos han distinguido la experiencia profética que tiene origen en las religiones semíticas de la experiencia mística nacida de las religiones asiáticas. Esta tesis, sin embargo, está fuera de la tradición mística cristiana. En los escritos de san Juan de la Cruz, Isaías, Jeremías y Ezequiel son místicos consumados, en tanto que Elías tiene un lugar particularmente privilegiado en toda la literatura mística. Quien crea en la autoría divina encontrará la sabiduría secreta que se infunde a través del amor en cada una de las páginas de la Biblia.

Desde el siglo XIV la teología mística en la Iglesia latina estuvo profundamente influida por el escolasticismo, y san Juan no fue una excepción. En el prólogo al *Cántico espiritual* distingue entre teología escolástica, que es especulativa, y teología mística, que es experimentada, y opina claramente que la primera no es necesaria. A este respecto escribe a la madre Ana de Jesús:

> Y así espero que, aunque se escriban aquí algunos de teología escolástica cerca del trato interior del alma con su Dios, no será en vano haber hablado algo

---

12. *Cántico espiritual*, prólogo 1.

Introducción

a lo puro del espíritu en tal manera; pues aunque a V.R. le falte el ejercicio de la teología escolástica con que se entienden las verdades divinas, no le falta el de la mística, que se sabe por amor, en que no solamente se saben, mas juntamente se gustan[13].

Es muy significativa la distinción entre el conocimiento y la experiencia a través del amor.

Y sin embargo, la prosa sanjuanista está tan imbuida de escolasticismo que su lectura resulta difícil para muchas personas de nuestros días. El santo distingue entre sentido y espíritu, como cuando habla de la noche superficial de los sentidos y la terrible noche del espíritu. Al explicar la unión con Dios se refiere a tres poderes del alma, diciendo que hay fe en el intelecto, esperanza en la memoria y amor en la voluntad. Explica que el conocimiento y la luz se encuentran en el intelecto, mientras que el amor y el fuego se encuentran en la voluntad. La interrelación entre las dos facultades de intelecto y voluntad es un aspecto importante de su doctrina.

Nuestro libro describe la base escolástica de la teología mística tradicional, pero cuando se trata de proponer una teología mística para nuestros días sigue la teología del Concilio Vaticano II, y lo que es más, en vez de hablar de las facultades del alma, habla de niveles de conciencia. En este punto se ha probado de gran utilidad la metodología de Bernard Lonergan.

Después de describir el proceso ordinario del conocimiento —que se basa en la experiencia, el entendimiento y el juicio— Lonergan se refiere a otro tipo de conocimiento que proviene del don del amor de Dios, lo que nos recuerda la sabiduría mística. También, al decir que a través de la conversión religiosa nuestro ser pasa a enamorarse de Dios, Lonergan utiliza un lenguaje que es similar al del Cantar de los Cantares y a la llama de amor viva. Su obra podría ser de gran valor en la formación de una teología mística renovada[14]. El auténtico misticismo cristiano no es sino una vivencia de la Biblia a un nivel profundo de conciencia, es muerte con Jesús y resurrección con Jesús de acuerdo con las encendidas palabras de un gran místico, «si hemos sido injertados con él por medio

---

13. Ibid., prólogo 3.
14. El escritor conoció a Bernard Lonergan en Boston pocos años antes de la muerte de éste, en 1984, y cuando le dijo que su método culmina en experiencia mística, Lonergan sonrió y respondió: «¡Sí, sí...!».

Teología mística

de la representación de su muerte, igualmente lo hemos de ser representando su resurrección» (Romanos 6, 5). La muerte y la resurrección son revividas en la Eucaristía, que conmemora la gran experiencia mística del propio Jesús. Y en este contexto abrimos nuestros corazones al Espíritu Santo, que es la agitación ciega del amor, la llama del amor viva, la luz interior, la nube del no saber, la noche oscura del alma, la sabiduría secreta y amorosa.

La tarea de una teología mística moderna es convencer al mundo de que la muerte y la resurrección con Jesús, lejos de ser irrelevantes, son en sí mismas la solución a nuestros abrumadores problemas. No es un mensaje fácil, porque la teología mística además de ser la ciencia del amor es, en palabras de la mártir judía Edith Stein, la ciencia de la cruz. Siguiendo los Evangelios, esta teología proclama que la cruz no es terrible. Pablo se glorifica en la cruz, y el peregrino ruso, que recitaba la oración de Jesús, estaba pletórico de dicha.

Al intentar escribir una teología mística renovada el autor se ha enfrentado con grandes desafíos.

El primero se refiere a su renovación. La teología mística tradicional fue escrita casi exclusivamente para monjes y monjas y para religiosos profesionales cuyo estilo de vida estaba orientado a la búsqueda de la sabiduría y de Dios. Los célibes podían dedicar muchas horas a la oración, a la liturgia, y –si vivían en monasterios– al trabajo silencioso en los campos. Pero la perspectiva ha cambiado, porque nos encontramos en la era del laicismo. Ahora las personas que están casadas y que tienen una vida muy ocupada en la fábrica, en la clase, en la oficina o en el laboratorio también aspiran a una vida de meditación y de misticismo. Una teología mística renovada debe preguntarse sobre el papel de la llama de amor viva en la actividad seglar de estas gentes, sin olvidarse del matrimonio, y debe considerar qué papel juega la sexualidad en la vida mística.

El segundo desafío deriva del hecho de que las religiones asiáticas están asumiendo una importancia creciente en la vida de hombres y mujeres en todo el mundo. El diálogo entre el budismo, el hinduismo y el cristianismo comienza a florecer. Ahora todo el mundo sabe que las religiones asiáticas son profundamente contemplativas. Asia le ha dado al mundo místicos cuajados de sabiduría secreta y oculta, personas que han experimentado el vacío, la nada, la vacuidad, la oscuridad, místicos que han conocido el *Lama sabactani*. Y a estos místicos sólo puede dirigirse una teología mística altamente experimental, configurada por aquellos que, habiendo vivido la muerte y la resurrección de Jesús, experimentan el ardiente amor del Espíritu Santo.

También debemos considerar el hecho de que el diálogo con Asia ha enseñado mucho al mundo sobre la meditación. La meditación asiática es holística, pone el énfasis en el papel del cuerpo y nos enseña cómo sentarnos, cómo respirar, cómo comer, cómo ayunar, cómo dormir, cómo mirar y cómo relajarnos. Aquellos que enseñan teología mística a las personas de nuestros días no pueden olvidar la función que cumple nuestro cuerpo.

Luego tenemos el fenómeno de la ciencia moderna. No es un secreto que la cosmovisión de las personas de nuestra época está condicionada por los descubrimientos de grandes científicos como Galileo, Newton y Einstein. En el siglo XX, la teoría de la relatividad y la teoría cuántica han conmocionado a los científicos, algunos de los cuales, asombrados por la aparente irracionalidad de las cosas en un universo caótico, han recurrido a las escandalosas paradojas del misticismo oriental, y la única teología cristiana que puede ser de alguna significación para ellos es la teología mística que reconoce la paradoja, y que se basa en pocas palabras y mucha experimentación.

Otro problema deriva del hecho de que la cuestión social es parte integral de la concepción de los cristianos contemporáneos, que se sienten obligados a combatir estructuras malvadas que oprimen a los pobres y destruyen el medio ambiente. Una teología mística moderna no puede ignorar la agonía social de nuestro mundo, sino que debe demostrar que la misma llama de amor viva que conduce a los místicos hasta la soledad del desierto puede conducirles al bullicio de la vida y del compromiso social. Y de hecho, los místicos que están inspirados por esta llama de amor viva han sido un revulsivo para la sociedad.

Este libro es, por tanto, un modesto intento de procurar para el siglo XXI lo que san Juan de la Cruz hizo en el siglo XVI. Es decir, su propósito es enseñar oración contemplativa a los hombres y mujeres que están sedientos del agua vivificadora. El autor escribe sobre todo para cristianos, pero se atreve a esperar que el libro sea útil a quienes se unen a nosotros en la búsqueda de la verdad. Al principio de su vida académica escribió un libro hasta cierto punto escolástico sobre teología mística que tituló *The Mysticism of «The Cloud of Unknowing»*. Hoy, tras treinta años de experiencia, se enfrenta al mismo tema. En tanto que las sombras se hacen cada vez más grandes, se da cuenta de que el misterio nunca se puede expresar adecuadamente, y recuerda las palabras del moribundo Hamlet: «El resto es silencio».

Parte I
LA TRADICIÓN CRISTIANA

Uno
ANTECEDENTES (I)

EL NUEVO TESTAMENTO

Desde los primeros tiempos, la comunidad cristiana comprendió la necesidad de enseñar la oración. Juan Bautista había enseñado a sus seguidores, y cuando los discípulos le preguntaron a Jesús cómo debían orar, él les contestó con las palabras: «Padre Nuestro...». También predicó con el ejemplo, y así Lucas, en particular, refleja en su Evangelio a Jesús subiendo a la montaña o retirándose al desierto, y pasando toda la noche en oración. El Hijo de Dios siempre estaba muy ocupado con las gentes que se agolpaban a su alrededor y le pedían que las sanara, «mas él se retiró a lugares desiertos y hacía oración» (Lc 5, 16).

Sabemos, asimismo, que Jesús tuvo experiencias místicas; por ejemplo, su bautismo en el Jordán, momento en que el Espíritu descendió en forma de paloma y se oyó la voz del Padre. O su transfiguración en la montaña —escena que encendió la imaginación de la iglesia bizantina— cuando, tras tornarse sus vestiduras de blanco resplandeciente, se le aparecieron Moisés y Elías hablándole de su partida (su ἔξοδος) y profetizando que ésta habría de cumplirse en Jerusalén. Otros ejemplos son la oración en la Última Cena, en la que repartió a los discípulos su cuerpo y su sangre, y la noche oscura de agonía en Getsemaní, en la que sudó sangre. Incluso en el mismo momento de morir tuvo una experiencia mística cuando oró perdonando a sus enemigos y gritó: «lama sabactani».

Las páginas del Nuevo Testamento están llenas de oración. Tiene especial importancia el cuarto Evangelio, que se eleva como el águila y en el que nos encontramos a un Jesús resucitado que, fuera de todo espacio y lugar, dice: «Soy». El mensaje de amor y de verdad que destilan los Evan-

Teología mística

gelios, desde el lavado de los pies hasta la oración de la unidad, ha alimentado la vida de millones de personas desde los primeros días del cristianismo hasta la actualidad. Porque quienquiera que lea la Sagrada Escritura se convierte en el discípulo que Jesús amaba. También contamos con las epístolas de Pablo a los Gentiles. El apóstol, que continuamente oraba por los hijos que había engendrado en Cristo, instruye a los Corintios sobre cómo conducirse en los encuentros de oración cuando algunos hablaban lenguas y otros profetizaban. Alude a la asamblea eucarística y exhorta a aquellos que ama a ser reverentes y a discernir el cuerpo del Señor, a que crezcan en sabiduría y a que arraiguen en el amor. En las cartas encontramos la oración paulina que hoy llamaríamos mística, cuando Pablo habla de un hombre al que conocía, en cuyo cuerpo o fuera de él no lo sabía, era Dios quien lo sabía, y que fue elevado al tercer cielo y oyó voces que los humanos no pueden oír[1]. Fue ésta una experiencia tan llena de misterio que el mismo Pablo quedó perplejo.

El espíritu de la oración mística recorre los Hechos de los Apóstoles. Pedro nos ofrece el testimonio de su vivencia cuando sube al tejado y, cayendo en trance, ve un gran lienzo que contiene toda clase de animales y oye una voz. Asimismo, también Ananías y Cornelio el Centurión vieron visiones y oyeron voces.

Todas estas experiencias no terminaron en la última página del Nuevo Testamento, sino que la oración mística floreció y continuó su camino. El martirio era la gracia suprema. La conversación con Dios (llamada διάλεξις), y la oración litúrgica, eucarística, fueron el alimento de los cristianos.

Cuando profundizamos en la oración, cuando –utilizando la terminología moderna– entramos en nuevos estados de conciencia, necesitamos ayuda y orientación, porque el camino de la oración puede ser escarpado y pedregoso, y podemos equivocarnos fácilmente. «El mismo Satanás se transforma en ángel de luz», escribe Pablo (2 Cor 11, 14), y existe todo tipo de escollos que pueden llevar a las personas a descorazonarse y a renunciar a la batalla. Por todo ello es necesario elaborar una teología de la oración –incluyendo una teología de oración mística– que guíe, proteja y aliente a aquellos que suben la montaña de Dios.

---

1. Cf. 2 Cor 12, 2-4 (*Nota de la T.*).

ORÍGENES Y EL CANTAR DE LOS CANTARES

Cuando el cristianismo se adentró en el mundo griego, los primeros cristianos se enfrentaron a los problemas de adaptación y de inculturización. Surgieron nuevas formas de pensar y de orar, y también vieron la luz extraordinarios maestros y teólogos, si bien en aquellos tiempos no se distinguía entre los maestros de oración y los maestros de teología.

Entre ellos fue muy destacado Orígenes de Alejandría (185-254), que habría de ejercer una influencia decisiva en todo el mundo cristiano durante muchos siglos. Orígenes consideraba que la gran vivencia religiosa es el martirio del discípulo que sacrifica su vida por su rebaño y por sus enemigos en imitación de Jesús, que sacrificó la suya por la humanidad. No sólo escribió sobre la oración, sino que también hizo comentarios al Padre Nuestro y a las Sagradas Escrituras porque consideraba que en su exégesis se encuentra una importante experiencia religiosa.

Sin embargo, el tratado origenetista que más ha influido en la teología mística es el comentario que hizo al Cantar de los Cantares, del que Jerónimo (347-429) escribe al papa Dámaso que mientras que Orígenes excede a todos los escritores en otros libros, en su comentario al Cantar se sobrepasa a sí mismo. «Y esta exposición suya es tan espléndida y tan clara» continúa Jerónimo, «que me parece que las palabras "El Rey me introdujo en su cámara" han encontrado en él su mejor expresión»[2]. No es de extrañar entonces que un estudioso moderno diga de este comentario que es «la primera gran obra del misticismo cristiano»[3].

El Cantar de los Cantares ha sido siempre polémico. Algunos lo consideran un voluptuoso cántico de amor que procede de Oriente Medio, y se preguntan cómo pudo llegar a formar parte de la Biblia. Otros piensan que es un libro profundamente religioso, que trata el tema de la unión entre Yahvé e Israel. Así lo hizo el Rabino Aquiba (siglo II), quien –según la leyenda– respondió a un prohombre judío que negaba que el Cantar de los Cantares fuera parte de las Escrituras con las palabras: «Todas las épocas no merecen el día en que el Cantar de los Cantares le fue dado a Israel.

---

2. Origen, *Commentary on The Song of Songs*, R. P. Lawson ed. (Westminster: MD: 1957), p. 265. Todas las futuras referencias son a esta edición y serán consignadas como *Commentary*.
3. *Commentary*, p. 6.

Teología mística

Porque todas las escrituras son sagradas, pero el Cantar de los Cantares es sagrada entre las sagradas» [4].

La controversia es de todo punto innecesaria; el Cantar es al mismo tiempo erótico y sagrado, simboliza el amor de Dios por la humanidad, y por ello tanto los enamorados como los místicos se deleitan con sus ritmos arquetípicos.

La gran contribución de Orígenes se basa en que aplicó este canto de amor a la unión de la persona individual con el Verbo Encarnado, al tiempo que mantenía su dimensión comunitaria. Al principio de su comentario describe el Cantar de los Cantares como «un canto de esponsales que Salomón escribió en forma de drama y que cantó desde la perspectiva de una joven que, a punto de desposarse, arde de amor celestial hacia su desposado, que es el Verbo de Dios»[5].

El hecho de que Orígenes mantuviera la dimensión eclesiástica de este amor tiene una gran importancia porque implica que lo que hoy llamamos oración mística no es la actividad de un ego pequeño, solitario y separado, sino parte de la gran sinfonía en la que es toda la Iglesia la que canta su canción de alabanzas a Cristo el Esposo, amándole profundamente y siendo amada por él.

Orígenes, como otros miles de personas que comentaron el Cantar después que él, pasó grandes apuros para explicar naturaleza del amor en este libro. Lucha consigo mismo para decirnos que el Cantar de los Cantares no es un elogio del amor carnal, y refiriéndose al *Simposio* de Platón explica que incluso entre los sabios y cultos griegos había algunos que no entendían el verdadero significado del amor y se precipitaban al pecado carnal. «Por lo que nosotros también... les pedimos de todo corazón a los que oyen estas cosas, que mortifiquen sus sentidos carnales. No deben entender nada de lo que se ha dicho desde el punto de vista de las funciones corporales, sino que deben emplearlas para percibir esos sentidos interiores del hombre espiritual»[6]. Pero, ¿a qué se refiere con «esos sentidos interiores del hombre espiritual»?.

Se han hecho multitud de estudios sobre estos sentidos interiores. Karl Rahner afirma que se trata de un grupo completamente nuevo de cinco sentidos en la esfera de lo espiritual, y va más allá cuando afirma que Orígenes había encontrado evidencia de su existencia en las Sagradas Es-

---
4. Cf. *Christ in the Psalms*, Brian McNeill, Dublin Veritas, 1988, p. 88.
5. *Commentary*, p. 21.
6. *Commentary*, p. 79.

La tradición cristiana

crituras, en Moisés, los profetas, en Juan y Pablo[7]. Sea como fuere, la noción de los sentidos interiores fue asumida por otros místicos, especialmente por santa Teresa de Ávila, que habla de ver sin nuestros ojos, de oír sin nuestros oídos, de oler sin nuestra nariz, etc. Parece imposible explicar la experiencia mística sin recurrir a esta psicología, y los estudios sobre este aspecto continúan hoy en día.

El comentario de Orígenes al Cantar de los Cantares se leyó con profusión durante la Edad Media en la traducción latina de Rufino, y su interpretación mística habría de establecer una tradición en el misticismo cristiano que nunca se ha extinguido. Bernardo de Claraval redactó homilías plenas de éxtasis sobre este cántico, Ruysbroeck escribe místicamente sobre los esponsales espirituales. El práctico autor de *La nube del no saber* se refiere al matrimonio entre Dios y el alma, como también lo hace el inglés Richard Rolle. Y el tema del esposo/esposa está en el corazón mismo de las enseñanzas de los carmelitas españoles del siglo XVI.

San Juan de la Cruz conocía el Cantar de memoria. Era su texto bíblico favorito, y según cuentan, cuando en su lecho de muerte los monjes que le rodeaban se encontraban recitando salmos de penitencia, les interrumpió y les pidió que lo leyeran. Esta leyenda adquiere verosimilitud si se piensa que en la concepción sanjuanista la muerte es el momento en que el matrimonio espiritual se consuma y el alma entra en la gloria.

Sin embargo, el mayor de los méritos de Orígenes no es precisamente que comentara el Cantar, sino que percibiera que el amor es el núcleo y el centro de la oración cristiana. Con él la teología mística se convirtió –aunque esa terminología no se utilizara aún– en una teología del amor. Así ha sido hasta ahora y así seguirá siendo.

LA TEOLOGÍA DE LA NEGACIÓN

En el siglo IV vieron la luz tres eminentes teólogos griegos –llamados padres capadocios– cuya doctrina sobre la incomprensibilidad de Dios tuvo gran resonancia en toda la teología mística subsiguiente. Los hermanos Basilio de Cesarea y Gregorio de Nisa junto con su amigo común, Grego-

---

7. Cf. Karl Rahner «Experience of the Spirit: Source of Theology», en *Theological Investigations*, trad. David Moreland, Nueva York, Crossroads, 1983. Ed. castellana: *Experiencia del espíritu*, Narcea, Madrid, 1978.

rio Nacianceno, supieron a través de sus profundas oraciones y lecturas contemplativas de la Sagrada Escritura que Dios es el misterio de misterios que mora en la luz inaccesible o en la oscuridad impenetrable. Nadie ha visto a Dios. Nadie verá jamás a Dios. En el sobrecogimiento de su presencia ponemos el dedo sobre nuestros labios como Job.

Gregorio de Nisa, en su libro *Vida de Moisés*, dice que debemos tomar ejemplo del gran hebreo que nos dio las leyes, que subió a la montaña y penetró en una nube de oscuridad. Moisés lo dejó todo, incluso el pensamiento, para adentrarse en lo desconocido y encontrar a Dios. No existe otra forma de que el hombre pueda conocer lo divino.

La teología de la negación —conocida también con el nombre griego de *teología apofática*— deriva de los capadocios y alcanza su punto culminante a finales del siglo V con la divina oscuridad de Dionisio, conocido también como Pseudo-Dionisio. Él fue quien introdujo en el cristianismo la terminología de teología mística con su famoso tratado titulado *Sobre la teología mística*:

Περὶ μυσπκῆς θεολογίας

Dionisio considera que el término *teología* significa sabiduría, la mayor de las sabidurías, mientras que la palabra *mística* deriva de *misterio*. Enseña un camino que es «místico» en el sentido de que es secreto, oculto, informe, oscuro, inefable, que no puede expresarse a través de conceptos e imágenes claras. Es la sabiduría de Moisés en la montaña de Dios.

El mismo Dionisio ha sido siempre una figura controvertida. Su identidad es muy discutida y su ortodoxia ha sido cuestionada. Lo que sabemos es que alguien en el mundo antiguo firmó sus obras con el nombre de Dionisio el Areopagita, discípulo de san Pablo[8]. Aunque hubo dudas con respecto a su autenticidad, los escritos de Dionisio llegaron a tener una gran influencia en todo el mundo oriental, y fueron acogidos con entusiasmo en Occidente después de que en el siglo IX el irlandés Juan Escoto —conocido como Erígena— los tradujera al latín. Buenaventura llama a Dionisio el príncipe de los místicos; Tomás de Aquino le cita más de mil setecientas veces; Dante canta alabanzas del Areopagita. Su *Teología mís-*

---

8. «De esta suerte Pablo salió de en medio de aquellas gentes. Sin embargo, algunos se le juntaron y creyeron, entre los cuales fue Dionisio el Areopagita...» (Hechos de los apóstoles 17, 34).

La tradición cristiana

tica influyó sobremanera en la tradición mística apofática desde Eckhart y Taulero pasando por san Juan de la Cruz hasta nuestros días. El autor de *La nube del no saber* le consideraba tan importante que hizo una traducción libre —podría muy bien llamarse una adaptación— titulada

Deonise Hid Divinite

Sus obras tuvieron gran importancia no sólo porque procedían de la pluma de una persona que supuestamente le era cercana a san Pablo, sino también por su valor intrínseco. Puede que no sea el príncipe de los místicos, pero es una figura destacada entre ellos.

En el siglo XVI Erasmo y otros reformadores cuestionaron seriamente su figura. En nuestra época siguen apareciendo estudios basados en sus obras, y ahora suponemos que era un monje siriaco, un cristiano neoplatónico influido por Proclo, que tuvo su momento de esplendor a finales del siglo V o principios del VI. Sus escritos son claramente la obra de un cristiano comprometido que tenía una profunda experiencia religiosa.

Tras los capadocios y Dionisio, la teología de la negación confluyó en la corriente general de la teología. El Cuarto Concilio Lateranense manifestó que «entre el creador y la criatura no podemos observar similitud alguna sin que al mismo tiempo observemos una gran disimilitud»[9]. Y el Concilio Vaticano Primero (1869-1870) añadió que «los divinos misterios exceden en tal grado al intelecto creado que, incluso cuando se dan en la revelación y se reciben en la fe, permanecen cubiertos por el velo de la fe misma»[10]. Esta teología de la negación asume una importancia incluso mayor hoy en día que el cristianismo abre sus ventanas a la brisa mística que sopla desde Asia, porque es en primer lugar la teología mística, junto con la experiencia vital de los místicos, la que nos recuerda el terrible misterio de la existencia: que no hay ojo que haya visto u oído que haya oído, ni entrado en el corazón humano para concebir las cosas de Dios.

Al mismo tiempo es importante recordar que la teología mística tiene su propia, especial, y práctica metodología negativa. La tradición que arranca de Dionisio le dice al místico en ciernes que deje de pensar. Insiste en que Dios no es esto, ni esto, ni esto, y le apremia a que abandone to-

---

9. *Enchiridion Symbolorum, Definitionum et Declarationum de Rebus Fidei et Morum*, compilado por H. Denzinger, 806 (36.ª ed., Herder, Barcelona, 1976).
10. Ibid. 3016.

Teología mística

das las cosas bajo una nube de olvido para entrar en el misterio silencioso de Dios. Como es obvio, una metodología así presenta unos peligros a los que el teólogo místico habrá de enfrentarse de pleno.

Y hay otro punto importante. Mientras que por una parte la teología negativa es una parte preciosa e integral de la tradición cristiana, sería un trágico error que, cegados y fascinados por la negación, pasáramos por alto la teología de la afirmación, también conocida con el nombre de *teología catafática*. Los grandes capadocios no cometieron este error. Fueron sobre todo teólogos de la Santísima Trinidad, y lo que es más, Gregorio de Nisa entiende que el Moisés que asciende a la oscuridad entra en el misterio de Cristo –puesto que Gregorio es sobre todo cristocéntrico–, y Dios le habla cara a cara como si lo hiciera a un amigo. Sí, Dios es el gran desconocido, y sin embargo alzamos nuestras voces para decir: «Padre Nuestro». De esta manera los capadocios y la tradición mística que fluye de ellos mezclan lo apofático y lo catafático en una única experiencia paradójica.

Porque la gran paradoja de toda teología, pero en especial de la teología mística, es que conocemos a Dios pero no le conocemos. Aunque el tema del no saber y de la ignorancia impregna los escritos de los místicos, también nos encontramos con que constantemente hablan de Él como de un amigo íntimo al que conocen muy bien. De nuevo, mientras que la teología mística desde Gregorio de Nisa a Juan de la Cruz sigue insistiendo en el tema de la oscuridad, de repente nos damos cuenta de que la oscuridad es luz. ¿Cómo explicar esta paradoja? ¿Cómo explicar que al mismo tiempo que conocemos a Dios, no le conocemos?

Los teólogos orientales, en especial Gregorio Palamas (1296-1359), enseñaron que conocemos a Dios a través de sus energías increadas y de amor, pero que nos es de todo punto imposible conocer su esencia. Decían citando a Basilio: «Porque sus energías (de Dios) descienden sobre nosotros, mientras que su esencia permanece innaccesible»[11]. Este punto se tratará con más amplitud en un próximo capítulo.

La tradición mística latina, conformada por Aquino, afirma que aunque no conocemos a Dios a través de la razón, sí le podemos conocer a través del amor. A través del amor podríamos, si esto nos fuera dado, tocar la esencia misma de Dios. El autor de *La nube* lo explica de la siguiente manera. Nosotros, los seres humanos, tenemos una capacidad cognitiva y una capacidad amante. Dios le es por completo incomprensible a nuestra

11. *Patrologia Graeca*, ed. J. B. Migne. París, 32, 869.

capacidad cognitiva, pero, maravilla de las maravillas, podemos captar a Dios directamente a través de nuestra capacidad de amor. Con su inimitable y deliciosa manera saca la siguiente conclusión práctica: «Y por ello yo habré de abandonar todo aquello que puedo pensar y elegiré para amar todo aquello que no puedo pensar. Porque Él puede muy bien ser amado, pero no pensado. Él puede ser atrapado y mantenido por el amor, pero no por el pensamiento»[12]. San Juan de la Cruz forma parte de la misma tradición, pero habla de una forma más escolástica en términos de intelecto y voluntad; incluso las partes más oscuras de sus obras están repletas de este «conocimiento a través del amor».

Esta es la tradición que nace de los capadocios y de Dionisio. A partir de ellos, la teología mística, que seguirá siendo una teología de amor, se convertirá también en una teología de misterio. Este libro volverá a tratar la figura de Dionisio más adelante. Veamos ahora otro movimiento que marcó el rumbo de la teología mística en Oriente y Occidente.

LOS PADRES DEL DESIERTO Y EL MONAQUISMO

La teología mística tiene una gran deuda con los santos cenobitas y eremitas que se retiraron al desierto egipcio para orar en los siglos III y IV, puesto que dieron origen al movimiento monástico del que habría de alimentarse la oración –la oración mística– durante casi dos milenios en todo el mundo cristiano. Los Padres del desierto no eran ni académicos ni eruditos. No nos han dejado agudos tratados de teología, pero fueron ascetas inquebrantables, de fe profunda, que vivieron una vida de oración cristiana hasta sus últimas consecuencias, y que legaron a la posteridad un conjunto de relatos humorísticos, de epigramas y de sagaces consejos que son hoy de vibrante actualidad. Porque en efecto sus sentencias han adquirido una especial relevancia en el siglo XX. Thomas Merton observó sagazmente que hablan como maestros zen; nos sorprenden e impactan con acertijos escandalosos que desconciertan a los discípulos desprevenidos y los transportan hasta la cima de la sabiduría. En el desierto cobra vida el sentido espiritual.

Y al desierto llegaron dos hombres sabios que son acreedores del nombre de teólogos místicos.

12. *The Cloud of Unknowing*. C. 4. Ed. castellana: *La nube del no saber*. Anónimo inglés del siglo XIV. Ediciones Paulinas, Madrid, 1981.

Teología mística

El primero de ellos fue Evagrio de Ponto (345-399), un culto griego con una fuerte influencia de Orígenes, que había estudiado con los capadocios antes de llegar a la soledad de los páramos. Sus escritos son producto más de la oración silenciosa que del estudio asiduo. Fue Evagrio quien dijo que teólogo es quien ora, y quien ora es teólogo, de lo que podemos deducir que la fuente de la teología es la oración, y no el estudio, porque la persona recibe de Dios a través de la oración el verdadero conocimiento sobre Dios: la *teognosis*[13].

Para la teología mística es de especial importancia la doctrina de Evagrio sobre la oración pura:

Προσευχὴ καθαρά

Ésta es una oración del no-pensamiento, es oración sin imágenes o ideas de ningún tipo. Escuchamos a Evagrio decir que «la oración es la supresión de cualquier concepto» y: «En tu ansia de ver la cara del Padre en el cielo no pretendas nunca ver forma alguna cuando estés orando». O también: «Bendita sea la mente que ha adquirido la ausencia total de forma cuando se encuentra orando». Todo esto es una aplicación práctica de la teología de la negación y recuerda al Moisés de Gregorio de Nisa. Pero no olvidemos que, como sus maestros capadocios, Evagrio era fuertemente catafático y trinitario, y que su doctrina es profundamente escriturística[14].

Otro hombre sabio que llegó al desierto, esta vez desde Occidente, fue Juan Casiano (365-435), extraordinario maestro de oración nacido en lo que hoy es Rumania[15]. Casiano siguió de cerca a Evagrio, pero creó su propia terminología, y donde Evagrio hablaba de desapasionamiento (*apatheia*) él hablaba de pureza de corazón, término bíblico que se utiliza desde entonces. Enseñó como su contemporáneo la oración de la repetición que más tarde habría de florecer en el mundo oriental con el nombre de hesicas-

---

13. Cf. *God's Exploding Love*, George Maloney, Alba House, Nueva York 1987, p. 17.

14. A lo largo de su vida, Evagrio disfrutó de un prestigio igual al de los Padres de la Iglesia, pero después de su muerte sus obras levantaron sospechas –no su doctrina sobre la oración, sino la *Problemata Gnostika*, donde desarrolla un pensamiento filosófico y cosmológico bajo la influencia de Orígenes. En este libro se basó su condena en el Segundo Concilio de Constantinopla en el 553.

15. Cf. *John Cassian: Conferences*, trad. Colm Luibheid, Paulist Press, Nueva York, 1987.

La tradición cristiana

mo, y también la oración silenciosa y carente de imágenes del no-pensamiento, afirmando que cara a cara con Dios la persona no precisa palabras.

Tras su estancia en el desierto, Casiano regresó a Occidente y fundó dos monasterios en Marsella. Sus escritos tuvieron gran influencia en san Benito, que hizo que en su regla se leyeran regularmente las *Instituciones* y *Conferencias,* y de esta forma dejó su impronta en todo el movimiento monástico occidental.

Fue precisamente en los monasterios donde se sembró para el campo de Europa la frágil semilla de la oración, que con el transcurrir del tiempo se convertiría en un árbol poderoso que dio sus frutos en la experiencia mística y en la teología mística. La gran aportación del monasterio consiste en que unió la liturgia y la oración silenciosa de acuerdo con el bello dicho monástico:

Semper in ore psalmus
Semper in corde Christus

Siempre un salmo en los labios, siempre Cristo en el corazón. En los monasterios la oración mística nunca puede ser separada de la liturgia, sino que se alimenta constantemente de las Escrituras y del Evangelio.

Por otra parte, en los monasterios la teología mística era la ciencia de la dirección espiritual. Algunos teólogos opinaban entonces, y aún opinan ahora, que la oración mística –la nube oscura de Gregorio, la oración pura de Evagrio, la oración sin palabras de Juan Casiano– no es sino el desarrollo normal de la meditación ordinaria y la conversación con Dios. Uno comienza con palabras y penetra en el silencio, de acuerdo con las enseñanzas del poeta que dijo que después del diálogo las palabras se convierten en silencio. Todos los teólogos coinciden en que fue originariamente la liturgia la que alumbró este tipo de oración en el corazón cristiano, y que la oración sin palabras es una entrada silenciosa en el misterio de Cristo, el misterio de la Trinidad.

Es desde luego interesante observar que tanta riqueza espiritual, incluyendo al mismo monaquismo, llegaron al mundo occidental desde el Este. El Concilio Vaticano II rinde homenaje a la enorme contribución del cristianismo oriental. Después de hablar de la belleza de la liturgia oriental prosigue:

Y lo que es más, en Oriente se encuentran las riquezas de aquellas tradiciones espirituales que hallaron su expresión principalmente en el monaquismo. Desde los días gloriosos de los Santos Padres floreció en Oriente esa espiritualidad monástica que después llegaría al mundo occidental, donde fue la fuente sobre la que se asentó la vida monástica latina y de la que ha obtenido su vigor desde entonces. Por ello a los católicos se les conmina a que se acerquen a estas riquezas espirituales de los Padres orientales, que elevan a la persona a la contemplación de los divinos misterios[16].

Elevar a la persona a la contemplación de los misterios divinos ha sido siempre el ideal de la teología mística.
Pero ¿qué podemos decir del mundo occidental?
No hay teología mística que pueda olvidar a Agustín.

LA CONTEMPLACIÓN EN EL MUNDO OCCIDENTAL

En un excelente libro titulado *Misticismo occidental* y publicado en la primera mitad de nuestro siglo, Cuthbert Butler selecciona a tres enormes figuras en representación del mundo occidental[17]. Se trata de Agustín de Hipona (354-430), Gregorio Magno (540-604), y Bernardo de Claraval (1090-1153).

En su prólogo, Butler apunta que la palabra *mística* proviene de Dionisio y que no era corriente en Occidente hasta la Edad Media tardía, en tanto que *misticismo* es un término bastante moderno. «Por consiguiente», continúa, «contemplación es la palabra que nos vamos a encontrar en san Agustín, san Gregorio y san Bernardo para designar lo que hoy se llama en general "experiencia mística"»[18].

La palabra latina *contemplatio*, que es la traducción habitual de la griega *theoria*, se utiliza con mayor frecuencia en los monasterios y conventos occidentales hoy en día. La oración contemplativa es un fenómeno común; se trata de oración silenciosa o simple en una nube del no saber, es decir, oración sin razonamiento o pensamiento. Permanecemos en silencio en la presencia de Dios o utilizamos unas cuantas palabras que se repiten, como en la oración de Jesús. Lo importante, como muy bien dijo san-

---

16. *Unitatis Reintegratio*, III. 15.
17. *Western Mysticism*, Cuthbert Butler, Constable, Londres, 1922 (tercera edición, 1967).
18. Ibid. p. 4.

La tradición cristiana

ta Teresa de Ávila, no es pensar mucho, sino amar mucho. A través de esta contemplación básica y callada pueden surgir, con el transcurrir del tiempo, momentos de éxtasis o de despertar. O el simple sentido de presencia puede derivar en un fuego de amor o en una noche de oscuridad. Esta experiencia contemplativa o mística está presente en los tres místicos de Butler. Aquí, sin embargo, será suficiente considerar brevemente a un pensador que estuvo en la encrucijada de la civilización occidental cuando Roma se derrumbó y las hordas bárbaras ejercían el pillaje en el imperio que se desmoronaba. Nos referimos a Agustín de Hipona, místico y profeta, que habría de ilustrar al mundo cristiano durante casi dos mil años con la profunda sabiduría que nacía de su oración, de su estudio y de su experiencia vital.

Mientras que otros aspectos del pensamiento agustino han sido estudiados una y otra vez, su teología mística no ha tenido la misma repercusión. Sin embargo, a quien lea las *Confesiones* con una mente abierta le será difícil negar que la poesía de sus líneas es producto de la pluma de una persona que era a la vez un místico consumado y un pensador de gran altura. «En el destello de una mirada trémula mi mente llegó a lo que es»[19]. ¡Qué ilustrativas son estas palabras! O también la gran escena en Ostia donde madre e hijo se elevan juntos a las cimas extáticas de la contemplación. En este mismo sentido podemos citar el patetismo del grito: «Tarde os amé... y he aquí que Vos estabais dentro de mí y yo de mi mismo estaba fuera... estabais conmigo y yo no estaba con Vos»[20].

En el terreno de la teología mística, sin embargo, la gran contribución de Agustín se centra en el área de la gracia. Convencido de la extrema insuficiencia de la naturaleza humana dice: «Dadme lo que mandáis y mandadme lo que quisiereis»[21].

Aunque esta doctrina de la gracia es de importancia capital en toda la vida del ser humano, cobra una relevancia especial en la teología mística. Todo es un don, y los verdaderos místicos tienen conciencia de que el esfuerzo del hombre es vano –vano a menos que sea dado por Dios. Uno nunca debe olvidar el amor primigenio de Dios. «Amemos, pues, a Dios, ya que Dios nos amó el primero» (1 Juan 4,19). «No me elegisteis vosotros

---

19. «(Mens mea) pervenit ad Id quod est in ictu trepidantis aspectus» (*Confesiones*, VII. 23).
20. *Confesiones*, X. 27.
21. «Da quod jubes, et jube quod vis», *Confesiones*, X. 29, 40.

Teología mística

a mí, sino que yo soy el que os he elegido» (Juan 15,16). La llamada es un don; el progreso es un don. Siempre se debe servir a Dios. No se debe procurar el amor antes de que llegue su hora. Los métodos y técnicas con regusto a Pelagio son un peligro constante, y de nuevo frente a ellos la doctrina agustiniana de la gracia desemboca en la tradición mística y en ella debe permanecer por siempre.

CONCLUSIÓN

Hemos visto que durante los primeros cinco siglos de historia cristiana se desarrolló lentamente una teología mística. Con Orígenes es una teología de amor, con los capadocios y Dionisio se convierte también en una teología de misterio. Con los Padres del desierto es una ciencia pastoral de dirección espiritual. El monaquismo la funde con la liturgia –con la Palabra y con el Evangelio, y Agustín subraya la dimensión de la gracia.

Ahora debemos preguntarnos sobre las fuentes en las que se basa la teología mística. ¿Es tan sólo un producto de la revelación cristiana o por el contrario el mundo helenístico contribuyó a la rica experiencia contemplativa de los primeros cristianos?

En el próximo capítulo nos referiremos a esta cuestión.

Dos
ANTECEDENTES (II)

Puesto que la comunidad cristiana elaboró gradualmente lo que más tarde recibiría el nombre de teología mística, debemos preguntarnos cuáles fueron sus fuentes, dónde aprendieron los Padres de la Iglesia a orar, y dónde aprendieron lo que ahora denominamos oración mística.

FUENTES BÍBLICAS

De todo cuanto se ha dicho hasta ahora podemos deducir que la fuente principal fueron las Sagradas Escrituras. Incluso una mirada superficial a los escritos de los Padres demuestra que las leyeron una y otra vez, que meditaron sobre ellas, que las vivieron hasta el punto de que sus obras no son sino comentarios de las Escrituras sobre la base de la época en que les tocó vivir.

En ciertos textos que tienen un valor especial para la teología mística se observan elementos recurrentes que nos recuerdan a los estribillos. Uno de estos textos es el Padre Nuestro. Tertuliano, Cipriano, Orígenes, Gregorio de Nisa y Pedro Crisólogo escribieron comentarios a la oración del Señor, y posteriormente santa Teresa seguiría esta tradición en su *Camino de perfección*. Es como si las dos palabras «Padre Nuestro» contuvieran toda la teología mística –el inmenso amor de Dios y la confiada respuesta humana–, y la persona que las recita se encontrara finalmente transportada más allá de las palabras y los pensamientos hacia el misterio de los misterios, que es una nube del no saber.

Un modelo supremo de contemplación es Magdalena sentada a los pies de Jesús; tan inmenso es su amor extático que se ve transportada más

Teología mística

allá de las palabras y de los conceptos al gran silencio que es la divinidad de Jesús.

También tienen gran interés los textos paulinos. «Vivo, pero no yo, es Cristo quien vive en mí» (Gál 2,20) es la experiencia de quien ha perdido su pequeño ego para volverse a Dios diciendo: «Abba, Padre». En este mismo sentido podemos mencionar la parte de la Carta a los Corintios en la que Pablo dice que «quien está unido con el Señor es con él un solo espíritu» (1 Cor 6,17).

Ya se ha aludido anteriormente al enfoque patrístico sobre la Transfiguración y sobre la figura de Moisés subiendo a la montaña. Estas escenas, que pasaron a la tradición mística cristiana, donde han permanecido incluso hasta nuestros días, no son las únicas.

Los primeros cristianos se reunían alrededor de la mesa del Señor para partir el pan y recitar las misteriosas palabras en su recuerdo: «Este es mi cuerpo que será ofrecido por ti». «Esta es mi sangre, sangre de la alianza nueva y eterna que será ofrecida por vosotros para el perdón de todos los pecados. Haced esto en memoria mía». Los primeros cristianos entendían que estas palabras recitadas en la liturgia tenían la más alta significación de entre todas las de la Biblia, porque contienen el misterio de la fe: la muerte y resurrección de Jesús. De manera que la experiencia religiosa central del cristiano –la experiencia a la que se refiere en última instancia toda la teología mística– es morir y resucitar con Jesús, que murió y resucitó. Esta es la vivencia de Pablo, que oró para conocer a Cristo y para compartir su sufrimiento —«a fin de conocerle a él y la eficacia de su resurrección por si puedo arribar a la resurrección de los muertos» (Flp 3,10-11). Esta muerte y resurrección se reviven en la Eucaristía.

Deberíamos tener en cuenta que el enfoque patrístico de las Escrituras era bastante distinto del enfoque crítico-histórico que ha dominado el siglo XX. La lectura de los textos sagrados constituía para los Padres una experiencia religiosa, ya que creían que mientras leían eran guiados y enseñados por el que Agustín llamaba *magister internus*, el maestro interior, sin cuya sabia mano nadie podía comprender cosa alguna. El Espíritu Santo, al conducir a la comunidad hasta la verdad total como había prometido el cuarto evangelio, era el más importante maestro de toda teología.

El Espíritu, por tanto, actúa a través de la Sagrada Escritura. Pero debemos preguntarnos si acaso no lo hace también de otras maneras, lo que nos lleva a inquirir sobre las fuentes no escritas de la teología mística patrística. Y en este punto nos encontramos en una tormentosa controversia.

HELENISMO

En el periodo comprendido entre finales del siglo XIX y principios del XX se llevaron a cabo investigaciones exhaustivas que tuvieron por objeto el origen del cristianismo. Sobre los historiadores de este periodo tuvo una gran influencia el teólogo liberal protestante Adolf von Harnack (1851-1930), cuya profunda erudición crítica dominó el mundo académico durante muchas décadas. Harnack estaba fascinado y a la vez consternado por la progresiva helenización del cristianismo. La introducción de la cultura helenística junto con las ideas pre-cristianas y no-cristianas había contaminado la fuente pura del Evangelio y había abierto paso a los dogmas que desfiguraban la verdadera figura de Jesús, de manera que la tarea del cristianismo era purificarse para poder recobrar la esencia verdadera y no adulterada del Evangelio; y esto sólo podría realizarse sobre la base de un método crítico-histórico. Harnack constató que él estaba simplemente continuando el trabajo de los reformadores del siglo XVI; y de hecho es un auténtico sucesor de Martin Lutero, quien al final de su vida podía decir a sus alumnos: «Os he enseñado a Cristo, pura, simplemente, y sin adulteraciones».

Esta manera de pensar influyó inevitablemente en las actitudes hacia la teología mística, que era, según se entendía, una manifestación más de la lepra pagana que había contagiado al cristianismo. Las obras del Pseudo-Dionisio se consideraban particularmente perniciosas, porque después de todo, ¿no eran acaso el fruto de un neoplatónico enmascarado de cristiano, que usaba el lenguaje de las religiones griegas para introducir en el cristianismo un éxtasis plotiniano extraño al verdadero espíritu bíblico? ¿No es cierto que el mismo Lutero había dicho de Dionisio que era pernicioso por cuanto plotiniza más que cristianiza? «Yo os exhorto a huir como de la peste de esa "teología mística" de Dionisio y otros libros similares que contienen toda esta cháchara».[1] ¡Con cuánta convicción se podía argumentar que el helenismo estaba oscureciendo los verdaderos rasgos de Jesús de Nazaret!

Mientras que en general el catolicismo tenía una actitud mucho más positiva hacia el helenismo, ciertos teólogos católicos mantenían grandes

---

1. Citado por Karlfried Froehlich en «Pseudo-Dionysius and the Reformation of the Sixteenth Century», en Pseudo-Dionysius: *The Complete Works*, trad. Colm Luibheid, Paulist Press, Nueva York, 1987, p. 44.

reservas sobre la teología mística apofática que deriva de Gregorio de Nisa y de Dionisio. Se podría mencionar, por ejemplo, a un eminente estudioso platónico, el dominico francés A. J. Festugière, que defendía con pasión que en su teología mística los Padres eran platonizantes, y que consideraba que el auténtico espíritu cristiano aparece en los evangelistas, en Ignacio, en Ireneo, en los mártires, y en la tradición monástica. Pero había otro movimiento mucho menos cristiano: «Es la Escuela Alejandrina, Clemente y Orígenes. Y se pueden distinguir fácilmente los eslabones de la cadena: en Oriente eran todos maestros de contemplación, Evagrio, Gregorio de Nisa, Diadoco de Ponto, el Pseudo-Dionisio; y en Occidente, Agustín y (en tanto que sigue a Agustín) Gregorio Magno».[2]

Con seguridad, Festugière no pensaba que el helenismo fuera un cáncer peligroso –amaba demasiado a los griegos como para que éste fuera su punto de vista–, pero opinaba que era un fenómeno paralelo al auténtico espíritu cristiano e independiente de él. No está solo en esta consideración; algunos teólogos católicos de nuestros días recelan de la oscura tradición dionisiana que emana de los místicos renanos, de *La nube del no saber,* de san Juan de la Cruz, y que pervive todavía en los escritos tempranos de Merton, de T. S. Eliot, y de muchos escritores carmelitas. Opinan que esta tradición debe ser aún purgada y limpiada de impurezas neoplatónicas que desfiguran la bella apariencia de la auténtica espiritualidad cristiana.

Las obras de Harnack, Festugière y otros desencadenaron una agria polémica y estimularon estudios posteriores. Es de especial interés para nuestro libro el análisis que se ha hecho del significado que los términos *misterio* y *místico* tenían en el mundo antiguo.

EL TÉRMINO 'MISTERIO' EN EL NUEVO TESTAMENTO

Las palabras *misterio* y su plural *misterios* se encuentran en el Nuevo Testamento con una pluralidad de significados. En el Evangelio, *misterio* se utiliza en relación con las parábolas. «A vosotros os ha sido confiado el

---

2. *L'Enfant d'Agrigente,* de A. J. Festugière, París 1950, p. 141. La tesis de Festugière fue discutida por Andrew Louth en *The Origins of the Christian Mystical Tradition,* Oxford, 1981.

La tradición cristiana

misterio del reino de Dios, pero a los demás, a los que están fuera, todo les llega en parábolas...» (Marcos 4,11). Y, «a vosotros se os ha dado el misterio del reino de Dios; pero a los que son extraños todo se les anuncia en parábolas» (Mateo 13,11). ¿Cuáles son estos misterios? ¿Cuál es el secreto que sólo los discípulos pueden entender?

El misterio es el reino de Dios:

μυστήριον της βασιλείας τοῦ Θεοῦ

Y un comentarista no duda en decir que el misterio revelado a los discípulos es «el mismo Jesús como Mesías».[3]

Pero es en las cartas paulinas donde se desarrolla con plenitud la noción de misterio. En la Epístola Primera a los Corintios Pablo habla del misterio de Dios:

τὸ μυστήριον του Θεοῦ

Este misterio no lo enseña Pablo con elevadas palabras o a través de la sabiduría «pues nunca me precié de saber otra cosa que a Jesucristo, y éste crucificado» (1 Cor 2,2). El apóstol, tomando prestada la terminología gnóstica de sus adversarios, insiste en que la sabiduría real y el misterio real son la cruz. Esta noción es un escollo para los judíos y una burla para los gentiles, pero para aquellos que son llamados, tanto judíos como griegos, es Cristo el poder de Dios y la sabiduría de Dios. Es decir, el misterio es Jesús crucificado.

La noción de misterio también aparece en las epístolas de cautividad de Pablo.[4] En ellas se refiere al misterio oculto durante épocas y generaciones y revelado después a los santos, y que es «Cristo, esperanza de vuestra gloria» (Col 1,27). Más adelante, en la misma carta, menciona el misterio de Dios, que es el mismo Cristo en el que se esconden todos los tesoros de la sabiduría y el conocimiento. También en la carta a los Efesios hace referencia al misterio de Cristo, oculto durante eras en Dios y que le fue dado a conocer por la revelación; y ora para que ellos puedan conocer el

---

3. G. Bornkamm, «Mysterion», en *Theological Dictionary of the New Testament*, ed. Gerhard Kittel, Eerdmans Publishing Co., 1967, p. 819.
4. No está comprobado que las Cartas a los Efesios y a los Colosenses fueran escritas por Pablo, pero en este punto la cuestión de la autoría carece de importancia.

Teología mística

amor de Cristo que sobrepasa todo conocimiento. Grande, abrumador y terrible es el misterio, el matrimonio de Cristo con la Iglesia:

τὸ μυστήριον τοῦτο μέγα ἔστιν

«Misterio grande es éste, mas yo hablo con respecto a Cristo y a la Iglesia» (Ef 5,32). No es sorprendente que Pablo suplique a los que ama que recen para que de su boca salgan palabras de verdad que den a conocer el misterio de la Eucaristía.

En la primera carta a Timoteo, citando aparentemente parte del himno usado en los primeros tiempos de la Iglesia, proclama que «es grande a todas luces el misterio de la piedad»:

μέγα ἔστιν τὸ τῆς εὐσεβείας μυστήριον

Y hablando del misterio dice:

> Fue manifestado en carne,
> justificado por el Espíritu,
> visto por ángeles
> predicado a los gentiles,
> creído en el mundo,
> elevado a la gloria (1 Timoteo 3,16)

No es necesario que expliquemos aquí el significado que se le da a la palabra *mysterion* en otros libros del Nuevo Testamento como en el de la Revelación; es suficiente decir que «no revela ninguna relación con los cultos mistéricos».[5] Bouyer escribe del misterio paulino que «su contexto no debe ser buscado en los misterios griegos... sino en la literatura erudita judía y en la apocalíptica, es decir, libre de cualquier influencia griega».[6]

De manera que el misterio que llegó hasta los Padres de la Iglesia a través del Nuevo Testamento era aquel de Cristo que murió y resucitó y que habrá de venir de nuevo. Es Cristo que revela al Padre, Cristo que redime al mundo. Es el misterio que se encierra en la pregunta central del Evangelio:

---

5. G. Bornkam, *Op. supra cit.*, p. 824.
6. «Mysterion», de Louis Bouyer en *Mystery and Mysticism*, The Philosophical Library, Nueva York, 1956.

La tradición cristiana

¿Quién decís que soy yo? (Marcos 8,29).

Pedro pudo contestar, no porque hubiera conocido la respuesta por la carne y la sangre, sino porque había recibido una revelación del Padre. Este es en el Nuevo Testamento, el misterio de Cristo.

'MISTERIO' Y 'MÍSTICO' EN LOS PADRES DE LA IGLESIA

Debemos tener en cuenta que los Padres de la Iglesia vivieron en el mundo grecorromano, un mundo de cultura compleja y muy desarrollada. La mayoría de ellos eran personas inteligentes y educadas que ni pudieron ni quisieron renunciar a su cultura cuando abrazaron la nueva religión semítica. El helenismo estaba en el aire que respiraban, en el agua que bebían, en el lenguaje que hablaban. Y así, tomaron las palabras *misterio* y *místico* del mundo circundante, usándolas como vehículos para expresar las enseñanzas del Nuevo Testamento. Pero tampoco pudieron negar por completo el significado que ya tenían; habría sido imposible.

Es cierto que el término *misterio* –probablemente derivado del griego *muein*, que significa *cerrar la boca*– se utilizaba en relación con las ceremonias de las religiones mistéricas que tenían que mantenerse en secreto. Sin embargo, Louis Bouyer hace grandes esfuerzos para probar que los Padres utilizaban la palabra *misterio* a su manera, en un contexto litúrgico y escritural donde «es bastante cierto que no le debe nada al helenismo, pero ese florecimiento de las semillas divinas en Cristo y en la recién nacida iglesia ya habían sido plantadas en el judaísmo».[7]

Bouyer mantiene que el adjetivo *místico* es usado por los Padres en tres contextos. El primero de ellos es cuando hablan de la Sagrada Escritura. Las Escrituras son místicas porque encierran el misterio paulino de Cristo, y la interpretación mística es aquella que explica el misterio. El segundo concierne al Evangelio, que es el misterio de la fe, de manera que el término se utiliza en un contexto litúrgico para referirse al gran misterio

---

7. *A History of Christian Spirituality*. Vol. 1: *The Spirituality of the New Testament and the Fathers*, Louis Bouyer, Burns and Oates, 1968, p. 525. Para más información sobre esta cuestión véase: *Neoplatonism and Christian Thought*, ed. Dominic J. O'Meara, State University of New York Press, Albany, 1982.

Teología mística

que más tarde se formularía en el cántico: «Cristo ha muerto; Cristo ha resucitado; Cristo habrá de volver». El tercer uso del término *místico* está en conexión con una experiencia religiosa: una experiencia espiritual (en cuanto opuesta a carnal) recibe el nombre de mística. Probablemente fuera Orígenes el primero en usar *místico* en este tercer sentido.

Bouyer cita un número impresionante de textos patrísticos y concluye, como oponiéndose a Harnack y a Festugière:

> Nos parece que después de haber leído todos estos textos es imposible que se pueda presentar el misticismo cristiano como elemento importado del neoplatonismo.[8]

Por lo que respecta a Dionisio, sus antecedentes neoplatónicos son innegables, pero se encuentra claramente enraizado en la misma tradición patrística. Su *Teología mística* debe estudiarse en unión con otras de sus obras: *Los nombres de Dios, La jerarquía celestial, La jerarquía eclesiástica* y *Las cartas*. De este modo nos damos cuenta de que en Dionisio no todo es oscuridad, de que su teología de la negación está cuidadosamente compensada por una teología de afirmación, que todo su enfoque es escritural, litúrgico y eclesial. Mientras que el marco es neoplatónico y existe la posibilidad de que fuera discípulo de Proclo, nunca cita explícitamente ninguna fuente pagana (aunque leyendo entre líneas se pueden encontrar alusiones al *Timeo* y al *Simposio* de Platón y a los neoplatónicos), y en su opinión los griegos no eran maestros autorizados. Bouyer concluye que, mientras que la conexión de Dionisio con el neoplatonismo es innegable, «su teología mística, como él la entiende, es su manera de reconocer al Cristo que parte el pan en todas las Escrituras».[9]

Si las conclusiones de Bouyer son correctas, serían muy significativas, no sólo para la comprensión de la tradición mística patrística, sino también para la comprensión de una teología mística renovada en la actualidad.

Teniendo en cuenta todo esto podemos considerar brevemente la primera *Teología mística*.

---

8. «Mysticism: An essay on the History of a Word», en *Mystery and Mysticism*, The Philosophical Library, Nueva York, 1956, p. 137.
9. Ibid. Véase también: *Denys the Areopagita*, Andrew Louth, Morehouse-Barlow CT, 1968, p. 21.

LA PRIMERA *TEOLOGÍA MÍSTICA*

La primera *Teología mística* es una obra de guía espiritual. Dionisio, el maestro, instruye a su discípulo Timoteo diciéndole cómo penetrar en el silencio, en la vacuidad, la nada, el vacío. Debe imitar a Moisés (aquí nos encontramos con la influencia de Gregorio de Nisa), que subió a la montaña y penetró en la nube pero no vio a Dios —puesto que nadie ha visto jamás a Dios–, sino sólo el lugar donde mora Dios. Dionisio, por tanto, está más interesado en guiar a su discípulo que en elaborar una teología de la negación; y podría añadirse que ésta es una característica de la teología mística que no ha cambiado nunca. Incluso en nuestros días la teología mística sigue siendo pastoral, está orientada a la guía, a ayudar a las personas en su camino hacia Dios.

Dionisio abre su tratado con una oración al Dios trinitario:

> Trinidad supraesencial
> más que divina y más que buena
> maestra de la sabiduría de los cristianos
> guíanos más allá del no saber y de la luz
> hasta la cima más alta de las Escrituras místicas...[10]

En esta oración observamos una juiciosa mezcla de lo apofático y lo catafático. Por una parte, Dios es el misterio de misterios que supera a cualquier cosa que podamos conocer. Por otra, sabemos por la fe que Dios es trinitario y que nos da la gracia y nos asiste en el viaje de la vida. De esta manera se combinan en la oración el saber y el no saber.

Después de la oración el maestro se dirige al discípulo con un consejo práctico:

> Esto pido, Timoteo, amigo mío, entregado por completo a la contemplación mística, renuncia a los sentidos, a las operaciones intelectuales, a todo lo sensible y lo inteligible. Despójate de todas las cosas que son y aun de las que no son.[11]

---

10. *Mystica Theologia*, C. 1. Obras Completas del Pseudo Dionisio Areopagita. B.A.C. Madrid, 1990.
11. Ibid.

Teología mística

Aquí tenemos un mensaje de renuncia total. Timoteo ha de abandonar todo pensamiento, todo razonamiento, todo sentimiento, para penetrar en la oscuridad extática que trasciende al ser:

> Porque por el libre, absoluto, y puro apartamiento de ti mismo y de todas las cosas, arrojándolo todo y del todo, serás elevado espiritualmente hasta el divino Rayo de tinieblas de la divina Supraesencia.[12]

Nos encontramos así con el éxtasis, con el abandono de todas las cosas, con la negación de cualquier pensamiento para entrar en la oscuridad divina de la suprema sabiduría.

Muchos comentaristas han comparado estos pasajes con el éxtasis neoplatónico. Vladimir Lossky, por ejemplo, afirma que si comparamos el éxtasis de Dionisio con la sexta *Enéada* de Plotino nos veremos obligados a reconocer algunas semejanzas importantes; pero luego pasa a considerar que los dos éxtasis son de hecho bastante distintos.[13]

Incluso más interesantes e importantes son los comentarios que hizo el autor de *La nube del no saber* en su traducción inglesa. Introduce algunos cambios significativos en el texto (lo que no se consideraba poco ético en el siglo XIV), y hace que Dionisio le diga a Timoteo que será elevado por encima de la mente *en amor*, que le apremie para entrar en la oscuridad *con amor,* y que le diga que Moisés fue llamado por *un amor extraordinario*.[14] Todo esto establece una gran diferencia, porque en lugar del Moisés frío, filosófico, neoplatónico, que se separa de la materia para llegar a un mundo de puro espíritu, el autor inglés nos muestra a un Moisés inflamado de amor por Dios que sube a la montaña y renuncia a todas las cosas con extrema pobreza de espíritu.

El autor de *La nube* sigue la tradición mística medieval en su traducción. Pero ¿le es realmente fiel al pensamiento de Dionisio?

Quizá lo sea, porque en otra parte, en *Los nombres de Dios,* Dionisio habla con gran vehemencia del éxtasis de san Pablo, que es un éxtasis de amor arrebatado:

---

12. Ibid.
13. Cf. *The Mystical Theology of the Eastern Church*, Vladimir Lossky, St Vladimir's Seminary Press, Nueva York, 1976, p. 29.
14. Cf. *The Mysticism of «The Cloud of Unknowing»*, William Johnston, Source Books, Trabuco Canyon, California and Anthony Clarke, Wheathampstead, Herts. Reeditado en 1992, p. 32 ss.

La tradición cristiana

Por eso, el gran Pablo, arrebatado por su encendido amor a Dios y preso de poder extático, dijo estas palabras inspiradas: «Ya no vivo yo, es Cristo quien vive en mí». Pablo estaba realmente enamorado, pues, como él dice, salía de sí mismo por estar con Dios. No contaba más con su propia vida, sino con la de Aquel de quien estaba enamorado.[15]

Sin duda este vibrante pasaje revela a un Dionisio profundamente consciente del papel del amor en el ascenso místico.

Y fue así como el éxtasis de Dionisio se introdujo en la tradición mística cristiana y ocupó en ella una posición central. En las obras de los místicos cristianos se convierte en una salida del yo, en el abandono de todas las cosas como se entiende en el contexto de la exhortación bíblica de que se abandone todo por amor a Jesús. Es el camino de alguien que pleno de alegría renuncia a todo para encontrar el tesoro escondido en el campo o para comprar una perla de alto precio. El elemento distintivo en la tradición mística es que la persona no sólo abandona las posesiones materiales, sino también el pensamiento, el razonamiento, la conceptualización, las formas y todas las seguridades. Cuando se desarrolla la tradición mística, particularmente en san Juan de la Cruz, uno deja atrás todo consuelo sensible y espiritual, todas las visiones, todas las voces, toda atadura natural y sobrenatural. Nada, nada, nada, e incluso en la montaña, nada.

El contemplativo lo deja todo por el amor y por la sabiduría, o, más correctamente, por la sabiduría del amor. San Juan de la Cruz, refiriéndose al conocimiento oscuro y supraconceptual, se apoya en Dionisio. «La contemplación... es como luz», escribe, «y ésta es oscura para el entendimiento, porque es noticia de contemplación, la cual, como dice san Dionisio, es rayo de tiniebla para el entendimiento».[16] También dice que el conocimiento opaco, oscuro, o general de la contemplación es pura fe.

Cuando la tradición mística se desarrolla, entiende el éxtasis dionisiano en el contexto del Cantar de los Cantares: la esposa se pone en camino para conocer al esposo que es el Verbo Encarnado. El proceso alcanza su punto culminante con el matrimonio espiritual, que es la puerta a la vida eterna donde se celebra el matrimonio eterno, el matrimonio en la gloria entre Dios y el alma.

Hay otro extremo en Dionisio que debe ser mencionado. Desde el

15. *Los nombres divinos*, IV, 13.
16. *Llama de amor viva*, 3.49.

Teología mística

principio hace una advertencia que no fue pasada por alto en la tradición cristiana. «Vela», le escribe a Timoteo, «para que nada de esto llegue a oídos de los que no están preparados».[17]

Los prudentes maestros y guías de los monasterios acabaron por saber bien que este riguroso ascenso en el abandono de todas las cosas no es para todas las personas, sino para las que han sido llamadas. Pobre de aquel que lo abandone todo antes de que haya llegado el momento:

> No turbéis ni interrumpáis el sueño de mi amada
> antes de que ella quiera (Cantar de los Cantares 3,5)

Y así, profundamente consciente de los peligros de una kenosis prematura, la sabia tradición mística elaboró ciertas señales por las que podemos saber si ha llegado la hora de responder a la voz del esposo para subir la montaña de la renuncia total en compañía de Moisés y de los místicos. ¡No turbemos a la amada hasta que ella quiera!

La teología mística fue escrita y reescrita con el paso de las generaciones y el nacimiento de nuevas culturas. Las enseñanzas de Dionisio fueron purificadas, corregidas, ampliadas, pero los modelos básicos de experiencia humana, mística, siguen sorprendentemente en la misma línea. Cuando leemos a Dionisio, *La nube del no saber,* al maestro Eckhart, a san Juan de la Cruz, a Teresa de Lisieux, a Edith Stein, somos conscientes de que el mismo espíritu actúa en todos. No es necesario decir que existen variaciones de acuerdo con la personalidad, con la cultura y la educación, con el don carismático, pero todos lo dejan todo, incluso el conocimiento discursivo, para penetrar en el misterio de los misterios donde encuentran la mayor de las sabidurías, que es aquella que proviene del amor.

EL PRIMER GRAN DIÁLOGO

La teología mística, como ya se ha mencionado, nació cuando el cristianismo hebreo penetró en el mundo mediterráneo y se mezcló con la cultura de los griegos. Fue éste un encuentro de importancia trascendental cuyas consecuencias aún están por evaluar.

Sin embargo, hoy estamos en disposición, como nunca antes, de com-

---

17. *Mystica Theología,* C. 2.

La tradición cristiana

prender lo que ocurrió, porque nosotros, cristianos del siglo XX, nos encontramos en una situación extraordinariamente similar. Enfrentados con una revolución cultural que está causando una conmoción espiritual sin precedentes, el cristianismo está en proceso de abstraerse de una cultura para imbricarse en otra. Los cristianos del continente africano tienen conciencia de ser africanos, los del continente asiático de ser asiáticos, los cristianos occidentales postmodernos tienen conciencia de su postmodernidad. Todos aman y valoran una herencia cultural que ni quieren ni pueden negar. Todos se enfrentan al problema de la inculturización: de trasladar el mensaje de Jesucristo y la persona de Jesucristo a la nueva época. Son conscientes de que es preciso el diálogo, y saben que el diálogo es una tarea complicada.

Los primeros cristianos se parecían a nosotros en muchos aspectos. Amaban el Evangelio de Jesucristo y estaban dispuestos a morir por él cuando se reunían en torno a la mesa del Señor para compartir el pan, pero también amaban el mundo en que vivían y en el que proclamaban la buena nueva. Y, como nosotros, se enfrentaban a los problemas de la mezcla de culturas y del diálogo, aun cuando no utilizaran la terminología que usamos hoy.

La tarea gigantesca de la inculturización comenzó con Pablo de Tarso, un judío de la diáspora que hablaba griego, discípulo de Gamaliel y místico hasta lo más profundo; Pablo, el apóstol de los no circuncidados, era lo suficientemente cosmopolita como para darse cuenta de que los gentiles debían ser gentiles, de que no se trataba de convertirlos en judíos. Cuando en Antioquía Cefas se negó a comer con los gentiles Pablo se lo recriminó porque le pareció indigno: «Si tú, con ser judío, vives como los gentiles, y no como los judíos, ¿cómo fuerzas a los gentiles a judaizar? (Gál 2,14).

La manera de pensar del apóstol triunfó aquel día. El Espíritu descendió abundantemente sobre los gentiles. Pablo vio una visión y oyó una voz que le decía que nada era impuro; y el Concilio de Jerusalén decidió no imponer más restricciones a los gentiles que las necesarias: que se abstuvieran de lo que hubiera sido sacrificado a los ídolos, de la sangre, de lo que hubiera sido estrangulado, y de la fornicación.

Por lo que respecta al apóstol, cuando los suyos no quisieron escucharle decidió marcharse y llevar la buena nueva a los gentiles de Asia Menor y de Roma, e incluso es posible que llegara hasta España.

Sin embargo, era profundamente consciente de las enormes dificulta-

Teología mística

des inherentes a su vocación. La sabiduría de Jesucristo no era sino locura para los griegos, pero él debía enseñarla, y ¡ay de él si no lo hacía así!, puesto que conocía a personas que eran enemigos de la cruz de Jesús, cuyo fin era la destrucción, cuyo dios era su estómago y cuya gloria se encontraba en su vergüenza. Pablo era también consciente de las extrañas ideas gnósticas y sincréticas que flotaban en el mundo mediterráneo, y vio muchas, muchas cosas que eran incompatibles con el Evangelio de Jesucristo. Sin embargo, los gentiles debían ser gentiles, y debían amar y apreciar el mundo en el que vivían.

La política del de Tarso casi destruyó la incipiente iglesia, pero dio sus frutos con el transcurso del tiempo. Clemente, Orígenes, Evagrio, Agustín y otros vieron la luz y fueron conformados en un mundo grecorromano al que amaron y valoraron incluso aunque fueran conscientes de sus males. Su tarea consistió en introducir en aquella cultura la sabiduría de Jesús crucificado, y así elaboraron una teología que les ayudó a ver el Espíritu en acción en todo el mundo antes de la llegada de Jesús. Antes de la llamada de Abraham hubo una revelación para toda la raza humana, revelación que aún permanece. Tuvo especial importancia el texto del cuarto evangelio que nos dice que el Verbo ilumina a cualquiera que llegue al mundo, un Verbo al que Justino Mártir atribuyó todas las verdades de las religiones no-cristianas. Esta teología abrió el camino al dialogo con el mundo griego.

Por supuesto que los primeros cristianos cometieron errores. Orígenes, Evagrio, Tertuliano, sostuvieron tesis que la comunidad no pudo conciliar con el Evangelio. También lo hizo Agustín. Pero nadie duda que los elementos esenciales se mantuvieron en toda su pureza. Jesús era el Verbo Encarnado; su madre era la madre de Dios (*theotokos*) de manera que se puede decir con razón que Jesús es Dios y hombre. El escándalo de la cruz no fue cuestionado; la locura del Evangelio, proclamada.

La labor de inculturización fue profundamente creativa. Los Concilios de los Padres en Nicea (325), en Éfeso (431) y en Calcedonia (451) vieron aspectos de Jesús de los que el cristianismo judío no se había percatado. Desde el interior de otra cultura se enfrentaron con una nueva perspectiva a la pregunta clave del Evangelio: «Y, vosotros, ¿quién decís que soy yo?» (Mc 8,29).

Harnack y sus discípulos, limitándose al método histórico-crítico, pasaron esto por alto. En su búsqueda del Jesús histórico como «Jesús real» no se dan cuenta de que través del proceso histórico y de la labor de incul-

La tradición cristiana

turización donde es activo el Espíritu, los hombres y mujeres de fe viva, lejos de desfigurar la cara de Jesús, ven más y más profundamente en la belleza de la esencia.

Hay otro punto que es de gran importancia para la teología mística. Los griegos tenían un enfoque distinto del gran misterio de la vida, tenían una experiencia religiosa diferente y una manera distinta de orar. Esto le es evidente a quien lea a Platón, a Plotino o a Proclo, de manera que el Moisés de Gregorio de Nisa y Dionisio tenía que ser distinto del Moisés del Éxodo y del Deuteronomio. Los gentiles tenían que rezar como gentiles y no como judíos.

Uno está tentado a pensar que ni Harnack ni Bouyer entendieron el proceso del diálogo y de la inculturización. Ambos recelaban de la influencia griega; Harnack la encontraba perniciosa y Bouyer trató de minimizarla, como si fuera periférica. La verdad es que en aquellos primeros tiempos tuvo lugar un maridaje cultural entre judíos y gentiles, hebreos y griegos.

Y hoy, cuando el cristianismo se enfrenta con un mundo nuevo, ¿debemos esperar otro matrimonio y darle la bienvenida a su criatura, a una teología mística renovada?

Tres
RAZÓN *VERSUS* MISTICISMO

HACIA LA SISTEMATIZACIÓN

El cristianismo no es sistemático en sus orígenes. Los evangelios son un conjunto de parábolas, historias y sentencias de Jesús que culminan en el gran drama de la muerte y resurrección. Todo está pensado para llevar al lector u oyente a la *metanoia* o conversión de corazón. El autor del cuarto evangelio dice explícitamente que escribe para que el lector pueda creer, y para que creyendo tenga vida en el nombre de Jesús.

Los Padres griegos hicieron una serie de intentos de sistematización que fueron formulados en dogmas en Nicea (325), Éfeso (431) y Calcedonia (451). Sin embargo, el gran movimiento hacia una teología sistemática tuvo lugar en la Edad Media, abarcando los años que separan a Anselmo de Canterbury (1033-1109) de Tomás de Aquino (1225-74). Fue esta una época de intensa y febril actividad intelectual en la que los teólogos de las universidades medievales intentaron dar orden y coherencia a las Escrituras, a los escritos patrísticos, a los materiales de los Concilios, y a todo lo que recibe el nombre de tradición. Pretendían encontrar una visión general sistemática del mensaje cristiano.

Al principio de este esfuerzo titánico que habría de tener su fruto en el monumental logro que se llama escolasticismo tuvo lugar una disputa histórica y significativa entre un brillante aunque trágico filósofo y un místico ferviente aunque inflexible. Pedro Abelardo (1079-1142) y Bernardo de Claraval (1090-1153) se enfrentaron en un problema que es central en la teología mística.

BERNARDO Y ABELARDO

Pedro Abelardo era claramente consciente de las paradojas y de las aparentes contradicciones de la doctrina cristiana. Siempre *enfant terrible*, escribió su *Sic et Non* para ciento cincuenta y ocho proposiciones que pueden ser al mismo tiempo probadas y refutadas con argumentos sacados de las Escrituras, de los Padres, de los Concilios, y de la razón. Convencido del enorme poder de la razón humana y lleno de admiración por los filósofos griegos (aunque no pudo haberlos leído extensamente) elaboró un trabajo teológico sobre la Santísima Trinidad que fue condenado por el Concilio de Soissons en 1121 y arrojado con ignominia a las llamas. Sin embargo, perseveró en su trabajo.

Desde la perspectiva del siglo XX las intenciones de Abelardo son dignas de elogio. Pretendía encontrar una base racional para el cristianismo, y los estudiosos modernos le consideran un importante antecedente de la gran síntesis del siglo XIII entre fe y razón que fue normativa en la teología católica hasta el Concilio Vaticano II. Y lo que es más, nunca quiso separarse de Cristo, manifestando con su inigualable manera que, en el caso de un conflicto insoluble, él habría de rechazar a Aristóteles antes que a san Pablo.

Pero Bernardo, que estaba educado en la tradición monástica donde la teología era meditación y oración, opinaba que Abelardo le estaba robando al cristianismo su misterio a través del racionalismo. Dios (como muy bien habían dicho los Padres griegos) es un misterio más allá de todo concepto y razonamiento. Para llegar a Dios debemos abandonar toda racionalización y penetrar en un silencio sin palabras, puesto que nadie ha visto jamás a Dios. Por consiguiente, circunscribir a Dios, ponerle en categorías o fórmulas, acotarle en un marco conceptual, es degradarle y bordear la blasfemia. Esto es así sobre todo en el caso de la Trinidad, que es el misterio entre los misterios. Abelardo –escribió Bernardo– cree que no ve nada a través de un cristal oscuro, sino que contempla todas las cosas cara a cara.[1]

Así es que se enfrentaron. Bernardo escribió al papa Inocencio II y a muchos obispos denunciando a Abelardo, que fue condenado sin ser oído en el Concilio de Siena en 1141 y que murió al año siguiente. La vehemencia con la que Bernardo persiguió a su desafortunado adversario es a la vez sorprendente y dolorosa. ¿Es acaso éste el Bernardo que escribió tan

---

1. Cf. *The Mind of St. Bernard of Clairvaux*, G. R. Evans, Oxford, 1983.

La tradición cristiana

extasiadamente sobre el amor de Dios y quien comentó tan elocuentemente el Cantar de los Cantares?[2] La disputa entre Bernardo y Abelardo –entre el misticismo y el racionalismo– recorre la teología medieval y continúa en nuestros días. La agonía del místico encuentra su expresión medieval en esos lúgubres pasajes en los que un santo Kempis suspira que es mejor tener compunción que conocer su definición, y pregunta qué valor tiene disputar sobre la Trinidad si se contraría a la Trinidad.

Pero antes de que Kempis escribiera su *Imitación*, el siglo XIII había visto nacer a un genio que era a la vez un místico consumado y un brillante dialéctico. Tomás de Aquino (1225-74) combinó en su persona la parte mística de Bernardo y la parte dialéctica de Abelardo. En el doctor angélico, como llegó a ser llamado, la razón y el misticismo se encontraron y reconciliaron.

AQUINO, MÍSTICO

Tomás de Aquino era una clase especial de místico. Sabemos que pasaba muchas horas en oración y muchas horas estudiando, y la leyenda habla de su ensimismamiento, del cual despertaba repentinamente para proponer alguna doctrina de fe con la confianza del que hubiera tenido una idea revolucionaria. Fraile dominico, su ideal era proporcionar a otros el fruto de la contemplación:

Contemplata aliis Tradere

No puede haber duda alguna de que su profundo magisterio y sus obras fueron producto no sólo de un estudio intenso, sino de un corazón que estaba inflamado de amor por Dios y por los textos sagrados de los que hablaba. Nosotros atisbamos esta tierna devoción en su poesía lírica:

Pie Pelicane, Jesu Domine,
Munda me immundum
Tuo Sanguine

2. Cf. *The Mystical Theology of St. Bernard*, Étienne Gilson, Nueva York, 1955. También *Peter Abailard*, J. G. Sikes, Nueva York, 1965.

Teología mística

Su amor por la Eucaristía es particularmente impresionante, y también describe poéticamente el banquete sagrado con tierna devoción y exactitud teológica. Era un verdadero dominico en cuanto a que su vida estuvo orientada al magisterio. Y así como es mejor que la vela dé luz y no sólo se queme –dijo–, también es mejor dar a otros el fruto de la contemplación que contemplar tan sólo.

METAFÍSICA TOMISTA

En su intento por crear una subestructura sistemática para el mensaje cristiano, Tomás recurrió a los griegos, especialmente a Aristóteles, cuyas obras acababan de ser traducidas y se leían en la Europa de la época.

El problema central de la filosofía griega –que es el problema central de la *Teología mística* de Dionisio– era la famosa paradoja de *el uno y los muchos*. La experiencia común de los hombres les enseña que están rodeados de una pluralidad de cosas: hombres y mujeres, plantas y animales, piedras y estrellas. Pero la experiencia de filósofos y poetas plantea que hay una sola cosa. Porque hay veces que estas personas elegidas se encuentran en el punto cero o en el punto de silencio y ven que todo es uno. ¿Cómo podemos reconciliar la experiencia de la unidad con la experiencia de la multiplicidad?

Estrechamente relacionado con este punto se encuentra el problema de la reconciliación de los opuestos. Estamos rodeados de opuestos: calor y frío, blanco y negro, arriba y abajo, principio y fin, vida y muerte, cielo y tierra, todo y nada. La mayoría de nosotros conocemos a místicos y a personas con un don especial que sin más ignoran toda esta diversidad y hablan en extravagante paradoja como si los opuestos no existieran.

También tenemos el problema de Dios, de la distinción, si existiera, entre Dios y el universo. Por una parte alzamos los ojos al cielo y exclamamos: «Padre Nuestro». Por otra, Dios es la gran realidad en la que vivimos y nos movemos y de la que recibimos nuestro ser. Así es que somos uno con Dios y no lo somos. Esta paradoja es patente en los místicos que tuvieron conflictos por decir aparentemente que eran Dios.

Siguiendo a Aristóteles Aquino resuelve este conflicto con su teoría de la esencia y la existencia. Todas las cosas son una por razón de su existencia –son una en *que son;* y todas las cosas son distintas por razón de su esencia– en *lo que son*. Cuando miro al mundo y veo sólo existencia veo unidad,

conmigo como parte de la totalidad. Cuando veo esencias, percibo la multiplicidad.
En Dios, sin embargo, esencia y existencia son idénticas. *Lo que Dios es* y *que Dios es* son la misma cosa. Porque Dios es ser en todo el sentido de la palabra. De hecho, se puede decir que Dios es el único Ser, y todos los demás seres participan de su existencia. Cuando expone el nombre más apropiado para Dios, Tomás elige *Qui Est,* el que es, y recurre al Éxodo donde Dios le dice a Moisés:

Ego Sum
Yo soy

Y aunque puede que esta interpretación del Éxodo no alegre los corazones de los exégetas de las escrituras, es una metafísica muy sólida.[3]

Todas las cosas, por tanto, participan del ser de Dios. Los místicos mencionan con frecuencia la segunda Epístola de Pedro, donde se dice que nosotros «podemos participar de la naturaleza divina» (2 Pedro 1, 4). Y Tomás explica esto con su doctrina de la analogía.

La noción de existencia no es unívoca, porque si lo fuera, todas las existencias serían lo mismo y su resultado el panteísmo. La noción de existencia no es equívoca, porque si lo fuera, sería completamente diferente de Dios, y el resultado sería agnosticismo o dualismo. Pero la noción de existencia es análoga, es decir, lo mismo y distinto. Cuando decimos que el universo existe y que Dios existe estamos usando la palabra *existencia* análogamente.

De forma práctica podemos hablar de Dios por medio de la afirmación, de la negación y de la preeminencia.[4]

via affirmativa - Dios es
via negativa - Dios no es (como son las criaturas)
via eminentiae - Dios es (en una forma preeminente)

Por esto vemos cómo difiere Tomás de Dionisio, quien, fascinado por la

---

3. *Summa teológica*, I, c. 13, a. 11, c. Las referencias posteriores a la *Summa teológica* serán designadas *S T.*
4. *S. T.,* I, c. 13.

Teología mística

misteriosa oscuridad, coloca a Dios más allá de la existencia. Tomás, por otra parte, mantiene la paradoja. Dios sí que existe. Este es el camino de afirmación. Pero (y aquí nos enfrentamos al misterio y la paradoja) la existencia de Dios es tan distinta a todas las otras existencias que podemos decir que Dios no existe. Y he aquí que algunos bienintencionados místicos han incurrido en conflicto por decir que Dios no «existe»; y se podrían haber salvado si se hubiera comprendido la doctrina tomista de que la existencia es un concepto análogo, y de que Dios existe en una manera preeminente.

Todo esto, que puede sonar a simple especulación, se hizo eminentemente práctico y pastoral con uno de los grandes teólogos místicos del siglo XIV. El autor de *La nube del no saber* aconseja a su discípulo que evite todas las esencias y que concentre su atención en la existencia. No pienses en *lo que tú eres* o *lo que Dios es,* dice. Concéntrate tan sólo en *que tú eres* y en *que Dios es*. De esta forma entrarás en una gran unidad (porque la contemplación es el ejercicio de uno) y el olvido de sí. He aquí sus palabras:

> Y piensa por tanto de Dios en su obra como lo haces sobre Dios: que Él es como Él es y tú eres como tú eres.[5]

Este es un tema que recorre la doctrina mística del autor inglés. Une tu ser ciego al ser ciego de Dios. Aquí la palabra *ciego* significa «sin pensar en lo que eres o en lo que Dios es». E incluso justifica su doctrina con una cuidada metafísica tomista:

> Porque es él tu ser, y en él tú eres lo que tú eres, no sólo porque él es la causa y el ser de todo lo que existe... y recuerda la distinción entre él y tú: él es tu ser, pero no tú el suyo.[6]

Esta última afirmación de que «él es tu ser pero no tú el suyo» es una manifestación exacta de analogía tomista.

Lo que es más, este mismo autor justifica su plegaria de existencia pura diciendo que la existencia es una noción total. Lo que se puede decir de Dios se contiene en la pequeña palabra *es*. Así es que no te preocupes

---

5. *The Book of Privy Counselling*. Ed. castellana: *El libro de la orientación particular*, Ediciones Paulinas, Madrid, 1981. C. 1.
6. Ibid.

La tradición cristiana

de las esencias –dice– puesto que todo lo que necesitas está incluido en la existencia:

> Porque si dices: «buen Señor» o «Padre justo» o «dulce», «misericordioso», «recto», «sabio» u «omnisciente», «poderoso», «inteligencia» o «sabiduría», «poder», «fuerza», «amor», o cualquier otra cosa que digas de Dios, todo está oculto y contenido en la pequeña palabra *es*... y si añadieras cien términos tan dulces como éstos no te apartarías de esta pequeña palabra *es*. Y si los dijeras todos, nada añadirías a la palabra. Y si no dijeras ninguno, no le restarías nada.[7]

A lo largo de la obra el autor aconseja a su discípulo que entierre todas las esencias bajo una nube de olvido para ser consciente tan sólo de la existencia, lo que es una aplicación práctica de la doctrina de Tomás de Aquino. Sin embargo, para comprender la oración mística de este autor inglés debemos recurrir a su doctrina sobre el amor. Cuando la mente se vacía y carece de esencias, se genera un movimiento de amor que él llama un «intento desnudo» de la voluntad:

> Procura que nada permanezca en tu mente consciente, sino un intento desnudo dirigido hacia Dios, no revestido de ninguna idea particular sobre Dios, en sí mismo, como Él es en sí mismo, o en cualquiera de sus obras, sino sólo que Él es como es.[8]

Este amor es todo-importante. Para alcanzarlo debemos considerar las dos formas de conocimiento en Tomás de Aquino.

EL CONOCIMIENTO POR CONNATURALIDAD

En la *Summa teológica* Aquino habla de dos clases de conocimiento. Hay un conocimiento que proviene de la investigación empírica o del uso perfecto de la razón, y hay otro tipo de conocimiento por la connaturalidad. Aquí uno «con-naturaliza» con el objeto, que está, por decirlo de alguna forma, encarnado en sí mismo. Tomás usa la palabra *inclinación*; uno juz-

7. Ibid. C. 4.
8. Ibid. C. 1.

ga *per inclinationem*. Éste es un conocimiento que proviene del amor y de la unión.

Tal conocimiento por connaturalidad es especialmente importante en el área de la moralidad. Mientras que el profesor que razona, piensa, y elabora una teología moral puede que no tenga virtud alguna, la persona que posee la virtud conoce intuitivamente y con extraordinaria certeza, porque está «connaturalizada» con la virtud y la vive. Hablando de los dos tipos de conocimiento, Tomás ilustra su opinión refiriéndose a la castidad:

> Pero esta rectitud de juicio puede darse de dos maneras: la primera por el uso perfecto de la razón; la segunda por cierta connaturalidad con las cosas que hay que juzgar. Así, por ejemplo, en el plano de la castidad, juzga rectamente inquiriendo la verdad, la razón de quien aprende la ciencia moral; juzga, en cambio, por cierta connaturalidad con ella el que tiene el hábito de la castidad.[9]

En este punto se establece una distinción entre la persona que ha dominado la ciencia de la moral (y se podría pensar que tal persona podría ser bastante inmoral) y la persona que tiene el hábito. Esta última posee la virtud de la castidad, está unida a ella, la ama, la vive, y en consecuencia, la conoce de forma intuitiva. Puede que tal persona no escriba libros eruditos, pero su conocimiento «connatural» es seguro y fiable.

En este punto Tomás no pretende ser original; esta doctrina se encuentra, según dice, en Aristóteles, cuyas obras cita: «De ahí lo que se dice en X Ethic: El virtuoso es la regla y medida de los actos humanos».[10] Ciertamente, una noción básica en la ética aristotélica es: si deseas saber lo que es la virtud, observa a la persona virtuosa, porque ésta es quien lo sabe.

Se podría añadir (si se nos permitiera una breve digresión) que este conocimiento a través de la connaturalidad se encuentra en toda la cultura chino-japonesa y que es especialmente evidente en el budismo. En la ceremonia del té, los arreglos florales, la caligrafía y las artes marciales

---

9. *S. T.*, II, II. c 45, a. 2, c. Véase también «On knowledge through connaturality», por Jacques Maritain en *The Review of Metaphysics*, junio 1951, p. 473.

10. «... dicitur quod virtuosus est mensura et regula actuum humanorum», *S. T.*, I, c. 1, a. 7, ad 3.

–todas las llamadas «vías– la persona se identifica con el objeto y con lo que le rodea. De esta forma entramos en el estado conocido por «no-mente» o «no-yo». No se trata, como algunas veces se ha dicho, de una negación del yo, sino de un intento de describir un estado de conciencia donde nos identificamos con lo que nos rodea de una manera tan próxima que el yo separado se pierde. Todo ello conduce a un conocimiento supraconceptual que es poderosamente holístico y profundamente humano. Tal conocimiento o sabiduría es el núcleo mismo del zen.[11]

EL CONOCIMIENTO A TRAVÉS DEL AMOR

El conocimiento por connaturalidad adquiere una importancia especial cuando hablamos de Dios. Porque el que ama conoce a Dios; el que no ama no conoce a Dios. Porque Dios es amor.

Al principio de la *Summa teológica,* Tomás de Aquino, preguntándose si la doctrina sagrada es verdadera sabiduría, asegura que sí lo es, y que lo es por encima de toda sabiduría humana. Luego pasa a distinguir dos clases de sabiduría. La principal y más importante es un don que proviene del Espíritu Santo. Sólo después de hablar de esto el angélico doctor pasa a referirse al estudio. He aquí sus palabras:

> A la hora de juzgar las cosas divinas, el primer modo indicado es el que corresponde a la sabiduría que figura entre los dones del Espíritu Santo, siguiendo aquello de 1 Cor. 2, 15: El hombre espiritual todo lo juzga, etc.; y Dionisio dice en el capítulo 2 del *De Divinis Nominibus*: Hieroteo es hombre docto no sólo porque aprende lo divino, sino porque también lo vive.[12]

La más alta sabiduría es, por tanto, un don de Dios. El amor de Dios es derramado en nuestros corazones por el Espíritu Santo que nos es ha sido dado. Con esta doctrina de la connaturalidad y sabiduría como don del Espíritu Santo, Tomás sienta las bases para la teología mística subsecuente.

La persona que posee el Espíritu, por tanto, juzga todas las cosas. Por

---

11. Cf. «Ways of Knowing: a Buddhist-Thomist Dialogue», Kakichi Kadowaki en *The International Philosophical Quarterly*, diciembre 1996.
12. *S. T.,* I, c. 1, a. 6, ad 3.

Teología mística

lo que respecta a Hieroteo, sí que estudió y aprendió; pero lo más importante es que fue enseñado por la experiencia de las cosas divinas. La expresión latina es:

patiens divina

Esta expresión parece significar experimentar (literalmente «soportar») los misterios de Cristo en la oración, en la recitación del oficio divino, en la participación de la liturgia eucarística. En toda esta *patiens divina* Hieroteo se llena de un nuevo espíritu de sabiduría amorosa que se desborda en entendimiento, consejo, fortaleza, piedad, conocimiento y temor al Señor, todo lo cual es bastante diferente del mero aprendizaje que adquiere a través del estudio.

Toda esta sabiduría proviene del amor. No de nuestro amor por Dios, sino del amor de Dios por nosotros. En otra parte de la *Summa* Tomás habla de la connaturalidad por las cosas divinas:

> Y esa compenetración o connaturalidad con las cosas divinas proviene de la caridad que nos une con Dios, conforme al testimonio del Apóstol: «Quien se une a Dios se hace un solo Espíritu con Él».[13]

Evidentemente, como ya se ha mencionado, esta es una doctrina muy escriturística, porque la Primera Carta de san Juan nos dice que el que ama a Dios le conoce, y el que no ama a Dios no le conoce, porque Él es amor. Las Sagradas Escrituras dicen que no conoce a Dios el que estudia teología, sino aquel que le ama.

Su amor es, entonces, derramado en nuestros corazones; nos unimos a Dios, somos uno con Él, y a través de su amor llega la más alta sabiduría.

En sus pasajes más técnicos Tomás utiliza la psicología aristotélica para hablar de la interrelación entre amor y sabiduría, entre voluntad e intelecto. La sabiduría, que es un don, «tiene su causa en la voluntad, es decir, la caridad; su esencia, empero, radica en el entendimiento, cuyo acto es juzgar rectamente».[14] Las dos facultades de intelecto y voluntad están tan interrelacionadas que el verdadero amor de la voluntad necesariamente conduce al conocimiento:

---

13. *S. T.*, II, II, c. 45, a. 2, c.
14. Ibid.

Colocando a ambas en la misma sustancia del alma, y siendo uno, en cierto modo, principio del otro, hay que concluir que lo que está en la voluntad, de alguna manera debe estar también en el entendimiento.[15]

Lo que está en la voluntad está, de alguna manera, también en el intelecto. Esto puede sonar abstracto; pero ejerce un papel importante y práctico en san Juan de la Cruz (que era un tomista convencido) cuando dice que una experiencia poderosa del amor de Dios en la voluntad produce una profunda ilustración en el intelecto. El conocimiento y el amor están profundamente enlazados: los místicos españoles hablan constantemente de la sabiduría amorosa.

Pero ¿cuál es la naturaleza de este conocimiento connatural que proviene del amor? ¿Cómo lo experimentamos? Está claro que no es conceptual; no tiene nada de la idea clara y distinta cartesiana.

Aquí es donde la dimensión apofática de Aquino salta a primera plana. Dios se conoce como desconocido (*quasi ignotus cognoscitur*), es conocido como misterio. «Aunque en esta vida», escribe Tomás, «por revelación de la gracia no sepamos de Dios qué es, y de este modo nos unamos a Él como algo desconocido».[16]

Et sic ei tamquam ignoto conjungamur

Ésta es realmente la experiencia de los místicos apofáticos: amar y unirse al que no conocen. Esta es la noche oscura, es la nube del no saber.

Aquino sigue hablando de este conocimiento a través del no-saber cuando pregunta: «¿No será el éxtasis efecto del amor?». Cita a Dionisio con respecto al amor que produce éxtasis, y luego pasa a decir que por el éxtasis uno se coloca fuera de sí mismo y fuera del conocimiento ordinario. Esta es la situación del no-pensamiento. La persona es elevada a un conocimiento más alto «como para comprender algunas cosas que sobrepasan el sentido y la razón».[17]

En Tomás el conocimiento por connaturalidad y el conocimiento desde la investigación científica estaban admirablemente mezclados y armonizados. Era un místico consumado y un poderoso pensador. Pero al

---

15. *S. T.*, I, c. 87, a. 4, ad 1.
16. *S. T.*, I, c. 12, a. 13, ad 1.
17. *S. T.*, I, II, c. 28, a. 3, c.

final fue el místico el que triunfó. Después de su gran revelación se negó a escribir y habló poco, diciendo que todo lo que había escrito era como paja comparado con lo que había visto. El conocimiento por la connaturalidad había triunfado; el conocimiento a través de la investigación científica era como paja.

CONNATURALIDAD CON CRISTO

El conocimiento a través del amor y de la connaturalidad es de la mayor importancia en la relación del individuo con Cristo. Aquí la cuestión no es conocer a Jesús en imágenes y conceptos, que el autor de *La nube* llama meditaciones buenas y piadosas sobre la pasión, sino que se trata de amor y unión silenciosos que guían hasta la sabiduría supraconceptual.

Tomás se refiere a esto cuando plantea la pregunta: «¿Es la inhesión mutua efecto del amor?»[18] Y contesta afirmativamente citando el texto de Juan «el que permanece en caridad, en Dios permanece, y Dios en él» (1 Jn 4,16). Y prosigue: «la caridad es amor de Dios. Luego, por la misma razón, todo amor hace que el amado esté en el amante y viceversa». También dice que «el amado está en el amante en cuanto está en su afecto mediante cierta complacencia, y, a la inversa, el amante está en el amado... en tanto que busca poseerlo perfectamente, penetrando, por así decirlo, hasta su interior».[19] Aquí Tomás se aproxima extraordinariamente al Cantar de los Cantares. Su doctrina nos ayuda a comprender a Pablo cuando dice «vivo, pero no yo, es Cristo quien vive en mí» (Gál 2,20), y los muchos pasajes de inhabitación mutua del cuarto Evangelio.

Cuando captamos este conocimiento de Jesús a través del amor y de la connaturalidad podemos comprender que miles de místicos hayan pasado horas con Jesús en Getsemaní o se hayan arrodillado a los pies de la cruz sin pensar ni razonar, permaneciendo siempre en el silencio sin imágenes de una nube del no saber.

Aquino, sin embargo, pone énfasis en que este amor sin imágenes penetra a la persona de Jesús, el Verbo Encarnado; y en algunos sorprendentes pasajes aconseja a sus lectores que no estén demasiado apegados a la humanidad sagrada: «No debemos basarnos en ella como en un fin en sí

---

18. *S. T.*, I, II, c. 28, a. 2.
19. Ibid.

La tradición cristiana

misma, sino que a través de ella habremos de alcanzar a Dios».[20] Cristo —nos dice— hizo desaparecer su presencia física para que los corazones de los discípulos no fueran cautivados por sus cualidades puramente humanas. En la *Summa* escribe:

> Tal es la debilidad de la mente humana, que necesita ser guiada no sólo en el conocimiento de las cosas divinas, sino también en el amor, por medio de ciertos objetos sensibles que nos son conocidos. Grandes entre éstos es la humanidad de Cristo... Por tanto, las cosas relacionadas con la humanidad de Cristo son el principal incentivo para la devoción, que nos conducen a ella como si fueran nuestro guía, aunque la devoción en sí misma tiene como objeto principal asuntos que conciernen a la mente divina.[21]

Siguiendo a Tomás, Ruysbroeck dice que «nunca ha sido criatura o será tan divina, que pierda su ser creado y se convierta en Dios»; y añade: «Incluso el alma de Nuestro Señor Jesucristo habrá de permanecer criatura y otra que Dios».[22] Obsérvese que dice «el alma de Nuestro Señor Jesucristo», no la persona.

El autor de *La nube del no saber* aconseja a su discípulo que abandone la meditación piadosa sobre la vida y la muerte de Jesús cuando llegue la hora de entrar en el oscuro silencio de la nube. Siguiendo una larga tradición mística, describe a María Magdalena sentada llena de amor a los pies de Jesús, y nos dice que la mirada de esta mujer penetró más allá de la humanidad de Jesús hasta su divinidad: «y se dirigió a la mayor de las sabidurías de su mente imbricada en las palabras oscuras de su Humanidad». En un primer momento estas palabras nos suenan a negación neoplatónica de la cuestión, pero si las observamos más de cerca tienen base en el tomismo.

Esta es una doctrina muy importante para la dirección espiritual sensata, y constituye el núcleo de la teología mística. Ocurre que las personas penetran en el tierno conocimiento de connaturalidad, y entonces temen haber perdido a Jesús. Naturalmente no han perdido a Jesús; han encontrado un conocimiento distinto de Jesús. Sin embargo, en tales ocasiones directores ignorantes les apremian a que se pongan a trabajar y piensen en

---

20. En Juan 7, 32.
21. *S. T*, II, II, c. 28, a. 3. ad 9.
22. *El libro de la Suprema Verdad*, C 2.

Teología mística

el Jesús del Evangelio. San Juan de la Cruz arremete contra ellos enérgicamente, llamándoles herreros que golpean con un martillo destruyendo la delicada tarea de Dios.[23] Algunos directores no comprenden el conocimiento de connaturalidad que se origina en la unión de amor. Esta doctrina se expresa con belleza poética en la obra lírica medieval *Jesu Dulcis*. El poeta comienza exaltando la verdadera alegría que la memoria de Jesús produce en el corazón humano:

Jesu Dulcis Memoria

Esta es la memoria de Jesús a través de imágenes y pensamientos y profundos sentimientos. Pero luego el poema continúa diciendo que la presencia de Jesús es más dulce que la miel y que todas las cosas:

Eius Dulcis Praesentia

Aquí se describe poéticamente la transición desde *memoria* hasta *presencia*, desde *pensamiento* hasta *contemplación*. Se penetra en el oscuro conocimiento de connaturalidad en el que no hay imágenes ni ideas claras sobre Jesús, sino tan sólo el sentido de su presencia. Étienne Gilson dice acertadamente que este poema «describe el movimiento por el cual el alma se eleva desde el recuerdo de la pasión de Cristo hasta la unión mística».[24]

No deberíamos olvidar, sin embargo, que la unión con Jesús, el Verbo Encarnado, no es el último estadio del camino místico. Unidos con el Verbo y llenos del Espíritu gritamos: «Abba, Padre». En otras palabras, penetramos en el corazón mismo de la Trinidad y vivimos su misma vida.

Todo ello arroja luz valiosa sobre el misticismo apofático. Desde la época patrística hasta nuestros días, teólogos escépticos y perplejos directores espirituales se han preguntado cómo conciliar a Jesucristo con la oscuridad de Dionisio. ¿Dónde está Jesús en la nube del no saber en la que penetra el místico cuando abandona el pensamiento? La respuesta es que a Jesús se le conoce por connaturalidad, es decir, es conocido *per inclinationem*, es conocido a través del amor, es conocido por la unión. A través de él y a través de su amor también se conoce al Padre, no en imágenes cla-

---

23. *Llama de amor viva*, 3.43.
24. Étienne Gilson, *Op. supra cit.*, p. 82.

ras, sino como un misterio. «... *et sic ei tamquam ignoto conjungamur*». Nos unimos a aquel que no conocemos.

LA TEOLOGÍA MÍSTICA EN DECLIVE

Santo Tomás de Aquino, santo y místico, dominó la teología católica durante seiscientos años. Su doctrina de la connaturalidad, del conocimiento a través del amor, de la sabiduría como don del Espíritu Santo nacían de una mente y un corazón que estaban siempre unidos con el Dios vivo. Su oración contemplativa y su amor por la Eucaristía centraron toda su vida. Ahora bien, Aquino era un hombre de su época y pertenecía a la Orden de los Predicadores. Era, como Abelardo, un dialéctico brillante que quería encontrar una base racional para el mensaje cristiano y para enfrentarse a los enemigos de su fe. Para crear una subestructura sistemática recurrió a Aristóteles, pero su doctrina teológica tiene origen en la revelación –en las Escrituras y en la tradición–, y creó una síntesis magnífica de razón y fe. Todo tenía relación con su desbordante experiencia mística: *contemplata aliis tradere*.

Y he aquí que los sucesores de Tomás, que enseñaron en las escuelas repletos de energía, prestaron poca atención a la doctrina del maestro de la connaturalidad, del conocimiento a través del amor, y del don del Espíritu Santo. El decadente escolasticismo estaba ocupado con preguntas, silogismos y agudas distinciones (la palabra *distinguo* se oía con frecuencia en las aulas), y pretendía probar al mundo que el sistema era razonable. Abelardo se habría frotado las manos con regocijo, Bernardo habría llorado; los escolásticos estaban intentando no ver nada a través de un cristal oscurecido y contemplar las cosas cara a cara. ¿Dónde estaba el misticismo que había llenado las obras de los Padres?

Mientras que en el interior de los monasterios y de las casas religiosas en Occidente la oración mística sí que florecía calladamente, y mientras que hubo un despertar místico extraordinario en la España del siglo XVI, la jerarquía católica recelaba del misticismo. Los errores de los *alumbrados* y de los quietistas habían dejado huella.[25] Aquellos que aspiraban a la ora-

---

25. Tanto los *alumbrados* de la España del siglo XVI como los quietistas de la Europa del siglo XVII atribuyeron una importancia desmedida a la pasividad en la oración mental.

ción mística eran observados con sospecha; a los novicios se les advertía de los peligros del falso misticismo, del panteísmo, del quietismo, de la ilusión y de la autohipnosis.

En la tradición protestante, desde la época de los reformadores la teología mística estuvo asociada con el neoplatonismo, el gnosticismo, y con las religiones mistéricas del mundo grecorromano. E incluso algunos eminentes escritores eran de la opinión que la teología mística pasaba por alto la dimensión profética e incluso la dimensión ética de las Sagradas Escrituras.[26] Por esta razón no floreció en el protestantismo la teología mística como tal.

Hoy en día, sin embargo, nos damos de bruces con un nuevo mundo que se encuentra atraído por el misticismo y que está cansado de especulación irrelevante y farragosa. Estamos construyendo el diálogo con las religiones místicas de Asia, religiones que viven connaturalmente, y en estas circunstancias es seguro que se produzca un interés renovado por el misticismo cristiano. De hecho, ya lo tenemos entre nosotros. ¿Se convertirá la abandonada teología mística en el centro de toda teología? Este es seguramente el rumbo del futuro.

---

26. Véase *Agape y Eros* (tres volúmenes), A. Nygren, Londres, 1932-9. También *Word and Faith*, G. Ebeling, Londres, 1963.

Cuatro
MISTICISMO Y AMOR

LA PRIMACÍA DEL AMOR

Antes del Concilio Vaticano II, cuando la «teología ascética y mística» era parte del currículo del seminario, a los estudiantes se les enseñaba que la perfección cristiana consiste en la caridad. Joseph de Guibert (1877-1942), uno de los más renombrados profesores de la Universidad Gregoriana, formuló su tesis sucintamente:

> Tesis 1. La caridad es la norma principal para juzgar la perfección de la vida cristiana.[1]

Esta tesis fue la piedra angular de la antigua teología ascética y mística. Como era costumbre en la teología de la época, De Guibert comienza por pasar revista a sus adversarios. Entre ellos se encontraban los gnósticos, que pensaban que la perfección consiste en conocimiento y contemplación (*theoria*); los montanistas, que perseguían la perfección a través de los dones de la profecía y el éxtasis; los mesalianos, los hermanos del espíritu libre, los begardos, los *iluminati* españoles y los quietistas, todos los cuales exageraban de una u otra forma la importancia de la oración y la contemplación en la vida cristiana.

Contra estos adversarios De Guibert cita el mandato de amar a Dios con todo nuestro corazón y alma, mente y fuerza, y amar al prójimo como a uno mismo. Cita también el cuarto evangelio, y proporciona extensas ci-

---

1. *Theologia spiritualis ascetica et mystica*, Joseph de Guibert S. J., Roma, 1946, II. II.

Teología mística

tas de san Pablo. Después procede a comentar a los Padres de la Iglesia: Clemente de Roma, Ignacio, Ireneo, Gregorio de Nisa, Agustín, Casiano, Gregorio Magno y Bernardo de Claraval, y por supuesto, también cita a Tomás de Aquino. Todos, según De Guibert, proclaman que el amor es el centro de la vida cristiana.

Los estudiosos contemporáneos pueden decir que De Guibert ha simplificado en exceso el tratamiento de sus adversarios, y que es muy poco crítico en su estudio bíblico y patrístico, pero su tesis central no puede ser refutada con facilidad. De aquí se deriva un importante corolario: el misticismo que no tenga sus raíces ni esté asentado en el amor no puede recibir el nombre de cristiano. «Aun cuando yo hablara las lenguas de los hombres y de los ángeles, si no tuviere caridad, vengo a ser como un bronce que suena o címbalo que retiñe» (1 Cor 13, 1).

BERNARDO DE CLARAVAL

De Guibert se refiere a Bernardo de Claraval (1090-1153) como ejemplo eminente de alguien cuya doctrina espiritual está basada en el amor. Étienne Gilson abunda en este mismo sentido en *La teología mística de san Bernardo* cuando dice que ésta se centra por completo en el capítulo cuarto de la primera Epístola de san Juan, donde se puede leer que Dios es amor, que fue Dios quien nos amó primero, y que aquel que ama conoce a Dios.[2] La teología mística del doctor melifluo, como se llamaba a Bernardo, comienza y finaliza con este texto.

Que Bernardo era un convencido del amor es evidente en sus homilías sobre el Cantar de los Cantares, en sus tratados sobre el amor de Dios, y en todo aquello que escribió. «La razón de amar a Dios es Dios mismo», dice. «La medida del amar a Dios es amar sin medida.» Describe los estadios del crecimiento en el amor. En principio, nuestro amor por Cristo es sensible o «carnal», puesto que está dirigido a la sagrada humanidad de Jesús, que vivió en este mundo. Tal amor es un don de Dios; y Bernardo es conocido por su tierno amor al Jesús de los Evangelios y por su profunda devoción a la Virgen María, que expresó en el inmortal *Memorare*.

2. *The Mystical Theology of St. Bernard*, Étienne Gilson (reeditado), Londres, 1955, p. 21.

La tradición cristiana

Sin embargo, uno debe ir más allá del amor sensible, dice, «porque es carnal comparado con el otro amor que no está tan relacionado con el Verbo hecho carne como con el Verbo como sabiduría, el Verbo como verdad, el Verbo como santidad».[3] Este amor conduce al éxtasis (*excessus mentis*), al matrimonio espiritual con el Verbo, a la unión con Dios; porque «quien está unido con el Señor es con él un solo espíritu» (1 Cor 6,17). Como Orígenes, Bernardo sigue el Cantar de los Cantares cuando habla del abrazo, del beso, del éxtasis y del matrimonio. Y de nuevo, como Orígenes, advierte duramente al lector contra el peligro del erotismo:

> Pon buen cuidado en acercarte con oídos castos a este discurso de amor; y cuando pienses en estos dos amantes, recuerda siempre que no es en un hombre y en una mujer en lo que se debe pensar, sino en el Verbo de Dios y en el alma.[4]

Ésta es la visión de Bernardo del amor carnal. Uno se pregunta si logró resolver alguna vez el problema de un amor que es a la vez místico e incarnacional. Mientras que es verdad, como dice Gilson, que él tenía sus raíces en la primera Epístola de san Juan, también es cierto que estaba bien versado en los Padres de la Iglesia. Para su doctrina del éxtasis y de la divinización del alma a través del amor recurrió a Máximo el Confesor (580-662) en la traducción de Escoto Erigena, y sabemos que Máximo estaba empapado de los capadocios y de Dionisio. ¿Heredó de ellos el gran cisterciense algo del dualismo neoplatónico? ¿O simplemente eran su carácter y su educación los que se traslucen en sus obras? Quizá no era vocación suya el reconciliar lo carnal y lo espiritual. Quizás este desafío, tan central en toda la teología mística, espere todavía ser resuelto en nuestros días.[5]

Sea como fuere, Bernardo tuvo un impacto tremendo en la espiritualidad occidental y continúa ejerciendo influencia por doquier a través de los monasterios cistercienses.

---

3. *In Cantica*, PL 183.
4. Citado por Cuthbert Butler en *Western Mysticism*, p. 67.
5. Gilson escribe: «No puede haber duda en cuanto al objeto y naturaleza del amor místico como fue concebido por san Bernardo. Era un amor espiritual, en aguda oposición a cualquier tipo de amor carnal. Su doctrina es demasiado inflexible en este punto como para que quede ningún resquicio de duda. En un sentido era el núcleo de toda su doctrina. El amor carnal, si está originado en la concupiscencia, es algo que debe ser extirpado, e incluso cuando se produce en el ámbito espiritual, debe ser superado» (*op. supra cit.*, p. 172). Un enfoque semejante apenas si resuelve los conflictos de las personas de hoy.

ESCUELAS DE ESPIRITUALIDAD

En la Edad Media se produjo un auge de escuelas de espiritualidad asociadas con las grandes órdenes religiosas, y cada una de ellas tenía su propia clase de misticismo. Pueden ser consideradas verdaderas escuelas porque enseñaban a las gentes a orar, y en última instancia, a orar místicamente. De hecho, la experiencia mística fue la culminación y la gloria de cada una de ellas.

La más antigua y también la más venerada fue la escuela benedictina, que tiene sus raíces en la regla de san Benito (480-550). Tres fueron las prácticas que alimentaron el espíritu de los que entraban a formar parte de ella.

La primera era el trabajo manual en los campos. La antigua sentencia monástica de que trabajar es orar tenía un sentido profundo, incluso místico:

Laborare est orare

El contacto con la tierra, con el viento y con la lluvia, el contacto con Dios en la naturaleza era una experiencia religiosa real. Es interesante observar que el monaquismo budista valora la misma experiencia; y hoy en día está empezando a florecer el diálogo entre el monaquismo budista y el cristiano.

La segunda práctica importante era la lectura de las sagradas escrituras conocido como

Lectio divina

Era ésta la práctica de la lectura de las Escrituras lenta y amorosamente. Se tomaba una frase de la Biblia (posteriormente se utilizaron otros textos sagrados) que se repetía silenciosamente, saboreando su significado interno, identificándose con él o «comiéndoselo» de la misma forma que el autor de la Revelación se comió el pergamino. Esta práctica de lectura producía con frecuencia un estado de conciencia en el que no se utilizaban palabras, en el que se permanecía en silencio en presencia de Dios. A este uso benedictino se le llamó, siguiendo la tradición de los padres del desierto, «oración pura». De hecho es una puerta a la oración mística y sin palabras en una nube del no saber.

La tradición cristiana

La tercera práctica importante fue litúrgica, cantando el oficio divino y celebrando la Eucaristía.

Recordemos que la acción litúrgica puede ser una experiencia religiosa. Para comprender este punto sólo tenemos que reflexionar respecto a lo que sobre connaturalidad se decía en el capítulo anterior, es decir, que existe un conocimiento que proviene de la vida, del amor, y de la unión. Uno se *convierte* en el objeto, adquiriendo así un conocimiento intuitivo, y este tipo de conocimiento llega a aquellos que se reúnen en torno a la mesa del Señor para celebrar la Eucaristía con devoción. Ellos se *convierten* en el cuerpo y la sangre de Cristo. Ellos *viven* la muerte y la Resurrección de Jesús cuando recitan: «Cristo ha muerto: Cristo ha resucitado: Cristo ha de venir de nuevo».

Cristo ha muerto
Cristo ha resucitado
Cristo ha de venir de nuevo

De hecho, esta es la experiencia mística básica en el cristianismo: morir y resucitar con Cristo y con él entrar en la gloria.

Porque es un hecho que la experiencia mística cristiana no puede divorciarse de la Eucaristía y en algunos puntos puede ser incluso llamada una extensión de la celebración eucarística. Todo ello se hace patente en *La nube del no saber*, donde el autor inglés enseña a su discípulo una oración eucarística.

Lo que soy y como soy
por naturaleza y por gracia
todo te lo debo a ti, Señor, y a tu obra.
Y todo lo ofrezco por ti
principalmente para alabarte,
para ayudar a todos los que como yo son cristianos
y para mí mismo.[6]

El autor pone esta oración en palabras, pero cuando se practica existencial-

---

6. Cf. *The Mysticism of «The Cloud of Unknowing»*, William Johnston, Source Books, California and Anthony Clarke, Wheathampstead, Herts (reeditado), 1992, p. 235.

Teología mística

mente es un ofrecimiento silencioso del ser ciego individual a Dios junto con Jesús que se ofreció al Padre para redimir al mundo. Obsérvese que el autor escribe «y a tu obra»; es decir, Dios es su todo, Dios es su ser mismo. De forma que en una extraordinaria contradicción ofrece todo su ser al Padre, que es su todo y su ser mismo. Esto es a la vez místico y eucarístico.

La gran contribución de la escuela benedictina se centra en las Escrituras y en la liturgia.

También se desarrollaron otras escuelas de espiritualidad asociadas a las nuevas órdenes religiosas que vieron la luz en la Edad Media, como por ejemplo la escuela franciscana inspirada en el *poverello,* en el estigmatizado de Asís que amaba los pájaros y las flores, que cantó al hermano sol y a la hermana luna, que predicaba la pobreza total y cuyo encanto personal ha cautivado al mundo entero. El gran teólogo escolástico de la escuela franciscana fue Buenaventura (1221-1274), el doctor seráfico, que ha sido llamado el Tomás de Aquino de la teología mística. Como su amado Francisco, Buenaventura vio la Encarnación en el corazón del universo.

Podemos también mencionar a los victorinos de la abadía de san Víctor en París. Aquí vivieron el ilustre Hugo y su discípulo Ricardo de san Víctor, algunas de cuyas obras fueron traducidas al inglés por el autor de *La nube.* Ricardo comenzó el estudio sistemático de la vida espiritual y es conocido por su doctrina del éxtasis, del fuego interior y del amor apasionado.

Todas estas escuelas alimentaron el misticismo, cada una a su manera. Mientras que los monjes y las monjas aspiraban a la vida mística, el mundo seglar también se empeñaba en la búsqueda del amor.

LO SAGRADO Y LO SEGLAR

Cuando Bernardo, Ricardo de san Víctor y san Buenaventura escribían extáticamente sobre el amor de Dios, la Europa de la época luchaba también con el problema del amor. Lo seglar y lo sagrado habían de influirse entre sí.

En la Francia del siglo XI aparecieron repentinamente los trovadores, que dedicaban sus canciones de amor a una amada que estaba rodeada de un halo de diosa, y que era adorada por los hombres; esta fue la época en la que el *Arte Amatoria* de Ovidio estaba muy de moda. C. S. Lewis ha apuntado que el amor cortés, como se llamaba, era adúltero y deshonroso,

La tradición cristiana

pero que contenía bellos elementos caballerescos y de devoción que ejercieron una gran influencia en la vida europea, en la literatura y la religión.[7] De hecho, la espiritualidad occidental ha tenido desde aquel momento una dimensión romántica que la distingue de cualquiera que se haya originado en Asia e incluso de la devoción del cristianismo ortodoxo de Grecia y Rusia.

Por tanto, no puede sorprendernos que el amor cortés influyera en la interpretación del Cantar de los Cantares. Tampoco extraña que el joven Francisco de Asís escribiera poesía amorosa y que más tarde se convirtiera en el trovador de Dios, o que el amor caballeresco sea una fuerza poderosa en san Ignacio de Loyola, o que san Juan de la Cruz sea romántico hasta la médula.

Volviendo al siglo XII, tenemos el amor de Eloísa y Abelardo, tan ampliamente conocido y discutido que Étienne Gilson puede decir que «el apasionado drama de Eloísa y Abelardo, más fértil en ideas de lo que se puede suponer, hizo que todos los ojos estuvieran puestos en el amor».[8] Porque Abelardo escribía poemas de amor para Eloísa; y ella le contestaba con cartas llenas de reflexiones sobre el amor puro y generoso. Todo esto desembocó en un debate teológico sobre el amor desinteresado de Dios y la posibilidad de abrazar la condenación por amor al Creador. La obra *De Amicia (Sobre la amistad)* de Cicerón era más razonable; aquí tenemos un ideal bello y noble de amistad que habría de influir en el cisterciense Aelred de Rievaulx (1109-1167), conocido con el nombre de Bernardo Inglés, y a través de él en toda la tradición cisterciense.

En general, el espíritu de la época impregnó la vida religiosa. Unos y otros buscaban el verdadero significado del amor.

LOS MÍSTICOS DEL SIGLO XIV

El siglo XIV fue testigo de un renacer extraordinario de energía mística en todo el continente europeo. En lo más extremo de sus latitudes, en Suecia, nos encontramos con la profeta y visionaria Brígida (1302-1373), que llegó a Roma y que habló tajantemente a papas, obispos y reyes. En el sur

---

7. Cf. *The Allegory of Love*, C. S. Lewis, Oxford, 1058. Véase también *Agape y Eros*, Ander Nygren, 1932 (reeditado), University of Chicago Press, 1982.
8. *Op. supra cit.*, p. 13.

Teología mística

destacó Catalina de Siena, terciaria dominica, que también era profeta y hoy Doctora de la Iglesia, y que igualmente se dirigió a los ricos y a los poderosos llamando a las cosas por su nombre. En Bretaña, entre un numeroso grupo de escritores místicos nos encontramos con la encantadora y muy cultivada dama Juliana de Norwich, y con el práctico y a la vez profundo autor anónimo de *La nube del no saber*.

Pero sería en la Renania donde habrían de florecer los influyentes escritores místicos. De una extraordinaria creatividad y fuerza era el gran fraile dominico maestro Eckhart (1260-1327), y sus discípulos Juan Taulero y Enrique Suso. Sus ideas místicas y carismáticas llegaron a los Países Bajos, donde Jan Ruysbroeck (1293-1381) vivió décadas en soledad para acabar convirtiéndose en canónigo de san Agustín. Fue un gran místico, teólogo y escritor.

Pero no toda la mística del siglo XIV fue edificante. Ya hemos visto como Joseph de Guibert desestimó rápidamente a los bigardos y a los hermanos del espíritu libre. El escolasticismo moderno matizaría sin duda mucho más su juicio sobre estos movimientos. Sin embargo, no se puede negar que había también entusiastas que, en nombre del espíritu puro, compusieron tratados místicos sobre los esponsales espirituales y el amor seráfico que tuvieron como consecuencia extravagancias sexuales. En general, hubo una profunda experiencia mística junto con penosos excesos, pero a través de todo ello podemos observar la acción del espíritu.

Deberíamos advertir que todo esto tuvo lugar en un periodo de la historia en que Europa era una unidad y todavía podía llamarse Cristiandad. Las personas cultas hablaban un lenguaje común, el latín, y la celebración litúrgica era similar en todo el continente. No es sorprendente, por tanto, que encontremos extraordinarias similitudes en Eckhart, en *La nube del no saber*, en Juliana de Norwich, Ruysbroeck y el resto. Tanto más cuanto el motor de los movimientos místicos eran los dominicos, que se atenían a la tradición cristiana y reverenciaban a santo Tomás de Aquino.

Pero también fue ésta una época de grandes controversias.

No olvidemos nunca que la sabiduría de los místicos tiene su origen en la vida más que en los libros. Es conocimiento de connaturalidad, conocimiento que es fruto del amor. Aquellos que son escritores y artistas intentan expresar sus experiencias en tratados teológicos o en sermones y exhortaciones, y éste era, en especial, el caso de los hombres y mujeres que pertenecían a órdenes religiosas activas. Sabían muy bien que las palabras

La tradición cristiana

eran inadecuadas para expresar lo que experimentaban, y algunas veces incurrieron en errores o fueron trágicamente malinterpretados. La más triste de todas es la historia de Eckhart. Recientes investigaciones han aclarado que Eckhart era un cristiano profundamente comprometido que nunca vaciló en su lealtad a la Iglesia. Richard Woods, también dominico, cita a Hugo Rahner con respecto a que el Maestro era un católico leal, completamente ortodoxo en su doctrina si ésta se contempla en conjunto.[9] En el mismo sentido, Karl G. Kertz afirma que su doctrina del nacimiento de Dios en el alma es «doctrina católica perfectamente sólida». Asimismo, el estudioso norteamericano Bernard McGinn dice que cuando se sacan fuera de contexto puede parecer que muchas de las opiniones de Eckhart están en conflicto con las tesis tradicionales, pero que todo el conjunto se puede interpretar en un «sentido fundamentalmente ortodoxo»[10]

¿Por qué se condenó entonces a Eckhart? Según Richard Woods no fue por sus ideas heterodoxas, ni tampoco porque fuera víctima de mezquinas luchas dentro de la iglesia, sino porque era un artista y sus acusadores, burócratas. «Fue la poesía lo que no podían comprender, los atrevidos excesos de su lenguaje y las luces de su imaginación por las que el gran erudito trascendía las áridas limitaciones de la disquisición y la disputa aprendidas, buscando influir en los que le escuchaban con el arte de su prédica».[11]

Todo esto es de la mayor importancia en el siglo XX y lo será aún más en el siglo XXI. Porque es un hecho que Eckhart se encuentra en la vanguardia del diálogo entre budismo y cristianismo. El doctor D. T. Suzuki encontró en Eckhart muchos elementos que recuerdan al budismo zen, aunque opinara que el Dios de Eckhart es bastante distinto del Dios de los cristianos. Tampoco Shizuteru Ueda, el eminente profesor de Kioto, a pesar de creer que Eckhart era auténticamente cristiano, está convencido de que su doctrina esté en armonía con la Iglesia institucional. Puesto que Eckhart fue condenado por la autoridad eclesiástica y es considerado como una especie de Galileo entre los místicos, es difícil citarle como por-

---

9. *Eckhart's Way*, Richard Woods O. P., Michael Glazier, Delaware, 1986, pp. 212, 213.
10. Ibid., p. 215.
11. El Capítulo General Dominico reunido en Walberberg propuso la revisión de todo el proceso por el cual Eckhart fue condenado.

Teología mística

tavoz del cristianismo en el mundo moderno. Solamente cabe tener la esperanza de que la propuesta dominica de que todo el problema de Eckhart sea revisado concluya con su reinstauración como portavoz ortodoxo para el entendimiento místico del Evangelio de Jesucristo.[12]

Toda esta controversia favoreció un desarrollo teológico significativo. Se hizo evidente que existía la necesidad de una mística teológica que fuera una rama separada de la ciencia general de la teología. Esta teología especializada, mística, era necesaria por dos razones.

En primer lugar, muchos místicos del siglo XIV se encontraban sumergidos en una nube del no saber y pedían ayuda a gritos. Necesitaban una guía firme; su experiencia mística precisaba una sólida base teológica que no podía ofrecer la teología escolástica ordinaria que se enseñaba en las escuelas.

En segundo lugar, como ya se ha mencionado, hubo todo tipo de aberraciones, y era necesario clarificar qué significaba la unión con Dios como concepto opuesto al panteísmo, y qué significaba la contemplación como actitud opuesta al quietismo, porque el camino místico está lleno de peligros, y los falsos profetas pueden engañar a las personas. Surgió, por lo tanto, una nueva ciencia de teología mística.

UNA NUEVA RAMA DE LA TEOLOGÍA

Por lo que se ha dicho hasta ahora es evidente que la oración mística existió desde los primeros tiempos en la comunidad cristiana. Sin embargo, en los Padres de la Iglesia la teología mística –es decir, la reflexión teológica sobre la experiencia mística– no existió como disciplina separada. Era parte de su teología general y tenía que ser extraída, por decirlo así, de ella. Cuando Étienne Gilson escribe *La teología mística de san Bernardo* nos dice que le interesa «esa parte de su teología sobre la que descansa su misticismo». En otras palabras, Bernardo no escribió una teología mística formal, y lo mismo se puede decir de Agustín, de Gregorio de Nisa, Buenaventura y Tomás.

Pero sin embargo nos encontramos en este punto con una notable excepción. Dionisio sí que escribió su *Teología mística* como un tratado especializado en un tema netamente definido; escribió como un director es-

12. *Op. sup cit.*, p. VII.

La tradición cristiana

piritual que guía a su discípulo en una forma concreta de orar que puede llamarse mística u oculta, es decir, sobre un tipo de oración que iba más allá del razonamiento, el pensamiento y las imágenes hasta el silencio de una nube del no saber.

En el siglo XIV, el tratado de Dionisio se convirtió en el modelo de otros que querían escribir justamente sobre esta clase de experiencia religiosa. Seguían a Dionisio, apelaban a su autoridad, pero le leían traducido por Erigena, interpretado por Aquino, purificado, repensado y totalmente cristianizado. La cuestión de cuánto del Dionisio original y neoplatónico se filtró hasta el siglo XIV no es algo que nos deba preocupar aquí. Lo que importa es que siguiendo su ejemplo se escribieron tratados especializados que tenían por objeto la teología mística como ciencia aparte, como rama separada de la teología.

En este sentido es de especial importancia Jan Ruysbroek, que luchó claramente y con severidad contra los errores místicos de su época. Pero más importante incluso es el autor de *La nube del no saber,* porque a este inglés no le preocupaba directamente una teología dogmática o escritural, sino que le interesaba la teología como un camino a Dios, un camino especial transitado por aquellos que conocen a Dios a través del no saber. Leyendo entre líneas es evidente que conoce perfectamente las doctrinas de la Santísima Trinidad, de la Encarnación, del pecado original, etc., pero que estos dogmas le interesan en tanto que son experimentados por los místicos en su camino a Dios. Es un director espiritual consciente de los peligros, de las tormentas, las noches y toda la conmoción psicológica que es parte integral de este sendero privilegiado. Por tanto, considerando todas estas circunstancias, ¿no es acaso el autor anónimo un teólogo del camino? ¿Y no es esta nueva rama de la teología mística una teología del camino?

Otro teólogo místico sistemático fue John Gerson, de la Universidad de París (1363-1429). Gerson escribió tanto mística especulativa como mística teológica, insistiendo en que esta última es la tarea del amor. La teología mística, escribe, es «conocimiento experimental de Dios a través del abrazo del amor unitivo».[13] Aquí la palabra *experimental* es importante: la teología mística, lejos de ser abstracta y especulativa es conocimiento experimental y holístico que guía al peregrino en su camino de amor.

---

13. «Theologia mystica est experimentalis cognitio habita de Deo per amoris unitivi complexum».

DOS TIPOS DE CONOCIMIENTO: DOS TIPOS DE ORACIÓN

En esta nueva rama de la teología, como en cualquier otra, tuvo una enorme influencia Tomás de Aquino. Según se recordará, Tomás hablaba de dos tipos de conocimiento; y en correspondencia con estos dos tipos de conocimiento la teología mística distinguió dos tipos de oración.

Un tipo de conocimiento era *adquirido* por el proceso de la investigación científica, es decir, se adquiere experimentando, comprendiendo y juzgando. Siguiendo a Aristóteles, Tomás había mantenido que no hay nada en el intelecto que no existiera con anterioridad en los sentidos.[14] En consecuencia, el conocimiento llegaba por medio de los sentidos exteriores hasta los sentidos interiores y era trasmitido al intelecto por lo que se llamaban las *species impressa* o *species acquisitiva*.

El segundo tipo de conocimiento, llamado más apropiadamente sabiduría, era un don del Espíritu Santo. No llegaba a los sentidos exteriores, sino que era directamente *infundido,* porque el amor de Dios es derramado en nuestros corazones por el Espíritu Santo. Por tanto, las *species* no eran *adquiridas* sino *infusas*. Por esta razón, la tradición mística subsecuente llamaba a la oración mística *contemplación infusa*.

El autor de *La nube* opina que Dios actúa por sí mismo.[15] Tomás de Aquino dice que hay veces en las que Dios actúa «sine medio» —sin mediación de las cosas creadas.[16] Este es por tanto el milagro de la vida mística, que Dios actúa directamente sobre la persona, infundiendo en su corazón conocimiento y amor. El conocimiento recibido de esta manera no es un conocimiento bien definido, ni se encuentra en imágenes, sino que es conocimiento oscuro en una nube del no saber o en una noche oscura. Puede ser un conocimiento doloroso porque el ser humano no siempre está en disposición de captar lo divino, y puede sumergirse en la oscuridad por un exceso de luz. Pero es lo que el autor de *La nube* llama «sabiduría fantasmal», más brillante que el conocimiento ordinario, de la misma forma que la luz del sol es más brillante que la de la vela.

---

14. «Nihil est in intellectu quod non fuit prius in sensu».
15. *La nube del no saber*, C. 26.
16. Tomás de Aquino dice que nuestros primeros padres, antes de la caída, conocían a Dios «sin medios»: «sine medio»; «non per medium argumentationis ex creaturibus sensibilis...» (II Sent., d. 223, q. 2. art I, ad 1). Para Tomás, nuestros primeros padres en el estado de justicia original eran contemplativos.

La tradición cristiana

Cuando esta sabiduría amorosa es infundida en la mente y el corazón humanos la persona debe abandonar cualquier otro tipo de conocimiento que tenga su origen en la investigación científica; en otras palabras, uno debe dejar de pensar. Esto es de la mayor importancia, puesto que en su inicio esta contemplación infusa puede ser muy delicada, y si la persona insiste en pensar, en razonar, y en introducirse en la investigación científica, puede ocurrir que extinga la frágil llama del amor. Y ¡qué gran tragedia sería ésta!

De manera que el consejo que se ha de dar a las personas que comienzan el camino es que no piensen, que dejen que el proceso tenga lugar, que no se resistan al espíritu. Nos embarcamos así en el camino místico, o mejor dicho, la persona se permite que la arrastren por el camino místico hacia Dios.

LA TEOLOGÍA DEL AMOR

El amor de Dios es, por tanto, derramado en nuestros corazones por el Espíritu Santo. El autor de *La nube* habla de la «agitación ciega del amor». Es agitación porque es experiencial, y es ciega porque es amor sin pensamiento. También habla de un «intento desnudo de la voluntad», que es desnudo porque no está revestido con pensamientos. Este amor, como ya se ha dicho, es infundido o derramado en nuestros corazones, y san Juan de la Cruz se refiere a él más tarde como a «una influencia de Dios en el alma». Pero también se le puede llamar un manantial de Dios, como si Dios naciera o aflorara, porque hay algo nuevo que nace; y todos sabemos que el nacimiento puede ser doloroso y sangriento tanto para la madre como para el niño.

La vida mística es la historia del nacimiento de este amor y de su crecimiento. De una frágil chispa se convierte en lo que san Juan de la Cruz denomina «una llama de amor viva». Pero ¿qué es este amor?

El religioso español dice claramente que la llama de amor viva es el Espíritu Santo. Es más, siguiendo la tradición mística cristiana, concede gran importancia a la declaración paulina: «vivo, pero no yo, es Cristo quien vive en mí» (Gál 2,20). Es el Espíritu el que mora en el interior; la palabra la que mora en el interior; el Padre el que mora en el interior. Y de esta manera el amor que es al mismo tiempo humano y divino es muy distinto de lo que normalmente entendemos por amor; lo llamamos amor por analogía.

Teología mística

De nuevo hay que decir que este amor no puede ser alcanzado por medio de la acción del hombre ni es el resultado de prácticas ascéticas o de técnicas sofisticadas. No es algo que se adquiera por méritos propios, sino que Dios se lo da a quien quiere cuando quiere. Esta es una enseñanza constante en la teología mística tradicional. Debemos esperar hasta que (como dice el autor de *La nube*) Jesús llame a la persona a su rebaño. Mientras llega este momento, debemos ocuparnos en reflexiones buenas y piadosas con respecto a la vida y a la muerte de Jesús, pues sólo se entra a formar parte del rebaño en respuesta a una llamada.

CONCLUSIÓN

El misticismo auténticamente cristiano está basado en el amor. Sobre esto no hay ninguna sombra de duda en la tradición cristiana. «Amemos, pues, a Dios, ya que Dios nos amó primero» (1 Juan 4,19).

Sin embargo, cuando hablamos de manera concreta y filosófica de la naturaleza del amor nos encontramos con problemas enormes. El mundo medieval, tanto religioso como seglar, se enfrentó a esta cuestión con distinto éxito. Después, en el siglo XIV, un florecimiento extraordinario de experiencia mística hizo imprescindible que se elaborara una teología especializada, que guiara a las personas devotas en su vida de oración, que las protegiera del error, que las ayudara a distinguir lo verdadero de lo falso, a separar el grano de la paja. Puesto que esta teología mística tiene por objeto el estudio de la vivencia del amor más que el análisis de su naturaleza, puede llamarse una teología del camino.

Esta teología, que tenía una gran deuda con un Dionisio meticulosamente cristianizado, fue sobre todo moldeada por la doctrina de Tomás de Aquino. Posteriormente se desarrolló y enriqueció con los carmelitas españoles en el siglo XVI, y su base permaneció inalterada desde el siglo XIV hasta el Concilio Vaticano II.

Pero ahora se hace necesario considerar otra rica experiencia mística cristiana que creció sin la influencia de Tomás y de los escolásticos. En el próximo capítulo consideraremos la vivencia del cristianismo oriental.

Cinco
EL CRISTIANISMO ORIENTAL

EL GRAN CISMA

Durante el primer milenio de la era cristiana la Iglesia griega de Oriente y la Iglesia latina de Occidente compartieron la misma herencia religiosa y disfrutaron de una fe común. Aunque era inevitable que se produjera cierta tensión esporádica entre Roma y Constantinopla, ésta no derivó en ninguna división importante. Vladimir Lossky escribe en su conocido libro *La teología mística de la Iglesia oriental* sobre el «tesoro común, inseparable» que compartían ambas Iglesias, y más tarde dice con gracia ecuménica: «La Iglesia ortodoxa no sería lo que es si no tuviera a san Cipriano, san Agustín o san Gregorio Magno; como la Iglesia católica romana no podría prescindir de san Atanasio, de san Basilio, o de san Cirilo de Alejandría».[1] A pesar de las disputas y de las discrepancias las dos tradiciones cristianas conformaron un solo cuerpo de Cristo.[2]

El año de la trágica ruptura entre Oriente y Occidente se sitúa normalmente en el 1054. Fue entonces cuando el legado papal Humberto, en nombre del papa León IX (que ya había muerto), arrojó sobre el altar de Santa Sofía en Constantinopla un documento que excomulgaba al patriarca Miguel Cerulario, quien a su vez respondió excomulgando a la delegación papal. Ni Roma ni Constantinopla excomulgaron a los

---

1. *The Mystical Theology of the Eastern Church*, Vladimir Lossky, St. Vladimir's Seminary Press, Nueva York (reeditado), 1976, p. 12.
2. Hubo, por supuesto, herejías en la iglesia universal. Los nestorianos se apartaron después del Concilio de Éfeso (431), y también lo hicieron los monofisitas tras el Concilio de Calcedonia (451). Pero no hubo una ruptura importante entre Oriente y Occidente.

Teología mística

seguidores contrarios, pero se había usado un lenguaje de gran violencia y con ello se había llegado a un punto en el que no era posible retroceder.

En los años posteriores las diferencias entre las dos ramas del cristianismo se acrecentaron no sólo por lo referido a cuestiones de dogma, sino también en cuestiones teológicas. Ya hemos visto como la teología latina llegó a estar dominada por un escolasticismo que era incapaz de guiar a las personas en el camino de la oración mística, de manera que tuvo que elaborarse una rama separada de la teología, la teología mística. Esta nueva teología creció con el clima contemplativo del siglo XIV, fue desarrollada de forma magnífica por los carmelitas españoles en la España del siglo XVI, y se enseñó en los seminarios católicos por todo el mundo hasta el Concilio Vaticano II.

En la Iglesia oriental, sin embargo, el escolasticismo tuvo poca influencia. Es verdad que Tomás de Aquino fue traducido al griego en el siglo XIV y que tuvo algunos admiradores bizantinos, pero en su núcleo central la teología oriental permaneció de lado de los Padres de la Iglesia y se enorgullecía de continuar la tradición patrística. El cristianismo oriental, por otra parte, no vio la necesidad de crear una disciplina separada llamada «teología mística», puesto que ésta constituía el núcleo de toda teología. Vladimir Lossky pone énfasis en este punto cuando dice que no hay teología sin misticismo y advierte que «la mística es, pues, considerada aquí como la perfección, la cumbre de toda teología; como una teología por excelencia».[3] En resumen, toda auténtica teología nace de la oración, y sobre todo de la oración mística.

El misticismo de la Iglesia ortodoxa sigue brillando espléndidamente en su bella liturgia, especialmente en su celebración de la Eucaristía, y en su exquisita iconografía. Pero es sobre todo en el hesicasmo donde encontramos la profunda experiencia mística que habla llena de energía al mundo moderno.

EL HESICASMO

El hesicasmo es la oración callada que se recita en nombre de Jesús con fe y amor. La palabra deriva del griego *hesychia,* que significa silencio.

ἡσυχία

3. *Op. supra cit.*, p. 9.

La tradición cristiana

El hesicasmo floreció, y continúa floreciendo, en la montaña sagrada en el norte de Grecia, donde acuden monjes de todas partes del mundo para vivir una existencia de oración y ayuno. El Monte Athos, uno de los centros monásticos más importantes de todos los tiempos, tuvo un desarrollo especialmente importante en el siglo XIV, época en que Gregorio Palamas (1296-1359), teólogo místico y santo de la Iglesia ortodoxa, defendió ante el mundo su venerable forma de orar.[4] Pero las raíces del hesicasmo se remontan mucho tiempo atrás en la tradición cristiana, y ya en el siglo VI san Juan Clímaco escribía sobre «el recuerdo de Jesús» en conjunción con la respiración:

> Une el recuerdo de Jesús con tu respiración; y así encontrarás el verdadero sentido de la hesyquía.[5]

De hecho, la oración del corazón, como se llamaba entonces, tiene sus raíces en los Padres del desierto. Gregorio la ubica incluso en épocas anteriores. Su teología mística estaba acompañada por una tierna devoción, de manera que pudo escribir: «María es la perfecta hesicasta, ya que fue introducida a la edad de tres años en el Santo entre los Santos del templo judío para entregarse a la ἡσυχία, a la contemplación silenciosa, o lo que es lo mismo, al sujeto por excelencia del poder deificante».[6]

Y así el hesicasmo se remonta a María.

Las principales características del hesicasmo se pueden enumerar de la siguiente forma:

1) Penetrar en un estado de silencio sin leer, o pensar, o razonar, o imaginar. En este estado el hesicasmo se asemeja a la oración de recogimiento de santa Teresa y a los primeros estadios contemplativos descritos por muchos místicos.

2) Repetir la oración de Jesús. Hay para ello varias fórmulas, una de las cuales consiste en repetir las palabras «Señor Jesús, Hijo de Dios, ten piedad de este pecador». Lo que importa es el nombre de

---

4. Cf. *A Study of Gregory Palamas*, John Meyendorff, Londres, 1964.
5. Citado por Louis Bouyer en *A History of Christian Spirituality*, vol. II, Londres, 1968, p. 557.
6. Citado por Dom Bede Winslow en *The Eastern Churches Quarterly*, noviembre, 1954, prefacio.

Teología mística

Jesús, que cuando se recita con fe y amor tiene la capacidad de mover cielo y tierra.

3) Regular la respiración para que se haga rítmica y al mismo tiempo fijar nuestra vista en el corazón, el estómago o el ombligo. El objetivo es «dejar que la mente vuelva al corazón», un proceso que recibe el nombre de *omphaloscopia,* palabra derivada del término griego *omphalos*, que significa ombligo.

ὀμφαλοσκοπία

4) Sentir un calor interno que puede convertirse en fuego interior. O también se puede tener una visión de luz divina, que algunas veces se llama «la luz de Tabor».

5) El objetivo de todo es la deificación o *theosis*.

θέωσις

En este sentido, un texto clave es la Segunda Carta de Pedro, que habla de «partícipes de la naturaleza divina» (2 Pedro 1, 4).

EL PEREGRINO RUSO

Para una descripción práctica y vívida de esta oración lo mejor que podemos hacer es leer la bella descripción de un peregrino anónimo que en el siglo XIX caminó a través de Rusia y Siberia recitando el nombre de Jesús, y cuya profunda experiencia religiosa se conserva en el librito clásico *El camino del peregrino.*[7]

El peregrino conocía el mandamiento del Nuevo Testamento de que oremos sin cesar, y se preguntaba lo que significaba y cómo lo podía poner en práctica. Conoció entonces a un monje anciano que le exhortó para que pronunciara el divino nombre de Jesús con los labios y el corazón en todo tiempo y en todo lugar, incluso durante el sueño. El monje le aseguró que decir «Señor Jesucristo, ten piedad de mí» le ofrecería un profundo consuelo, y que con el tiempo la oración se repetiría sin que

---

7. *The Way of a Pilgrim*, traducido del ruso por R. M. French, The Seabury Press, Nueva York 1965. Ed. castellana: *La vía del peregrino*, Edaf, Madrid, 1993.

La tradición cristiana

él mediara en el proceso. Como consejo citó a san Simeón el Nuevo Teólogo:

> Siéntate solo y en silencio. Baja la cabeza, cierra los ojos, exhala suavemente e imagina que miras dentro de tu corazón. Lleva la mente al corazón. Cuando exhales di: «Señor Jesucristo, ten piedad de mí». Dilo moviendo los labios suavemente o dilo simplemente en tu mente. Trata de apartar todos los otros pensamientos. Ten calma, sé paciente, y repite el proceso con frecuencia.[8]

El anciano monje pronto se convirtió en su *staretz* o padre espiritual y le dio un rosario, diciéndole que orara tres mil veces al día, luego seis mil, después doce mil —ya fuera de pie o sentado o tumbado. Y pronto, como le había anunciado su *staretz*, se dio cuenta de que la oración se recitaba por sí sola sin esfuerzo por su parte. «Fue como si mis labios y mi lengua pronunciaran las palabras por sí mismos sin esfuerzo por mi parte».[9] Luego su *staretz* murió. Compró una vieja y gastada copia de la *Philokalia* por unos pocos rublos, se la puso en el bolsillo junto con la Biblia y siguió su camino, siempre recitando el nombre de Jesús.[10]

Después tuvo lugar otro fenómeno. La oración penetró todo su cuerpo. «Parecía como si mi corazón... empezara a decir las palabras de la oración con cada latido... Y yo dejé de decir la oración con los labios. Simplemente escuchaba atentamente lo que decía mi corazón. Parecía como si mis ojos penetraran en él».[11]

Sentía un pequeño dolor en el corazón y un gran amor por Jesús; más tarde penetró en su corazón un «calor de gracia» que se extendió por todo su pecho. Al mismo tiempo mantenía la relación con su amado y fallecido *staretz*, que incluso se le apareció en un sueño para infundirle luz y guía.

Fue así como la oración de Jesús se convirtió en toda su vida, proporcionándole dicha y consuelo cuando se encontraba solo y llenándole de amor y compasión por todo lo que se encontraba en su peregrinar.

---

8. Ibid., p. 10.
9. Ibid., p. 19.
10. *La Philokalia*, que significa «amor a la belleza», es una colección de escritos ascéticos y místicos de los Padres de la Iglesia oriental en el periodo de once siglos. Fue traducida del ruso por el obispo Teófanes el Recluso.
11. *Op. supra cit.*, p. 19, 20.

FUEGO

Leyendo la historia del peregrino y de otros místicos orientales, no podemos por menos que quedar impresionados por su dimensión encarnacional: todo se centra en el Jesús del Evangelio, que es también el Verbo hecho carne. Simeón, como ya hemos visto, nos dice que traslademos nuestra mente y pensamientos de la cabeza al corazón. Esto seguramente toca una fibra sensible en las gentes de hoy en día, a quienes los psicólogos dicen constantemente que deben «salir de la cabeza para entrar en el cuerpo». Y lo que es más, el hesicasmo enfatiza la postura y la respiración, la conciencia del cuerpo. Como el zen y el yoga, nos recuerda que la zona abdominal –la región del ombligo– es un centro de energía; en general todo esto es muy cristiano y muy asiático.

También tenemos el concepto del fuego en el cuerpo. De nuevo es Simeón el que con mayor elocuencia trata este tema del fuego interior, que para él no es una mera metáfora, porque hay algo muy real en la agonía y el éxtasis que describe cuando dice:

> En aquellos en los que arde este fuego, éste se eleva con una gran llama y llega hasta el cielo, sin dejar que quien está imbuido de él tenga pausa o reposo. Este proceso no se produce de manera inconsciente... sino que la persona siente y conoce y soporta al principio un sufrimiento insoportable, porque el alma está dotada de sentimiento y razón.[12]

Por todo ello llegamos a comprender que Simeón sea un enemigo implacable de la teología especulativa y abstracta que abandona el sentimiento. El verdadero cristiano –dice– experimenta la gracia de Dios como una madre experimenta el movimiento de un niño en el vientre. Sólo la experiencia de la gracia es como el fuego, en cumplimiento de las palabras de Jesús «Yo he venido a poner fuego en la tierra, ¿y qué he de querer sino que arda?» (Lucas 12, 49).

¿Cuál es el fuego que trajo Jesús? ¿No es acaso la profunda experiencia mística que puede disfrutar cualquier cristiano? Porque de hecho el que habla de Dios debe haber tenido experiencia de Él. «No han visto la luz divina en su interior», dice lamentándose, «y sin embargo se atreven

---

12. *The Mystic of Fire and Light: St. Symeon the New Theologian*, George Maloney, Dimension Books, Nueva Jersey, 1975, p. 80.

La tradición cristiana

a discutir los intrincados misterios de la Trinidad».[13] Leyendo a Simeón entendemos la opinión de Lossky de que toda obra dogmática tiene sus raíces en la experiencia mística, y también comprendemos que en Oriente se llame a Simeón «el Nuevo Teólogo», no porque leyera muchos libros, sino porque experimentó a Dios y fue consumido por el fuego. Esta vivencia llena la tradición espiritual oriental. Es de una importancia especial la obra de un gran místico ruso del siglo XIX, Teófanes el Recluso (1815-1894), que se retiró del episcopado para vivir en soledad y se dedicó a la oración y a la escritura de cartas de dirección espiritual. Sus obras sobre «el fuego del espíritu» nos recuerdan a san Juan de la Cruz. La oración de Jesús, escribe Teófanes, enciende en el corazón un fuego de amor, y como un fuego físico aplicado a un leño húmedo hace que se eleve un humo feo, también el fuego del amor de Dios causa al principio sufrimiento por razón de la impureza de la persona humana. Pero cuando el fuego extingue las impurezas, toda la persona es prendida de amor por él. Después de hablar sobre el leño, escribe:

> Y así ocurre con los seres humanos. Ellos reciben el fuego y comienzan a quemar —y sólo los que lo han experimentado pueden saber cuánto humo y chisporroteo hay. Cuando el fuego está ardiendo apropiadamente cesan el humo y el chisporroteo, y en él sólo reina la luz.[14]

Éste es el proceso de purificación. El feo humo que se eleva desde el húmedo leño causa lo que san Juan de la Cruz llama la noche oscura.

LUZ

Una experiencia íntimamente relacionada con el fuego es la experiencia de la luz, para la que de nuevo es muy importante el testimonio de Simeón. Siendo un hombre joven tuvo una extraordinaria experiencia de luz:

> Una tarde, mientras estaba rezando y diciendo en silencio «Dios, ten compasión de este pecador» una luz divina descendió de repente brillando so-

---

13. Ibid., p. 33.
14. *The Art of Prayer: an Orthodox Anthology*, compilado por Igumen Chariton, trad. E. Kadloubovsky y E. M. Palmer, Faber y Faber, Londres, 1966, p. 156.

Teología mística

bre él y llenó la estancia. El joven ya no sabía si estaba en la casa o bajo un tejado, porque de todos lados no veía otra cosa que la luz: ni siquiera era consciente de estar sobre la tierra... Él era uno con esta luz divina y le pareció que él mismo se había convertido en luz y que había abandonado el mundo por completo. Estaba lleno de lágrimas y de una alegría indescriptible.[15]

Esta vivencia habría de transformar la vida del joven Simeón, y más tarde diría que la luz no le abandonaba ni de día ni de noche, tanto si estaba comiendo como si bebía, ni siquiera cuando dormía o iba de un lugar a otro. Siempre estaba unido a la luz.

Gregorio Palamas forma parte de la misma tradición. Más adelante comentaremos su experiencia.

CONTROVERSIA

La práctica de los hesicastas en Monte Athos produjo una encendida polémica cuando Barlaam de Calabria (1290-1350), un cultivado griego del sur de Italia, alzó su voz para protestar. Barlaam ridiculizó las técnicas corporales del hesicasmo, ya que consideraba que los monjes dedicaban su tiempo a la contemplación de sus ombligos, que eran hombres que pensaban que sus almas se localizaban en los ombligos. Por lo que respecta a la luz, opinaba que éste era un fenómeno puramente natural. Y lo que es más, acusó a los hesicastas de estar atrapados en el mesalianismo, la herejía que postulaba que la persona puede tener una visión material de Dios y que fue plenamente condenada por la Iglesia bizantina en los siglos IV y V.

Fueron los ataques iconoclastas de Barlaam los que produjeron el ascenso de un teólogo místico de gran importancia que ya ha sido mencionado. Gregorio Palamas es a la ortodoxia lo que Tomás de Aquino es al catolicismo. Salió del Monte Athos para defender a sus hermanos monjes y a la tradición mística oriental que amaba. Gregorio no pretendía ser un erudito profundo en el sentido en que hoy conocemos el término. «Cuando después de dos décadas de aislamiento ascético», escribe Kallistos Ware, «entró en disputa con Barlaam, lo hizo en nombre de sus hermanos

15. Louis Bouyer, *Op. supra cit.*, p. 562.

La tradición cristiana

monjes. No tenía pretensiones de ser en modo alguno experto en la filosofía de Platón, Aristóteles, o Proclo, sino que buscaba defender la *experiencia vital* de los hesicastas del pasado y de los de su tiempo».[16] Kallistos Ware continúa con una afirmación que es de la mayor importancia para la teología mística:

> Este énfasis en la experiencia vital es la clave de cualquier valoración justa sobre el palamismo... Quienes se aproximan al palamismo con un enfoque exclusivamente filosófico, tratándolo como si fuera teoría metafísica... no entenderán lo que Palamas está intentando decir.[17]

En otras palabras, uno debe entender el género literario de los escritos de Palamas.

En respuesta a la ridiculización que Barlaam hizo de la dimensión corporal del hesicasmo, Gregorio dijo que las técnicas físicas no eran esenciales para la práctica, y destacó la incomparable dignidad del cuerpo humano. No sólo el alma, sino también el cuerpo está hecho a imagen de Dios, y muestra su gloria y su belleza. Y lo que es más, la divinización o *theosis,* que es el clímax de la práctica del hesicasmo, transforma tanto el alma como el cuerpo. Para alguien cuyos antecedentes estaban enraizados en el neoplatonismo esta concepción suponía un gran avance.[18]

Sin embargo, el gran logro de Gregorio fue elaborar una teología de luz que todavía es fundamental en todo el pensamiento ortodoxo.

LA TEOLOGÍA DE LA LUZ

Hay innumerables textos de la Sagrada Escritura que hablan de la luz. Los escritos juanistas nos dicen que la verdadera luz que ilumina a toda persona estaba llegando al mundo. Podemos también recordar la luz cegadora, más brillante que el sol de mediodía, que hizo caer a Pablo en su camino a Damasco, y la luz en la cara de Moisés, tan deslumbrante que

---

16. «The Debate about Palamism», archimandrita Kallistos Ware en *The Eastern Churches Review*, Oxford, vol. IX, n.º 1-2, 1977, p. 58.
17. Ibid.
18. Cf. «The Hesychast method of prayer and the transformation of the body», en *Gregory Palamas: The Triads,* de John Meyendorff, Paulist Press, Nueva York, 1983.

Teología mística

tuvo que cubrirse la cara con un velo. Pero para Gregorio Palamas y para la teología que deriva de él es el gran acontecimiento que recibe el nombre de Transfiguración.

Jesús sube a la montaña con Pedro, Santiago y Juan y se transfigura ante ellos. Una luz intensa emana brillante de su cuerpo y atraviesa sus ropas, envolviendo a los discípulos de forma que también ellos la comparten y ven su gloria. «Maestro, bueno es que estemos aquí» (Lucas 9, 33). Esta es la luz divina. Normalmente la divinidad se esconde, pero ahora brilla de forma extraordinaria; y los discípulos participan de la experiencia mística de Jesús.

La tradición ortodoxa que procede de Palamas reivindica que muchos santos han tenido esta experiencia. Como Jesús ellos también están llenos de una luz que brilla desde toda su persona, o como los apóstoles ven la luz de Cristo en su interior o a su alrededor. No hubo cambio en él, según dice la tradición, porque estaba permanentemente lleno de luz y siempre la irradiaba al mundo. El cambio tuvo lugar en los apóstoles, que de ese modo fueron capaces de ver algo ante lo que antes habían estado ciegos.

Así, también nosotros los cristianos a veces podemos encontrarnos con que despertamos, con que nuestros ojos se abren para ver al Hijo de Dios como luz del mundo. Porque abrimos los ojos a una luz de otra condición, más brillante que cualquier cosa que jamás pudiéramos imaginar.

Con todo, la cuestión de la naturaleza de esta luz fue, y sigue siendo, un asunto espinoso. Los textos hesicastas indican que los santos la ven con sus ojos corpóreos, tal como los discípulos vieron la luz del Jesús transfigurado con sus ojos físicos, y fue este hecho el que provocó que se comparara a los hesicastas con los mesalianos. ¿Cómo podemos explicar el papel del cuerpo en esta visión?

El *Tomus Hagioriticus*, una profesión de fe palamita que data aproximadamente del 1340 y que está firmada por todos los *hegumenoi* de la Montaña Sagrada, se enfrenta a este problema. Distingue tres tipos de luz:

luz sensible
luz intelectual
luz increada

El *Tomus Hagioriticus* hace un comentario importante: «Cuando aquellos que son dignos reciben esta gracia y este poder espiritual y sobrenatural, perciben tanto con los sentidos como con el intelecto lo que está por enci-

La tradición cristiana

ma de todo sentido y todo intelecto... de una forma que le es conocida sólo a Dios y a aquellos que han experimentado esta gracia».[19] Aquí los sentidos y el intelecto comparten algo que trasciende a ambos. Sin embargo, todo es un misterio, conocido sólo por Dios.

Más tarde, en la España del siglo XVI, san Juan de la Cruz ofrece una explicación en cierto modo similar. Habla constantemente de luz, de una luz espiritual que *fluye* sobre los sentidos causando a veces una gran alegría y otras veces un gran dolor. La unidad de la persona humana es tal que las experiencias espirituales tienen que influir inevitablemente en el cuerpo. De hecho, es así como san Juan de la Cruz explica los estigmas: como una profunda herida espiritual que inunda el cuerpo produciendo heridas físicas.

Otra doctrina de Gregorio que habría de perturbar a los escolásticos y causar una controversia interminable fue su distinción entre la esencia divina y las energías divinas. Este tema está interrelacionado con su teología de la luz, puesto que las energías increadas son energías de luz y amor.

ENERGÍAS INCREADAS

El problema al que se enfrentó Gregorio es fundamental en toda teología mística. Conocemos a Dios y sin embargo no le conocemos. Dios es el misterio de los misterios; sabemos *que es* pero no sabemos *lo que* es. Nadie ha visto a Dios que mora en la luz inaccesible que es oscuridad impenetrable, y sin embargo, *sí* que conocemos a Dios. Podemos estar muy cerca del Dios que le habló a Moisés como se habla a un amigo. Su amistad es el gran privilegio y la dicha de aquel que cree es el consuelo del místico. ¿Hay alguna solución para esta contradicción?.

Gregorio asegura que no podemos conocer la esencia de Dios pero que podemos conocer las energías divinas. Esta distinción concuerda con la experiencia de muchos místicos, que nos dicen que aunque Dios es como la noche para el alma ellos lo experimentan como fuego, como luz, como una energía abrumadora. Místicos orientales y occidentales hablan de una corriente de energía que recorre todo su ser causando un éxtasis embelesado o una depresión plena de agonía. No hay duda de que la

---

19. Citado por Vladimir Lossky en *The Image in Likeness of God*, St. Vladimir's Seminary Press, 1974, p. 58.

Teología mística

energía desatada en la experiencia mística puede ser terrible y conmover a la persona en lo más profundo. San Juan de la Cruz opina que esta energía nos mataría si Dios no interviniera con su divina misericordia. De manera que Palamas habla de la energía divina, de la energía increada, cuando describe su experiencia mística. Es una figura de una gran visión y de un gran valor ahora que el cristianismo está comprendiendo la fuerza de la energía mística que emana de los místicos de Asia. No se trata de que Gregorio sea un innovador o un pensador original en sus tesis; los teólogos ortodoxos insisten en que su doctrina de energías increadas tiene origen en los Padres griegos, y que Gregorio simplemente desarrolló y dio concreción a algo que ya se encontraba en la tradición mística cristiana.

Pero este místico sigue siendo polémico desde un punto de vista metafísico. En respuesta a las objeciones escolásticas de que esta distinción se oponía a la simplicidad divina, los teólogos palamitas dijeron que las energías increadas son Dios de la misma manera que la esencia divina es Dios. No es una cuestión de dividir a Dios o de negar su simplicidad, porque las energías divinas no se atribuyen a una persona; son energías de la Santísima Trinidad –Padre, Hijo y Espíritu Santo. Y lo que es más, afirman que esta distinción nos ayuda a explicar la *theosis* o deificación sin caer en el panteísmo.[20]

Antes del Concilio Vaticano II los escolásticos que estudiaban la ortodoxia se encontraban perplejos y consternados por esta distinción, porque no cuadraba en el marco de su filosofía. Sin embargo, algunos estudiosos benedictinos tuvieron secretas simpatías por estas corrientes. Dom Clement Lialine cita a Lossky en el sentido de que cada obra dogmática hunde sus raíces en una experiencia mística, y continúa diciendo: «Este es sobre todo el caso de Gregorio Palamas, porque todos lo que le conocen, ya sean católicos u ortodoxos, coinciden en que toda su teología tiende a un fin: la explicación y justificación de una experiencia mística».[21]

En el Concilio de Constantinopla de 1353 la Iglesia ortodoxa aceptó la doctrina palamita al mismo tiempo que anatematizaba a todos los que la negaban. Esta doctrina conforma de tal manera el núcleo de teología

---

20. «La idea de deificación siempre debe ser comprendida a la luz de la distinción entre la esencia de Dios y sus energías... La Iglesia ortodoxa, aunque habla de deificación y unión, rechaza toda forma de panteísmo». Kallistos Ware, *The Orthodox Church*, Penguin Books, Middlesex, 1983, p. 237.

21. «The Theological Teaching of Gregory Palamas», Dom Clement Lialine en *The Eastern Churches Quarterly*, enero, 1946.

La tradición cristiana

oriental que Kallistos Ware, como reacción ante las críticas de algunos teólogos católicos, escribe que «la distinción palamita entre la esencia y las energías de Dios no es sólo una especulación privada y personal de algunos pensadores bizantinos del siglo XIV, sino que posee autoridad conciliar para la Iglesia ortodoxa, puesto que ha sido confirmada por concilios que la ortodoxia acepta como ecuménicos en su significado. Para nosotros, los ortodoxos, la doctrina palamita se ha convertido en parte de la Tradición Sagrada».[22]

LUZ MÍSTICA EN OCCIDENTE

Muchos místicos occidentales, como sus homólogos orientales, han tenido experiencias de luz intensa. Es suficiente que aquí se mencione a tres extraordinarios místicos de la luz.

El primero de ellos es el gran obispo de Hipona.

En las *Confesiones* Agustín relata como, al adentrarse en las profundidades de su ser con la guía de Dios, llegó a ver la luz inmutable que está por encima de todas las luces, y que no puede ser percibida por los ojos de los sentidos ni por el ojo del espíritu:

> Entré y vi con el ojo, tal cual, de mi alma, por encima del ojo de mi alma, por encima de mi entendimiento, una luz inmutable; no ésta vulgar y visible a toda carne, ni tampoco de la misma naturaleza, sino mucho mayor, como si esta nuestra luz fuese creciendo, y haciéndose más resplandeciente y ocupase todo lugar con su grandeza. No era esto aquella luz, sino otra cosa, otra cosa muy diferente. Ni tampoco estaba sobre mi entendimiento como el aceite encima del agua, ni como el cielo encima de la tierra.[23]

Así era la luz en las profundidades del ser de Agustín y en las profundidades de toda creación. Luego continúa hablando de esta luz increada:

> La luz estaba encima de mí, porque ella me hizo, y yo debajo de ella porque fui creado por ella.[24]

---

22. «The Debate about Palamism», p. 54.
23. *Confesiones*, 7.10.16.
24. Ibid.

Teología mística

Agustín pronuncia una declaración que habría llenado de alegría el corazón de Simeón el Nuevo Teólogo: «Quien conoce la verdad conoce la luz».

Una segunda mística de la luz fue teóloga eminente, artista y poetisa, además de ser la abadesa de una gran y floreciente abadía benedictina. Se trata de Hildegarda de Bingen (1098-1179), que en el prólogo a su *Scivias* escribe sobre la gracia que inundó todas las profundidades de su ser:

> En el año 1141 de la encarnación de Jesucristo, la Palabra de Dios, teniendo yo cuarenta y dos años y siete meses, una luz abrasadora de extraordinario resplandor que venía del cielo se adentró en toda mi mente. Cual llama que no quema pero que enciende, inflamó todo mi corazón y todo mi pecho como el sol que calienta un objeto con sus rayos.[25]

Hildegarda dice después que esta luz le permitió luego entender claramente toda la Biblia sin conocimiento erudito de gramática y de textos.

La tercera mística es Teresa de Ávila (1515-1582), que habla con gran elocuencia de una luz que es totalmente diferente de la que vemos normalmente. Las personas de hoy día dirían que es totalmente distinta de la que viaja desde el espacio exterior a nuestro planeta a través de millones de años. Escribe sobre «otra región muy diferente de en ésta que vivimos, adonde se le muestra otra luz tan diferente de la de acá, que si toda su vida ella la estuviera fabricando junto con otras cosas, le fuera imposible alcanzarlas».[26]

¿Qué es esta luz? ¿Es la misma luz que vieron los hesicastas?

Teresa la asocia con el cuerpo glorificado de Jesús y los cuerpos de los santos en gloria. No habla específicamente de la Transfiguración, es cierto, pero por el contexto parece tener en mente una gracia similar a aquella que irradiaba el cuerpo transfigurado de Jesús. Y escribe:

> Es una luz tan diferente de la de acá, que parece una cosa tan deslustrada la claridad del sol que vemos, en comparación de aquella claridad y luz que se representa a la vista, que no se querrían abrir los ojos.[27]
>
> La luz no es como la del sol; parece, en fin, luz natural, y estotra cosa artificial. Es luz que no tiene noche.[28]

---

25. *Scivias*, 1.
26. *El castillo interior*, VI. 5. 7. Obras Completas de santa Teresa. Aguilar, Madrid.
27. *Vida*, 28.5.

Esta luz es operativa no sólo en su relación con Jesús sino en su relación con otros seres humanos. De nuevo aquí Teresa es una con los hesicastas.

Una noche que estaba triste porque el padre Gracián estaba enfermo él se le apareció de repente:

> En lo interior se me representó una luz, y vi que venía por el camino alegre, y rostro blanco, aunque de la luz que vi, dio hacer blanco el rostro, que así me parece lo están todos en el cielo; y he pensado si del resplandor y luz que sale de Nuestro Señor les hace estar blancos.[29]

Aquí, la clave para comprender la visión es el cuerpo glorificado de Jesús que confiere blancura a todos los que están en gloria. Y el padre Gracián parecía compartir esta gloria.

La experiencia de estos místicos puede asemejarse a la de los hesicastas; sin embargo, la reacción de los teólogos occidentales fue bien distinta de la de Palamas. Los escolásticos no se sintieron obligados a defenderlos contra sus críticos; no pretendían construir una teología a expensas suyas, porque no concedían a la experiencia mística importancia teológica. Éste ha sido el caso de algunos teólogos de nuestro siglo como Joseph de Guibert, Garrigou-Lagrange, Alphonse Tanquerey, y tantos otros que reverenciaban a los místicos pero que no sacaron conclusiones teológicas de lo que éstos escribieron o dijeron.

El ámbito oriental, como ya se ha dicho, era bastante distinto, porque la experiencia vital tenía un gran valor teológico. Veamos de nuevo lo que dice Kallistos Ware: «Pero hay una cosa, según creía Gregorio, que siempre es decisiva: la experiencia de los santos. El verdadero objetivo de la teología no es la certeza racional a través del argumento abstracto, sino la comunicación personal con Dios por medio de la oración».[30] En otras palabras, la opinión de Evagrio de que teólogo es quien ora y quien ora es teólogo nunca murió en la teología oriental.

---

28. Ibid.
29. *Relaciones espirituales*, 54.
30. «The Debate about Palamism», p. 63.

101

DOS TEOLOGÍAS

A mediados del siglo XX, cuando el mundo ortodoxo y el mundo católico comenzaron a dialogar, surgió el problema de dos teologías contrapuestas, y se hicieron sinceros esfuerzos para reconciliarlas. Hay sin embargo algo más que condescendencia en las palabras con las que el teólogo francés Martin Jugie resume la controversia palamita:

> Se encontraron y enfrentaron dos maneras de llegar al conocimiento de Dios; una de ellas estaba basada en un método científico que extraía sus principios tanto de la filosofía como de las fuentes de la revelación interpretadas por antiguos doctores, y que se atenía a estos principios; la otra era un método místico dirigido hacia la experiencia de los contemplativos dedicados a la vida hesicasta.[31]

Jugie no tenía dudas de que su método científico fuera superior al método místico del ámbito oriental.

Más tarde se reunió el Concilio Vaticano II. Tanto el papa Pablo VI de Roma como el patriarca Athenagoras de Constantinopla tuvieron profundos gestos cristianos de reconciliación. El 7 de diciembre de 1965, en ceremonia solemne en san Pedro y en la catedral del patriarca en Estambul, las excomuniones y anatemas que habían estado vigentes nueve siglos fueron retiradas. Mientras tanto, los padres conciliares se habían enfrentado al problema teológico con gran sabiduría:

> En efecto, en Oriente y Occidente se han seguido diversos pasos y métodos en la investigación de la verdad revelada para conocer y confesar lo divino. No hay que admirarse, pues, de que a veces unos hayan captado mejor que otros y expongan con mayor claridad algunos aspectos del misterio revelado, de manera que hay que reconocer que con frecuencia las varias fórmulas teológicas, más que oponerse, se complementan entre sí.[32]

El Concilio rindió tributo a las tradiciones auténticamente teológicas de los orientales que tienen por objeto la total contemplación de la verdad cristiana.

---

31. *Theologia Dogmatica Christianorum Orientalium*, II, p. 57.
32. *Unitatis Redintegratio*, III. 17.

La tradición cristiana

Después del Concilio Vaticano II, el escolasticismo se derrumbó y surgieron nuevos métodos. Nadie puede cuestionar el valor del enfoque crítico-histórico de la Escritura y de la patrística que ahora está de moda; nadie puede negar el inmenso valor de la moderna y científica erudición e investigación. Pero Occidente ha de aprender una lección fundamental de la tradición ortodoxa: la importancia que la oración y la experiencia mística tienen para la teología. Ésta es la doctrina de santo Tomás, que habla de connaturalidad y de conocimiento que proviene del amor. Tal sabiduría será tanto más necesaria cuando el cristianismo comience a dialogar con las religiones místicas de Asia. El mensaje de Simeón, el Nuevo Teólogo, y de Gregorio Palamas tiene hoy una tremenda actualidad.

Seis
LA SABIDURÍA A TRAVÉS DEL AMOR

HACIA LOS CARMELITAS ESPAÑOLES

Hemos visto que Tomás de Aquino distingue dos tipos de conocimiento: uno que tiene su origen en la investigación científica y otro que proviene del amor. Él mismo desarrolló con gran detalle el conocimiento de la investigación científica en la *Summa teológica* y en otros escritos, y los escolásticos que le siguieron continuaron su estudio con rigurosa devoción. Pero fueron los teólogos místicos los que se sumergieron en el conocimiento que proviene del amor. Y fue especialmente en el siglo XIV cuando vieron la luz una serie de religiosos —muchos de los cuales eran dominicos y discípulos de Tomás— que reflexionaron sobre este conocimiento o sabiduría a través del amor y dieron origen a una rama separada de teología que ahora llamamos teología mística.

La sabiduría que procede del amor, había dicho Tomás, es un don del Espíritu Santo. Es la respuesta a la llamada de quien nos amó primero. «Amemos, pues, a Dios, ya que Dios nos amó el primero» (1 Juan 4,19). Es amor y sabiduría infusos, porque el amor de Dios es derramado en nuestros corazones por el Espíritu Santo que nos ha sido dado. Puesto que es infuso, no proviene de los sentidos, no es ni produce conocimiento conceptual netamente definido, ni se conecta con imágenes. Es conocimiento oscuro en una nube del no saber.

Habitualmente este amor y la sabiduría que le acompaña se originan en el contexto de la oración. Podemos comenzar a orar usando las facultades como se usan en el proceso de la investigación científica (lo que se ha llamado oración discursiva), o se puede comenzar reflexionando sobre una escena del Evangelio. Pero si uno está inclinado a la contemplación,

Teología mística

llega un día en que el don infuso del Espíritu es tan poderoso que impide pensar. La persona es incapaz de pensar o, en todo caso, se encuentra con grandes dificultades para hacerlo. Ahora es el momento de abandonar la oración discursiva en pos de la contemplación silenciosa en una nube de no saber. Este es el primer estadio de una subida mística que no tiene fin. La frágil chispa de amor se torna fuego embravecido que envuelve toda la personalidad, produciendo una gran dicha y un gran sufrimiento.

La teología mística, que nació como disciplina separada en el siglo XIV, fue desarrollada con extraordinaria visión y vigor místicos por los carmelitas españoles en la España del siglo XVI. Santa Teresa de Ávila (1515-1582), conocida con el nombre de Teresa de Jesús, y su amigo y colaborador san Juan de la Cruz (1542-1591), ambos místicos y doctores de la Iglesia, dejaron una rica herencia que ha alimentado la vida espiritual de los cristianos de todo el mundo desde el siglo XVI hasta nuestros días. Consideremos primero la persona de Teresa.

TERESA COMO TEÓLOGA MÍSTICA

Nadie duda de que Teresa fuera una mística consumada. Pero ¿era también teóloga mística?

Con certeza no era teóloga escolástica, aunque sí que aprendió de sus directores algo de esta disciplina. Pero si por teólogo místico entendemos a quien reflexiona teológicamente sobre la experiencia mística, no podremos fácilmente negarle este título a Teresa, pues ella reflexionó constantemente sobre la experiencia mística, tanto la suya como la de otros, y escribió prolíficamente al respecto. Ella misma dice que una cosa es tener una experiencia mística, otra es comprenderla, pero que es bien distinto explicarla. He aquí sus palabras:

> Porque una merced es dar el Señor la merced, y otra es entender qué merced es y qué gracia, otra es saber decirla y dar a entender cómo es.[1]

Y después continúa diciendo que la gracia de entendimiento es de inmenso valor:

---

1. *Vida*, 17.5.

La tradición cristiana

Y aunque no parece es menester más de la primera, para no andar el alma confusa y medrosa e ir con más ánimo por el camino del Señor... es gran provecho entenderlo.[2]

Teresa, por tanto, puede ser llamada teóloga mística porque conoció de cerca el proceso místico y pudo articularlo en escritos de extraordinario vigor. Siempre tuvo un gran respeto por los teólogos instruidos que conocían los caminos de la oración, en parte porque ella misma había sufrido a hombres piadosos que no sabían nada de misticismo; pero no menospreciaba la experiencia, y en su opinión el ideal era combinar la experiencia mística y la teología mística. Ella encontró esta conjunción perfecta en Pedro de Alcántara, Juan de la Cruz y Baltasar Álvarez.

Su teología mística es una teología de amor, amor a Dios y amor al prójimo. En la oración, decía, es necesario amar mucho, no pensar mucho. Su obra clásica *El castillo interior* explica los estadios de amor que culminan en el matrimonio espiritual entre el esposo y la esposa, y describe con gran vigor literario y exactitud teológica el no-dualismo cristiano como amor unitivo en el olvido de sí.

Sin embargo, no hay duda de que su mayor contribución y la más excepcional para la teología mística se encuentra en su doctrina sobre la Encarnación.

TERESA Y LA ENCARNACIÓN

La doctrina mística de santa Teresa se centra en Jesús, el Verbo hecho carne. Es famosa por su insistencia en que permanezcamos con Jesús el hombre, y esto es tanto más extraordinario cuando reflexionamos sobre sus raptos y éxtasis y vuelos del espíritu que parecían transportarla a otro mundo. A ella también le era familiar la *nada, nada, nada* de su santo colaborador, san Juan de la Cruz. Como él ella experimentaba la vacuidad, el vacío y las noches oscuras, aunque según Teresa Jesús siempre estaba allí. Pero –podemos preguntar sin rodeos–, ¿dónde estaba Jesús en la vacuidad?, y ¿cómo encaja ella a Jesús en la oscuridad sin imágenes?

Con seguridad la santa no piensa en una imagen o representación de Jesús; no se refiere a que siempre debamos contemplar visualmente una

2. Ibid.

Teología mística

escena del Evangelio, sino a tener un fuerte sentido de la presencia de Jesús a través de los sentidos interiores o de un estado más profundo de conciencia. Y lo que es más, santa Teresa percibía el cuerpo glorificado, particularmente el cuerpo glorificado de Jesús que está fuera de todo tiempo y lugar. En otras palabras, percibía lo que más tarde Teilhard de Chardin llamó el Cristo del universo, el Cristo cósmico. De este Jesús no podemos tener una imagen adecuada, pero como quiera que queramos explicarlo, el Verbo Encarnado siempre estaba presente en Teresa, y su matrimonio espiritual no es una unión con el Altísimo informe, sino con el Verbo hecho carne.

Junto con este énfasis en el amor por el Verbo Encarnado estaba su énfasis realista y práctico para con el prójimo. Era, como la mayoría de los teólogos místicos, una guía espiritual, y según su doctrina —en la línea de la Primera Carta de san Juan— nuestra carga es que no podemos estar seguros de que amamos a Dios, pero podemos estar seguros de que amamos, o no amamos, a nuestro prójimo. Es ésta la prueba de que progresamos en la oración, ésta es la norma suprema de discernimiento.

¡Qué interesante es santa Teresa! Un minuto se embelesa hasta el séptimo cielo y escucha voces que ningún oído humano puede oír, y al siguiente se ríe, con los pies puestos en la tierra, de las debilidades de sus queridas hermanas.

TEOLOGÍA MÍSTICA SANJUANISTA

San Juan de la Cruz era ante todo un poeta, y su tema principal es el amor. Ha sido llamado el *doctor de la nada*, y su noche oscura es proverbial, pero aquellos que le conocen le llaman doctor y poeta de amor divino. Es la esposa del *cántico*, herido y apasionado, que abandona todas las cosas en busca de aquel que ama.

¿Adónde te escondiste,
Amado, y me dejaste con gemido?[3]

La esposa lo abandona todo por amor, deja toda la riqueza y la seguridad de su hogar.

3. *Cántico espiritual*, 1.

La tradición cristiana

Además de poeta, san Juan de la Cruz era un teólogo de altura considerable, empapado de Aquino y conocedor de la tradición mística del siglo XIV.[4] Su teología mística es una teología de amor, y de hecho él define la teología mística como *la sabiduría secreta que proviene del amor*. Veamos un pasaje del *Cántico espiritual*. En el gran poema que empezó a escribir en la prisión toledana, el santo se atribuye el papel de la esposa y canta extáticamente al amor inmenso del Esposo, hijo de Dios.

Allí me dio su pecho
Allí me enseñó ciencia muy sabrosa[5]

En su comentario en prosa ofrece una explicación algo más sobria a estas palabras enigmáticas diciendo:

La ciencia sabrosa que dice aquí que la enseñó, es la teología mística, que es ciencia secreta de Dios, que llaman los espirituales contemplación, la cual es muy sabrosa, porque es ciencia por amor, el cual es el maestro de ella y el que todo lo hace sabroso.[6]

En estas líneas el poeta identifica teología mística con experiencia mística, y aunque hoy nosotros hablaríamos de teología mística como *reflexión sobre* la experiencia mística, esta distinción no es importante, porque lo que interesa es que es deliciosa (*muy sabrosa*). No se trata del conocimiento abstracto o especulativo de sesudos académicos, sino de conocimiento experimental, apasionado, holístico, que impregna cada fibra del ser del místico. Es la sabiduría vibrante del que está lleno de energía sagrada y de un amor que todo lo consume; es la sabiduría que transforma mente y

---

4. Además de extensas referencias a la Escritura, en san Juan de la Cruz podemos encontrar referencias explícitas a Agustín, Dionisio, Boecio, Gregorio Magno, Aquino, Aristóteles y Ovidio. Ciertamente conocía a Bernardo de Claraval, Hugo de san Víctor y *La imitación de Cristo*. Su biógrafo español, Crisógono, dice que aparte de la Biblia, su influencia más importante fue la de los místicos medievales, en especial Ruysbroeck, Taulero y Suso. ¿Conocía *La nube del no saber*? Las semejanzas entre ambos autores son extraordinarias. Sabemos que en el continente europeo circulaba una traducción latina de *La nube*, y es posible que san Juan la leyera.
5. *Cántico espiritual*, 18.
6. *Cántico espiritual*, 27. 5.

Teología mística

cuerpo, proporcionando una dicha extática y un intenso sufrimiento. Poseídos por este amor hombres y mujeres habrán de bailar plenos de dicha y llorarán de dolor; se dedicarán a escribir poesía lírica o crearán grandes obras de arte. Poseídos por este amor y esta sabiduría, las personas pueden actuar como dementes, porque al fin los místicos son como enamorados enloquecidos. ¿O acaso no existen grandes similitudes entre el místico y el que está enamorado y el loco?

En otro pasaje san Juan identifica la teología mística con la contemplación y la noche oscura, y escribe:

> Esta noche oscura es una influencia de Dios en el alma, que la purga de sus ignorancias e imperfecciones habituales, naturales y espirituales, que llaman los contemplativos contemplación infusa o mística teología.[7]

Aquí el santo describe la noche oscura como una influencia de Dios en el alma, pero cuando leemos su obra detenidamente vemos que no sólo lo es la noche oscura, sino todo el proceso místico. Algunas veces esta influencia causa la agonía de la noche oscura, mientras que otras veces produce la abrumadora alegría de la iluminación. En ambos casos san Juan escribe que a través de todo ello «de secreto enseña Dios al alma y la instruye en perfección de amor, sin ella hacer nada ni entender cómo».[8]

La teología mística, por tanto, es una influencia de Dios que enseña al alma la perfección del amor.

Tratemos ahora el amor místico según lo interpreta san Juan.

LA LLAMA DE AMOR VIVA

En el delicioso poema que describe la cima de la vida mística, san Juan de la Cruz canta:

¡Oh llama de amor viva...!

La llama de amor viva, nos dice, es el Espíritu Santo que mora en nuestro interior como un fuego inmenso, despidiendo llamas de amor. «Esta llama de

---

7. *La noche oscura*, 2. 5. 1.
8. Ibid.

La tradición cristiana

amor es el Espíritu de su esposo, que es el Espíritu Santo, al cual siente ya el alma en sí, no sólo como fuego que la tiene consumida y transformada en suave amor, sino como fuego que, demás de eso, arde en ella y echa llama...»[9] No podría extrañarnos que esta llama pueda herir y finalmente matar.

Cuando escribe este poema san Juan experimenta a Dios vívidamente y saborea al Creador con una dulzura y una agonía que es la deliciosa herida de aquel que ama. Pero no siempre esta llama es deliciosa. Al principio se trata de una chispa frágil, de un tierno momento en las profundidades de su ser; después evoluciona a un fuego cruel que le asalta y ataca, causando una pena y un sufrimiento intolerables y produciendo la noche oscura y opresiva. Pero después, aun cuando el sufrimiento permanece, la oscuridad opresiva se diluye.

¡Oh cauterio suave!
¡Oh regalada llaga!

¿Qué podemos decir sobre este amor?

Al principio era amor por Jesús crucificado, porque Juan era *de la Cruz*. Y después el amor por Jesús crucificado da paso a la *identificación* con el Hijo de Dios de acuerdo con las palabras paulinas, «vivo, pero no yo, es Cristo quien vive en mí». Comentando estas palabras el místico escribe: «Porque en decir vivo yo, ya no yo, dio a entender que aunque vivía él, no era vida suya, porque estaba transformado en Cristo, que su vida era más divina que humana... podemos decir que su vida y la vida de Cristo toda era una vida por unión de amor».[10] Como Pablo, Juan de la Cruz está ahora tan unido con Cristo que el amor que le quema dentro es a la vez humano y divino. Es el amor a Jesús y su propio amor, convertido en amor no-objetivo, que se irradia a todas las personas y a todas las cosas. Esta es la llama de amor viva.

Y este amor conduce a la sabiduría, a una iluminación o despertar supremos que alcanzan su clímax cuando, a través de la muerte, entra a la vida eterna para gozar de la visión de Dios.

¡Cuán manso y amoroso
recuerdas en mi seno![11]

9. *Llama de amor viva*, 1.3.
10. *Cántico espiritual*, 12.7-8.
11. *Llama de amor*, 4.

Teología mística

El conocimiento obtenido a través del amor, la teología mística real, es tan maravillosa «que le pareciera a ella que su conocimiento previo, e incluso todo el conocimiento del mundo, en comparación con éste fuera pura ignorancia».[12]

Juan de la Cruz intenta describir este despertar pero no acierta a ponerlo en palabras «porque este recuerdo es un movimiento que hace el Verbo en la sustancia del ama, de tanta grandeza y señorío y gloria, y de tan íntima suavidad, que le parece al alma que todos los bálsamos y especies odoríferas y flores del mundo se trabucan y menean, revolviéndose para dar suavidad, y que todos los reinos y señoríos del mundo y todas las potestades y virtudes del cielo se mueven, y... todas las virtudes y sustancias y perfecciones y gracias de todas las cosas criadas relucen y hacen el mismo movimiento, todo a una y en uno».[13]

Así es la agitadora iluminación del alma a la que conduce el amor. Es una experiencia que hace retumbar la tierra, pero no es sino un frágil anticipo de lo que ha de llegar cuando a través de la muerte alcancemos la eternidad y contemplemos a Dios cara a cara.

Pero san Juan de la Cruz insiste en que en esta vida la mayor de las sabidurías es *secreto*. ¿A que se refiere con la palabra *secreto*?

SABIDURÍA SECRETA

La palabra *secreto* es muy importante en la teología mística. Para comprenderla tenemos que remontarnos a Dionisio, cuya mística se traduce como «secreto» o «escondido». El conocimiento secreto o escondido va más allá de la razón o el pensamiento, más allá de ideas claras y definidas; es un conocimiento informe una nube del no saber. Es éste el conocimiento al que Dionisio lleva a su discípulo Timoteo. Es éste el conocimiento al que el autor de *La nube* conduce a su discípulo, diciéndole que deseche pensamientos y conceptos e imágenes e ideas claramente definidas.

El conocimiento místico es también secreto porque no lo entendemos. «La contemplación», escribe san Juan, «por la cual el entendimiento tiene más alta noticia de Dios llaman teología mística, que quiere decir sa-

---

12. *Llama de amor*, 4.4.
13. *Llama de amor*, 4.4

La tradición cristiana

biduría de Dios secreta; porque es secreta al mismo entendimiento que la recibe».[14] Tenemos aquí una definición más de teología mística: sabiduría secreta de Dios. Y el intelecto que la recibe no la entiende. De hecho, la incapacidad para comprender es uno de los mayores sufrimientos de la vida mística. «¿Qué me está sucediendo?» es el grito angustiado del místico en la noche oscura. «¡No lo comprendo!». Y el santo replica que la noche oscura es secreto, es misterio. ¡No intentes comprenderla! ¡Espera a Dios! ¡Ríndete! ¡Confía en su piedad y amor!

Por lo tanto, Dios es secreto. Es un Dios oculto: *Deus Absconditus*. Es el misterio de los misterios, es como noche para el alma. Sólo en la cima despierta Dios en esas profundidades donde mora secretamente y solo:

Donde secretamente solo moras

Y así san Juan de la Cruz sale en secreto cuando nadie le ve:

En secreto, que nadie me veía

Trepa por *la escala secreta* que conduce «adonde me esperaba / quien yo bien me sabía / en parte donde nadie aparecía».[15]

En todo esto Juan de la Cruz sigue a Aquino porque considera dos tipos de conocimiento, el conocimiento de la investigación científica y el conocimiento informe y secreto que proviene del amor. Es este último el que le guía con más seguridad que la luz del mediodía.

EL CONOCIMIENTO MÍSTICO Y LA BIBLIA

Está claro, por tanto, que en la tradición medieval que culmina en las obras de los carmelitas españoles, la teología mística es la sabiduría secreta que proviene del amor. Pero nos podemos preguntar legítimamente si tal sabiduría se puede encontrar en la Sagrada Escritura, y si es así, dónde.

San Juan contestaría diciendo que se encuentra en cada línea de la

14. *Subida*, 2.8.6.
15. *La noche oscura*, 4.

Teología mística

Biblia, en el Cantar de los Cantares, en los salmos, en los escritos de los profetas, en los Evangelios, en san Pablo... Quizá sería interesante que seleccionáramos un pasaje donde Pablo habla de la sabiduría secreta que proviene del amor, y al que recurre varias veces el santo español. En la primera carta a los Corintios Pablo ha estado hablando de la locura de la cruz y de la locura de sus enseñanzas. Y luego hace una pausa, como si lo pensara dos veces, y dice:

> Hablamos sabiduría entre los perfectos; mas una sabiduría no de este siglo... (1 Cor 2, 6)

Y prosigue, hablando de la sabiduría secreta y oculta de Dios:

> σοίαν ἐν μυστηρίῳ

Ésta es la sabiduría mística: secreta, informe, oscura, en una nube del no saber. El apóstol dice claramente que está hablando de un conocimiento que trasciende imágenes y conceptos: «Lo que ni ojo vio, ni oído oyó, ni pasó a hombre por pensamiento, lo tiene Dios preparado para aquellos que le aman» (1 Cor 2, 9).

Esta sabiduría, la única sabiduría que Pablo dice tener, se origina en el amor de Jesús crucificado –tanto su amor por Pablo como el amor de Pablo por él. «El cual me amó y se entregó a sí mismo por mí» (Gál 2, 20), había dicho el de Tarso; y ahora escribe a los Corintios que decidió no conocer nada entre ellos excepto a Jesucristo y a él crucificado. La sabiduría del apóstol, secreta e insensata, provenía del amor. Es escándalo para los judíos y locura para los gentiles, pero para aquellos que son llamados, tanto judíos como gentiles, es Cristo, poder de Dios y sabiduría de Dios.

¡Qué plena de contradicción está la sabiduría que nace del amor! Si quieres ser sabio, dice Pablo, deberías convertirte en loco: un amante loco. «Porque la locura de Dios es más sabia que los hombres; y lo que parece debilidad en Dios es más fuerte que los hombres» (1 Cor 1, 25).

Esta es la gracia de santa Teresa y san Juan. Tiene su origen en una profunda comprensión del amor del crucificado y es una repuesta de loco amor que encuentra su expresión en las apasionadas líneas del Cantar de los Cantares. Comparado con ella «es pura ignorancia la sabiduría de los hombres y de todo el mundo y cuán digno de no ser sabido».¹⁶ ¿Dónde encontramos mayor contradicción?

LA TEOLOGÍA MÍSTICA HOY

Antes del Concilio Vaticano II la teología mística se enseñaba en los seminarios católicos de todo el mundo. No se trataba de una asignatura importante puesto que el núcleo del currículo lo ocupaba la teología moral y dogmática, pero tuvo algunos distinguidos teólogos que hablaron sabiamente a las gentes de la época. El dominico francés Réginald Garrigou-Lagrange escribió extensamente sobre Aquino y san Juan de la Cruz. Los jesuitas Joseph de Guibert y Auguste Poulain eran directores de gran talla. Los libros de texto de Adolphe Tanquerey eran leídos y releídos en los seminarios de todo el mundo, y en general, la teología mística tenía su pequeño lugar en los estudios académicos.

Esta teología, sin embargo, era mucho más amplia de miras que la versión tradicional que la asimilaba a «la sabiduría secreta que proviene del amor». De Guibert nos dice que «el término *teología mística* alude en general a todo el estudio teológico de la vida espiritual entendido como preparación para la unión con Dios en contemplación».¹⁷ También recibía el nombre de teología ascética y mística o teología espiritual, y aun cuando trataba la contemplación infusa en la línea de los grandes españoles, su sentido principal era enseñar a los futuros sacerdotes cómo rezar y cómo guiar a otros en el camino de la oración.

Con el Concilio Vaticano II y la subsecuente revolución teológica se hizo evidente que la teología mística enseñada en los seminarios tenía poco que decir a las nuevas gentes y al nuevo mundo. El Concilio había abierto el camino para el diálogo con el mundo moderno y con las religio-

---

16. *Cántico espiritual*, 26.13. Deberíamos tener en cuenta, sin embargo, que san Juan era poeta y que a menudo utiliza el lenguaje de la hipérbole. Aquí parece desdeñar el conocimiento de la investigación científica; pero en todo el resto de sus escritos muestra su admiración por ella. «Y no se ha de entender que, aunque el alma queda en este no saber, pierde allí los hábitos de las ciencias adquisitos que tenía, que antes se le perfeccionan con el más perfecto hábito, que es el de la ciencia sobrenatural que se le ha infundido» (*Cántico espiritual*, 26.16).
17. *Theologia spiritualis ascetica et mystica*, I. II. 3.

Teología mística

nes místicas de Asia. Nos enfrentábamos –y aún nos enfrentamos– con un mundo que está muy interesado en la experiencia mística y que incluso vuelve la mirada a la sabiduría mística para encontrar respuestas a sus muchos problemas y dilemas angustiosos.

Esto significa que la ciencia del misticismo ha de ser re-escrita, y este libro es un intento modesto de re-escribirla para la nueva era. Siguiendo la tradición cristiana entiende que es *reflexión teológica sobre la sabiduría secreta que proviene del amor,* e intenta desarrollar esta tradición dialogando con el mundo moderno. Por lo tanto, en la segunda parte se reflexiona sobre el diálogo y sus consecuencias para una nueva teología mística.

Parte II

DIÁLOGO

Siete
CIENCIA Y TEOLOGÍA MÍSTICA

FÍSICA Y MISTICISMO

En un interesante libro titulado *El tao de la física* publicado en los años setenta, el físico norteamericano Fritjof Capra habló del interés que el misticismo había suscitado en nuestros días en un grupo de científicos.[1] Sus investigaciones, dice, les han llevado a conclusiones que son extraordinariamente parecidas a las enseñanzas del hinduismo, budismo, y taoísmo. Capra sostuvo la tesis de que había tenido lugar una gran revolución en la física gracias a dos grandes descubrimientos: la relatividad y la física cuántica. Los físicos no podían aceptar ya los presupuestos de Newton de acuerdo con los cuales el universo está compuesto de materia muerta y de partículas aisladas, y tampoco podían aceptar la dualista y alienante distinción cartesiana entre *res extensa* y *res cogitans*. En lugar de todo esto veían un mundo en el que todo está interrelacionado, en el que no hay existencias separadas o entidades aisladas. Llegaban así a una concepción de unidad semejante a la de los místicos.

El libro de Capra es un diálogo en el que científicos y místicos orientales hablan de la unidad de todas las cosas, del espacio y el tiempo, de la reconciliación entre opuestos, de la complementariedad, del *yin* y el *yang*, del *koan zen*, del Sutra Kegon y de la danza cósmica. Las nociones de vacuidad, nada y vacío –*mu* y *ku* en japonés– ya no le son ajenas al físico. Capra cita a eminentes científicos como Werner Heisenberg y Niels Bohr, que pensaban que sus investigaciones les estaban conduciendo a un nue-

---

1. *The Tao of Physics*, Fritjof Capra, Berkeley, 1975. Ed. castellana: *El tao de la física*, Sirio, Málaga, 1995.

Teología mística

vo mundo o a un nuevo estado de conciencia donde las leyes comunes de la lógica no son aplicables. «¿Es posible que la naturaleza sea tan absurda como nos parece en estos experimentos atómicos?», se preguntaba Heisenberg.[2] Este aparente absurdo les estaba conduciendo hasta los místicos, de manera que no podían seguir hablando de manera simplista sobre incompatibilidad entre ciencia y religión.

Capra comienza describiendo una experiencia casi mística. Mientras estaba sentado junto al océano mirando las olas y respirando rítmicamente, cayó súbitamente en la cuenta de que el mundo circundante estaba entregado a una inmensa danza cósmica de energía y que había cascadas de partículas que descendían desde el espacio exterior. Rápidamente llegó a la conclusión de que se trataba de la danza de Shiva, y que la visión hindú y la visión científica encajaban.

No necesitamos decir que este libro recibió críticas, oposición, y que incluso fue ridiculizado. Sin embargo, incentivó un muy necesario diálogo entre ciencia y religión, y produjo un gran debate en todo el mundo. Ha tenido una influencia especialmente importante en el Movimiento de la Nueva Era y continúa causando impacto en todas partes.

Capra escribe extensamente sobre hinduismo, budismo y taoísmo, pero casi no menciona al misticismo del judaísmo, del islam y del cristianismo. La razón que alega es que mientras las escuelas místicas constituyen la corriente principal de las religiones y de la filosofía oriental, sólo tienen una importancia marginal en Occidente. Ésta es una explicación válida, pero puede que haya otra razón tácita y de mayor importancia. Los místicos de las religiones monoteístas, aun cuando creen en un Dios inmanente presente en el mundo y que da existencia y unidad a todas las cosas, creen también en un Dios trascendente, Creador de cielo y tierra, al que gritan «¡Abba, Padre!».

¿Es esta creencia en un Dios trascendente una barrera insuperable que separa a los místicos monoteístas del científico y del budista? Probablemente no, porque aunque el místico monoteísta cree en un Dios trascendente, no ve a un Dios trascendente. «A Dios no le ha visto nadie jamás» (Juan 1, 18) resuena en todas las tradiciones místicas. Y así los místicos judíos, islámicos y cristianos experimentan, a su manera, el vacío, la nada, la nube del no saber y la unidad de todas las cosas. En resumen, la tesis de Capra puede tener validez para los místicos de todas las religiones, que llegan a experimentar la más alta sabiduría en el vacío.

2. Ibid., p. 50.

LA MÍSTICA DE LA CIENCIA

Varias décadas antes de que Capra escribiera *El tao de la física* otro místico cristiano se había enfrentado con problemas similares. La vida del jesuita francés Pierre Teilhard de Chardin (1881-1955) no fue sino un diálogo interior entre ciencia y religión que culminó con un matrimonio de amor entre ambos.

En un ensayo extraordinario titulado *Como yo creo* que igualmente podría haberse llamado *Como yo rezo*, Teilhard habla del desarrollo de su vida interior.[3] Afirmando que él es por educación familiar e intelectual un niño del cielo pero por temperamento y estudios un niño de la tierra, dice que permitió que los dos mundos se unieran y que confluyeran en su mente y su corazón, hasta que después de treinta años de haber perseguido la unidad interna dice: «tengo la impresión de que se ha efectuado una síntesis natural entre las dos corrientes que reclaman mi lealtad».[4] Ésta es con seguridad una buena descripción de su oración: la oración contemplativa jesuita que estaba llena de la presencia de Dios sin excluir jamás las cosas del mundo.

Porque Teilhard era jesuita, y había sido educado en un tipo de contemplación que era propia de la Compañía de Jesús. San Ignacio de Loyola, fundador de los jesuitas, quería que sus hijos estuvieran en contacto constante con el mundo en que vivían. Era un místico consumado que pasó muchas horas en oración silenciosa y contemplativa pero que amó las ciudades poderosas, y se enfadaba muchísimo cuando cualquier místico en ciernes expresaba el deseo de pasar años en soledad total. El misticismo jesuita, decía, debe estar en el bullicio del mundo, y terminó sus *Ejercicios espirituales* con *La contemplación para alcanzar el amor divino*, que es una visión de un mundo que está imbuido de la presencia de Dios —Dios presente en todas las cosas, actuando en todas las cosas, dándose en todas las cosas— e Ignacio le pide al retirado en ejercicios espirituales que responda con un ofrecimiento total de sí mismo.

La vida interior de Teilhard fue conformada por los *Ejercicios espirituales*. Tomando la contemplación para la obtención del amor divino del ámbito del siglo XVII, la reformuló en el siempre cambiante contexto del siglo XX. Y de esta forma llegó a percibir el mundo como un espacio sagrado,

---

3. *Christianity in Evolution*, Pierre Teilhard de Chardin, Nueva York, 1971, p. 96 ss.
4. Ibid., p. 97.

Teología mística

como un medio divino: vio un proceso evolutivo que se dirigía a un punto de convergencia que él llamó Omega. Continuando con su diálogo interior identificó Omega con Jesucristo en su segunda llegada. De esta forma las dos corrientes se unieron formando una síntesis.

Así como Ignacio amaba las ciudades poderosas, Teilhard amaba el cosmos ilimitado, y ésta es su característica más destacada. Mientras que sus contemporáneos temblaban presos de angustia cósmica ante los millones de años luz que los separaba de la estrella más cercana, Teilhard, lleno de un optimismo radiante, demostraba fe inquebrantable en el proceso cósmico y en la empresa humana. De hecho, con una exposición atrevida que conmocionó a la ortodoxia, dijo que, si como resultado de alguna revolución interior él hubiera de perder la fe en Cristo, en un Dios personal y en el espíritu, todavía continuaría creyendo inquebrantablemente en el mundo.

Pero no perdió la fe en Cristo, en un Dios personal y en el espíritu. Fiel a los *Ejercicios* de Ignacio nunca dejó de amar al Jesús de los Evangelios que a través de su resurrección se convirtió en el Cristo del universo, y que fuera de todo espacio y todo lugar se ubicaba en el punto de convergencia que es la parusía. De hecho, su amor apasionado por esta cuestión le dio un profundo sentido de la Encarnación y un amor casi infantil por la Eucaristía.

En su ensayo *La misa del mundo*, que Julian Huxley califica de poético, místico, realista, religioso y filosófico, Teilhard ve el mundo entero como un altar y le grita al Señor: «Yo, tu sacerdote, haré de todo el mundo mi altar y sobre él te ofreceré todos los trabajos y sufrimientos del mundo».[5] ¡Qué sentido de sacrificio eucarístico! Y también podemos citar su conmovedora visión mientras reza ante la custodia; es como si la hostia redonda y blanca se hiciera más y más grande hasta envolver a todo el cosmos para luego retirarse y volver a su lugar insignificante en la custodia. Teilhard ve en ello un cosmos divinizado a través el pan de vida.

Teilhard, que amaba el cosmos, también pensaba que el amor humano es la forma más elevada de energía. Aunque él mismo estaba totalmente entregado al celibato, creía en un profundo amor hombre-mujer que trasciende el deseo erótico y que conduce a una penetración mutua que es un extraordinario punto de intimidad. Ésta no era una teoría vacía, puesto que su vida estaba enriquecida con amistades notables con

---

5. *Hymn of the Universe*, Pierre Teilhard de Chardin, Nueva York, 1965, p. 19.

Diálogo

hombres y mujeres, amistades que constantemente le inspiraron su visión mística.

Si —siguiendo a san Juan de la Cruz— definimos la teología mística como «ciencia por amor»[6], no podremos negar con facilidad que Teilhard era un místico total y un teólogo místico, porque en su concepción última era un amante. Su amor por el cosmos, por la humanidad y por Dios dominaban todo lo que dijo e hizo. Y su sabiduría era «secreta» en tanto que era informe y llena de misterio, inefable, por lo que él, más que cualquier otro, sabía que todo lo que escribía no podría jamás expresar lo que veía.

Lo más significativo de todo es que su vida interior estaba alimentada no sólo por la Sagrada Escritura y la tradición, sino también por los datos y los frutos de la investigación científica. En esto fue un verdadero jesuita, fiel a la visión de Ignacio que quería que sus hijos vieran a Dios en todas las cosas; no en algunas cosas, sino en todas ellas.

El misticismo de Teilhard sólo era posible en el siglo XX. Después de él, la teología mística nunca será la misma.

LONERGAN, CIENCIA Y DIOS

Teilhard era un visionario. Otro jesuita, esta vez un canadiense de extracción irlandesa, se enfrentó al reto de la ciencia de una manera más metódica. Bernard Lonergan (1904-1984) dedicó su vida al estudio del método —¿qué es lo que hago cuando conozco?— y su trabajo alcanzó el punto álgido con su *Método en teología*.[7]

Lonergan entendió con claridad que el increíble éxito de la ciencia moderna radica en su nueva metodología, que nació en el siglo XVII. La llamada revolución científica que comenzó con Galileo Galilei (1564-1642) y que alcanzó la perfección con Isaac Newton (1642-1727) fue una sublevación contra una metodología aristotélica profundamente arraigada que era utilizada tanto por científicos como por filósofos y teólogos. Basada en principios primarios, particularmente en el principio de causalidad, esta metodología conducía al científico a causas secunda-

6. *Cántico espiritual*, 27.5.
7. *Method in Theology*, Bernard Lonergan, Londres, 1972. Ed. castellana: *Método en teología*, Ed. Sígueme, Salamanca, 1988.

Teología mística

rias y al teólogo a la causa primordial, al primer actor, a quien los escolásticos, siguiendo a Aquino, identificaron con Dios. No había conflicto entre física y metafísica, entre ciencia y religión. Puesto que todos usaban la misma metodología, los monjes podían ser científicos y los científicos podían ser monjes, ambos empeñados en una búsqueda común de la verdad.

Luego llegó la revolución científica. «Lo que ocurrió hacia finales del siglo XVII», escribe Lonergan, «fue el comienzo no sólo de una ciencia mucho mejor, sino básicamente de una noción de ciencia bastante distinta de la que fue formulada por Aristóteles y asumida por sus seguidores».[8] Porque el nuevo método comenzó con la experimentación (para Galileo mirar a través de su telescopio era más importante que leer libros) y acabó con la verificación en el laboratorio. La Royal Society excluía de la consideración cuestiones que no pudieran ser resueltas por medio de la experimentación o la observación.

Este método era poderoso; ha logrado cosas extraordinarias y continúa deslumbrando a hombres y mujeres de todo el mundo con sus logros increíbles. Porque sigue en curso. Con la acumulación de más y más datos se llevan a cabo otros experimentos, se abren nuevas perspectivas, se formulan nuevas teorías. Además, la investigación académica ha adoptado un método similar, siempre buscando nuevos datos y formulando nuevas teorías. El resultado es que ha tenido lugar una enorme explosión de conocimiento que nadie sabe cómo o dónde almacenar.

Pero ¿qué hay de Dios?

En este punto Lonergan es claro. Mientras que la nueva metodología es superior a cualquier otra cosa precedente, y mientras que sus pioneros a menudo eran gentes profundamente religiosas, la metodología en sí misma ni lleva hasta Dios, ni puede hacerlo. Después de describir los métodos de la ciencia moderna continúa:

> Porque la ciencia moderna es una ciencia empírica. Tanto si estudia la naturaleza o al hombre... parte de datos, discierne unidades inteligibles y relaciones con datos, y está sujeta al examen de la verificación, a la corrección y revisión que se efectúa a través de la confrontación con otros datos relevantes. Pero tales procedimientos no nos conducen más allá de este mundo. Lo divino no es un dato que se pueda observar con el sentido o que sea descubierto

8. *A Second Collection*, Bernard Lonergan, Londres, 1972.

Diálogo

por la introspección. Precisamente porque la ciencia moderna es un conocimiento especializado del hombre y de la naturaleza, no puede incluir el conocimiento de Dios. Dios no es ni hombre ni naturaleza.[9]

Concluye con una aseveración radical:

Si intentáramos conocer a Dios a través de los métodos de la ciencia moderna estaríamos incurriendo en la idolatría de identificar a Dios con el hombre o con la naturaleza.[10]

De esta forma Lonergan encuentra un gran abismo entre religión y ciencia moderna. Podemos llegar a la conclusión de que si Teilhard de Chardin habla sobre Dios, o si Fritjof Capra habla de sabiduría en el vacío, no están sino extrapolando, yendo más allá de la metodología rigurosa, empírica, de la ciencia ortodoxa. La ciencia práctica, preocupada sólo de este mundo, no tiene lugar para la visión mística.

En mi opinión, la posición de Lonergan en este punto es muy cuestionable; ni siquiera es fiel a la mayoría de sus tesis. Sin embargo, antes de que pasemos a considerarla más atentamente es necesario que planteemos otra cuestión fundamental: si el método científico no nos lleva a Dios, ¿cómo llegar hasta Él? ¿Por qué proceso llegamos a conocer a Dios?

Lonergan no niega el camino metafísico a Dios. Fiel al Concilio Vaticano I afirma que la mente humana es *capaz* de conocer a Dios, y sin embargo asegura que en la vida humana concreta nadie llega a conocerle sin la gracia: «No creo que en esta vida las personas lleguen al conocimiento natural de Dios sin la gracia de Dios, pero lo que no dudo es que el conocimiento que alcanzan así es natural».[11]

La gracia de Dios es «amor de Dios derramado en nuestros corazones por el Espíritu Santo». El camino real a Dios es, por tanto, el camino del amor. Y para Lonergan el amor es la coronación y el punto culminante del método que él llama trascendental.

9. Ibid., p. 107.
10. Ibid.
11. Ibid., p 133.

EL MÉTODO TRASCENDENTAL

El propósito de Lonergan era encontrar un método tan en conformidad con la fuerza dinámica del espíritu humano que fuera válido para todos los hombres y mujeres en cualquier lugar, y que fuera válido en todas las ciencias. Este era un método trascendental, una fuerza unificadora en el mundo humano del conocimiento y del amor.

El método trascendental es una forma de ser humano y auténtico, y puesto que para ser completamente humano uno se debe trascender a sí mismo, es un camino a la autotrascendencia.

Para ser fieles a la fuerza más profunda del espíritu humano se deben obedecer ciertos preceptos trascendentales. Los primeros son:

Sé atento
Sé inteligente
Sé razonable

La fidelidad a estos principios conduce a la autotrascendencia intelectual y a la conversión intelectual. Llegamos a darnos cuenta de que el conocer no es tan sólo un proceso de echar una mirada a algo que hay «ahí fuera», sino que es un proceso de experimentación, de comprensión y de enjuiciamiento.

El éxito extraordinario del método científico se debe a la fidelidad a estos preceptos. El buen científico está atento a los datos, los comprende inteligentemente y los formula razonablemente. Los pioneros de la revolución científica actuaron de acuerdo con estos preceptos. No reflexionaron, por supuesto, sobre su método (porque éste es el mundo de los filósofos), pero lo utilizaron para conseguir cosas magníficas.

Pero para ser humano y auténtico no es suficiente ser inteligente y razonable; debemos ser también morales. Debemos trascendernos a nosotros mismos éticamente, lo que conseguimos a través de la obediencia a otro precepto:

Sé responsable

La fidelidad a este precepto conduce a la conversión ética por medio de la cual tomamos decisiones no para la satisfacción personal, sino desde el compromiso con el objetivo «bien». Esta conversión ética es de la mayor importancia para el científico que usa su investigación de manera respon-

Diálogo

sable, y así por ejemplo, el científico que trabaja con energía nuclear ha de preocuparse de qué uso se le va a dar a ésta.

Pero en el impulso hacia la autenticidad el precepto más importante tiene que ver con el amor, y que no es otro que el mandato de amar con todo el corazón y con toda el alma, con toda la mente y con toda la fuerza. Éste conduce a la verdadera autotrascendencia y a la completa humanidad: se trata de la conversión religiosa.

De manera que los preceptos trascendentales alcanzan su punto culminante con

Enamórate

Lonergan trata este tema ampliamente en su *Método en teología*.

ENAMORARSE DE DIOS

Cuando se refiere al amor, Lonergan, por lo general tan árido, utiliza el apasionado lenguaje de los místicos. Habla de una mujer que se enamora de un hombre, y de un hombre que se enamora de una mujer. Todo esto nos recuerda al Cantar de los Cantares –«has cautivado mi corazón, hermana mía, esposa mía»– o a la esposa de san Juan de la Cruz que acude ardiente en busca de su amor. «Cuando alguien trascendente es mi amado», escribe Lonergan, «está en mi corazón, me es real desde mi interior».[12] Y habla de la naturaleza radical del enamorarse de Dios: «Todo amor es autoentrega, pero enamorarse de Dios es enamorarse de Dios sin límites, condiciones, cualificaciones o reservas».[13]

El amor a Dios, por tanto, es una entrega total, y como el amor de hombre-mujer, exige una expresión exterior:

> Cuando un hombre y una mujer se aman pero no confiesan su amor, es que no están aún enamorados. Su silencio significa que este amor no ha alcanzado el punto de autoentrega y autodonación. Es el amor que cada uno libre y plenamente revela al otro el que produce la situación radicalmente nueva de enamorarse de Dios y que da paso al desarrollo de sus implicaciones para

---

12. *Method in Theology*, p 109.
13. Ibid., p. 105.

Teología mística

toda una vida... Lo que es cierto para el amor de un hombre y una mujer es cierto a su propia manera para el amor de Dios y el hombre.[14]

Hay, por tanto, autotrascendencia. La capacidad de trascenderse «se hace efectiva cuando nos enamoramos. Entonces nuestro ser se convierte en ser-enamorado... y una vez que ha florecido por completo, y mientras dura, toma las riendas. Este es el primer principio, del que fluyen nuestros deseos y miedos, nuestras alegrías y tristezas, nuestro discernimiento de los valores, nuestras decisiones y nuestros actos».[15]

En otras palabras: la persona está completamente poseída por un amor que todo lo envuelve y que habita en su corazón o en el *apex animae*. ¡Cuántas cosas encierra el presupuesto de que nuestro ser se convierte en ser-enamorado! Puesto que sólo Dios es Ser-Enamorado en el sentido más absoluto de estas palabras, la criatura que se enamora de Él participa de su naturaleza divina y es divinizada. Esta es la doctrina de los místicos.

Es importante recordar que no llegamos a este amor mediante la acción humana. No nos sentamos a una mesa y decidimos fríamente enamorarnos, sino que el amor es un don —en la terminología antigua es gracia que santifica— que es derramado en nuestros corazones por el Espíritu Santo y que se irradia a todo el mundo y a todas las cosas en rededor. Amamos porque él nos amó primero. Esto, que es en principio un don, sólo es un precepto en segundo lugar. Es un amor a la vez humano y divino.

Es más, el amor conduce a la sabiduría más sublime, a la sabiduría de los místicos. Este es un punto que no trata Lonergan, pero que se deriva de lo que dice. La sabiduría que procede del amor no se encuentra en conceptos o imágenes claramente definidos, sino que es un conocimiento informe, oscuro, vacío, en una nube del no saber. Es la verdadera *sapiencia,* una sabiduría que va más allá del conocimiento científico como la luz resplandeciente del sol supera a la tenue luz de una frágil vela. Pero (y esto es importante) mientras que supera al conocimiento científico no lo suprime o lo contradice; los dos puede coexistir en la misma persona, y de hecho lo hacen.

De todo esto se deduce que el pensamiento de Lonergan está en conformidad con la teología mística tradicional que siempre ha puesto énfasis en que Dios puede ser amado pero no conocido. El autor de *La nube del no saber* lo explica de forma muy pintoresca cuando dice: «Pues Él puede

---

14. Ibid., p. 113.
15. Ibid., p. 105.

Diálogo

muy bien ser amado, pero no pensado. Por el amor, que no por el pensamiento, puedes alcanzarle y retenerle»[16] San Juan de la Cruz habla de la teología mística como de la sabiduría secreta que proviene del amor, un amor que es influencia de Dios en el alma. Este amor, después de quemar defectos e imperfecciones en la noche oscura, diviniza al alma prendiéndole fuego. ¡Oh llama de amor viva!

Lo más original y sorprendente de Lonergan es que considera que el amor místico es el objetivo y el punto culminante de la vida humana. Este amor es el punto álgido que empuja a la autotrascendencia y a la autenticidad que está enraizada en las mentes y en los corazones de todos los seres humanos. No hay nada de elitista en este amor. No es un don que tan sólo se le ofrezca a los cristianos, ni sólo a las personas religiosas, sino a todos los hombres y mujeres que son completamente humanos. Por lo tanto, ¿acaso no podemos entender que Lonergan cree en la existencia de una llamada universal al misticismo?

Sin embargo, el problema surge cuando Lonergan trata el método científico. Es el momento de volver a este tema.

CIENCIA Y AMOR

Lonergan ha dicho que la ciencia está orientada metodológicamente a este mundo, que comienza con el experimento y finaliza con la verificación, que sería idolatría decir que se puede llegar a Dios con los métodos de la ciencia moderna. De esta forma excluye el amor y la gracia de la metodología científica. Este es el talón de Aquiles del gran teólogo canadiense.

Porque es un hecho que la gracia de Dios actúa activamente en el corazón de quienquiera que busque al verdad con corazón humilde. Esta doctrina fue claramente expresada en el Concilio Vaticano II, que asegurando que las cuestiones terrenales y los problemas de la fe derivan del mismo Dios, prosigue de la siguiente manera:

> Más aún, quien con espíritu humilde y ánimo constante se esfuerza por penetrar en los secretos de las cosas, aun sin saberlo, está como guiado por la mano de Dios, que, sosteniendo todas las cosas, les confiere identidad.[17]

16. *La nube del no saber*, C. 5.
17. *Gaudium et Spes*, III. 36.

Teología mística

Leyendo estas simples palabras es fácil creer que Isaac Newton, Albert Einstein, Niels Bohr fueron guiados por la mano de Dios en sus investigaciones científicas. Y lo mismo se aplica a todos los científicos comprometidos que buscan la verdad con amor ilimitado.

Es más, cuando el Concilio Vaticano II llegó a su fin en 1965, los Padres del Concilio enviaron mensajes a varios grupos de personas de todo el mundo, entre ellos a los científicos, a los hombres y mujeres que aman y buscan la verdad, porque entendían que el amor a la verdad es la base del método científico y que los científicos tienen sus noches oscuras cuando «están cansados y desilusionados por su búsqueda infructuosa». El Concilio escribe:

> Un saludo muy especial para vosotros, los buscadores de la verdad; a vosotros los hombres del pensamiento y de la ciencia, los exploradores del hombre, del universo y de la historia, a todos vosotros, los peregrinos en marcha hacia la luz... Vuestro camino es el nuestro. Vuestros senderos nunca nos son extraños. Somos amigos de vuestra vocación de investigadores, compañeros en vuestras fatigas, admiradores de vuestros éxitos y, si es necesario, consoladores de vuestros desalientos y fracasos.[18]

No existe aquí implicación alguna de que la ciencia sea natural y la teología sobrenatural, ni indicación de que el teólogo tiene la gracia y el científico no la tiene. «Vuestro camino es el nuestro». Todos son impulsados por el don del amor de Dios a buscar la verdad.

De acuerdo con el quinto precepto trascendental de Lonergan, podemos entender que los científicos son dirigidos por la gracia de Dios a amar la verdad y a realizar un compromiso total con ella, y que trascenderán este mundo para llegar a la Fuente sin caer en la idolatría. Su conocimiento, como el de los místicos, será oscuro en una nube del no saber, pero

---

18. Mensajes de Clausura del Concilio a «los hombres del pensamiento y de la ciencia». Lonergan era plenamente consciente de la ausencia de Dios en la cultura actual y afirmó con agudeza que el camino de vuelta a Dios para las gentes modernas es a través del amor, que es el clímax de su método trascendental. Desafortunadamente fracasó en ver que el científico, no menos que el teólogo, puede estar motivado por el amor a la verdad. De esta forma amplía la distancia entre religión y ciencia. Para un tratamiento más amplio de este tema véase el capítulo 11 de este libro, que trata de la revelación a través del cosmos. Véase también el capítulo 17, que trata del método de Lonergan.

Diálogo

nunca entrará en conflicto con el conocimiento claramente definido que procede de la investigación científica y que está sujeto a la verificación en un laboratorio. ¿Quién puede negar que es posible que algunos científicos sean los místicos del futuro?

En resumen, el científico puede, no menos que el teólogo, ser un amante enamorado de una verdad que conduce más allá de los resultados de los experimentos de laboratorio a una nube del no saber donde habita Dios en luz inaccesible o en oscuridad impenetrable. La sabiduría que adquiere el científico a través del amor es el don supremo de un método científico completo, de igual manera que la sabiduría es el don supremo de la empresa teológica.

CONCLUSIÓN

Muchos científicos han estado o están totalmente dedicados a la búsqueda de la verdad. Aun cuando siguen el método experimental científico, también continúan buscando la verdad de acuerdo con el método trascendental. Su ser se ha convertido en enamorado de Dios, lo que significa que además del conocimiento recogido en los experimentos de laboratorio han adquirido la sublime sabiduría que proviene del amor: el conocimiento del gran misterio que rodea a la vida humana y que envuelve al universo. Han hablado de Dios en un lenguaje que se asemeja al de los místicos. En este sentido se pueden proporcionar dos ejemplos. El primero de ellos es el de Isaac Newton.

En general se entiende que el método científico alcanzó la perfección con la publicación de los *Principia* de Newton en 1687. Pero Newton nunca dejó de pensar sobre este mundo y estuvo constantemente ocupado con el tema de Dios. De hecho, se consideraba un profeta, y escribió más extensamente sobre teología y alquimia que sobre matemáticas y física. Hablaba de sí mismo como de un niño pequeño que juega en la orilla del mar y se encuentra bonitas conchas «en tanto que el gran océano de la Verdad se alzaba por completo inalcanzable ante mí».[19] Las bonitas conchas son las conclusiones de su investigación científica, y ¿no es acaso el gran océano de verdad sin descubrir el misterio de los misterios que sub-

---

19. Citado por Ravi Ravindra en «Newton, Isaac», *The Encyclopedia of Religion*, de Mircea Eliade, Nueva York, 1987.

Teología mística

yace a todas las cosas? ¿No es ésta la nube del no saber, la noche oscura, la vacuidad, la nada?

Un segundo científico que ha dominado el siglo XX es Albert Einstein, que tenía un profundo sentido de la armonía del universo y hablaba de su «sentido religioso» como de «un asombro embelesado ante la armonía de la ley natural». Tenía «un convencimiento profundo de la racionalidad del universo»[20], y tanto es así que John Polkinghorne le llama «el último de los grandes antiguos, más que el primero de los grandes modernos».[21] Fue por esta razón por lo que no pudo aceptar la aparente irracionalidad de la física cuántica e hizo su famoso comentario de que Dios no juega a los dados.

Es verdad que Einstein dijo una vez que rechazaba la noción de un Dios personal. Pero muchas de sus declaraciones hacen ver que lo que rechazaba era un Dios antropomórfico, y que tenía la convicción profunda de una inteligencia suprema y misteriosa que todo lo gobierna y que no juega a los dados. Porque habla del «espíritu ilimitado» revelado en el universo incomprensible. Hay incluso algo de la *Contemplación para alcanzar el amor divino* de Ignacio en sus palabras:

> Mi religión consiste en una humilde admiración por el ilimitable espíritu superior que se revela en los detalles más pequeños que somos capaces de percibir con nuestras mentes frágiles y débiles. Esa convicción profundamente emocional de la presencia de una energía pensante superior que es revelada en el universo incomprensible conforma mi idea de Dios.[22]

Es ésta una visión de un Dios que actúa sobre todas las cosas. Einstein tenía la idea de la vocación, la idea de un Dios que actuaba en su interior. Pocos días antes de su muerte en 1955 dijo: «Aquí en la Tierra he cumplido con mi deber».

Podemos afirmar con el Concilio Vaticano II que el Espíritu de amor actúa en el científico que busca la verdad con mente humilde, y que la búsqueda fiel de la verdad a través de la ciencia puede conducir a la suprema sabiduría. La teología mística del futuro no puede olvidar al científico.

---

20. Citado por Ravi Ravindra en «Einstein, Albert», *Op. supra cit.*
21. *Science and Providence*, John Polkinghorne, Londres, 1989, p. 78.
22. Citado por Ravi Ravindra. *Op. supra cit.*

Ocho
ASCETISMO Y ASIA

PRÁCTICA ASCÉTICA

Desde los primeros tiempos, los cristianos fueron conscientes de que la oración mística y la práctica ascética caminaban mano a mano. San Pablo estaba fascinado por los atletas que tomaban parte en los juegos Ístmicos. «Todo atleta es continente en todo», escribe. «Y sólo para alcanzar una corona perecedera; al paso que nosotros la esperamos eterna» (1 Cor 9, 25). Exhortaba a los corintios a entrenarse como si fueran atletas para obtener el premio que ofrece Jesucristo, y de hecho, él se consideraba un corredor que nunca miraba atrás: «Ir corriendo hacia la meta, con la vista en el premio a que Dios llama desde lo alto en Jesucristo» (Filipenses 3, 14). Tenía que disciplinarse a sí mismo —nos dice—, porque si no lo hiciera así, después de exhortar a otros, quedaría desacreditado. Esta disciplina obraba sobre él un efecto poderoso: abría su corazón a la gracia mística, y alardeaba de haber sido atrapado en el Paraíso y de haber oído cosas que no se pueden contar, que a ningún mortal le está permitido repetir.

Siguiendo los pasos de Pablo y aprendiendo generosamente de la cultura circundante, los Padres del desierto enseñaban a sus discípulos el arte del ascetismo. Debían saber que aunque la experiencia mística puede golpear a la persona inesperadamente, como le ocurrió a Pablo de camino a Damasco, por lo general es la recompensa a la perseverancia en un esfuerzo. De modo que enseñaron a sus discípulos cómo comer y cómo ayunar, cómo sentarse, cómo respirar, y sobre todo, cómo leer las Escrituras y cómo orar. Estas enseñanzas pasaron al monaquismo oriental, donde los monjes desarrollaron formas hesicastas de orar que hoy siguen vivas con toda su fuerza en el Monte Athos y en todo el mundo ortodoxo. También

Teología mística

pasaron a la regla de san Benito y a las órdenes religiosas occidentales, donde fueron desarrolladas, elaboradas y conformadas en todo un cuerpo doctrinario que enseñaba a hombres y mujeres a seguir una vida de oración de acuerdo con la doctrina de los Evangelios.

San Ignacio de Loyola (1491-1556) fue un gran maestro de ascetismo. «Así como el pasear, caminar y correr son exercicios corporales», escribe, «por la mesma manera todo modo de preparar y disponer el ánima, para quitar de sí todas las afecciones desordenadas, y después de quitadas para buscar y hallar la voluntad divina en la disposición de su vida para la salud del ánima, se llaman exercicios espirituales».[1] En este párrafo, los ejercicios espirituales o las prácticas ascéticas son considerados una preparación para el misticismo, para la acción directa de Dios sobre el alma, e Ignacio escribió sobre distintas formas de orar, sobre la postura y la respiración en la oración. Puso énfasis en los exámenes de conciencia, y elaboró reglas detalladas para el discernimiento de espíritus. Dio instrucciones sobre la comida y el sueño, sobre la custodia de los sentidos y las prácticas de penitencia, configuró reglas de modestia, y sus enseñanzas dominaron la espiritualidad católica en todo lugar hasta el Concilio Vaticano II.

En el siglo XVII la sabiduría acumulada a través de los siglos fue recogida y sistematizada en una nueva disciplina llamada teología ascética.[2] En conjunción con la teología mística, esta nueva disciplina, de naturaleza pastoral, comenzó a enseñarse en los seminarios católicos de todo el mundo. Su tema principal era la práctica, los ejercicios espirituales, las formas de disciplinar el cuerpo y la mente. Joseph de Guibert nos dice que mientras la teología mística pone énfasis en el don, la teología ascética pone énfasis en el esfuerzo del hombre. Y define los términos más rigurosamente diciendo:

Hablando en sentido estricto: podemos definir como mística la vida interior

---

1. *Los ejercicios espirituales de san Ignacio*, Observaciones introductorias. Obras completas. B. A. C.
2. La disciplina llamada «teología ascética» data tan sólo del siglo XVII. «Ascético» deriva del griego *askein*. Esta palabra no se encuentra en las cartas paulinas, sino en uno de los discursos de Pablo en los Hechos de los Apóstoles, cf. Hechos 24,16. En los primeros tiempos de la Iglesia se le daba el nombre de «asceta» a quien luchaba contra la carne y hacía profesión pública de celibato.
   Luego la palabra llegó a ser aplicada a los ejercicios de la vida monástica. El término no se utilizaba en el latín antiguo excepto como transcripción del griego, y tampoco se utilizaba en la Edad Media.

Diálogo

de aquellas almas que habitualmente son conducidas por las inspiraciones del Espíritu Santo, que se han hecho tan susceptibles y tan dóciles a estas inspiraciones que experimentan toda su vida interior a través de esta guía de la gracia. Por otra parte, podemos encontrar un estado ascético en el que el esfuerzo personal y la realización metódica de ejercicios espirituales es más evidente, mientras que el flujo continuo de gracia en el alma es menos aparente y se percibe menos a través de la experiencia.[3]

De esta forma la teología mística y la ascética caminaron de la mano, guiando a hombres y mujeres en el sendero de la oración.

CRISIS

En el siglo XX la cultura occidental se desmoronó, y la religión tradicional pareció venirse abajo tras una serie de revoluciones. Las antiguas costumbres desaparecieron, se pusieron en duda los valores tradicionales. Reinaba la confusión.

No puede sorprendernos que en medio de toda esta conmoción las prácticas ascéticas tradicionales fueran puestas en tela de juicio, examinadas y criticadas. La antigua práctica religiosa –se decía– no encajaba con las nuevas gentes. Contaminada por el estoicismo, el neoplatonismo, el racionalismo y el jansenismo, se había apartado mucho del auténtico espíritu del Evangelio. Con el análisis que Freud, Jung y otros hicieron de la mente humana, a muchos psicólogos les pareció evidente que gran parte de las enseñanzas de los noviciados y seminarios eran malsanas, deshumanizadoras y destructivas. Esto motivó que se apelara a nuevas formas de entender estas prácticas. Pero, ¿cuáles eran las áreas que se ponían en tela de juicio?

En primer lugar, había insatisfacción con las fórmulas tradicionales de oración, y en este sentido los jesuitas fueron muy criticados por enseñar una oración apagada, metódica y discursiva que impusieron a toda la Iglesia. Ni más ni menos que una persona como Aldous Huxley acusó a los jesuitas de destruir el misticismo occidental con su énfasis machacón en la razón y el pensamiento. ¿Dónde estaba el vibrante misticismo de la Europa medieval? ¿Qué había sido de Juliana de Norwich y del maestro Eckhart? ¿Dónde se había quedado *La nube del no saber*?

3. *Theologia spiritualis ascetica et mystica*, Joseph de Guibert, Roma, 1946, LIV. 9.

Teología mística

También la actitud tradicional frente al cuerpo humano y a la sexualidad causaban una gran frustración. Todo parecía extraordinariamente negativo, y la distinción entre cuerpo y mente, sentido y espíritu, derivó en un dualismo enfermizo. Las personas que sabían de las inmensas potencialidades del cuerpo humano y del alto valor de la sexualidad fueron obligadas a admitir el discurso sobre la subyugación de la carne y la conquista de las pasiones. La autoflagelación medieval ya no tenía sentido. Lo que las gentes querían (y lo que sentían que era ser más auténticamente cristiano) era convertir el cuerpo y el mundo material.

En el siglo XX los laicos buscaban la oración, incluso la oración mística. Pero la literatura mística y ascética, de naturaleza monástica, estaba escrita por y para célibes, tenían al matrimonio en poca estima, y a veces eran ofensivas hacia las mujeres.

También la antigua doctrina ignoraba los problemas sociales, que se habían convertido en una plaga para la sociedad contemporánea. El hambre, la opresión, la violación de los derechos humanos, la discriminación racial, el desempleo, son problemas que no existían para los antiguos teólogos ascéticos y místicos y que no pueden obviarse en el siglo XX.

Tras todo esto, se hizo evidente que el cristianismo necesitaba una nueva teología ascética.

LA NUEVA BÚSQUEDA

En esta época hubo gentes emprendedoras que, inspiradas por el Espíritu, empezaron a buscar nuevas formas dentro de la tradición occidental. Se generó un interés renovado por los estudios bíblicos que ayudó a muchas personas en su oración al enseñarles a saborear la palabra de Dios. La renovación litúrgica hizo que algunas apreciaran con mayor profundidad el sacrificio eucarístico y la devoción a Cristo entre nosotros, en tanto que la renovación carismática condujo a otras al bautismo en el Espíritu, y a que de sus bocas fluyera la oración. La investigación en la espiritualidad reveló de esta manera tesoros de misticismo en la tradición de san Ignacio que habían pasado desapercibidos. Hubo un renovado interés por el misticismo occidental.

También en esta época, las personas con imaginación volvieron la vista a un continente asiático que parecía ofrecer todo aquello de lo que carecíamos en Occidente, no sólo tesoros de sabiduría y misticismo, sino también fórmulas simples y prácticas de meditación. Su práctica ascética era holísti-

Diálogo

ca, y rechazaba todo el dualismo cuerpo-alma. Prometía no sólo la salud del cuerpo y de la mente, sino también la longevidad y el desarrollo del potencial humano. Conducía a la liberación y al saber. Todo esto era muy atractivo para una generación inmersa en la confusión religiosa y cultural. La pregunta clave era: *¿Es posible unir la práctica ascética asiática con la fe cristiana?*

Ya en los años cincuenta había salido de la pluma de un monje benedictino belga un interesante y significativo libro titulado *Yoga cristiano*.[4] J. M. Déchanet era hijo de su tiempo, y por lo tanto estaba insatisfecho con la enseñanza ascética tradicional, pero también era hijo leal de una Iglesia preconciliar que se sentía obligado a desvincularse de la religión hindú. Y aunque el yoga en su nivel más profundo es un camino hacia la sabiduría, la liberación y la unión con Dios, Déchanet la arrancó de sus raíces hindúes y utilizó los *asanas* como una técnica para penetrar en un profundo silencio interior. Escribe:

> Por lo que respecta a las prácticas del yoga, las entenderemos como lo que son, ni religión ni misticismo, sino una disciplina y una destreza... Para nosotros el yoga debe ser una *técnica* que permite al hombre –cuando es pertinente– establecerse en el silencio; no tan sólo lejos del ruido, sino en un silencio efectivo de los sentidos, deseos y preocupaciones, aceptando sobre todo permanecer en silencio para que el Santo Espíritu de Dios pueda hacer oír su voz de vez en cuando mientras que el espíritu del hombre se encuentra a la escucha.[5]

Cuando se escribieron estas palabras, la Iglesia católica aun no había resuelto comprometerse en un diálogo profundo con otras religiones. Como consecuencia, Déchanet no podía ver en el yoga más que una técnica que preparaba al cristiano para la oración. Sin embargo, su libro fue profético, ya que preparó el diálogo que estaba por llegar.

ASIA ORIENTAL

Así como en Occidente se construyó una tradición ascética a través de muchos siglos, también en Oriente, en un proceso similar, vio la luz lenta-

---

4. *Christian Yoga*, J.M. Déchanet O.S.B., original en francés 1956, versión en inglés, Londres, 1960. Ed. castellana: *Yoga cristiano*, Desclée de Brouwer, Bilbao, 1972.
5. Ibid., p. 59.

Teología mística

mente una tradición ascética que se manifestaría en toda la cultura de China y Japón. Esta práctica, conocida con el nombre de *gyo*, es el eje central de la ceremonia del té, de la caligrafía, el judo, la esgrima, el tiro con arco, y otras prácticas que reciben el nombre de «vías».[6] Su vertiente religiosa, llamada *shugyo*, apareció en el zen y en otras formas de meditación religiosa en las que el maestro busca guiar al discípulo a la sabiduría en el vacío que conforma la base de la cultura del este asiático.

Esta práctica ascética puede resumirse en la fórmula triple:

Entrenamiento del cuerpo
Entrenamiento de la respiración
Entrenamiento de la mente

Detengámonos en estos tres puntos.[7]

La actitud con respecto al cuerpo humano en Asia oriental está muy influida por la medicina china, que habla de *meridianos* o canales a través de los que fluye la energía y da vida a toda la persona. A esta energía se la llama *chi* en chino y *ki* en japonés.

6. Para el desarrollo histórico del zen desde India pasando por China hasta Japón, véase *Zen Buddhism: a History*, vols. I, II, Heinrich Dumoulin, Londres, Nueva York, 1988. Para la relación entre la meditación budista y los «caminos» véase: *Zen and the Ways*, Trevor Leggett, Londres, 1978.
7. Cf. *Call to Meditation*, K. Kadowaki, manuscrito no publicado.

Diálogo

El origen de esta energía se encuentra en el abdomen (en japonés *hara*) que recibe el nombre de «mar de energía». Tiene especial importancia el *tanden*, un punto localizado a pocos centímetros por debajo del ombligo y que es la fuente de creatividad y el lugar principal de experiencia religiosa. Se alienta a la persona para que sea consciente de su existencia no sólo a la hora de meditar, sino en todas las circunstancias de la vida. En las artes marciales la conciencia del *tanden* es vital.

Un maestro de zen algo conocido, el maestro Torajiro Okada, escribe con gran vigor que el *tanden* es el santuario de lo divino: es aquí donde habita la energía sagrada. Okada divide a las personas en tres clases. El primer tipo valora la cabeza: acumula vastas cantidades de conocimientos, desarrolla mucho el cerebro y acaba por perder el equilibrio y quedarse como una pirámide invertida. La segunda clase está formada por personas que sacan pecho; tales personas parecen fuertes y llenas de coraje, pero en el interior son débiles. Y dice:

> Pero las personas de mayor rango son aquellas que consideran el abdomen como la parte más importante, y de esta forma han construido el bastión donde puede prosperar lo divino. Desarrollan sus mentes y sus cuerpos de manera correcta. La fuerza fluye por ellos y produce una condición espiritual de tranquilidad y ecuanimidad. Hacen lo que les parece bien sin violar ninguna ley.[8]

El maestro continúa diciendo que las penas de la humanidad están causadas por una pérdida de equilibrio, y el camino al equilibrio –a un cuerpo sano y a un corazón recto– es sentarse correctamente.

La postura correcta, en la que somos conscientes del *tanden* y en la que seguimos centrados en el *tanden* es, por tanto, de importancia capital. Ésta podría ser la postura de loto o la *seiza* japonesa (confucionista en origen) en la que nos sentamos sobre los talones o en una silla con la espalda erguida y los ojos ligeramente abiertos. Y entonces, tanto si la persona está de pie, como sentada, como andando o durmiendo, permanece centrada en el *hara*, y tiene así mayor estabilidad y fuerza interior. El cambio importante se produce en nuestro interior, como dice el maestro Okada cuando explica: «Incluso si el cuerpo sufre un cam-

---

8. Citado en *Hara: The Vital Centre of Man*, K. Graf Dürckheim, Londres, 1962, p. 176. Ed. castellana: *Hara: centro vital del hombre*, Mensajero, Bilbao 1987.

Teología mística

bio con la *seiza,* el estado interior más profundo no cambia tan fácilmente».⁹

Es interesante recordar que el maestro de zen Dogen, fundador de la secta japonesa Soto, opinaba que el sentarse de forma correcta o *zazen* ya es una forma de iluminación.

El segundo paso es el entrenamiento de la respiración. En este punto la clave vuelve a ser la respiración abdominal. La persona respira desde el *tanden,* lenta y rítmicamente. Y al igual que sólo la manera de sentarse ya es en sí una experiencia religiosa, también lo es la respiración, porque a través de ella fluye energía por todo el cuerpo.

Deberíamos advertir que aquí no sólo estamos hablando de la respiración y la energía de nuestros cuerpos insignificantes, sino de la respiración y la energía del cosmos. Los maestros zen, con su brusquedad característiea, dicen que la energía debe fluir hacia abajo a través del ano hasta el mismo centro de la tierra, y después volver a elevarse a través de la cabeza a las regiones más distantes del universo.

La respiración *tanden* equilibra por tanto a la persona y le hace ser uno con la armonía de todo el universo. El maestro Okada nos vuelve a dar consejos prácticos y sencillos: «Siéntate callado y quieto, respira suavemente exhalando largas bocanadas de aire, con la fuerza en la parte inferior del abdomen».[10] Cuando la respiración *tanden* se convierte en algo habitual, la persona gana una maravillosa estabilidad física y espiritual.

El tercer paso es el entrenamiento de la mente.

La mente humana es salvaje e inquieta, y vaga de aquí allá, atisbando el futuro llena de ansia, o mirando nostálgicamente hacia el pasado. El mayor de los logros es conseguir que la mente descanse en un solo punto, lo que en japonés se llama *seishin toitsu,* y que es un estado al que se llega a través de la respiración y el estar sentado. Aunque la mente está ahora en el momento presente, no descansa en una parte del cuerpo, sino que fluye por todo él en un estado que se conoce con el nombre de *no-mente* (en japonés *mushin*) o *no-yo* (en japonés *muga*).

Las distracciones se suceden pero uno no lucha contra ellas, sino que las deja venir y luego las deja ir. «Dejar ir; dejar fluir» es lo que siempre nos dice. El maestro Okada nos da un consejo sencillo y claro: «No intentes liberarte de todos los pensamientos. Simplemente sé consciente y

9. Ibid., p. 177.
10. Ibid., p. 178.

Diálogo

mantén la fuerza en el vientre».[11] De esta manera los pensamientos fluyen fuera y dentro, mientras que la persona permanece centrada en un nivel más profundo.

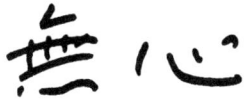

A efectos de explicarlo más claramente hemos dividido este proceso en tres partes, pero de hecho es una única acción holística.

FE Y SALVACIÓN

Mientras que el entrenamiento del cuerpo, la respiración y la mente son importantes en las artes marciales y en todas las «vías», hay otro elemento de gran importancia que entra en escena cuando nos referimos a la meditación religiosa: la fe. Porque en el budismo la práctica ascética está unida a una gran fe en la triple joya: Buda, el *dharma* y el *sangha*. Aquel que practica la meditación en el templo comienza con la siguiente declaración:

> Me refugio en Buda
> Me refugio en el *dharma*
> Me refugio en el *sangha*

Este acto de fe es un compromiso total que repercute en todo el proceso de meditación que le sigue. La meditación budista está totalmente imbuida de fe silenciosa, tanto, que uno debe estar dispuesto a morir por la fe. «Incluso si muero...» De hecho, la persona atraviesa la gran duda y la gran muerte. Abandonando la seguridad que produce el aferrarse a todas las cosas, no se aferra a nada –a nada en absoluto–, y acaba por ser iluminado.

La fe en el *dharma* significa fe en la doctrina budista, especialmente como está contenida en el Sutra del Corazón, el Sutra Loto y el Sutra Kegon. Estos *sutras* son constantemente recitados por monjes; y entonces, cuando la persona penetra en la meditación silenciosa, abandonando to-

11. Ibid., p. 181.

Teología mística

das las palabras y las letras, le sobreviene una fe desnuda, una fe de compromiso puro. La meditación silenciosa, sin palabras y sin pensamientos, no es otra cosa que un acto de fe pura.

En otro contexto el fundador santo de la secta de la Tierra Pura sostenía que la fe era suficiente por sí misma: la fe era el único *shugyo* o práctica ascética. Shinran (1173-1262) abandonó toda práctica ascética para proclamar que bastaba con recitar el nombre de Amida. Incluso el mayor de los pecadores, si recita este nombre con fe, renacerá en la Tierra Pura.[12]

Porque debemos recordar que el budismo es la religión de la salvación. Por la confianza en el ser más profundo de uno o en la piedad de otro, la persona se libera de la ilusión, queda libre del ciclo del nacimiento y la muerte, y renace como un Buda. El monje zen, haciendo votos de salvarse no sólo a sí mismo sino a todos los seres que sienten, canta con gran determinación:

> Los seres vivientes son innumerables; voto por salvarlos a todos.
> Los deseos y las ansias vanas son inacabables; voto por extinguirlos a todos.
> Las puertas a la Verdad son numerosas; voto para aprehenderlas y convertirme en maestro de todas.
> El camino a la iluminación es incomparable; voto para realizarlo.

Estos votos son un gran acto de compasión generosa. La persona lo sacrifica todo para traer la salvación a todo el universo, camina la senda de Buda.

ASIA Y OCCIDENTE

A finales del siglo XIX hubo un gran número de personas en Europa que volvieron la vista llenas de nostalgia al místico Oriente en pos de respuestas a cuestiones religiosas. En el Parlamento Mundial de las Religiones celebrado en Chicago en 1893 un joven y encantador Vivekanda (1863-1902), discípulo del gran místico Ramakrishna, cautivó a cientos de sofisticados intelectuales occidentales con su meloso discurso sobre la sabiduría asiática; y en los años posteriores, el hinduismo produjo grandes

12. Véase el libro clásico *Tannisho*, escrito alrededor del año 1290 por Yuiken, discípulo de Shiran.

Diálogo

personalidades como el místico Ramana Maharsi, el poeta Rabindranath Tagore y el activista religioso Mahatma Gandhi. Todo esto no podía por menos que impresionar al mundo religioso occidental.

En Chicago, el budismo zen también estuvo representado por el monje Rinzai Shaku Soen (1858-1919).[13] Impresionó menos a los asistentes que Vivekanda, y su inglés era más deficiente, pero sin embargo presentó en Occidente a un joven discípulo japonés que habría de convertirse en uno de los escritores religiosos más brillantes del siglo XX. El doctor D. T. Suzuki, sabio y erudito, fue muy prolífico en sus escritos, y el «zen Suzuki» se extendió a través del mundo occidental, y pronto se puso de moda hablar sobre el sonido de una mano batiendo palmas y preguntarse si un perro poseía la naturaleza de Buda. Las descripciones melodramáticas de Suzuki sobre la tumultuosa experiencia del *satori* interesaron a grandes escritores como el ecléctico Aldous Huxley y el aventurero Alan Watts, que estaban a la búsqueda de experiencias extraordinarias, sin importarles si éstas venían del zen, de la mescalina o del amor extático.

En los años sesenta, miles de jóvenes *hippies* acudieron en masa a la India en busca de experiencias místicas, mientras que gurús hindúes y maestros zen llegaron hasta California, que pronto se convirtió en la meca del zen *beat* y de todo tipo de experiencias esotéricas. Este movimiento de experiencias religiosas asiáticas todavía pervive en Occidente por medio de la meditación trascendental del Maharishi Mahesh Yogi y el influyente movimiento de la Nueva Era.

A pesar de que las religiones orientales se enseñaban en las universidades y de que grandes eruditos como Carl Jung y Mircea Eliade estudiaron a los clásicos asiáticos, la mayoría de los cristianos ortodoxos se distanció de este movimiento. Pero sin embargo, el movimiento disparó la imaginación de un monje trapense muy creativo. Thomas Merton (1915-1968) escribió lleno de entusiasmo sobre los místicos y los maestros de zen y comenzó el diálogo con el gran Suzuki. Murió simbólica, aunque trágicamente en una conferencia sobre diálogo interreligioso en Bangkok.

Mientras tanto, otro grupo de cristianos –cristianos ortodoxos– llevaba a cabo sigilosamente un diálogo significativo y profundo con las tradiciones ascéticas y místicas de Asia. Los misioneros consideraban que su deber sagrado era escuchar cómo actuaba el Espíritu en la cultura asiática,

---

13. Cf. *Zen Buddhism in the 20th Century*, Heinrich Dumoulin, Nueva York, 1992, p. 3. ss.

Teología mística

y con el tiempo les llegó la hora de enseñar a aquellos que en Occidente buscaban respuestas religiosas.

MISIÓN E INCULTURIZACIÓN

En el siglo XVI, cuando los misioneros partían desde Lisboa a la India, al sureste asiático y a Japón, una de sus principales prioridades era la inculturización, es decir, pretendían unir la fe cristiana con la cultura asiática en un matrimonio santo y fructífero. El italiano Alessandro Vilagnano (1539-1606), persona de amplias miras, tenía la perspectiva de un cristianismo imbuido de aspectos asiáticos a la cabeza del cual se encontraran líderes religiosos nacidos y educados en Asia. En China, Matteo Ricci (1552-1610) adoptó primero el atuendo de un monje budista y luego el de un erudito, y escribió más de veinte volúmenes en chino sobre matemáticas, apologética, literatura y astronomía. En la India, Robert de Nobili (1577-1656), impresionado por la religiosidad de la gente, vivió como un *sannyasi* u hombre santo. Vestía túnicas azafrán, calzaba zuecos de madera, seguía una dieta vegetariana y marcaba sus cejas con una figura rectangular de pasta que significaba que era maestro religioso. Vivió la existencia ascética de un braman que guiaba a las personas al Evangelio.

Es cierto que la teología del siglo XVII no estaba preparada para el diálogo esotérico de las llamadas religiones paganas, y De Nobili y Ricci nunca gozaron del favor de la jerarquía, pero a pesar de todo su ejemplo de inculturización continuó vigente en los *sannyasis* y en los ascetas cristianos que seguían a Cristo en los *ashrams* y centros de oración por todo el continente asiático. Cuando la era de los misioneros extranjeros llegó a su fin, los cristianos hindúes, chinos y japoneses asumieron la tarea de la inculturización, estudiando y asimilando las tradiciones ascéticas y místicas de sus antepasados.[14]

Más tarde, el Concilio Vaticano II habría de dejar su huella. Hablando de la necesidad de llevar los ricos tesoros del misticismo cristiano al mundo, el Concilio aconseja a los misioneros con palabras que recuerdan a Ricci y a De Nobili:

Consideren con atención cómo pueden ser asumidas en la vida religiosa cris-

---

14. Cf. *Gurus, Ashrams and Christians*, Vandana, Londres, 1978.

Diálogo

tiana las tradiciones ascéticas y contemplativas, cuyas semillas esparció Dios algunas veces en las antiguas culturas antes de la predicación del Evangelio.[15] ¿Podemos entender estas palabras como una exhortación para asimilar las tradiciones místicas del hinduismo, del budismo, del taoísmo y de las otras religiones asiáticas? Son, en cualquier caso, muy retadoras.

EL ZEN Y LA CONTEMPLACIÓN CRISTIANA

Ya antes del Concilio Vaticano II, un jesuita alemán, siguiendo los pasos de Ricci y De Nobili, practicaba el zen en Japón. Hugo Lassalle (1898-1990), que adoptó el nombre de Enomiya Makibi después de hacerse ciudadano japonés, y al que habitualmente se conoce con el nombre de Enomiya-Lassalle, comenzó a practicar el zen en 1943 con intención de poder entender la cultura japonesa y de adaptar el mensaje cristiano a la mentalidad asiática. Así es que practicaba el zen en templos por todo Japón, siendo guiado primero por el famoso maestro Sogaku Harada y más tarde por el maestro Koun Yamada en Kamakura.

El enfoque de Lassalle era bastante distinto del de Déchanet, autor de *Yoga cristiano*, ya que mientras Déchanet adoptó sólo los símbolos externos del yoga y disoció su persona de la sabiduría que subyacía a la práctica de esta disciplina, Lassalle estaba fascinado por ella —el *satori* o iluminación— y convirtió en su objetivo el atenerse a esta iluminación y el guiar a otros por este mismo camino. En su primer libro, *Zen: el camino a la iluminación*, escribió sobre la iluminación para los cristianos, y sus libros posteriores se centraron en este mismo tema.[16] Pensaba que el *satori*, un bello tesoro de la cultura y la religión asiáticas, podía ser integrado en el cristianismo. Y no sólo *podía* ser integrado, sino que *debía* serlo, de manera que Lassalle quiso introducir la práctica del zen en los noviciados y seminarios como parte de los estudios académicos religiosos. Pero ni pudo convencer ni a sus colegas ni a las autoridades eclesiásticas.

En principio a Lassalle le estaba interesaba desarrollar un cristianis-

---

15. *Ad Gentes*, II. 18.
16. *Zen - Way to Enlightment*, Hugo Enomiya-Lassalle, Londres, 1973. Ed. castellana: *El zen*, Ed. Mensajero, Bilbao, 1972. Véase también: *Zen Meditation for Christians*, Illinois, 1974.

Teología mística

mo japonés y dar origen a una manera japonesa de orar –puesto que esto era parte de su visión de la inculturización–, pero según iba avanzando el tiempo, se dio cuenta de que tenía en sus manos una misión en interés de la Iglesia universal. De manera que organizó retiros espirituales en Europa, introduciendo a cientos de cristianos en la práctica del zen. No es necesario decir que se encontró con una gran oposición; la iluminación zen, se decía, era monística, y por ello opuesta al Evangelio, a lo que el siempre práctico Lassalle contestaba que él y otros cristianos habían vislumbrado el *satori* y que, lejos de distanciarles del Evangelio, la experiencia les había hecho profundizar en su compromiso con Jesucristo. Y de esta forma continuó con su misión.

Aunque nadie ponía en tela de juicio la sinceridad y profunda piedad de Lassalle, su enfoque provocó, y continua provocando, problemas teológicos y pastorales que no pueden ser eludidos. Parte de estos problemas provienen de los budistas, porque el hecho es que el zen, como se practica en el templo, es ante todo un hecho de fe. Ya se ha mencionado que la verdadera persona zen pone su fe en Buda, en el *dharma* y en el *sangha*, y que esta fe pervive como fe pura o fe desnuda cuando se penetra en el silencio de *zazen*. El que practica el zen debe estar dispuesto a experimentar la gran duda y a morir la gran muerte, y sólo un profundo compromiso de fe proporciona la fuerza necesaria para lograrlo.

Pero Lassalle no puso su fe en Buda, en el *dharma* o en el *sangha*. Todos los que vivieron con él y le amaron (entre los que se encuentra quien esto escribe) saben que era un sacerdote católico bastante tradicional que celebraba la Eucaristía con gran devoción y que vivía los ejercicios espirituales de san Ignacio. También leía constantemente a los místicos, y sus propias obras están llenas de citas de los místicos de la Renania, de Ricardo de san Víctor, de san Juan de la Cruz y de otros en los que había encontrado el *satori* que buscaba. No escribió apenas nada sobre el Sutra Loto, el Sutra Kegon, el Sutra del Corazón, y por lo que respecta a la salvación, no tenía dudas de que Jesús era su Salvador y el Salvador del mundo. Por tanto, ¿cuál era la naturaleza de su zen?, ¿y cuál la naturaleza de su *satori*?

Enomiya era consciente de todas estas críticas, a las que contestó haciendo una distinción entre el zen y el budismo zen, distinción que, según decía, era reconocida por su profesor budista. Opinaba que el zen puede ser disociado del budismo zen (es decir, de Buda, del *dharma* y del *sangha*) e integrado en un cristianismo en el que la persona es devota de Jesús, del Evangelio y de la Iglesia. De hecho puede ser integrado en el judaísmo, en

Diálogo

el islamismo o en cualquier religión. Las largas horas de meditación sentado o en *zazen* podían conservarse, así como la iluminación, pero el compromiso tenía que ser diferente. Los más importantes budistas zen, decía, insistían en que uno debe trascender el budismo zen para alcanzar la plenitud de la iluminación.

Sin embargo, esta manera de pensar era polémica, y aún sigue siéndolo. Algunos budistas consideran que el zen que propugnaba Lassalle es herético (*gedo zen*), y no lo aceptan. Asimismo, para algunos historiadores el zen y el budismo zen están ligados indisolublemente, de manera que privar al zen de sus raíces budistas es vulnerar tanto el zen como el budismo.[17] No es probable que esta controversia se diluya en un futuro próximo.

Algunos cristianos prefieren *dialogar con el zen y aprender del zen*. Se sientan con la espalda erguida, la fuerza en el abdomen inferior. Practican la respiración *tanden*. Se atienen a un punto. Pero lo que hacen es sentarse en la presencia de Dios o con las palabras paulinas de «vivo, pero no yo, es Cristo quien vive en mí», o con la oración de Jesús o con el *koan* bíblico. Estos cristianos son amigos de los budistas y muchos meditan con ellos, pero no pretenden un *satori* como el de los budistas porque tienen su propia iluminación basada en el Evangelio. Por ello no llaman zen a su práctica, sino que siguen la tradición de Ricci y De Nobili como la elaboró el Concilio Vaticano II. Este es seguramente el camino del futuro.

EL NUEVO MISTICISMO

Ya se ha dicho que el siglo XX ha sido testigo de una crisis en la práctica ascética del Occidente cristiano. Y ahora está claro que la aparente crisis no ha sido tal, sino una época de desarrollo, puesto que los cristianos han comenzado a buscar nuevas fórmulas de oración, nuevas formas de dominar sus mentes y sus cuerpos al servicio de Dios. En esta época los cristianos occidentales han vuelto los ojos a Asia, y los cristianos asiáticos han tomado conciencia de las riquezas de su propia tradición mística y ascética.

---

17. Heinrich Dumoulin escribe: «Se puede decir que sin zen el budismo no sería lo que es hoy. El zen representa una de las manifestaciones más puras de la esencia religiosa del budismo; es el fruto y la flor de un árbol más grande». *Zen Buddhism: a History*, vol. I, p. 17.

Teología mística

Todo ello nos recuerda a los primeros tiempos en que el Evangelio penetró en el mundo griego, y en el que los gentiles, dándose cuenta de que no podían vivir como judíos, crearon su propia cultura cristiana y encontraron sus propias fórmulas para orar. San Juan y san Pablo fueron grandes místicos, pero cuando sus enseñanzas se encontraron con la filosofía griega, se dio origen a algo nuevo. Gregorio, Basilio, Agustín, Dionisio y todos los demás crearon un nuevo misticismo diferente del de Plotino, del de Juan y Pablo: un tercer camino, un *tertium quid*.

En este fin del siglo XX podemos observar un proceso creativo similar. Gracias a los esfuerzos y a las oraciones de los profetas y pioneros modernos, se está dando a luz a un nuevo misticismo. No es el misticismo de Eckhart, de san Juan de la Cruz o de santa Teresa de Ávila, ni el Chuang Tzu, Hakuin o Ramakrishna. Es un tercer camino, un *tertium quid*. Es el Evangelio de Jesucristo en un mundo nuevo.

Porque es un hecho que en todas partes vemos a cristianos de todas las edades y de todas las culturas sentados en callada meditación. Algunos se sientan frente a un crucifijo o ante un icono con la vista puesta en un punto. Otros se sientan y respiran como si miraran al tabernáculo. Otros practican una conciencia plena de Dios en lo que les rodea. Otros recitan mantras al ritmo de su respiración. Otros, influidos por el zen o el yoga o el *vipassana,* abren sus mentes y sus corazones a la presencia de Dios en el universo; otros tan sólo hablan con Dios. Sabemos que hay muchas formas de acercarse al Dios que vive.

Seguramente estas formas de orar no son místicas en sí mismas, pero sí que son vías de misticismo. Todas conducen a un estado silencioso y sin palabras que santa Teresa llama la oración del silencio, y en el que la persona permanece en silencio o con la vista fija en un punto en la presencia de Dios mientras que la imaginación (que ella llamaba «la loca de la casa») corre alegremente de aquí a allá. Esta oración del silencio está en su cuarta morada, y desde ésta uno puede ser llamado a moradas más altas. De hecho, la persona que persevera pronto oirá la voz del Maestro: «amigo, sube más arriba...» (Lucas 14, 10) y será honrado en la presencia de todos los que se sientan a la mesa.

SIGNIFICACIÓN TEOLÓGICA

Este movimiento popular en pos del misticismo es de una gran importancia teológica, porque precisamente a través de la contemplación de las gentes de Dios es como la Iglesia crece en sabiduría y llega a entender con mayor profundidad la Palabra de Dios. Esta es la doctrina del Concilio Vaticano II, que refiriéndose a lo que los teólogos llaman desarrollo de la doctrina, dice que hay una creciente comprensión de las realidades y las palabras que han sido transmitidas, y prosigue:

> Esto ocurre cuando los fieles las contemplan y estudian repasándolas en su corazón (cf. Lc 2,19-51), y cuando comprenden internamente los misterios que viven, cuando las proclaman los obispos, sucesores de los Apóstoles en el don de la fe.[18]

Cuando se trata del desarrollo de la doctrina, el Concilio da preeminencia a la contemplación de la gente; en segundo lugar a la de los obispos, y a los teólogos ni siquiera los menciona.

Como María, que reflexionaba sobre estas cuestiones en su corazón, las gentes de Dios de todo el mundo se sientan a meditar, y llegan así a una íntima comprensión de las Escrituras y de los acontecimientos contenidos en ellas. Y esto –dice el Concilio– es el primer factor en el desarrollo del dogma y el crecimiento de la Iglesia en la sabiduría. Los primeros serán los últimos y los últimos los primeros.

---

18. *Dei Verbum*, II. 8.

Nueve
MISTICISMO Y ENERGÍA VITAL

LA ENERGÍA EN LA TRADICIÓN CRISTIANA

Un ciudadano asiático que leía los evangelios por primera vez quedó impresionado por la energía que irradia la persona de Jesús, que le recordaba al *ki*, al *chi*, al *prana*, a la energía que forma la base de la cultura y la religión en Asia. Porque de Jesús fluye energía cuando cura a los enfermos y expulsa a los demonios, y una luz cegadora se irradia desde su cuerpo y desde sus ropas cuando se transfigura en el Monte Tabor. También cuando dice «Yo soy» la multitud da un paso atrás y cae al suelo, intimidada por su poder espiritual y por su presencia magnética. Muere con una explosión de energía: «Mas Jesús, dando un gran grito, expiró» (Marcos 15, 37).

Después de ascender a los cielos, Jesús continua actuando en el mundo. Ésta es la enseñanza del Concilio Vaticano II, que escribe que «Cristo obra en los corazones de los hombres por la energía de su Espíritu».[1] Esta energía aparece claramente en los Hechos de los Apóstoles y en las cartas paulinas donde el Espíritu se manifiesta en el don de sanar y en los dones de la profecía y la sabiduría. Pero la mayor de las energías y el más importante de los dones es el amor. «Aun cuando yo hablara las lenguas de los hombres y de los ángeles, si no tuviere caridad, vengo a ser como un bronce que suena o un címbalo que retiñe» (1 Cor 13, 1). Porque, como nos dice san Juan, «Dios es amor» (1 Jn 4,8).

La energía del Nuevo Testamento pasó a la tradición mística, que interpretaba literalmente las palabras del Evangelio de que Jesús vino para sembrar fuego en la tierra: un fuego espiritual, una energía poderosa. La

1. *Gaudium et Spes*, III. 38.

Teología mística

misma tradición mística vio una energía llameante en los poemas que componen el Cantar de los Cantares. «Tú prendiste mi corazón, hermana mía, esposa; prendiste mi corazón con una sola mirada tuya...» (Cantar de los Cantares 4, 9), y por su parte la tradición oriental escribió sobre las energías increadas de Dios, elaborando así una teología de luz y de fuego que hizo nacer una profunda experiencia mística. Por otro lado, la Eucaristía, el pan de la vida, el alimento del alma, era, y continúa siendo, la gran fuente de energía cristiana.

Sin embargo, la tradición cristiana, siguiendo el Nuevo Testamento, también ha reconocido siempre la existencia de una energía maligna. El Concilio Vaticano II describe una vívida imagen de la lucha eterna: «A través de toda la historia del hombre se extiende una dura batalla contra los poderes de las tinieblas que, iniciada ya desde el origen del mundo, durará hasta el último día, dice el Señor».[2] Porque «hay un espíritu de vanidad y malicia que transforma en instrumento de pecado a aquellas energías humanas destinadas al servicio de Dios y de los seres humanos».[3] Por lo tanto, la energía humana debe purificarse y perfeccionarse a través del poder de la Cruz y la resurrección de Cristo. Ésta es la lucha a ojos del Concilio Vaticano II.

En la Biblia también nos encontramos con una energía cósmica que se refleja muy poderosamente en la literatura apocalíptica, donde podemos leer «el sol se oscurecerá, y la luna no alumbrará. Y las estrellas del cielo caerán, y las potestades que hay en los cielos se bambolearán» (Mc 13, 24).

Con la creación, el fuego penetró en el universo y continuará hasta el fin de los tiempos. «Porque, como el relámpago brilla y se deja ver de un cabo del cielo al otro, iluminando la atmósfera, así se dejará ver el hijo del hombre en el día suyo» (Lc 17, 24).

CHAMANISMO

En un estudio extraordinario sobre el chamanismo, Mircea Eliade señala que esta «técnica del éxtasis» era la experiencia religiosa por excelencia en la vasta área de Siberia y Asia central.[4] El chamán era la persona elegida

---

2. Ibid., III.37.
3. Ibid.
4. *Shamanism: Archaic Techniques of Ecstasy*, Mircea Eliade, Princeton University Press (segunda edición), 1974. Ed. castellana: *El Chamanismo y las técnicas*

que lograba tener experiencias místicas. Era, sobre todo, el gran maestro del éxtasis, de un estado de trance en el cual se podía comunicar con los muertos, con los demonios y con los espíritus naturales. También se le consideraba un gran maestro de energía, y realizaba hazañas extraordinarias como comer fuego, levitar y volar por los aires. Pero su función principal consistía en sanar a la comunidad. Eliade señala que quien tiene esta vocación especial necesariamente experimenta una profunda crisis espiritual que algunas veces bordea la locura, pero que «una vez curado de su crisis iniciadora, el nuevo chamán manifiesta una constitución fuerte y sana, una poderosa inteligencia, y más energía que otros varones del grupo».[5]

Mientras que el chamanismo en sentido estricto es un fenómeno de Asia central, se han observado fenómenos similares en América del norte y del sur, Indonesia, Oceanía, Australia, y en otros tantos lugares. El chamanismo pervive hoy en día y coexiste con las religiones establecidas, como en Filipinas, donde algunos chamanes son cristianos devotos, aunque no convencionales. La valoración general de Eliade es positiva. «En conjunto», escribe, «se puede decir que el chamanismo defiende la vida, la salud, la fertilidad y el mundo de la "luz" contra la muerte, la enfermedad, la esterilidad, los desastres y el mundo de la "oscuridad"».[6]

Una forma más sofisticada pero no conectada con el chamanismo es la energía psíquica llamada *chi* o *ki* que ya mencionamos en el capítulo anterior.[7] Esta energía forma la base de las artes marciales y de las «vías» chinas, asi como es central en la medicina china y en la práctica de la meditación. Los maestros chinos enseñaban a controlar la energía a través de la postura, de la respiración y de varios ejercicios. Sabían bien que el *chi* podía descontrolarse provocando confusión psicológica o enfermedades extenuantes, lo que se aplica sobre todo al caso de las personas que dedican muchas horas a la meditación, y que pueden padecer una crisis nerviosa. Porque un gran aumento en la energía vital puede producir una ilu-

---

arcaicas del éxtasis, Fondo de Cultura Económica, México, 1960. Véanse también los artículos sobre chamanismo en *The Encyclopedia of Religion*, ed. Mircea Eliade, Nueva York, 1978, vol. 13.
5. *Encyclopedia of Religion*, vol. 13. 203.
6. Ibid., p.207.
7. Eliade señala la probable conexión entre el chamanismo y el taoísmo. «Por lo que respecta a los taoístas, es probable que elaboraran y sistematizaran la técnica y la ideología chamánica de la China protohistórica» (*Shamanism*, p. 450).

Teología mística

minación y una alegría irresistibles, pero también puede producir la enfermedad del zen y extenuación nerviosa.

Un gran místico que atravesó tempestades físicas y psicológicas en su camino a la iluminación es el maestro de zen Hakuin (1685-1769). Conocido por ser el segundo fundador del zen Rinzai, Hakuin es uno de los santos budistas más venerados en Japón.

HAKUIN, MAESTRO DE ZEN

La vida de Hakuin fue tempestuosa desde su mismo comienzo. A la edad de siete u ocho años, mientras se encontraba escuchando a un monje budista hablar de los tormentos del infierno, sufrió una gran conmoción, y cuando tenía quince años renunció al mundo. La iluminación le llegó con una sacudida característica cuando, después de practicar zen por la noche, oyó el sonido de la campana de un templo —«fue como si una lámina de hielo hubiera sido aplastada o como si hubiera caído una torre de jade».[8] Poco después de esto sufrió una afección nerviosa que más tarde se diagnosticó como la enfermedad de zen:

> Mis oídos se llenaron de un tintineo de aguas que corren veloces en un cañón profundo. Mis órganos internos sintieron una gran debilidad y todo mi cuerpo tembló preso de aprensión y temor. Mi espíritu estaba afligido y cansado, y tanto en el sueño como en la vigilia veía todo tipo de cosas imaginarias... Ambos lados de mi cuerpo estaban bañados en sudor, y mis ojos se encontraban siempre llenos de lágrimas.[9]

Entonces visitó a un sabio ermitaño llamado Haku-yu, que le dio un consejo que habría de dominar el resto de su vida. Su enfermedad, le dijo, era producto de un exceso de meditación. La energía –*ki*– estaba desequilibrada de tal manera que el calor había subido a la parte superior del cuerpo y a la cabeza. «Señor», dijo Haku-yu, «su calor ha ido en dirección opuesta, hacia arriba, y de ahí su enfermedad crónica. A menos que lo

---

8. *Zen Buddhism: a History*, Heinrich Dumoulin, Nueva York y Londres, 1990, vol. 2, p. 370.
9. *The Embossed Tea Kettle and other works of Hakuin Zenji*, trad. R. Shaw, Londres, 1963, p. 33.

Diálogo

haga bajar... no podrá levantarse».[10] En resumen, el secreto de una buena salud y de una meditación sana radica en llevar el calor y la energía hacia el ombligo, hasta la planta de los pies, de manera que la parte superior del cuerpo esté fresca mientras que la inferior está llena de fuego.

Esto se convirtió en el punto central en las enseñanzas de Hakuin, que diría: «Buda dijo: "Cien y un mal se curan poniendo tu corazón por debajo de tus pies"».[11] Y en concreto aconsejaba a las personas que se sentaran y respiraran con la fuerza en el abdomen inferior, que es el depósito de energía:

> Este espacio bajo mi ombligo,
> mis entrañas y mis pies en dirección a las plantas de mis pies,
> son en verdad mi cara original.
> No necesitamos orificios nasales.
> Este espacio bajo mi ombligo
> es en verdad mi hogar.[12]

Este espacio bajo el ombligo es el *tanden*, el santuario de lo divino. En otra parte escribe de los campos donde se producen joyas, y continúa:

> Así, también existe en los seres humanos lo que llamamos el espacio bajo el abdomen, y éste es la estancia sagrada donde se almacena y mantiene la energía... para que la vida pueda preservarse largos años.[13]

Hakuin dio instrucciones concretas sobre cómo hacer bajar la energía. Recomendó «el método de la mantequilla», en el que uno se imagina una gota de deliciosa mantequilla del tamaño de un huevo de pato colocada sobre la cabeza. Cuando se derrite, la sensación húmeda penetra a través de los hombros, los brazos, el pecho, el diafragma, los pulmones, el hígado, el vientre, las nalgas, los muslos, hasta llegar a las plantas de los pies. De esta manera se hace pasar la energía a través de todo el cuerpo.

Pero en Hakuin no sólo son importantes las técnicas de visualización para el control y la dirección de una energía problemática, sino que, bien versado en las escrituras budistas, fue un maestro de gran altura que co-

---

10. Ibid., p. 40.
11. Ibid., p. 41.
12. Dumoulin, p. 377.
13. Shaw, p. 67.

Teología mística

nocía por experiencia propia la energía espiritual que conduce a la gran iluminación. Fue, además, un artista cuya caligrafía iluminada es muy admirada hoy y cuyo gran poema, *La canción de zazen,* todavía resuena en los templos zen de Japón. Y por encima de todo fue un hombre de pobreza radical y de inmensa compasión, un hombre que vivía como un sencillo cura de parroquia junto a los campesinos oprimidos a los que amaba y defendía al tiempo que vilipendiaba a los ricos y poderosos. Sus escritos más místicos, recogidos en los *Sermones a los parroquianos campesinos,* son precisamente para los oprimidos, a los que enseñó su *koan* favorito —*sekishu* o «el sonido de una mano»— asegurándoles que resolviendo este *koan* llegarían a la mayor de las iluminaciones. Qué sabiduría llena su exhortación: «¡Os pido que escuchéis el sonido maravilloso y sin voz o a la voz de una mano, que oigáis el sonido de la música de la no-existencia resonando por el valle de la profunda vacuidad!»[14] Estas palabras sólo pudieron ser escritas por una persona que vivía en la mayor de las vacuidades escuchando la música de la no-existencia.

Precisamente porque era pobre y desprendido, Hakuin estaba lleno de la energía de la sabiduría, creatividad y compasión. Esta es la lección que debemos aprender de su extraordinaria vida.

LA KUNDALINI

El arte de despertar, controlar y guiar la energía vital está muy desarrollado en la tradición tántrica, especialmente en el Laya Yoga, en el que se habla de *kundalini,* la energía serpiente.[15] La palabra del sánscrito *kundala*

---

14. Ibid., p. 148.
15. Cf. *Kundalinis and Chakras,* Andre Padoux en *Encyclopedia of Religion, supra cit.* Véase también *Layayoga,* Shyam Goswawmi, Routledge and Kegan Paul, Londres, 1980.

156

Diálogo

significa 'circular' o 'enrollado', de manera que *kundalini* significa 'la que está enrollada'. La serpiente enrollada es un poderoso símbolo de energía explosiva que yace dormida en la base de la columna vertebral del ser humano. Una vez que se despierta, esta energía fluye hacia arriba a través de la columna vertebral, eje central del cuerpo humano, hasta alcanzar la coronilla en la cabeza donde engendra una iluminación profunda, una alegría intensa y una conciencia no-dual. Pero la experiencia de la *kundalini* además de ser muy valiosa –puesto que produce la transformación y un renacimiento– también está llena de peligros psicológicos y físicos.

Para comprender la *kundalini* deberíamos recordar que en el pensamiento hindú los seres humanos se componen de tres elementos: el cuerpo ordinario o físico, el cuerpo imperceptible o astral, y el ser o espíritu donde el humano es uno con lo divino. En el cuerpo imperceptible existen canales (*nadis*) o rutas de entre los que el más importante es el *susumna*, que recorre la columna vertebral y a lo largo del que fluye la energía en condiciones óptimas. También hay *chakras* o ruedas, centros de energía psíquica que la *kundalini* perfora y despierta, y conforme esto ocurre el yogui descubre nuevas energías y nueva sabiduría. De manera que la energía de la serpiente fluye desde el *chakra* más inferior (el *chakra mulhadara* situado en la base de la columna) a través de los *chakras* en el área genital, en el ombligo, en el corazón, en la garganta, entre las cejas, hasta que finalmente en la coronilla la unión entre el femenino *shakti* y el masculino *shiva* produce la iluminación suprema.

En su recorrido al *chakra* superior la *kundalini* encontrará obstrucciones o impurezas que deben ser quemadas, lo que da origen a un gran sufrimiento que está ligado necesariamente con el proceso. Incluso se puede producir un colapso psicológico, si se dirige mal la energía y ésta no discurriera a través del *susumna*.

Al estudiar este proceso, algunas personas de nuestro mundo moderno serán escépticas ante el llamado cuerpo imperceptible, puesto que éste no puede ser detectado científicamente. Tampoco tenemos evidencia física de la existencia de los *chakras*, de los *nadis*, o de la *kundalini*. Por lo tanto, ¿pueden las gentes de hoy aceptar la verdad de su existencia?

En opinión del autor del presente libro, la *kundalini* es un modelo que explica un cierto proceso, y cuando nos referimos a la experiencia mística debemos presuponer algo semejante, porque ¿acaso no habla santa Teresa de Ávila de sentidos interiores o espirituales? Hay una mirada real,

Teología mística

una mirada interior que no se produce mediante los ojos físicos, de la misma forma que existe una percepción auditiva real que no se corresponde a los oídos del cuerpo, o una percepción táctil que no se corresponde con el tacto de cuerpo. Teresa no dudaba de la existencia de estos sentidos internos (negarlos sería contradecir su experiencia más importante), y sin embargo ningún instrumento científico puede localizarlos o medirlos. En este mismo sentido, el hinduismo presupone la existencia de un cuerpo imperceptible con *chakras* o centros de experiencia religiosa que no puede ser comprobado científicamente a través de experimentos realizados en un laboratorio.

La *kundalini* fue dada a conocer por un yogui hindú de Srinigar en la región de Cachemira. Gopi Krishna (1903-1986) había practicado la meditación silenciosa durante muchos años cuando de repente fue sacudido por una experiencia *kundalini* que le produjo una crisis nerviosa de tales proporciones que creyó estar volviéndose loco.[16] Pero sobrevivió a esta experiencia, que le transformó y le iluminó de tal manera que acabó por

---

16. *Kundalini: the evolutionary energy in man*, Gopi Krishna, Boston y Londres, 1967 (edición revisada, 1985). Véase también *The Kundalini Experience*, Lee Sannella, California, 1987.

Diálogo

convertirse en un apóstol de *kundalini*, y escribió extensamente sobre sus maravillosos beneficios, diciendo que ésta era, ni más ni menos, la energía capaz de hacer evolucionar al ser humano.

Gopi Krishna defendía también que la iluminación *kundalini* es una experiencia profundamente humana que experimentan personas de todas las latitudes –los místicos cristianos, los maestros sufíes, y los adeptos del yoga. Si su manera de pensar es correcta, podemos decir que así como el chamanismo, un fenómeno de Siberia y de las regiones interiores de Asia, se puede encontrar en todo el mundo, la *kundalini*, que se estudia detenidamente en la India, está presente en los budistas tibetanos, los taoístas chinos, los indios americanos, y en otros lugares; y aunque el simbolismo sea distinto dependiendo del lugar –la serpiente y el *shiva-shakti* no son elementos universales–, la experiencia en sí puede considerarse arquetípica.

Los estudios sobre la *kundalini* se han multiplicado, y hoy en día se considera que la «revelación espiritual» no es un fenómeno extraño. Para la renovación de la teología mística es de particular importancia la experiencia de un católico devoto. Philip St. Romain pasó muchas horas en oración silenciosa ante la Eucaristía, lo que le llevaba a caer en una contemplación cristiana profunda que producía en su cuerpo y en su psique acontecimientos extraños e inquietantes. Buscó ayuda en vano, y sólo a través de la literatura sobre la *kundalini* comenzó a comprender lo que estaba ocurriendo en su vida; sólo entonces entendió la *dimensión psicológica* de su experiencia contemplativa. Su libro autobiográfico, en el que intenta integrar la *kundalini* con la espiritualidad cristiana, es un buen ejemplo de diálogo al nivel de la experiencia mística.[17]

FUEGO DE AMOR

La oración cristiana comienza habitualmente con la reflexión sobre las Escrituras, especialmente sobre escenas del Evangelio. En un principio se pueden utilizar palabras y formar imágenes mentales, pero con el transcurso del tiempo la oración se simplifica hasta que se utilizan pocas palabras o una sola. El autor de *La nube* sugiere que se repita una palabra corta como *amor* o *pecado*, y otros autores recomiendan la famosa oración de

17. *Kundalini Energy and Christian Spirituality*, Philip St. Romain, Nueva York, 1991.

Teología mística

Jesús. Con el tiempo surge un sentido de la presencia de Dios o de lo que san Juan de la Cruz llama «conciencia amorosa» y un movimiento interior de amor que impide el pensamiento. Éste es el comienzo de la oración contemplativa.

El autor de *La nube* habla de «agitación ciega del amor» –ciega porque, rodeado de una nube del no saber, uno no ve. También habla de «un propósito desnudo de la voluntad» –desnudo porque no está revestido de pensamiento. La persona está en silencio, es incapaz de pensar, presa de un movimiento de amor que al principio apenas si es perceptible, pero que finalmente se convierte en un fuego interior.

Este fuego interior forma la base del misticismo cristiano. Es dinámico e impulsa al contemplativo a elegir lo correcto en las distintas circunstancias de la vida. El discípulo le pregunta al autor de *La nube* cuándo comer y cuándo ayunar, cuándo dormir y cuándo estar en vigilia, cuándo hablar y cuándo estar en silencio, y el maestro, en lugar de darle unas reglas, le dice que siga el movimiento interior del amor:

> Pues lo que sientas te dirá cuando has de hablar y cuando has de estar en silencio. Y te dirigirá discretamente en toda tu vida sin error alguno y te enseñará místicamente...[18]

El fuego interior guía constantemente al contemplativo, y si éste intentara desobedecer: «se te clavará cual aguijón en el corazón y te llenará de agudo dolor, y no te dejará tener paz si lo hicieres».[19]

Tampoco la agitación ciega del amor abandona nunca al discípulo: se levanta con ella por la mañana, se acuesta con ella por la noche, está presente cuando trabaja o cuando juega. Impregna toda su personalidad, confiriéndole una gracia y un atractivo que perciben cuantos le rodean. Así es la dulce energía que produce la oración contemplativa.

Si nos preguntamos desde un punto de vista teológico en qué consiste exactamente este fuego interior, san Juan de la Cruz nos contestará que se trata del Espíritu Santo.[20] En otra parte dice que la contemplación es «una

---

18. *The Mysticism of «The Cloud of Unknowing»*, William Johnston, Nueva York, 1967 (reimpreso en Londres y California, 1992), p. 122.
19. Ibid., p. 123.
20. «Esta llama de amor es el Espíritu de su Esposo, que es el Espíritu Santo». *Llama de amor*, 1.3.

Diálogo

influencia de Dios en el alma».[21] En el mismo sentido el cristianismo oriental habla de la energía increada o de la energía divina. En resumen: la contemplación es la acción de Dios, es la acción de la Santísima Trinidad en la persona humana.

El fuego divino causa sufrimiento, puesto que (como ya hemos visto antes en este libro) la persona humana es, por razón de sus impurezas, como un leño de madera mojada. Cuando el fuego se aplica por primera vez hace surgir un feo humo —y esta es la noche oscura—, pero finalmente la madera se prende, y ¡qué poderosa es la energía que produce entonces! «De aquí vienen los arrobamientos y traspasos y descoyuntamientos de huesos», escribe san Juan de la Cruz; y continúa diciendo que las personas «padecen... muchas debilitaciones y detrimentos y flaquezas de estómago».[22]

Pero fue sobre todo su compañera santa Teresa, una persona llena de sentido común y sin embargo plena de éxtasis, la que sufrió con más intensidad la energía humana y divina.

Que Teresa tuvo ataques de algo parecido a la enfermedad del zen queda claro tras la lectura de las páginas introductorias al *Castillo interior*, donde se queja de que no se puede concentrar a causa de los ruidos y de la debilidad en la cabeza. Posteriormente escribe:

> Escribiendo esto, estoy considerando lo que pasa en mi cabeza del gran ruido de ella, que dije al principio, por donde se me hizo casi imposible poder hacer lo que me mandaban de escribir. No parece sino que están en ella muchos ríos caudalosos, y por otra parte, que estas aguas se despeñan; muchos pajarillos y silbos, y no en los oídos, sino en lo superior de la cabeza...[23]

Pero añade sorprendentemente que «toda esta barahúnda... no me estorba a la oración ni a lo que estoy diciendo, sino que el alma se está muy entera en su quietud, y amor, y deseos y claro conocimiento».[24] Coexisten la quietud y la dolorosa agitación.

Más importantes que su enfermedad son los raptos que experimenta, sus levitaciones del espíritu. Una energía a la que no podía resistirse eleva-

---

21. *La noche oscura*, 2. 5.1.
22. Ibid., 2. 1.2.
23. *El castillo interior*, IV. 1.10.
24. Ibid.

Teología mística

ba su cuerpo del suelo. Escribe que cuando una vez comenzó a levitar las monjas tuvieron que sostenerla, y que se sentía tremendamente azorada cuando estas situaciones ocurrían en público. Y dice:

> Algunas veces se me quitan todos los pulsos casi, según dicen las que algunas veces se llegan a mí de las hermanas... y las canillas muy abiertas, y las manos tan yertas, que no las puedo algunas veces juntar, y así me queda dolor hasta otro día en los pulsos del cuerpo, que parece me han descoyuntado.[25]

Quedaba asi abrumada por una energía divina que algunas veces la dejaba incapacitada.

San Juan de la Cruz no consideraba significativa esta experiencia; explica el éxtasis como una poderosa corriente de comunicación espiritual que toma los sentidos, y cuando éstos han sido purificados, los fenómenos extraordinarios cesan. «En los perfectos», escribe, «cesan ya estos arrobamientos y tormentos del cuerpo, gozando ellos de la libertad del espíritu, sin que se anuble ni trasponga el sentido».[26] Esta doctrina sanjuanista pasó a formar parte de la teología mística tradicional. Joseph de Guibert dice que el éxtasis no es un don especial, sino «sólo la consecuencia producida por la debilidad del organismo humano que no puede resistir la fuerza de la acción divina».[27]

Y dice también:

> Cuando el éxtasis está presente no ha de entenderse que la acción divina es necesariamente más intensa que cuando no existe, pues depende de otros factores, tanto psicológicos como físicos. De hecho, normalmente se cree que en el estadio superior de contemplación infusa (la unión transformadora) los éxtasis o cesan por completo, o se hacen más infrecuentes o menos profundos.[28]

---

25. *Vida*, 20.12.
26. *La noche oscura*, 2. 1.2. San Juan de la Cruz aplica el mismo principio a los estigmas de san Francisco: «Y así, si alguna vez da Dios licencia para que salga algún efecto afuera en el sentido corporal a modo que hirió dentro, sale la herida y llaga afuera... Porque Dios, ordinariamente, ninguna merced hace al cuerpo que primero y principalmente no la haga en el alma» (*Llama Viva*, 2.13)
27. *Theologia spiritualis ascetica et mystica*, Joseph de Guibert, Roma, 1946, VII. 4. 439.
28. Ibid.

Para apoyar esta tesis de Guibert cita a santa Teresa, a Auguste Poulain y a Garrigou-Lagrange. Los raptos y los éxtasis, aun cuando son muy significativos para las masas, no son más que efectos secundarios.

Cuando el contemplativo ha quedado purificado, sin embargo, un fuego espiritual posee toda la personalidad, que se torna llama de amor viva. San Juan de la Cruz escribe:

> Bien así como, aunque habiendo entrado el fuego en el madero, le tenga transformado en sí y está unido con él, todavía afervorándose más el fuego y dando más tiempo en él, se pone mucho más candente e inflamado hasta centellear fuego de sí y llamear.[29]

El místico español escribe recurriendo a la paradoja sobre la alegría y el sufrimiento, refiriéndose al dulce cauterio y a la deliciosa herida:

> *¡Oh cauterio suave!*
> *¡Oh regalada llaga!*

La violencia de esta llama le mata, para después transportarle a la vida eterna:

> *Matando, muerte en vida la has trocado*

Y el último estado es de quietud y serenidad, cuando la llama consume y ya no produce dolor:

> *En la noche serena*

Todo esto nos recuerda a Elías, para el que Dios no se encontraba en el viento, ni en el terremoto, ni en el rayo, sino en el sonido de una brisa suave.

ENERGÍAS EXTRAORDINARIAS

Ya se ha explicado que la experiencia mística es un camino a la mayor de las sabidurías, y que esta sabiduría es simple y ordinaria, como la brisa suave en la que Elías percibía la presencia de Dios. San Ignacio com-

---

29. *Llama viva*, Prólogo.

Teología mística

prendía claramente este punto cuando escribió que la experiencia auténticamente religiosa es como una gota de agua que cae en una esponja. La tradición zen lo entiende también así y dice que la sabiduría procede de una mente ordinaria y cotidiana. «Antes de la iluminación partimos leña y llevamos agua; después de la iluminación, partimos leña y llevamos agua.» La sublime sabiduría es simple y común.

Pero es posible que en la senda que lleva hasta ella ocurran cosas extraordinarias. Como ya se ha dicho, los que hacen este camino pueden experimentar raptos y éxtasis; pueden ver visiones y oír voces, o desarrollar extraordinarios poderes psíquicos de telepatía, clarividencia, profecía, lectura de la mente, levitación o experiencias extracorpóreas. San José de Cupertino (1603-1663) era conocido como el «fraile volador» a causa de sus levitaciones extáticas. Historias parecidas se cuentan del extraordinario y estigmatizado padre Pio Forgione (1887-1968), cuya facultad para estar en dos sitios al mismo tiempo está muy documentada. No sólo en el cristianismo católico, sino también en el chamanismo, en el hinduismo y en el budismo tibetano se pueden encontrar innumerables casos de visiones, éxtasis, levitaciones, etc.

Aunque estos fenómenos extraordinarios han desempeñado un papel importante en la devoción popular católica, especialmente en la Edad Media, no siempre han tenido una acogida entusiasta por parte de la Iglesia institucional; tanto José de Cupertino como el padre Pio sufrieron amargamente por la postura del poder establecido, que rechaza a visionarios y hacedores de milagros. El proceso de canonización, por otra parte, trata de hallar en las personas virtudes heroicas y sabiduría profunda, visiones, voces y poderes psíquicos.

Pero el ansia de lo extraordinario pervive hoy en día. Cuando el segundo milenio se acerca a su fin nos enfrentamos a una búsqueda mundial de fenómenos extraordinarios, y todos los días leemos en el periódico casos de estatuas que lloran, visiones celestiales, y curas milagrosas. Incluso nos enteramos de fenómenos cósmicos como las estrellas que caen. Se nos dice que las personas que tienen el don de la clarividencia conocen los secretos terribles de las catástrofes que nos han de suceder, y las gentes acuden en masa para escuchar sus sabias palabras.[30]

Existe además un gran interés por lo oculto, y así por ejemplo las librerías exhiben en lugares destacados libros sobre satanismo, brujería y

30. Cf. *Powers of Darkness: Powers of Light*, John Cornwell, Penguin, 1991.

astrología, ya que en todos estos fenómenos existe una poderosa energía que influye nuestro mundo actual.

Es evidente que la nuestra es una era de profetas y falsos profetas, de buenos espíritus y espíritus malvados. ¿Cómo podremos distinguir a los unos de los otros?

EXAMINANDO LOS ESPÍRITUS

Ya hemos dicho que la tradición cristiana reconoce la lucha monumental entre los poderes de la luz y los poderes de la oscuridad. San Juan pide a los amados en su primera carta que no crean en cualquier espíritu, sino que los examinen para ver si son de Dios, porque han llegado al mundo muchos falsos profetas.

La norma por la que podemos examinar los espíritus es Jesús. «Todo espíritu que confiesa que Jesús es el Cristo, venido en carne, es de Dios» (1 Jn 4, 2). San Pablo utiliza un criterio semejante cuando dice a los corintios que sigan a cualquier espíritu que grite: «¡Jesús es el Señor!» y que rechacen cualquier espíritu que diga: «¡Maldito sea Jesús!». En resumen: cualquier fuerza o energía que conduce hasta el Jesús del Evangelio, al Jesús de la Eucaristía, al Jesús que habita en los pobres, los enfermos, los oprimidos y los moribundos procede verdaderamente de Dios.

Por lo que respecta a los profetas, la norma del Nuevo Testamento es clara: «Por sus frutos los conoceréis» (Mt 7, 16). Examinad la vida del que se llama profeta, ved a dónde conducen sus enseñanzas, porque ¿es acaso posible cosechar uvas de los espinos o higos de los cardos?

Esta sabia doctrina entró a formar parte de la tradición cristiana, en la que se desarrolló gradualmente toda una ciencia de discernimiento estrechamente relacionada con la teología mística. Nuestro libro tratará más adelante este tema; por el momento mencionaremos algunos principios básicos que están relacionados con las energías positivas y maléficas.

La comunidad cristiana siempre ha predicado que las fuerzas del mal son impotentes e ineficaces ante quienes buscan a Dios con un corazón sencillo. Es más grande el que está en nosotros que el que está en el mundo. El diablo es como un perro encadenado que ladra y aúlla, pero si no te acercas a él, el perro no podrá hacerte daño.

Pero hay personas que insisten en acercarse, sobre todo aquellas que tienen fuertes adicciones. Cuando hablamos de adicciones, generalmente

Teología mística

lo hacemos en relación con las sustancias químicas, pero en las personas religiosas se puede producir una adicción incluso más esclavizante: la de la experiencia o el discernimiento. Estas personas pueden ser adictas a la iluminación, a las visiones o voces, al don de la profecía o, lo que es más peligroso, a los poderes psíquicos. Y los adictos son capaces de hacer cualquier cosa, o casi cualquier cosa, para obtener lo que desean.

En la Edad Media la figura trágica del doctor Fausto se convirtió en un arquetipo. Su pasión por los poderes ocultos y por el conocimiento esotérico le llevó a pactar con el diablo. Se entrega a Mefistófeles con las palabras: «El reloj dará la hora; el diablo vendrá; y Fausto quedará condenado». Esta escena forma parte de un melodrama escrito por Marlowe, pero deberíamos preguntarnos si lo que en él se describe es totalmente irrelevante en el siglo XX, y si estos acontecimientos podrían tener lugar en nuestros días. En caso de que asi fuera, ¿podríamos presuponer de forma inmediata que los hombres y mujeres dotados de poderes especiales y de conocimientos extraordinarios hablan en el nombre de Dios?

Al intentar distinguir entre el bien y el mal los hombres y mujeres del pasado generalmente actuaban de forma intuitiva, puesto que el discernimiento es un don carismático por el que uno ve en el corazón. No obstante, san Juan de la Cruz, que es maestro en el discernimiento de fenómenos místicos, ideó ciertas líneas maestras para esta situación. Veamos lo que dice.

A pesar de lo cauto e incluso de lo escéptico que es, el místico español nunca niega que Dios se comunica con las personas mediante voces y visiones, y tampoco niega que estos fenómenos tengan una gran significación en la vida mística. Pero insiste en que no debemos *tener demasiado apego* a tales experiencias, y que la comunicación con Dios se lleva a cabo sin esfuerzo por parte del ser humano. De manera que no es necesario hacer preguntas o pronunciar juicios, no necesitamos preguntarnos si la experiencia se debió a Dios o a Satán; dejémoslo estar, porque si se debió a Dios, tendrá su efecto, y si se debió a Satán no nos hará daño a menos que nos acerquemos a él. Lo único que debemos hacer es no enorgullecernos de nuestras experiencias, sino enorgullecernos de nuestros padecimientos, como san Pablo.

El peligro que corremos de ser engañados es muy real. Satán, transformándose en ángel de luz, puede provocar voces y visiones; por razón de su inteligencia superior puede a veces leer el futuro y comunicar mensajes proféticos. Satán puede entrometerse en el trabajo de Dios,[31] y además te-

Diálogo

nemos que contar con la debilidad humana. Se debe distinguir entre una comunicación con Dios y su interpretación, porque las personas santas han cometido errores al conceptualizar y verbalizar la experiencia sin imágenes en las profundidades de su ser.

No obstante, san Juan de la Cruz no es negativo. Insiste en que las revelaciones privadas, aun cuando conmuevan el alma, son incompletas e imperfectas, y en su opinión las verdades de la fe son mucho más importantes. De manera que debemos volver nuestros ojos a Jesucristo, en el que encontraremos la plenitud de la sabiduría. En él «están encerrados todos los tesoros de la sabiduría y de la ciencia» (Col 2, 3). «En él habita toda la plenitud de la divinidad corporalmente» (Col 2, 9). Al insensato que pide visiones y revelaciones Dios podrá responderle:

> Si te tengo ya habladas todas las cosas en mi Palabra, que es mi Hijo, y no tengo otra, ¿qué te puedo yo ahora responder o revelar que sea más que eso? Pon los ojos sólo en él, porque en él te lo tengo todo dicho y revelado, y hallarás en él aún más de lo que pides y deseas. Porque tú pides locuciones y revelaciones en parte, y si pones en él los ojos, lo hallarás todo: porque él es toda mi locución y respuesta y es toda mi visión y toda mi revelación. Lo cual os he ya hablado, respondido, manifestado y revelado, dándoosle por hermano, compañero y maestro, precio y premio.[32]

Aquí san Juan de la Cruz pone todo el énfasis en la fe —en la fe pura, desnuda, sin señales, y así vemos que su doctrina es profundamente escriturística. «Esta generación mala y adúltera pide un prodigio; mas no se le dará sino el prodigio del profeta Jonás» (Mt 16, 4). De nuevo se nos dice que nos contentemos con las palabras de Moisés y de los profetas. «Si a Moisés y a los profetas no los escuchan, aun cuando uno de los muertos resucite, tampoco le darán crédito» (Lc 16, 31). ¿Y acaso no dice Pablo que los judíos demandan señales y los griegos desean la sabiduría pero que él proclama a Cristo crucificado?

La conclusión es que lo que importa es la fe: bienaventurados los que no han visto visiones ni han oído voces pero han creído. San Pablo no exige acabar con la antigua costumbre de visitar santuarios o con la peregri-

---

31. Hablando de secretos, san Juan de la Cruz escribe: «Acerca de este género de revelaciones, puede el demonio mucho meter la mano» (*Subida*, 2.27.3).
32. *Subida*, 2.22.5.

Teología mística

nación a los lugares sagrados, pero sí con cualquier búsqueda de lo sensacional y de lo extraordinario, y pide a los peregrinos piadosos que procedan con humildad, que recen por la paz mundial, por el perdón de los pecados, por la curación del cuerpo y de la mente, y por la conversión del corazón.

En el siglo XX hay una consideración final que es importante. Con el avance de la parapsicología y su conversión en una ciencia acreditada vemos que muchos de los sanadores y de los llamados obradores de milagros simplemente están sintonizando con las energías humanas que se encuentran latentes en cualquier ser humano. Debemos distinguir por tanto entre lo psíquico y lo místico, porque mientras que es cierto que algunos místicos tenían poderes psíquicos extraordinarios, también es verdad que algunos grandes místicos no los tenían en absoluto. Y al contrario, algunos psíquicos de reputación internacional no han sido místicos, ni siquiera tenían inclinaciones religiosas. En resumen: el misticismo tiene por objeto la sabiduría, mientras que los poderes psíquicos, en caso de que estuvieran presentes, son una consecuencia no esencial.

CONCLUSIÓN

Es fundamental que la teología mística que hoy se está desarrollando comprenda la energía humana y divina. Gracias al diálogo, los cristianos aprenden de Asia el arte de despertar y alimentar la energía vital que conduce a la salud y la sabiduría, toman conciencia de la respiración y la postura, de la existencia de los *chakras* y el cuerpo imperceptible, de la energía cósmica y la sabiduría sublime, mística, que se ha acumulado en Asia a través de los siglos. Al mismo tiempo, los cristianos enseñan a Asia su amor por Jesús, el Verbo Encarnado, la sabiduría del evangelio, y la sabia doctrina sobre el discernimiento que se ha acumulado en la comunidad cristiana. Éste es el camino místico del futuro.

Diez
SABIDURÍA Y VACÍO

SABIDURÍA CRISTIANA Y SABIDURÍA BUDISTA

Por todo cuanto hemos dicho hasta ahora es evidente que el místico cristiano va más allá de la razón y del pensamiento para penetrar en el campo del silencio supraconceptual –el *silencio místico*–, donde ya no necesita palabras o conceptos porque Dios está inmediatamente presente en un no-dualismo de amor. Dios ya no está «fuera», sino que mora en uno mismo y en todas las cosas creadas en el vasto universo. En este momento se produce en la mente y en el corazón un fuego interior, una llama de amor viva que conduce a la sabiduría más sublime. Esta sabiduría oscura, opaca, y llena de misterio no puede ser formulada en ideas cartesianas claras y distintas. Es informe e inefable.

Con el paso del tiempo, Dios, que estaba amorosamente presente, se hace penosamente ausente. Por ello, los místicos de la tradición apofática hablan de la noche oscura, de la nube del no saber, de la vacuidad, del vacío, de la nada; utilizan toda clase de símbolos para describir el estado de aquel que se encuentra desconcertado por el extraordinario misterio en el que se ve inmerso.

Sin embargo, los místicos apofáticos, normalmente *a posteriori*, dicen claramente que este vacío o nada es la sabiduría suprema. La nada es el todo, la oscuridad es luz, el vacío es lo lleno. En este punto san Juan de la Cruz es claro:

> Dios es todo en sí mismo pero no es nada para nosotros
> Dios es luz en sí mismo pero oscuridad para nosotros
> Dios es plenitud en sí mismo pero vacío para nosotros

Teología mística

De la misma forma que al murciélago lo ciega la excesiva luz del sol, nosotros también nos precipitamos a la oscuridad por la intensa luz de Dios. Pablo fue cegado por esta luz de camino a Damasco. Es decir, la oscuridad, la nada, el vacío están llenos de sabiduría sublime. «¡Oh noche que guiaste, oh noche amable más que la alborada!»

En el Budismo podemos encontrar una doctrina sorprendentemente similar. La literatura *prajnaparamita,* escrita en India entre el 100 a. C. y el 600 d. C. y que consta de treinta y ocho libros distintos, ensalza las maravillas de la sabiduría en el vacío. La palabra *prajna* significa sabiduría. La palabra *paramita* se traduce de varias formas, como 'perfecto', 'trascendental', 'liberador': es sabiduría que conduce a la salvación, transportándonos desde los conflictos y confusiones de este mundo efímero hasta la otra orilla, que es el reino de la iluminación. Lo importante es que esta sabiduría resulta informe, oscura, inefable, vacía. Encuentra su expresión en el silencio total o en una sonrisa enigmática como la de Buda, de quien se ha dicho que predicó cuarenta y nueve años sin que su gran lengua se moviera jamás. Predicaba con el silencio, predicaba con el vacío.

El vacío es aquí la traducción del sánscrito *sunyata,* que se traduce en chino con las palabras *ku* o *mu:*

El vacío es por tanto la característica de la sabiduría budista de la misma forma que la oscuridad es la característica de la sabiduría cristiana en los místicos apofáticos.

El vacío budista está lleno de compasión. La gran sabiduría tiene sus raíces en la gran compasión, incluso hay un antiguo dicho que iguala el vacío con la compasión. Aquel que se hunde en la vacuidad cae en un pozo sin fondo de compasión cálida y acogedora.

Al final de su vida, el sabio doctor D. T. Suzuki se acercó más y más a la compasión. Puso de relieve la afinidad entre el amidismo y el budismo zen diciendo que sin compasión «no hay religión, ni budismo, y por tanto, no hay zen». Para ilustrar su idea recurre a un relato típico de zen:

> Alguien le preguntó a Joshu, «Buda es el iluminado y el maestro de todos nosotros. Está naturalmente libre de todas las pasiones (*klesa*), ¿verdad?
> Joshu dijo: «No, él es quien abriga la mayor de las pasiones».

Diálogo

«¿Cómo es posible?»
«¡Su pasión más importante es salvar a todos los seres sensibles!», contestó Joshu.[1]

Así es la gran compasión del iluminado. Y mientras que la sabiduría cristiana culmina en la visión de Dios, una unión en el amor que proporciona beatitud sin fin, la sabiduría budista culmina en el nirvana, el estado último de iluminación obtenido por Sakyamuni.

EL SUTRA DEL CORAZÓN

El Sutra del Corazón es de especial importancia en China, Japón, Tíbet y Mongolia.[2] Este *sutra* corto (se puede imprimir en una sola hoja), que fue escrito probablemente en el siglo IV de nuestra era y que formula el corazón o esencia de la sabiduría perfecta, es un himno a la sabiduría en el vacío. Se recita constantemente en los templos zen de todo Japón y se estudia en los monasterios lamas del Tíbet. Originariamente en sánscrito, han llegado hasta nuestras manos siete traducciones chinas, y las versiones poéticas de Kumarajiva (344-413) y Hsuan-Chang (600-664) son las que se recitan y estudian con más frecuencia.

Aunque el Sutra del Corazón exalta la sabiduría, no es un tratado metafísico sino una exhortación o llamada al vacío compasivo y a la nada de aquel que ha pasado a la otra orilla. Su importancia no radica sólo en su

---

1. Citado por Masao Abe en *Zen and Western Thought*, University of Hawaii Press, Honolulu, 1985, p.79.
2. El Sutra del Corazón está citado al completo en el Apéndice. Para la traducción comentada del sánscrito véase: *Buddhist Wisdom Books*, trad. Edward Conze, Londres, 1975. Véase también *The Buddhist Teaching of Totality*, Garma C. C. Chang, Pennsylvania State University Press, 1974, y *Total Liberation*, Ruben Habito, Nueva York, 1989. Ed. castellana: *Liberación total: espiritualidad zen y dimensión social*, Ed. Paulinas, Madrid, 1990.

Teología mística

significado, sino también en el canto litúrgico (en esto recuerda al canto gregoriano de la Europa medieval), y sus vibraciones rítmicas le llevan a uno inexorablemente a la vacuidad, incluso cuando la persona no reflexiona sobre el contenido. Oír como se recita este *sutra* en un templo zen es una experiencia inolvidable.

El *sutra* se abre con un dibujo de Bodhisattva Avalokitesvara (en chino Kuan-yin y en japonés Kannon) sentado en profunda meditación:

> Bodhisattva Avalokitesvara, cuando practica en profundidad el *prajnaparamita* percibe que todos los cinco *skandhas* están vacíos, y es salvado de todo sufrimiento y toda aflicción.³

Avalokitesvara, que a veces se representa como un hombre y a veces como una mujer, está, como cualquier *bodhisattva*, a la búsqueda de sabiduría, pero su característica principal es que él es la sabiduría compasiva. Por este motivo es muy apreciado en todo el continente asiático, donde abundan las estatuas del sonriente y compasivo Kannon. Su nombre en japonés significa literalmente 'aquel que escucha todo sonido':

Lleno de delicada compasión hacia todos los seres sensibles, no sólo escucha los sonidos de todo el mundo, sino especialmente los gritos de los pobres y de los que sufren, de los afligidos y de los que están oprimidos. Su aparición al principio de este *sutra* subraya el hecho de que la sabiduría está basada en la compasión. Aquel que obtenga la sabiduría suprema o la iluminación debe aceptar una compasión que conduce al vacío total, y sólo a través de la compasión por el mundo entero nos hacemos verdaderamente sabios.

Kannon se representa a menudo con innumerables manos y caras, mirando compasivamente en todas direcciones y tendiendo la mano para ayudar a todo el que sufre:

---

3. Véase apéndice.

Diálogo

Deberíamos destacar tres aspectos de la compasión de Kannon:
 El primero es que aunque escucha a los pobres y a los que sufren, sus rasgos no están marcados por la angustia, sino que por el contrario sus labios dibujan una diminuta y exquisita sonrisa.
 El segundo es que su compasión no sólo se dirige al bienestar de aquellos que sufren en este mundo, sino lo que es más importante: desea la salvación de todos los seres sensibles y rehúsa entrar en el nirvana hasta que se salven todos.
 El tercero es que Kannon no hace nada; no es un activista, sino que escucha, y a través de su vacío compasivo se hace uno con el sufrimiento del mundo y lo salva. «Los seres vivos son innumerables. Hago votos para salvarlos a todos».

LA ILUMINACIÓN

Kannon percibe en sí mismo un gran vacío cuando se encuentra inmerso en una búsqueda meditativa de la sabiduría –el *prajnaparamita*. Los cinco *skandhas*, es decir, los cinco niveles de conciencia, están totalmente vacíos, y Kannon centra su mirada en la vacuidad de la nada. Es así como llega a la gran iluminación, a la sabiduría suprema que libera al *bodhisattva* de todo sufrimiento y aflicción. En este punto Kannon se dirige a Shriputra, el discípulo favorito, y dice:

Teología mística

O Sariputra, la forma es el vacío
y el vacío es la forma.

舍利子 色不異	空 空 不異	色色
SHA RI SHI SHIKI FU I	KU KU FU I	SHIKI SHIKI
Shariputra, la forma no es diferente del vacío.	El vacío no es diferente de la forma.	La forma

即 是 空　　空 即 是 色
SOKU ZE KU　　KU SOKU ZE SHIKI
es el vacío.　　El vacío es la forma

Estas enigmáticas palabras son muy importantes para la comprensión tanto de este *sutra* como de la forma básica de iluminación budista. Para los no iluminados, forma y vacío son realidades diametralmente opuestas. El carácter que se traduce como «forma» significa también color, y equipararlo con el vacío parece una contradicción; sin embargo, cuando Kannon mira en la *vacuidad* percibe *la forma*.

La cuestión es ésta: penetrar en la vacuidad de la sabiduría trascendental no supone escapar de la vida cotidiana, pues la persona no necesita, ni debe, escapar del mundo de las formas. *No se penetra en el vacuidad ignorando todas las formas, sino despegándose de ellas,* puesto que es precisamente no aferrándose a nada como se llega a la nada. La persona permanece en el mundo, permanece con las formas. El proceso alcanza su punto culminante cuando se entra en el nirvana, *pues nirvana y samsara* son iguales. Es decir, el gran vacío que es el nirvana no se distingue de la multiplicidad de formas que constituyen el *samsara*. He aquí la contradicción fundamental de la concepción budista.

Si comprendemos esto, veremos también que Kannon escucha los gritos de los pobres sin perder su paz interior, manteniendo siempre su suave sonrisa de compasión; es consciente de las formas pero no se *aferra* a las mismas. Libre de angustia, está llena de un amor compasivo.

Después de afirmar que la forma es el vacío y el vacío la forma el *sutra* nos explica cómo puede ser así. Todos los *dharmas* –todas las cosas, incluyendo las enseñanzas budistas– están vacíos. Ni aparecen ni desaparecen, ni aumentan ni disminuyen; en resumen, ni son, ni dejan de ser, puesto

Diálogo

que siguen el camino del medio (*madhyamika*) de Nagarjuna.[4] En el vacío no hay forma (lo que contradice la afirmación inicial de que la forma es el vacío y el vacío es la forma) y el *sutra* continúa con su «ni, ni, ni» en una serie de contradicciones extraordinarias.

«Ni sensación, ni percepción, ni voluntad, ni conciencia, ni ojo, ni oído...» Se niega todo lo que para el budismo es sagrado. Se niegan las Cuatro Verdades Nobles, puesto que no hay sabiduría, ni sufrimiento, ni liberación del sufrimiento.

Si intentamos comprender estas contradicciones estaremos dándonos contra un muro de piedra, pero debemos recordar que este *sutra* se deriva de *una experiencia profunda de no-dualismo*. Los filósofos de todas las corrientes –no sólo los budistas– afirman haber experimentado la unificación de todas las cosas. De hecho, la experiencia de la unificación de la realidad junto con la multiplicidad de la misma dio origen al problema fundamental de la filosofía griega: lo individual y lo plural. El budismo encuentra una solución mística a este problema, ya que, inmerso en la meditación y liberado de temor, angustia e ilusión, el *bodhisattva* alcanza la perfecta iluminación.

El *sutra* finaliza con un elogio de la sabiduría perfecta. *Prajnaparamita* es grande, sagrado, supremo, como lo es el *mantra* que lo expresa. La recitación de este *sutra* libera del sufrimiento y de la aflicción a los millones de creyentes que en todo el mundo lo recitan con devoción. El *mantra* trascendente más importante, el *mantra* supremo, el *mantra* perfecto, los transporta a través del río a la otra orilla, donde encuentran la paz verdadera.

Ido, Ido, Ido más allá
Ido más allá totalmente a la perfecta iluminación.

Aun cuando este *sutra* trata una cuestión similar a aquella de Aristóteles, el enfoque es bastante distinto. El razonamiento de Avalokitesvara no es de efecto a causa, no hace uso del intelecto, su conocimiento no es un conjunto formado por la experimentación, la comprensión y el juicio, sino que se sienta en una meditación silenciosa en la que el ego se diluye, y encuentra verdadera sabiduría en el interior de su ser. Al mismo tiempo

---

4. Nagarjuna, el gran filósofo budista, vivió en el sur de la India en el siglo II o III antes de Cristo. Fundó varias sectas Mahayana.

Teología mística

encuentra el verdadero yo, el yo universal que abarca todo el universo, y mediante la compasión ella *se convierte* en todo el universo a través de una experiencia de no-dualismo.

EL VACÍO DE JESÚS

En la Epístola a los Filipenses Pablo compone un himno a un Jesús que se anonada. Esta epístola, que quizá fuera una adaptación de un himno que ya existía en la comunidad cristiana, no es una reflexión filosófica sobre la nada y el vacío, sino una exhortación a los Filipenses para que fueran humildes y vacíos como lo era Jesús. El Jesús preexistente existía en la forma de Dios, pero no se aferraba a la igualdad con Dios, sino que se autovació, adquiriendo la forma de un esclavo:

ἑαυτὸν ἐκένωσεν

Él se vació a sí mismo. Es interesante apuntar que la traducción japonesa de la Biblia equipara «se vació a sí mismo» con «se hizo nada».[5]

自分を無にして

La humillación de llegar a hacerse nada a través de la Encarnación no era suficiente, y Jesús abrazó la mayor de las humillaciones en la existencia humana, la muerte. Porque no fue una muerte cualquiera, sino la muerte más humillante que cualquier judío pudiera imaginar: el rechazo de los suyos y la crucifixión a manos de los gentiles.

Pero Dios le llevó consigo, ascendió a los cielos, y ahora todo el universo le adora. Todas las rodillas se inclinan y todas las lenguas confiesan que Jesucristo es el Señor. Al vacío radical de la Encarnación le sigue una

---

5. Cf. *Shinkyodo Yaku*, Japan Bible Society, Tokio, 1990. Comentando este himno William Barclay escribe: «Pablo elige cada palabra con gran cuidado para demostrar dos cosas: la realidad de los hombres y la realidad de la divinidad de Jesucristo». (*The Letters to the Philippians*, Edimburgo, 1975). Para el tema de la *kenosis* de Jesús véase también: *A Taste of Water*, Chwen Lee y Thomas Hand, Nueva York, 1990.

glorificación igualmente radical, y todo esto es expresión de la mayor generosidad y compasión. «Bien sabéis la liberalidad de Nuestro Señor Jesucristo, el cual, siendo rico, se hizo pobre por vosotros a fin de que vosotros fueseis ricos por su pobreza» (2 Cor 8, 9).

De esta forma Pablo pide a los Filipenses que imiten la humildad de Jesús, que piensen como él. «Porque habéis de tener en vuestros corazones los mismos sentimientos que tuvo Jesucristo en el suyo» (Flp 2, 5). Han de quedar vacíos en la nada de Jesús.

El vacío de Jesús no se basa, con certeza, tan sólo en este texto, puesto que el tema del Jesús rechazado y abandonado se encuentra en todo el Nuevo Testamento. El Verbo hecho carne sufrió el rechazo desde el principio; estaba en el mundo y el mundo no le conocía, descendió hasta los suyos y los suyos no le recibieron. No hubo sitio para él en la posada; las gentes eligieron a un Barrabás que gritaba: «Crucificadle». Los discípulos huyeron y le abandonaron. Al principio no estuvo solo porque el Padre estaba con él, pero luego pronunció las palabras *lama sabactani* cuando fue abandonado por el Padre. Entregó su madre a su discípulo bienamado, y finalmente, cuando le atravesaron el costado con una lanza, manaron de la herida sangre y agua. Este es el vacío radical del Verbo Encarnado que perdió hasta su última gota de sangre. Su nada total está simbolizada en la cruz.

A la muerte le siguen la resurrección y la glorificación. «¿Por ventura no era conveniente que Cristo padeciese todas estas cosas, y entrase así en la gloria?» (Lc 24, 26). La muerte y la glorificación; el vacío y la plenitud; el grano de trigo muere y da origen a muchos frutos. Ésta es la vida de Jesús.

Lo lleno y lo vacío conforman el modelo de experiencia religiosa que encontramos en toda la Biblia. Cuando Abraham se encontraba a punto de sacrificar a su único hijo, se llena de alegría al oír la promesa de que su descendencia será más numerosa que las estrellas del firmamento o la arena del mar. María exclama que Dios ha mirado la humilde condición de su sierva, y que en adelante todas las generaciones la llamarán bienaventurada. Bienaventurados serán los pobres –que están radicalmente vacíos– porque serán glorificados. Los misericordiosos, los hambrientos y los que sufren heredarán el reino. Así como el vacío de Buda produce una venturosa iluminación, el vacío cristiano trae consigo el reino.

El vacío se encuentra en todos los escritos místicos. La incesante doctrina de Bernardo, Francisco, Ignacio, Teresa y otros místicos es que no se puede progresar en la oración sin la humildad. La humildad es la piedra

Teología mística

angular sin la que no existe la caridad cristiana. El más grande amor es el que produce la muerte, que no es sino el vacío total y la completa humillación: «Que nadie tiene amor más grande que el que da su vida por sus amigos» (Jn 15, 13).

DIÁLOGO

Masao Abe, distinguido erudito budista, considera que la *kenosis* de los Filipenses es uno de los pasajes más impresionantes y conmovedores de la Biblia, puesto que en él se manifiesta de una manera extraordinaria el amor de Dios. «A través de la encarnación o *kenosis,* la muerte de Cristo», escribe, «Dios Padre se revela en términos de amor incondicional que trasciende la justicia discriminatoria. La profundidad inconmensurable del amor de Dios se hace realidad cuando entendemos o creemos que Cristo, como Hijo de Dios, se vació a sí mismo y obedeció hasta el punto de morir en la cruz».[6] Continúa diciendo que si el Hijo de Dios se autovacía, deberíamos considerar el autovaciamiento de Dios Padre, la *kenosis* de Dios mismo. «¿Acaso la *kenosis* o autovaciamiento del Hijo de Dios no tiene su origen en Dios Padre mismo, es decir, en la *kenosis* de Dios? Sin el autovaciamiento de Dios Padre, el de Dios Hijo es inconcebible».[7] Es decir, el Dios kenótico es la base del Cristo kenótico.

Según Abe, esta concepción abre el camino del diálogo con el budismo, porque en última instancia el sustrato de realidad en las creencias budistas es una *sunyata* compasiva y dinámica. «He indicado», dice concluyendo, «que en el cristianismo la noción del Dios kenótico es esencial en cuanto a que es la fuente del Cristo kenótico, si Dios es verdaderamente un Dios de amor. También he indicado que en el budismo la *sunyata* debe ser captada dinámicamente, no estáticamente, puesto que *sunyata* no es sólo sabiduría, sino también compasión. Cuando entendemos la noción del Dios kenótico del cristianismo y la noción del *sunyata* dinámico en el budismo, nos encontramos –sin eliminar los rasgos distintivos de ambas religiones, sino profundizando en su respectiva singularidad– con una significativa base común a

---

6. Cf. *Buddhist Emptiness and Christian Trinity*, ed. Roger Corless y Paul Knitter, Nueva York, 1990, p. 12. También, *Religion and Emptiness*, Donald W. Mitchell, Nueva York, 1991.
7. Ibid., p. 16.

Diálogo

un nivel más profundo».[8] De esta forma Abe prepara el camino para estimular el diálogo entre el *sunyata* budista y la *kenosis* cristiana.

Para comprender esta tesis es importante recordar que Abe, que era japonés, pasó gran parte de su vida en Kioto, y que por tanto recibió una profunda influencia de la escuela filosófica de Kioto. Conocía especialmente la obra del renombrado filósofo Keiji Nishitani (1900-1990).[9] Pero Abe no era tan sólo un teórico, sino que practicaba el zen asiduamente (yo mismo me he sentado junto a él en un *sesshin* en Kioto), y había asimilado el Sutra del Corazón no sólo a través del estudio, sino gracias a la vida –a través de muchas horas de *zazen* silencioso. Por lo tanto, cuando hablaba del vacío lo hacía desde la experiencia en lo más profundo de su ser.

Sin embargo, cuando Abe comienza a dialogar con Occidente algunas veces se permitía hacerlo en un lenguaje zen que puede intrigar a los no iluminados. «El Hijo de Dios», escribe, «no es el Hijo de Dios (puesto que es esencial y fundamentalmente autovaciamiento).[10] Precisamente porque no es el Hijo de Dios, es verdaderamente Hijo de Dios (porque él originariamente y siempre actúa como Cristo, el Mesías, en su función salvadora de autovaciamiento)». No hay duda de que esto puede impresionar a algunos intelectuales occidentales, aunque desconcierte a otros.

Abe ha explicado su tesis en distintas ocasiones, invitando a eminentes teólogos a que le respondieran.[11] Aquí nos referiremos brevemente tan sólo a la respuesta de Hans Küng.

Küng habla como el académico occidental que es, con una sólida base de conocimientos bíblicos, de la filosofía alemana y de la teología cristiana tradicional. Consternado y perplejo en cierta forma por la exégesis budista que hace Abe de los textos cristianos, Küng se pregunta con incredulidad: «¿Podría coincidir esta cándida interpretación budista con la interpretación cristiana?».[12] Según dice, no se hace mención en ninguna parte de la Biblia a una renuncia (*kenosis*) de Dios mismo. La carta a los Filipenses habla tan sólo de la *kenosis* de Jesucristo, el Hijo de Dios. Y lo que es más, la *kenosis* no es un estado permanente, sino que es una humillación que se

---

8. Ibid., p. 24.
9. Véase especialmente *Religion and Nothingness*, Keiji Nishitani, trad. Jan van Bragt, University of California Press, 1982.
10. *Buddhist Emptiness and Christian Trinity*, p. 13.
11. Cf. *The Emptying God*, ed. John Cobb y Christopher Ives, Nueva York, 1990.
12. *Buddhist Emptiness and Christian Trinity*, p. 33.

Teología mística

produce en un contexto histórico único, y es muerte en la cruz. Concluye diciendo que la tesis de Abe no es bíblica. «Como budista descubre su propio mundo, incluso en la tierra foránea del cristianismo».[13]

Sin embargo, un gran místico español, un teólogo de gran altura, utiliza un lenguaje como el de Masao Abe. Sin referirse explícitamente a la carta a los Filipenses, san Juan de la Cruz habla del vacío de Dios Padre, y describe, evidentemente desde la profundidad de su propia experiencia mística, el inmenso amor de Dios que se le comunica al alma con un amor tan genuino que ni el afecto con el que una madre acaricia a su hijo, ni el amor de un hermano, ni la amistad se le pueden equiparar. Y prosigue con unas sorprendentes palabras que sólo pueden haberse originado en la pluma de un místico consumado:

> Aún llega a tanto la ternura y verdad de amor con que el inmenso Padre regala y engrandece a esta humilde y amorosa alma –¡oh cosa maravillosa y digna de todo pavor y admiración!–, que se sujeta a ella verdaderamente para la engrandecer, como si él fuese su siervo y ella fuese su señor. Y está tan solícito en la regalar, como si él fuese su esclavo y ella fuese su Dios.[14]

Si estas palabras fueran producto de otra persona, podrían ser consideradas una blasfemia, porque en ellas Dios es como un siervo, como un esclavo que depende del alma para la exaltación de ésta. ¡Qué declaración más sorprendente! Por mucho menos Eckhart tuvo grandes problemas. Pero este es el lenguaje hiperbólico de quien, consciente por completo de su indignidad, comprendió como san Pablo que el amor de Dios es, a los ojos de los hombres, una locura.

Esta es la *kenosis* llena de amor del Padre. Pero para comprender la noción de vacío en san Juan de la Cruz es necesario decir algo más.

EL VACÍO SANJUANISTA

Para san Juan de la Cruz la experiencia mística es una subida a la cima del Monte Carmelo. En un principio la persona puede reflexionar sobre textos piadosos o de los Evangelios, pero llega un momento en el que uno se

---

13. Ibid., p. 34.
14. *Cántico espiritual*, 27, Introducción.

Diálogo

sienta en contemplación silenciosa como Avalokitesvara, recreándose en la verdad de los Evangelios de una forma supraconceptual. San Juan de la Cruz le pide al contemplativo que «cualquiera gusto que se le ofreciera a los sentidos, como no sea puramente para gloria y honra de Dios, renúncielo y quédese vacío de él por amor de Jesucristo». Éste es el camino del vacío, el camino de la oscuridad, el camino de la nada. Es el inmortal *todo y nada*.

> Para venir a gustarlo todo,
> no quieras tener gusto en nada.
> Para venir a poseerlo todo,
> no quieras poseer algo en nada.
> Para venir a serlo todo,
> no quieras ser algo en nada
> Para venir a saberlo todo
> no quieras saber algo en nada.[15]

El camino es la nada, pero el fin es el todo, es decir, la sabiduría suprema.

La *nada* de san Juan de la Cruz es tan proverbial que ha sido llamado el «doctor de la nada», pero es importante recordar que su *nada* nunca se puede separar de Jesús crucificado. El camino de la nada es el camino del mismo Jesús como deja claro el santo cuando, después de exhortar al lector al vacío total, añade: «Quédese vacío de él por amor de Jesucristo, el cual en esta vida no tuvo otro gusto, ni le quiso, que hacer la voluntad de su Padre, lo cual llamaba él su comida y manjar».[16] De hecho, toda su doctrina está dominada por este consejo al contemplativo: «Traiga un ordinario apetito de imitar a Cristo en todas sus cosas, conformándose con su vida».[17] La *nada* sanjuanista es una interpretación de las palabras de los Evangelios: «Así, pues, cualquiera de vosotros que no renuncia a todo lo que posee, no puede ser mi discípulo» (Lc 14, 33).

Cuando san Juan de la Cruz habla de «posesiones» no sólo se refiere a los bienes materiales, sino todas las cosas materiales y espirituales a las

---

15. *Subida*, 1.13.11.
16. *Ibíd*, 1.13.4.
17. *Ibíd*, 1.13.3.

Teología mística

que se aferran los seres humanos en su búsqueda de seguridad. La mayor pobreza de espíritu se produce cuando se deja de imaginar, de razonar y de pensar, cuando se abandona la consolación espiritual y sensible, cuando no ansiamos la iluminación.

nada, nada, nada
nada, nada, nada
aún en el monte
nada

La persona se convierte en nada. «Para venir a serlo todo, no quieres ser algo en nada.» San Juan de la Cruz explica estas palabras con la metafísica tomista: separadas de Dios todas las cosas son nada, porque fueron creadas de la nada. Separado de Dios no soy nada, y cuando percibo profundamente la nada de mi ser separado, puedo en un momento de iluminación darme cuenta de que Dios lo es todo. De manera que nunca debo volver mis ojos al ser separado, sino fijar mi atención en el todo. El lenguaje sanjuanista no es menos misterioso que el del Sutra del Corazón.

> Cuando reparas en algo,
> dejas de arrojarte al todo.
> Porque para venir del todo al todo
> has de negarte del todo en todo.
> Y cuando lo vengas del todo a tener,
> has de tenerlo sin nada querer.[18]

Dios es todo, y la criatura no es nada.

Hemos visto que Avalokitesvara, inmersa en meditación profunda, vio que todas las cosas estaban vacías, y es interesante que comparemos su visión del vacío con la que san Juan de la Cruz atribuye a Jeremías:

> Todas las cosas de la tierra y del cielo, comparadas con Dios, nada son, como dice Jeremías (4, 23) por estas palabras: Miré a la tierra, dice, y estaba vacía, y ella nada era; y a los cielos, y vi que no tenían luz. En decir que vio la tierra vacía, da a entender que todas las criaturas de ella eran nada, y que la tierra era nada también. Y en decir que miró a los cielos y no vio luz en ellos, es decir

18. Ibid., 1.13.11.

Diálogo

que todas las lumbreras del cielo, comparadas con Dios, son puras tinieblas. De manera que todas las criaturas en esta manera nada son, y las aficiones de ellas son impedimento y privación de la transformación en Dios; así como las tinieblas nada son y menos que nada, pues son privación de la luz...[19]

Obsérvese que san Juan de la Cruz aquí dice que las cosas creadas no son nada *cuando se las compara con Dios*. Los estudiosos de las escrituras probablemente estarían en desacuerdo con su exégesis de Jeremías, pero ningún tomista le discutiría su metafísica. Separadas de Dios, todas las cosas no son nada puesto que fueron creadas de la nada. El Jeremías de san Juan de la Cruz tenía una visión del vacío y de la nada del ser separado.

Pero, ¿acaso Dios mismo no es nada?

Ya hemos visto que mientras Dios es el todo, la experiencia humana de Dios puede ser como la nada o como la oscuridad o como el vacío a causa de la luz excesiva de la divinidad. Pero también debemos decir que cuando hablamos de la nada de Dios regresamos a la *kenosis*. «Se vació a sí mismo...» De nuevo volvemos al traductor japonés que escribió que Jesucristo, siendo de la forma de Dios, se hizo nada. Jesús, hecho nada a través de la Crucifixión, es la sabiduría suprema, como claramente dice Pablo en su carta a los Corintios, donde explica que Cristo es «la sabiduría de Dios» (1 Cor 1:24) y añade: «Puesto que me propuse no saber otra cosa entre vosotros, sino a Jesucristo, y éste crucificado» (1 Cor 2, 2). Es decir, el Jesús hecho vacío y nada en la cruz es la sabiduría de Dios.

San Juan de la Cruz, como hemos visto, exhorta al contemplativo para que se convierta en nada —«para venir a serlo todo, no quieras ser algo en nada»[20]—, y esto se hace a través de la unión con Jesús crucificado, una unión que procede del amor y que es ratificada en el matrimonio espiritual donde la esposa y el Esposo, alma y Verbo Encarnado, confluyen en única corriente de vida. La persona humana es por tanto divinizada, y según san Juan el alma parece ser Dios más que un alma y *es* Dios a través de la participación. Y así como no podemos distinguir entre la luz y la limpia hoja de vidrio, tampoco podemos distinguir entre el alma y Dios, pero de la misma manera que la hoja de vidrio sigue siendo hoja de vidrio, el alma retiene su individualidad.

La sabiduría suprema se encuentra entonces en un no-dualismo que

19. Ibid., 1.4.3.
20. Ibid., 1.13.11.

Teología mística

procede del amor por, y la unión con, el Verbo Encarnado. En lo alto de la montaña el místico español escribe:

> Ya por aquí no hay camino
> porque para el justo no hay ley
> él para sí se es ley.[21]

En estas palabras nos encontramos con un no-dualismo frente a la ley. La ley ya no está «fuera», porque el místico *se ha hecho* la ley. Él es una ley en sí. San Juan de la Cruz se hace eco de las palabras de san Agustín: «Ama y haz lo que quieras».
Pero la crucifixión no es el fin. Dios le ha elevado a los cielos. Si todos nos vaciamos con Cristo nos llenaremos de Cristo. Si nos quedáramos desnudos de nuestro yo, nos arroparíamos con Cristo. «Que, si hemos sido injertados con él por medio de la representación de su muerte, igualmente lo hemos de ser representando su resurrección» (Rom 6, 5). El matrimonio espiritual sanjuanista es la culminación de la vida mística en este mundo, pero sólo alcanza la perfección con la entrada en la vida eterna, que es una entrada en la vida trinitaria de Dios. Porque Jesucristo es el Señor «para gloria de Dios Padre» (Filipenses 2, 11). Cuando es uno con el Verbo Encarnado, la persona humana divinizada exclama: «¡Abba, Padre!».

CONCLUSIÓN

Masao Abe ha dicho que cuando comprendemos la noción del Dios kenótico en el cristianismo y la noción del *sunyata* dinámico en el budismo –sin eliminar los caracteres distintivos de ninguna de estas religiones, sino profundizando sus singularidades respectivas– encontramos una base común muy significativa en un nivel más profundo. Esta base común encuentra su expresión en un símbolo que es común para el misticismo cristiano y para el budista.
Al final del *Cántico espiritual*, san Juan de la Cruz, refiriéndose al «fresco jugo de las granadas» que los amantes han de beber llenos de dicha, habla de la forma circular o esférica de las granadas, y dice que Dios

21. Figura del Monte Carmelo

«es significado por la figura circular o esférica, porque no tiene principio ni fin».[22]

El círculo en un símbolo de Dios y un símbolo de nada. Es símbolo de *todo y nada*.

Y es bien sabido que el círculo es un símbolo de gran importancia en el budismo; simboliza el cero y la infinitud, la reconciliación de los contrarios, el vacío que es la *sunyata*. Simboliza la iluminación.

Al mismo tiempo, como muy bien dice Abe, la singularidad de cada religión debe ser preservada; y la singularidad del cristianismo se encuentra en su creencia en un Dios personal y en un Salvador personal, histórico, Jesucristo. De lo que se deduce que la sabiduría es personal (Cristo es la «sabiduría de Dios»), que el vacío es personal y que la nada es personal, puesto que el Hijo de Dios se vació a sí mismo y se hizo nada. Y el círculo es personal.

¿Podemos, entonces, ver una bella semejanza entre el *sunyata* dinámico, compasivo, y un Padre que amó tanto al mundo que sacrificó a su único hijo? ¿Pueden el budista y el cristiano unir las manos y conducirnos a otra sabiduría trascendental?

22. *Cántico espiritual*, 37,7.

Parte III

EL VIAJE MÍSTICO HOY

Once
EL VIAJE DE LA FE

ABRAHAM, MÍSTICO

La vida mística es un viaje de fe radical y viva. Es el viaje de Abraham, que abandonó su país, el hogar de su padre y a los suyos para llegar a la tierra que Dios le había mostrado. «Creyó Abraham a Dios, lo cual le fue computado como justicia» (Rom 4, 3). Creyó en Dios, y al hacerlo así, todas las naciones de la tierra fueron bendecidas.

Abraham lo dejó todo porque creyó en la promesa; tan grande era su fe que estuvo dispuesto a sacrificar a su único hijo, del que se le había dicho «De Isaac saldrá la descendencia que llevará tu nombre» (Heb 11, 18). Pero a pesar de que se preguntaba cómo podría convertirse en padre de muchas naciones si su único hijo tenía que morir, continuó creyendo como lo había hecho hasta entonces: «y no desfalleció en la fe, ni atendió a su propio cuerpo ya desvirtuado, siendo ya de casi cien años, ni a que estaba extinguida en Sara la virtud de concebir. No dudó él ni tuvo la menor desconfianza de la promesa de Dios...» (Rom 4, 19-20). Esta fe radical le convierte en un modelo de inspiración para quien practique la *nada, nada, nada* de san Juan de la Cruz o el *mu, mu, mu* del Zen.

Pero, ¿por qué creyó Abraham? ¿Qué razones filosóficas o teológicas, qué evidencia clara estaba detrás de su abandono de todas las cosas para rendirse totalmente a Dios?

Abraham creyó en Dios y esto le fue computado como justicia. Creyó en Dios por Dios, de la misma manera que puso sus esperanzas en Dios por Dios «habiendo esperado contra toda esperanza, creyó que vendría a ser padre de muchas naciones» (Rom 4:18). En este punto san Juan de la Cruz explica que la fe de Abraham tuvo que sufrir una puri-

Teología mística

ficación, puesto que en un principio entendió la promesa literalmente y pensó que se cumpliría en vida suya, y se equivocó. «De donde», escribe, «acabó Abraham de entender la promesa, la cual era en sí verdaderísima, porque, dándola Dios a sus hijos por amor de él, era dársela a él. Y así, Abraham estuvo engañado en la manera de entender. Y si obrara según entendía él la profecía, podía errar mucho, pues no era de aquel tiempo y los que le vieran morir sin dársela (la tierra) habiéndole oído decir que Dios se la había de dar, quedaran confusos y creyendo haber sido falso».[1] En otras palabras, Abraham tuvo que dejar de *entender* para empezar a caminar con la *fe*. De esta manera se convirtió en un modelo de la fe pura, de la fe desnuda que llena las obras de los místicos apofáticos.[2]

La fe de Abraham se vio recompensada con una iluminación extraordinaria, puesto que en el mismo momento en que todo lo perdía, lo encontró todo. La *nada* le condujo hasta el *todo*; el *mu* le condujo al *satori*; y una gran alegría le inundó cuando oyó al ángel repetir la promesa extraordinaria:

> Por mí mismo he jurado, dice el Señor, que en vista de que has hecho esta acción, y no has perdonado a tu hijo único por amor de mí, yo te llenaré de bendiciones, y multiplicaré tu descendencia como las estrellas del cielo y como la arena que está a la orilla del mar (Gén 22, 16-17).

Éste es el modelo de toda experiencia mística. Lo perdemos todo para encontrarlo todo; morimos la gran muerte para vivir la gran vida; nos vaciamos por completo para llenarnos de gloria. Plena de una gran belleza literaria y de un conmovedor patetismo, la historia de Abraham explica el misterio de la vida humana y las terribles paradojas de los místicos.

Abraham es, desde luego, un modelo de fe, pero ahora que estamos entrando en el tercer milenio, necesitamos también una definición teológica de fe que nos guíe por el camino místico. Y la encontramos en el Concilio Vaticano II.

1. *Subida*, 2.19. 2
2. Del contemplativo, san Juan de la Cruz escribe: «De todo se ha de vaciar... como el ciego, arrimándose a la fe oscura, tomándola por guía y luz, y no arrimándose a cosas de las que entiende, gusta, siente e imagina» (*Subida* 2. 4. 2). Finalmente Abraham llega a este tipo de fe.

FE DEFINIDA

Siguiendo la Sagrada Escritura y la tradición antigua, el Concilio Vaticano II ofrece una definición de fe que sirve de base a la moderna teología mística:

Cuando Dios revela, el hombre tiene que *someterse con la fe* (Rom 16,26; cf. Rom 1,5; 2 Cor 10,5-6). Por la fe el hombre se entrega entera y libremente a Dios, le ofrece «la sumisión total de su entendimiento y voluntad», asintiendo libremente a la verdad revelada por Dios. Para dar esta respuesta de la fe es necesaria la gracia de Dios, que adelanta y nos ayuda, junto con el auxilio interior del Espíritu Santo, que mueve el corazón, lo dirige a Dios, abre los ojos del espíritu y concede «a todos dicha en aceptar y creer la verdad». Para que el hombre pueda comprender cada vez más profundamente la revelación, el Espíritu Santo perfecciona constantemente la fe con sus dones.[3]

Cada una de estas palabras es importante. La fe no es tan sólo asentimiento a un conjunto de proposiciones, sino que es un acto de obediencia o rendición, un compromiso de la persona entera, y conduce a una relación personal con Dios. Es definitiva la oración que dice «para dar esta respuesta de la fe es necesaria la gracia de Dios, que adelanta y nos ayuda, junto con el auxilio interior del Espíritu Santo». Dicho de otra forma, el acto de fe es una respuesta a una llamada. «Amemos, pues, a Dios, ya que Dios nos amó el primero» (Jn 4, 19). Nadie se sienta y decide hacer un acto de fe. «No me elegisteis vosotros a mí, sino que soy yo el que os he elegido» (Jn 15, 16). Todo esto es de vital importancia para el viaje místico, para el viaje de fe radical. Primero llega la llamada para que lo abandonemos todo en pos de un amado al que no podemos ver, y ¡cuán humildemente tenemos que esperar esta llamada! «No turbéis a mi amada hasta que ella quiera» dice el Cantar de los Cantares. «No entréis al redil hasta que el Buen Pastor os invite», dicen los místicos. Quien se embarca prematuramente en un viaje de renuncia total puede acabar hecho pedazos o en una institución psiquiátrica. ¡Qué importante es que esperemos la llamada! ¡Qué importante el discernimiento!

Cuando discernimos la llamada del Espíritu, tomamos la tremenda decisión de vencer todos los obstáculos y de poner el máximo esfuerzo.

3. *Dei Verbum*, 1.5.

Teología mística

«Buscando mis amores», escribe san Juan de la Cruz, iré por esos montes y riberas...»[4]

*Ni cogeré las flores
Ni temeré las fieras*

En la búsqueda decidida de aquel que ama, la esposa no presta atención a las flores maravillosas o a las voraces fieras. Aun cuando el contexto cultural sea muy distinto –por ejemplo en el zen–, nos encontramos con una determinación semejante, ya que en esta religión cuando uno ha visto las huellas debe dejarlo todo para morir la gran muerte en pos del buey misterioso que simboliza la sabiduría.
Sin la llamada divina y el compromiso humano no hay, por tanto, viaje místico. Pero esto da paso inmediatamente a otra cuestión, ¿con qué o con quién se compromete el místico?
De nuevo acude en nuestra ayuda el Concilio, diciéndonos que la fe cristiana es obediencia a un *Dios que revela*.
Nos enfrentamos a la cuestión de la revelación.

LA REVELACIÓN

Hablando de revelación, el Concilio nos dice que Dios «con su bondad y sabiduría... habla a los hombres como amigos... y vive entre ellos».[5] La clave de todo se encuentra en el amor desbordante de Dios.
Cuando el Concilio se refiere a la comunicación de Dios menciona primero lo que los escolásticos llamaron revelación natural en la que Dios «ofrece a los hombres en la creación un testimonio perenne de sí mismo».[6] Cita en este punto la Epístola a los Romanos, donde Pablo explica que lo que puede ser conocido acerca de Dios le es perceptible a los gentiles porque Dios se lo ha mostrado. «Desde la creación del mundo el poder eterno de Dios y su naturaleza divina, aun siendo invisibles, se han entendido y visto a través de las cosas que Él ha hecho» (Rom 1, 20). Es decir, hay una revelación de Dios en la naturaleza.

4. *Cántico espiritual*, 3.
5. *Dei Verbum*, 1.2.
6. Ibid., 1.3.

El viaje místico hoy

Esta revelación natural a través del cosmos es muy significativa hoy en día. Se ha discutido anteriormente en este libro la cuestión de ciencia y misticismo, y la pregunta era ¿podemos llegar a Dios mediante la ciencia?[7] El Concilio nos ofrece una respuesta cuando dice que los científicos que realicen una búsqueda sincera de la verdad pueden ver la revelación de Dios en el universo vasto y misterioso o en las desconcertantes complejidades del mundo subatómico, y que por tanto pueden exclamar como hizo el salmista: «Los cielos, del Señor la gloria cuentan, y el firmamento las obras pregona de sus manos» (Salmo 19). Esto es así porque «quien con espíritu humilde y ánimo constante se esfuerza por escrutar lo escondido de las cosas, aun sin saberlo, está como guiado por la mano de Dios, que, sosteniendo todas las cosas, hacen que sean lo que son».[8]

Pero el Concilio habla de otra revelación que es mucho más significativa, y que se encuentra en la historia de la salvación, que comienza con la manifestación de Dios a nuestros primeros padres y que alcanza su punto culminante en la muerte y resurrección de Jesús:

> Dios habló a nuestros padres en distintas ocasiones y de muchas maneras por los profetas «ahora en esta etapa final nos ha hablado por el Hijo» (Heb 1, 1-2). «... quien ve a Jesucristo, ve al Padre» (Juan 14,9). Él, con su presencia y manifestación, con sus palabras y obras, signos y milagros, sobre todo con su muerte y gloriosa resurrección, con el envío del Espíritu de la verdad, lleva a plenitud toda la revelación y la confirma con testimonio divino.[9]

Es decir, Dios se revela a través de realidades creadas y de forma especial a través de la Encarnación, la muerte, la resurrección y la glorificación de su Hijo.

San Juan de la Cruz se refiere mística y poéticamente a estos dos modos de revelación. Buscando al amado, la esposa grita presa de angustia a los bosques y a las espesuras y a los prados verdes, preguntando dónde está el que ella ama. Y las criaturas le contestan que ha pasado por esos sotos «con premura». El santo explica estas palabras en su comentario: «Dice que este paso fue con premura, porque todas las criaturas son las obras menores de Dios, que las hizo como de paso; porque las mayores, en que

---

7. Véase capítulo 7.
8. *Gaudium et Spes*, 1.1.22.
9. *Dei Verbum*, 1.4.

Teología mística

más se mostró y en que más él reparaba, eran las de la Encarnación del Verbo y misterios de la fe cristiana».[10] La gran revelación es, por tanto, la Encarnación del Verbo por la que Dios «comunicó el ser sobrenatural, lo cual fue cuando se hizo hombre, ensalzándose en hermosura de Dios, y, por consiguiente, a todas las criaturas en Él, por haberse unido con la naturaleza de todas ellas en el hombre».[11] Aquí nos encontramos con una visión sanjuanista del Cristo cósmico, que es especialmente vívido cuando el santo cita el cuarto Evangelio: «Si yo fuere ensalzado de la tierra, levantaré a mí todas las cosas» (Jn 12, 32).

En tanto que nosotros podemos hablar de dos modos de revelación, sería contrario al espíritu del Concilio Vaticano II separarlos, porque el Concilio dice claramente que la revelación resultante de la muerte y resurrección y glorificación de Jesús no es sólo para los cristianos, sino para todos los hombres y mujeres «en cuyo corazón actúa la gracia de modo invisible».[12] Y continúa:

> Puesto que Cristo murió por todos y puesto que la vocación última del hombre es realmente una sola, es decir, la vocación divina, debemos creer que el Espíritu Santo ofrece a todos la posibilidad de que, de un modo conocido sólo por Dios, se asocien a este misterio pascual.[13]

Así todos, en un modo conocido sólo por Dios, somos llamados para ver al Cristo cósmico en la belleza del universo.

FE Y ENTENDIMIENTO

De lo que se ha dicho anteriormente se deriva que la fe no es compromiso ciego, sino que tiene contenido intelectual. Sin embargo, para llegar a entender las verdades de la fe no es suficiente estudiar los documentos de la revelación y asentir ante lo que en ellos se dice. El gran precepto de Agustín y de Anselmo resuena en los pasillos de la tradición teológica occidental: *Cree para comprender.*

10. *Cántico espiritual*, 5.3.
11. Ibid., 5.4.
12. *Gaudium et Spes.* 1.1. 22.
13. Ibid.

El viaje místico hoy

Crede ut intelligas

En otras palabras, la gracia, el compromiso, la sumisión a Dios, deben preceder al entendimiento. Por eso los creyentes pueden aceptar con facilidad lo que serían locuras para el no creyente. «Exclamó Festo: Pablo, tú estás loco: las muchas letras te han trastornado el juicio. Y Pablo le respondió: No deliro, óptimo Festo, sino que hablo palabras de verdad y de cordura» (Hechos 26, 24-25). Lo que era verdad para el judío fanático era locura para el cultivado romano. La sabiduría de Dios es locura para el entendimiento humano. Todo esto encaja con la doctrina del Concilio de que «la gracia de Dios se adelanta y nos ayuda, conmoviendo el corazón y dirigiéndolo a Dios, abriendo los ojos del espíritu, y concediendo dicha en aceptar y creer la verdad».[14] O como vuelve a decir: «Para que el hombre pueda comprender cada vez más profundamente la revelación, el Espíritu Santo perfecciona constantemente la fe con sus dones».[15]

En otras palabras, la fe es un don que nosotros, pobres mortales, intentamos entender, sabiendo que nos enfrentamos a un misterio y que nuestro entendimiento será siempre mísero e inadecuado.

LA FE PURA

Al comienzo del viaje de oración la fe está normalmente revestida de palabras e imágenes. La persona puede utilizar la llamada oración discursiva de razonamiento, pensamiento e imaginación; puede reflexionar sobre escenas de los Evangelios. Con el paso del tiempo, sin embargo, tiene lugar una maduración, y todo se simplifica. Se puede repetir una palabra o una frase (el nombre de Jesús es repetido por millones de personas) sin esfuerzo; y finalmente se penetra en el silencio, un silencio que está lleno de la presencia de Dios. Este es el *silentium misticum,* también llamado contemplación infusa porque es una influencia de Dios que penetra en el alma. De manera que la persona ya no piensa (y de hecho el contemplativo *no puede* pensar o encuentra gran dificultad para hacerlo), sino que permanece en una nube del no saber, «no haciendo nada».

En este progreso el sentido de presencia puede dar paso a un sentido

14. *Dei Verbum,* 1.5.
15. Ibid.

Teología mística

de ausencia; primero se han experimentado alegría y consuelo, pero después se pueden experimentar una oscuridad y pesadumbre opresivas. La persona era antes consciente de la presencia de Dios, pero luego puede ocurrir que *no sea consciente de nada*. Y esta es la fe pura, la fe oscura, la fe desnuda. «Bienaventurados los que sin ver creyeron» (Jn 20, 29). ¡Qué gran don es la fe pura! ¡Pero qué doloroso! Porque de hecho se abandonan las palabras y las letras y las ideas distintas para contemplar la realidad grande y misteriosa a la que apuntan estas palabras y letras e ideas distintas. Por eso san Juan de la Cruz llama paradójicamente fe pura a una visión oscura de Dios. Es desde luego una inmensa gracia, que no le parece tal al pobre contemplativo que cree estar en una noche oscura, en un cúmulo de duda, abandonado por Dios. «Eloí, Eloí, lama sabactani?»

La fe pura es la base de la teología mística sanjuanista. Es una luz tan poderosa, tan deslumbrante, que ciega al alma, sumergiéndola en una oscuridad profunda y dolorosa como la luz que sumergió a Pablo en la oscuridad de camino a Damasco. Es la más sublime de las sabidurías, y sin embargo parece ignorancia, porque como dice san Juan de la Cruz «la luz de fe por su grande exceso, oprime y vence la del entendimiento».[16] De aquí que los místicos hablen del no saber en el saber, de que la oscuridad es luz y el vacío lo lleno.

Este no saber, no lo olvidemos, es una comprensión supraconceptual y oscura de las verdades de la fe. Sería un error decir (como han hecho algunos) que los místicos se deshacen de las verdades de las Escrituras y de la tradición en favor de una más alta sabiduría. Porque de hecho ellos penetran en un entendimiento oscuro y supraconceptual de esas mismas verdades. También sería equivocado (o al menos muy cuestionable) decir que el silencio, el vacío y la nada del zen se equiparan con el silencio, el vacío y la nada de san Juan de la Cruz. Porque el místico zen penetra en una comprensión supraconceptual de los *sutras* budistas de la misma forma que el místico cristiano penetra en una comprensión supraconceptual de las verdades de la fe cristiana.

Este conocimiento supraconceptual y oscuro, por tanto, se llama «no saber» o «ignorancia», y puesto que la persona debe dejar de lado el pensamiento racional ordinario para abrirse a la luz sublime, a menudo recibe el nombre de «saber en el no saber». San Juan de la Cruz sigue la tradición de Dionisio cuando escribe que «para venir el alma a unirse con la sa-

---

16. *Subida*, 2.3.1.

El viaje místico hoy

bidría de Dios, antes ha de ir no sabiendo que por saber»[17] y escribe también:

> De donde, cuando esta divina luz de contemplación embiste en el alma que aún no está ilustrada totalmente, le hace tinieblas espirituales, porque no sólo la excede, pero también la priva y oscurece el acto de su inteligencia natural. Que por esta causa san Dionisio y otros místicos teólogos llaman a esta contemplación infusa «rayo de tiniebla», conviene saber, para el alma no ilustrada y purgada, porque de su gran luz sobrenatural es vencida la fuerza natural intelectiva y privada.[18]

Obsérvese aquí la doctrina sanjuanista de que el dolor y la pesadumbre no están causadas por la luz de la fe, sino por la impureza de la persona que la recibe. El alma, dice, todavía no está iluminada. Obsérvese también que esta oscuridad tiene para él un gran valor porque une al contemplativo con Dios como nunca pueden hacerlo las imágenes y las ideas distintas. Los seres humanos nunca pueden tener conceptos claros y distintos de Dios, que es el misterio de los misterios. San Juan de la Cruz propone un claro ejemplo:

> Si a uno le dijesen que en cierta isla hay un animal que él nunca vio, si no le dicen de aquel animal alguna semejanza que él haya visto en otros, no le quedará más noticia ni figura de aquel animal que antes, aunque más le estén diciendo de él.[19]

Así ocurre con la fe. Es una luz poderosa que no ofrece ni *ideas* ni *imágenes,* lo cual no significa que no ofrezca conocimiento. Muy al contrario, ofrece conocimiento sublime de otro tipo. Se conoce en el no saber, es decir, se abandona el conocimiento claro y ordinario en favor de un conocimiento oscuro, superior.

San Juan de la Cruz distingue una y otra vez entre *conocimiento distinto y particular* por un lado, y *conocimiento oscuro y general* por otro. Este último es fe pura, y el director experto guiará al contemplativo desde el conocimiento distinto y particular hasta el conocimiento oscuro y general de la fe pura.

17. *Subida,* 1.4.5.
18. *La noche oscura,* 2.5.3.
19. *Subida,* 2.3.2.

Teología mística

También se debe poner énfasis en otra tesis sanjuanista: debemos recelar no sólo del conocimiento distinto que se encuentra en el discurso racional, sino también del conocimiento distinto que se encuentra en voces y visiones y otros fenómenos místicos. San Juan de la Cruz no niega que estas voces y visiones provengan de Dios; pero es muy consciente del peligro de engañarse, y sabe que incluso cuando sea verdadero, este conocimiento es muy imperfecto e inadecuado para expresar la realidad de Dios, que es misterio.

Podemos decir en resumen que san Juan de la Cruz, fiel a la tradición apofática, le pide al contemplativo que *abandone todo conocimiento distinto para penetrar en el conocimiento vago, oscuro y amoroso que es la nube del no saber*. Este conocimiento vago, general y amoroso no es ni más ni menos que una visión oscura de Dios. Es la noche feliz de la fe.

El santo expresa todo esto en una poesía conmovedora, diciéndonos que penetró en el desconocimiento y ¡ay! «*grandes cosas entendí*», porque trascendió el conocimiento racional «*toda ciencia trascendiendo*» y llegó a la sabiduría perfecta, «*la ciencia perfecta*».[20]

> Entréme donde no supe
> Y quedéme no sabiendo
> Toda ciencia transcendiendo

Según un dicho budista, las palabras y las letras son como un dedo que apunta a la luna. Podemos cambiar la metáfora y decir que las palabras y las letras son como un dedo que apunta al sol. Y quien mire al sol puede ser cegado, sumergido en una oscuridad profunda y a veces angustiosa. Pero ésta es pasajera; gradualmente nuestros ojos se acostumbran a la deslumbrante luz, y nos dirigimos a la iluminación que alcanza su punto culminante con la muerte y el paso a la eternidad.

LA GRAN MUERTE

Quien se embarque en el viaje de la fe debe estar preparado para morir la gran muerte, hecho que se enfatiza sobre todo en el zen. Quien quiera llegar al *satori* ha de morir, es decir, debe estar preparado para perderlo todo

---

20. *Entréme donde no supe*, Estrofa 1.

El viaje místico hoy

y para no tener nada. De aquí el estar siempre sentado musitando *mu... mu... mu.*

Al inicio del viaje se hace un gran acto de fe junto con la poderosa decisión de continuar, incluso si se llega a la muerte. «Incluso aunque muera... incluso aunque muera...». La disposición a morir la gran muerte es lo primero:

No es necesario decir que ésta es una muerte espiritual, aun cuando planee en el inconsciente la idea de la muerte biológica. Uno debe sentarse con la muerte, como si se enfrentara a un fiero samurai cuya espada en alto pudiera caer en cualquier momento. De esta forma estará dispuesto a morir, a perderlo todo. Muriendo la gran muerte se llega a la gran vida.

En toda esta concepción el zen es psicológicamente saludable. Un descubrimiento común de la psicología es que el miedo a la muerte subyace en las profundidades de la psique humana y que la mayoría de las personas no lo reconocen o lo niegan. Esta negación de la muerte, según se nos dice, es la causante de todos los tipos de neurosis patológicas y trastornos psicológicos. El zen puede ayudar a algunas personas a resolver sus problemas. Mientras estamos sentados en silencio los estratos superiores de la mente se abren y afloran los temores ocultos a la superficie. Si la persona puede encararse con ellos, aceptarlos, procesarlos, puede liberarse verdaderamente. Porque –como dice el zen– aferrarse a la vida y el temor de la muerte son cadenas que esclavizan a la persona. Una vez que nos liberamos a través de la muerte espiritual, podemos aceptar la muerte biológica; de hecho, sólo aquel que ha muerto una muerte espiritual puede enfrentarse con la muerte biológica desde la ecuanimidad.

El zen utiliza un lenguaje vívido y gráfico para hablar de algo que le es común a todas las formas de misticismo. Abraham murió la gran muerte cuando alzó el cuchillo para clavarlo en el corazón de su único hijo; y vivió la gran vida cuando oyó la voz del ángel. También tenemos el ejemplo de la bella y encaprichada esposa del cántico que se levanta secretamente del lecho y sale a la noche con el corazón rebosante de amor para quien ella conoce tan bien, para el amante que la espera en un lugar donde no aparece nadie más. Es ésta una historia verdaderamente romántica,

Teología mística

pero quien lea el poema místicamente se da cuenta de que ella tiene una cita con la muerte. Porque sólo mediante la gran muerte puede unirse al amante en un matrimonio que no tiene fin. «Si el grano de trigo, después de echado en la tierra, no muere, produce mucho fruto» (Jn 12, 24).

Jesús murió la gran muerte. Sus ojos siempre estaban fijos en Jerusalén, donde habría de ser entregado a los gentiles para ser humillado y muerto y para resucitar solamente al tercer día. Cuando el bienintencionado Pedro protestó, Jesús le reprendió duramente: «Quítateme de delante, Satanás, porque tus sentimientos no son los de Dios, sino los de los hombres» (Mc 8, 33). ¡Qué vulnerable era Jesús! Su más íntimo amigo podía tentarle. Pero a través de la agonía de Getsemaní llegó a aceptar por completo la voluntad del Padre. «El cáliz que me ha dado mi Padre, ¿he de dejar yo de beberlo? (Jn 18, 11). Antes de la muerte en la cruz Jesús murió y resucitó espiritualmente.

«Antes de ser entregado a la muerte, una muerte voluntariamente aceptada, tomo el pan y dio gracias. Lo partió y repartió entre los discípulos diciendo: "Tomad y comed todos de él, porque este es mi cuerpo que será ofrecido por todos vosotros" Cuando acabó la cena tomó la copa, dio gracias y ofreciéndola a los discípulos dijo: "Tomad y bebed todos de ella, porque esta es mi sangre, sangre de la alianza nueva y eterna, que será derramada por vosotros y por todos para la redención de los pecados. Haced esto en conmemoración mía"».[21]

A través de los siglos y en todos los lugares desde la salida del sol hasta su puesta, los seguidores de Jesús han sido fieles a este mandamiento. La ofrenda se lleva a cabo y las gentes proclaman el misterio de la fe:

> Cuando comemos este pan y bebemos esta sangre
> proclamamos tu muerte, Señor Jesús,
> hasta que vuelvas en la gloria

La muerte y la resurrección son los acontecimientos más importantes de la vida de Jesús.

Hace algunos años un maestro de zen japonés dio un *sesshin* (es decir, un retiro zen) a un grupo de monjes trapenses de los Estados Unidos. Los monjes se sentaron tan bien como les permitían sus ancianos huesos; y en

21. Del Canon Segundo de la Liturgia Romana.

El viaje místico hoy

el *koan* central, alrededor del cual giraba todo el retiro, el maestro zen tomó la muerte y resurrección de Jesús. Los monjes lucharon con este *koan* durante siete días. ¡Qué gran teólogo místico era aquel maestro zen! Porque la persona que resuelve este *koan* penetra en el corazón de la revelación cristiana, llega a vivir la Eucaristía. Vemos la muerte y resurrección de Jesús no sólo como un suceso ocurrido mucho antes en la historia, hace dos mil años, sino como algo que ocurre hoy y que está muy vivo en nuestro mundo tumultuoso. Lo que es más, entendemos las enigmáticas palabras de Pablo que habla de llevar en su cuerpo la muerte de Jesús para que la vida de Jesús también pueda ser visible en su cuerpo. «Porque», dice, «mientras vivimos, somos continuamente entregados a la muerte por Jesús, para que la vida de Jesús se manifieste asimismo en nuestra carne mortal» (2 Cor 4, 11). ¡Qué *koan* tan magnífico! Cuando éste se resuelve gritamos llenos de éxtasis con Pablo: «¿Dónde está, ¡oh muerte!, tu victoria? ¿Dónde está, ¡oh muerte!, tu aguijón?» (1 Cor 15, 55). Nos liberamos e iluminamos verdaderamente.

EL DESPERTAR

El viaje de la fe está, por tanto, repleto de contradicciones. Es un viaje de brillante oscuridad, de rica pobreza y de sabia ignorancia. Hay veces en que caminamos en agonía como si estuviéramos completamente ciegos. Pero hay otras ocasiones de luz y de despertar, cuando sabemos que todo está bien, cuando, como Abraham, tenemos la gozosa confianza de que la promesa será cumplida. «Muchas maneras de recuerdos», escribe san Juan de la Cruz, «hace Dios al alma, tantos, que si hubiésemos de ponernos a contarlos, nunca acabaríamos».[22] Todos estos despertares son anticipos del gran despertar que es la visión de Dios, una visión no otorgada a ninguno de los que caminamos con fe en este valle de lágrimas. San Juan de la Cruz, tan cauto y receloso de las voces y visiones distintas, se deshace en elogios elocuentes y poéticos cuando habla de los despertares que son parte del viaje de la fe. ¿Qué son, por tanto, estos despertares?

Así como hay dos modos de revelación, uno a través de la naturaleza y el cosmos, y otro a través de la manifestación de Dios en la historia, que al-

---

22. *Llama de amor viva*, 4.4.

Teología mística

canza su punto culminante con el envío de su único Hijo, también hay dos tipos de despertares. Uno es una comprensión de la unidad de todas las cosas. La persona que está en el punto de silencio percibe que el cero equivale al infinito, que todo es nada y que (como lo expresaron los filósofos griegos) el camino de subida es el camino de bajada. De esta manera se comprende lo que tradicionalmente se llama la reconciliación de los opuestos, y se hace evidente que la contradicción de la vida humana es completamente insignificante. En zen esto se llama *kensho* o el ver en la esencia de las cosas. Despertada de la ilusión, liberada de la angustia, la persona está llena de alegría desbordante. Muchos filósofos y científicos han tenido esta experiencia; otros han sido guiados a ella por un maestro sabio y experimentado. Es una iluminación maravillosa que atestigua el poder de la mente humana.

Hay sin embargo otros despertares que están relacionados más directamente con la revelación cristiana, despertares a los cuales el ser humano puede ser guiado, y que incumben a verdades sobre Dios que están normalmente ocultas. Dios, dicen los místicos, revela algunos de sus «secretos», como hizo Pablo, que «fue arrebatado al paraíso, donde oyó palabras inefables, que no es dado a un hombre el proferirlas» (2 Cor 12, 4).

La nube del no saber, hablando de la ardua tarea, asegura al contemplativo que hay veces en las que las cosas son sencillas porque es el mismo Dios quien actúa: «pero no siempre y no por mucho tiempo, sino cuando guste y como guste; y entonces tu gozo será tal que le dejarás obrar como quiera».[23] Y luego habla de un rayo de luz que atraviesa el alma y revela los secretos de Dios:

> Entonces él quizá pueda tocarte con un rayo de su divina luz que atravesará la nube del no saber que hay entre tú y él, y te mostrará algunos de sus secretos, de los que los humanos ni deben ni pueden hablar. De esta manera tu afecto brillará inflamado por el fuego de su amor, mucho más de lo que yo pudiera o quisiera ahora decirte.[24]

De manera que Dios, con un rayo, le revela a la persona humana algunos de sus secretos. ¿Pero cuáles son estos secretos? El autor inglés no responde a esta cuestión:

23. *La nube del no saber*, C. 26.
24. Ibid.

El viaje místico hoy

Porque de esa gracia que sólo a Dios pertenece no me atrevo a hablar con mi torpe lengua mortal: y dicho brevemente, aunque lo intentara, no lo conseguiría.[25]

En este punto todo es misterio. San Juan de la Cruz, sin embargo, es más explícito en lo que se refiere a los secretos. En el estado de matrimonio espiritual «con gran facilidad y frecuencia descubre el Esposo al alma sus maravillosos secretos como fiel consorte, porque el verdadero y entero amor no sabe tener nada encubierto al que ama».[26] Y después continúa hablando explícitamente de estos secretos:

> Comunícala principalmente dulces misterios de su Encarnación, y los modos y maneras de la redención humana, que es una de las más altas obras de Dios, y así es más sabrosa para el alma.[27]

De esta forma se formulan los secretos, que son los misterios de la Encarnación y de la Redención.

Pero pervive un elemento de secretismo, puesto que este despertar no es una visión. Con la proximidad de la muerte, el santo, todavía viviendo en la fe ansía la clara comprensión de los misterios que ha podido atisbar fugazmente. «Así como cuando una persona ha llegado de lejos lo primero que hace es tratar y ver a quien bien quiere» escribe, «así el alma lo primero que desea hacer, en llegando a la vista de Dios, es conocer y gozar los profundos secretos y misterios de la Encarnación y las vías antiguas de Dios que de ella dependen».[28]

Con estas palabras el santo expresa su anhelo del momento en que la fe produzca la visión. De hecho, para quien ha traspasado la noche oscura para penetrar en el matrimonio espiritual, la muerte es el gran despertar, porque ha muerto a manos del amor. «Porque, si las otras (almas) mueren una muerte causada por enfermedad o por longura de Dios, éstas, aunque en enfermedad mueran o en cumplimiento de edad, no las arranca el alma sino algún ímpetu y encuentro de amor mucho

25. Ibid.
26. *Cántico espiritual*, 23.1.
27. Ibid.
28. *Cántico espiritual*, 37.1.

Teología mística

más subido que los pasados y más poderoso y valeroso, pues pudo romper la tela y llevarse la joya del alma».[29] Luego prosigue con una bella descripción:

> La muerte de semejantes almas es muy suave y muy dulce, más que lo fue toda su vida espiritual en la tierra; pues que mueren con más subidos ímpetus y encuentros sabrosos de amor, siendo ellas como el cisne, que canta más suavemente cuando se muere... porque aquí vienen en uno a juntarse todas las riquezas del alma, y van allí a entrar los ríos del amor del alma en la mar, los cuales están allí ya anchos y represados, que parecen ya mares.[30]

Cuando él mismo yacía a las puertas de la muerte, pidió a los frailes que le acompañaban que recitaran el Cantar de los Cantares. «Que la visión de tu belleza sea mi muerte.» Si la muerte es el gran *koan*, la muerte es también el gran despertar.

CRISIS DE FE

No es necesario decir que el mundo moderno experimenta una gran crisis de fe, que es especialmente evidente en Europa y en América, donde países enteros o segmentos enteros de la población parecen haber abandonado toda práctica religiosa. El Concilio Vaticano II afirmaba lo evidente cuando dijo que «el ateísmo debe ser considerado entre los problemas más graves de esta época y merece que lo sometamos a un examen especialmente atento».[31]

Aquellos que reflexionan sobre la cuestión advierten que la raíz de esta crisis de fe es un problema cultural, porque la cultura moderna no fomenta la fe. En tanto que la poesía de Dante y de Shakespeare, el arte de da Vinci y Miguel Ángel, la música de Mozart y de Beethoven fomentaban y alimentaban la fe, el teatro moderno, las novelas modernas, la cultura científica moderna tienen poco espacio para un Dios irrelevante y caduco. La muerte de Dios todavía está en el aire.

El Concilio Vaticano II consideró que su tarea era evangelizar la cul-

---

29. *Llama de amor viva*, 1.30.
30. Ibid.
31. *Gaudium et Spes*, 1.19.

tura y ayudar a construir un mundo más humano. Cuando el papa Juan lo convocó habló de la gravedad de la situación. «Se trata», añadió, «de poner el mundo moderno en contacto con las energías vitales y perennes del Evangelio».[32] Éste se convirtió en uno de los principales propósitos del sínodo, que hizo un llamamiento especial a hombres y mujeres laicos para que humanizaran el orden temporal, «permeando toda la sociedad del espíritu del Evangelio»[33] y «haciendo que la ley divina se inscriba en la vida de la ciudad terrena».[34]

Sin embargo, ahora que el siglo XX se aproxima a su fin, vemos que este noble objetivo aún no ha sido cumplido. Puede que lleve siglos, y sólo podremos lograrlo a través del diálogo y de la colaboración con gentes de distinta fe y con los científicos –con aquellos que ansían garantizar que la ley divina quede inscrita en la ciudad terrena.

Mientras tanto, ¿qué podemos decir excepto que los hombres y las mujeres de hoy en día están llamados a la fe pura, desnuda, oscura? Este es el desafío religioso moderno. Sin el apoyo de la cultura, las gente de hoy están llamadas a creer en Dios por Dios, a creer porque creen. Es decir, están llamadas a la fe mística. Karl Rahner no exageraba cuando dijo que el cristiano del futuro sería o místico o nada. Nosotros podríamos añadir que el modelo de inspiración tanto para judíos como para gentiles es Abraham, místico.

---

32. *Humanae Salutatis*, diciembre 25, 1961.
33. *Ad Gentes*, 11.15.
34. *Gaudium et Spes*, IV.43.

Doce
LA VÍA PURGATIVA

EL TRIPLE CAMINO

La tradición mística antigua entendía que el camino hacia Dios tiene tres fases:

Vía purgativa; el camino de los principiantes
Vía iluminativa; el camino de los proficientes
Vía unitiva; el camino de los perfeccionados

Estas tres vías de seguir a Cristo, que es el Camino, culminan en una experiencia trinitaria donde, identificado con el Hijo y lleno del Espíritu, el hombre exclama: «¡Abba, Padre!».

En la vida del ser humano estos tres caminos no son sendas separadas, sino que confluyen, se traslapan, se interponen; no se puede tomar ninguno de ellos con independencia de los demás. La tradición antigua era consciente de que la *vía purgativa* o camino de purificación, que es el que transitan los principiantes, puede extenderse hasta la muerte o incluso más allá. «Supuesto que delante de él ningún hombre será justificado», escribe Pablo (Rom 3,20). «¿Cómo será absuelto el hombre en litigio con Dios?» (Job 9,2). Ningún ser humano llega a presencia del santo Dios sin pasar antes por el fuego de purificación.

LA CONVERSIÓN DE CORAZÓN

La *vía purgativa* comienza con la conversión del corazón. Reconociendo nuestra debilidad y movido por la gracia divina el hombre pasa

Teología mística

del pecado que es el mal a Dios que es amor. El sensato autor de *La nube del no saber* describe dos estadios en el camino de la conversión, y lo hace con una metáfora realista.

Un hombre se mira en el espejo y advierte en su cara una fea mancha. ¿Qué hace? Inmediatamente corre a la fuente a lavarse. El autor inglés dice: «Si la mancha es un pecado particular, la fuente es la Santa Iglesia y el agua es la confesión, según la costumbre reinante».[1] En otras palabras, el hombre corre a la Iglesia, confiesa sus pecados con corazón contrito, recibe la absolución y queda totalmente limpio. Es evidente que el autor cree que la reconciliación le llega al pecador arrepentido a través del sacramento de la Iglesia y, lo que es curioso, encuentra un lugar para el sacramento de limpieza en la cima misma de la vida mística. En esto se parece a Teresa de Ávila, quien consideraba que no podía haber sustitutivo para el sabio y docto confesor que absuelve del pecado (puesto que incluso el místico más santo puede caer y darse de bruces contra el suelo), que nos ayuda a discernir al Espíritu y que guía al contemplativo por un camino arriesgado lleno de escollos y trampas escondidas.

Sin embargo –continúa el autor de *La nube*–, esta fea mancha puede no ser un pecado en concreto, sino la inclinación al pecado, la raíz ciega del pecado. Y de nuevo el hombre corre a la fuente, pero esta vez «la fuente es el compasivo Dios y el agua es la oración según la costumbre reinante».[2] Porque la confesión no acaba con la raíz del pecado, mientras que la contemplación sí lo hace. Esto lo manifiesta claramente el autor cuando dice: «Porque en esta tarea (la contemplación) un alma seca la raíz y la tierra del pecado que perdura en ella después de la confesión, a pesar de todos sus esfuerzos».[3] Obsérvese que dice «seca», porque también manifiesta claramente que toda la contemplación del mundo no acabará por completo con las raíces del pecado.

Bajo esta simple metáfora subyace una teología importante del pecado y de la purificación. El autor inglés, como Eckhart, Taulero, y san Juan de la Cruz, era un discípulo devoto de santo Tomás de Aquino. Sigue la doctrina tomista de que, aunque el pecado sea limpiado por la sangre de Cristo, *permanece la concupiscencia, permanece la inclinación al pecado, permanece la enfermedad atroz*. A través del sacramento recibido con corazón contrito, se perdona el pecado y se restablece la imagen de Dios, de manera que la persona se convierte en un templo del Espíritu Santo. Pero los

---

1. *La nube del no saber*, C. 35.
2. Ibid.
3. Ibid., C. 28.

efectos perniciosos del pecado –tanto el original como el personal– permanecen, y permanecerán hasta la muerte.

Por consiguiente, cuando quien ha recibido el sacramento recurre a la oración y se embarca en el camino de la purificación, no lo hace para que le sean perdonados los pecados (porque esto ya ha ocurrido), sino para ser liberados de las ataduras de la concupiscencia, es decir, de la inclinación al mal, de los afectos desorbitados, de los apetitos incontrolables, del deseo, del aferrarse a las cosas, y de todas aquellas tendencias extenuantes que los hombres de hoy en día llamamos adicciones compulsivas, fijaciones infantiles, e impulsos ingobernables. En resumen, el camino de la purificación es el camino de la liberación.

El autor de *La nube* sabe que la *vía purgativa* perdura hasta la tumba. Le dice a su discípulo con su pintoresca e inimitable manera que todo el ayuno, toda la vigilia, toda la autodisciplina del mundo no pueden eliminar la inclinación humana al mal:

> Ayuna cuanto quieras, mantén la vigilia tanto como desees, levántate tan pronto como quieras, no te acuestes nunca, no te cubras con ropas; sí, incluso si te fuera posible –que no lo es– sácate los ojos, córtate la lengua, clausura tus ojos y tu nariz, arráncate las partes íntimas, e inflígete todo el daño corporal que puedas pensar; todo esto no te ha de servir de ayuda, pues la inclinación y el impulso al pecado pervivirán en ti.[4]

Aquí el autor inglés muestra gráficamente la doctrina tradicional de que la debilidad humana pervive hasta la muerte, que los hombres y las mujeres son capaces de pecar hasta el último suspiro. Los escolásticos, es verdad, enseñaban que ciertas personas privilegiadas, como la Virgen María y los apóstoles, estaban «confirmados en la gracia» y eran incapaces de pecar, pero mantenían que esta gracia inmerecida apenas si se le concedía a la débil humanidad. Esta es la naturaleza humana.

EL VIAJE

Cualquiera que conozca el pensamiento asiático reconocerá inmediatamente los paralelismos entre el camino cristiano de purificación y los ca-

4. Ibid., C. 12.

Teología mística

minos hinduista y budista de liberación. El Concilio Vaticano II, refiriéndose a que el hinduismo pretende que el hombre se libere de su angustia, habla respetuosamente de las prácticas ascéticas hindúes, de la meditación profunda, y del vuelo amoroso a Dios. El Concilio también describe cómo el budismo «muestra un camino por el que hombres y mujeres, con espíritu devoto y confiado, pueden adquirir el estado de liberación absoluta o alcanzar la iluminación suprema, bien mediante sus propios esfuerzos, bien mediante una ayuda superior».[5] Y luego exhorta al creyente a dialogar con los seguidores de otras religiones y a cooperar con ellos.

Al mismo tiempo no debemos nunca pasar por alto las diferencias y las características singulares de cada religión. Toda la tradición cristiana proclama que la *vía purgativa* es sobre todo un seguir a Cristo, que dijo: «Si alguno quiere venir en pos de mí, niéguese a sí mismo, y cargue con su cruz, y sígame» (Mat. 16, 24). Jesús anduvo el camino de la purificación, no por su propio pecado (puesto que estaba libre de él), sino por los pecados de la humanidad. Él es el cordero que quita el pecado del mundo, es el sufrido siervo de Isaías: «Por causa de nuestras iniquidades fue él llagado, y despedazado por nuestras maldades... y con sus cardenales fuimos nosotros curados» (Is. 53, 5). Y Pablo nos deja sorprendidos cuando nos dice: «Al que no conocía pecado lo hizo pecado, con el fin de que nosotros viniésemos a ser en él justicia de Dios» (2 Cor. 5, 21).

De la misma forma que Jesús anduvo el camino de la purificación por los pecados del mundo, también los místicos cristianos, cooperando en su tarea de redención, han caminado el sendero de la purificación no sólo por sus propios pecados, sino por el pecado de la humanidad. Han hecho suyas las palabras de Pablo: «estoy cumpliendo en mi carne lo que resta a los padecimientos de Cristo en pro del cuerpo, que es la Iglesia» (Col. 1, 24). Esta dimensión cósmica de purificación se desprende de la vida de algunos místicos de nuestros días. Thérèse de Lisieux, Padre Pio, Edith Stein —todos sentían una gran preocupación por el mundo y advertían su necesidad de redención. También podemos mencionar al santo Takashi Nagai, de Nagasaki, que unió en su persona el camino de purificación y el camino del sacrificio y que se ofreció con Jesús al Padre en pos de la paz del mundo.

Pero para entender la *vía purgativa* debemos considerar, aunque sea brevemente, los antecedentes escriturísticos y teológicos.

5. *Nostra Aetate*, 2.

PECADO Y REDENCIÓN

En los dos breves milenios de historia cristiana, la cuestión del pecado y la redención han dado lugar a innumerables controversias teológicas. Ha habido, y hay, encendidos debates sobre las cuestiones del pecado original, la justificación, la gracia, el libre albedrío, las buenas obras, la predestinación, y casi sobre cualquier aspecto de esta historia esencial, cuyo debate parece no tener fin.

La teología mística, sin embargo, al ser una ciencia práctica o pastoral que persigue en primer lugar guiar a las gentes en los caminos de oración, no ha visto la necesidad de entrar en estas controversias en profundidad. Desde el siglo XIV se ha limitado a seguir a santo Tomás de Aquino, al tiempo que apelaba a ciertos textos escriturísticos básicos. Posteriormente el Concilio Vaticano II ha seguido desarrollando la doctrina tradicional.

La historia de la Caída es de importancia capital.

Creados a imagen de Dios, que es su amigo, nuestros primeros padres caminaban desnudos y libres de vergüenza en el jardín de las delicias. Estaban integrados consigo mismos y vivían en armonía con los pájaros del aire y con las bestias del campo. Sobre todo, estaban integrados con Dios, y eran muy, muy buenos. Los escolásticos llamaron a esta condición estado de inocencia, estado de integridad, o estado de justicia original. Santo Tomás decía que Adán era verdaderamente contemplativo.

Luego llegó la catástrofe, porque engañados por la astuta serpiente, comieron la fruta prohibida y se dieron cuenta de que estaban desnudos, llenos de vergüenza y miedo, quebrados y dispersos. Habían perdido la unión consigo mismos, entre sí, y con Dios. Habían perdido su contemplación; conocieron el pecado —muy pronto su hijo Caín se alzará lleno de rabia y matará a su hermano–, y expulsados del paraíso, habrían de vivir una vida de sufrimiento. Eva experimentará los intolerables dolores del parto; deseará al hombre, y él reinará sobre ella. Adán se verá obligado a trabajar duramente y a sudar mientras cultiva la tierra. Y ambos morirán: volverán al polvo del que vinieron.

Pero esto no es todo, porque también el universo ha caído con el hombre y la mujer. La serpiente está maldita; la tierra está maldita: «Espinas y abrojos te producirá, y comerás hierbas de la tierra» (Gén 3, 18). El jardín del Edén no es ya sino un sueño nostálgico. Los escolásticos dieron a esta condición el nombre de naturaleza caída o estado de pecado original, y es en este estado en el que nacemos nosotros, pobres hijos desterra-

Teología mística

dos de Eva. «Los seres humanos», escribe el Concilio Vaticano II, «estamos divididos en nuestro interior. Como consecuencia, toda vida humana, ya sea individual o colectiva, aparece como una lucha dramática entre el bien y el mal».[6] Pero no todo esta perdido: ha de llegar un redentor. «Yo pondré enemistades entre ti y la mujer, y entre tu linaje y el suyo» (Gén 3, 15). La tradición cristiana temprana representó a la mujer como María, la madre de Jesús, en estatuas en las que María aplasta a la serpiente con el talón. Pero independientemente de cómo se interprete el texto, éste nos dice que vendrá un Mesías que salvará a su pueblo del pecado.

El relato del Génesis es central en la teología de san Pablo, que se refiere al pecado a través de Adán y a la redención a través de Jesucristo. Este es un tema que fue tomado por el autor de *La nube*, que insiste en que Adán se alejó de la contemplación por el pecado y que nosotros volvemos a la contemplación mediante la gracia de Jesucristo. Pablo tenía, de hecho, un sentido profundo del pecado, tanto del pecado que reinaba entre sus propios miembros como del que reinaba en el mundo circundante. «Por cuanto no hago el bien que quiero», exclama, «antes bien el mal que no quiero» (Rom 7, 19). ¿Quién lo salvará? «La gracia de Dios, por Jesucristo Señor nuestro» (Rom 7, 25). Y toda la sociedad –el Imperio Romano en el que vivía– era corrupta. «Atestados de toda suerte de iniquidad, de malicia, de fornicación, de avaricia, de perversidad...» (Rom 1, 29). Pero de nuevo no todo está perdido. «Porque Cristo, estando nosotros todavía enfermos, al tiempo señalado murió por los impíos» (Rom 5, 6). Y en este hecho aparece el amor de Dios. Somos purificados, limpiados en la sangre de Cristo.

OPTIMISMO CONCILIAR

El Concilio Vaticano II alude también al pecado y la redención cuando habla de «el mundo que el cristiano ve creado y mantenido por el amor de su Creador, colocado en la esclavitud del pecado, y ahora liberado por Cristo»[7]. Y continúa:

---

6. *Gaudium et Spes*, 1.13.
7. Ibid., prefacio 2.

El viaje místico hoy

Fue crucificado y resucitó de nuevo para romper el dominio del mal personificado, para que el mundo alcance la perfección se transforme y de acuerdo con el designio de Dios.[8]

La raza humana es redimida por la muerte y resurrección de Cristo. El Concilio, extraordinariamente optimista en cuanto a la condición humana y a los logros del mundo moderno, es, sin embargo, consciente de los estragos del pecado. Habla de la dramática lucha entre el bien y el mal, recordándonos que «tanto la llamada a la grandeza como las profundidades de la miseria son parte de la experiencia humana».[9] También se refiere a la batalla monumental contra los poderes de la oscuridad en palabras que nos recuerdan la doctrina paulina de que nuestra lucha es «contra los adalides de estas tinieblas del mundo, contra los espíritus malignos de las regiones de los aires» (Ef 6, 12).

Al mismo tiempo, el Concilio, rebosante de la virtud de la esperanza, subraya el hecho de que los seres humanos, creados en santidad, se redimen y vuelven a disfrutar de una genuina aunque imperfecta santidad:

El fin del mundo ya ha llegado hasta nosotros (cf. 1 Cor 10, 11). Su renovación ya ha sido decretada irrevocablemente y ya se ha anticipado en este mundo de manera real. Porque incluso ahora en la tierra la Iglesia está marcada con una santidad genuina aunque imperfecta.[10]

Cuando el Concilio dice «la Iglesia» se refiere al pueblo de Dios —«al que pertenecen o con el que se relacionan en distintas maneras tanto los fieles católicos como todos cuantos creen en Cristo, y toda la humanidad».[11] Es decir, toda la humanidad está marcada con una santa aunque imperfecta santidad. ¿Quiere ello decir que nuestro mundo moderno con todos sus terribles episodios y sus guerras inhumanas es, sobre todo, santo? Esta es una afirmación extraordinariamente optimista.

Por lo que se refiere al camino práctico de la purificación, el Concilio vuelve a ser muy claro:

---

8. Ibid.
9. *Gaudium et Spes*, 1.13.
10. *Lumen Gentium*, VII. 48.
11. Ibid., II. 13.

213

Teología mística

Por lo tanto, a la pregunta de cómo se puede superar esta desgraciada situación, los cristianos responderán que toda actividad humana, puesta en peligro constantemente por el orgullo humano y el egoísmo extremo, debe ser purificada y perfeccionada por el poder de la cruz y la resurrección de Cristo.[12]

Esta es una descripción exacta de la *vía purgativa*. Para quien desee hacer el camino místico hay dos puntos en la doctrina conciliar que son de gran importancia práctica.

El primero es que la raza humana ya ha sido redimida. Somos buenos y somos santos, aun cuando lo seamos de manera imperfecta. El sentido cristiano del pecado está muy lejos de la culpa lacerante que tortura a muchas personas en nuestra época y que da tanto que hacer a los psiquiatras. El sentido auténticamente cristiano del pecado es aquel de Pedro que, abrumado por la santidad de Jesús, exclamó: «Apártate de mi, Señor, que soy un hombre pecador» (Lucas 5, 8), o la declaración del peregrino ruso, que oró repleto de dicha, «Jesús, ten piedad de mí, pecador». O como el mismo Pablo, que gritó triunfalmente, «pues, cuando estoy débil, entonces soy fuerte» (2 Cor 12, 10).

El segundo punto es que todo va bien y que todo irá bien. Aquel que transita por el camino místico experimenta tormentas, tempestades y terremotos, y necesita que le recuerden las palabras de Juliana de Norwich de que todo irá bien y todas las cosas irán bien «porque el que está con vosotros es mayor que el que está en el mundo» (1 Juan 4, 4).

EL SEGUIR A CRISTO

Cuando procede a dar instrucciones a los principiantes sobre cómo han de entrar en la noche de los sentidos, san Juan de la Cruz pone énfasis en la imitación de Cristo:

> Lo primero, traiga un ordinario apetito de imitar a Cristo en todas las cosas, conformándose con su vida, la cual debe considerar para saberla imitar y haberse en todas las cosas como se hubiera él.[13]

12. *Gadium et Spes*, III. 37.
13. *Subida*, 1.13.3.

El viaje místico hoy

Es aquí interesante observar que san Juan de la Cruz no empieza por recomendar muchas horas de oración silenciosa ni le dice al contemplativo en ciernes que viva muchos años en soledad; es más importante la imitación de Jesús en la vida diaria –«hacerse en todas las cosas como se hubiera él». En este aspecto abunda incluso más su santa colaboradora Teresa de Ávila, quien, a pesar de todos sus éxtasis y vuelos del espíritu, insiste siempre que la imitación de Jesús y el amor al prójimo son más importantes que las experiencias sublimes en la oración. Solía decirles a sus hermanas que no se ocuparan en alturas místicas, sino que barrieran pasillos, limpiaran ventanas y lavaran platos. «No todo aquel que dice: Señor, Señor, entrará en el reino de los cielos, sino el que hace la voluntad de mi Padre celestial» (Mt 7, 21). Y esta doctrina tan llena de sentido común pasó a la teología mística subsecuente, que mantiene que la perfección cristiana consiste en la caridad, y que cuenta entre sus adversarios a aquellos que defienden que la perfección consiste en la contemplación sublime.[14]

San Juan de la Cruz dice por tanto a los contemplativos que al principio observen al Jesús de los Evangelios y vivan de acuerdo con él, y espera de ellos que estudien y practiquen algo de oración discursiva. Sin embargo, cuando habla a los proficientes que entran en la segunda noche, recomienda un enfoque distinto para la imitación de Jesús. Porque ahora en lugar de mirar a Jesús desde fuera, la persona permite que la vida de Jesús brote en su interior de acuerdo con el texto paulino: «Vivo, pero no yo, es Cristo quien vive en mí» (Gál 2, 20). Ahora la persona no forma imágenes de Jesús ni razona o piensa, sino que permanece en un silencio contemplativo permitiendo que Dios, que mora en su interior, actúe. En este sentido son muy ilustrativos los textos eucarísticos del cuarto evangelio. «Quien come mi carne y bebe mi sangre, en mí mora, y yo en él» (Jn 6, 56).

Vivimos así la vida del Jesús que sudó sangre en Getsemaní y gritó: *lama sabactani*. San Juan de la Cruz tenía una conciencia muy acendrada de la pasión de Jesús, y de hecho el amor a la cruz del Salvador es la clave para comprender su vida, su poesía, y su *nada, nada, nada*. Y asegura que la muerte mística está hecha a imagen de la muerte de Jesús, que realizó el acto más maravilloso de su vida al morir:

---

14. Véase capítulo 4.

Teología mística

> Cierto está que al punto de su muerte quedó también aniquilado en el alma sin consuelo y alivio alguno, dejándole el Padre así en íntima sequedad, según la parte inferior. Por lo cual fue necesitado a clamar diciendo: *¡Dios mío, Dios mío!, ¿por qué me has desamparado?* (Mt 27, 46). Lo cual fue el mayor desamparo sensitivamente que había tenido en su vida... y esto fue, como digo, al tiempo y punto que este Señor estuvo más aniquilado en todo; conviene a saber: acerca de la reputación de los hombres, porque, como los veía morir, antes hacían burla de él quel le estimaban en algo; y acerca de la naturaleza, pues en ella se aniquiliba muriendo; y acerca del amparo y consuelo espiritual del Padre, pues en aquel tiempo le desamparó...[15]

Esta es la *nada* de Jesús, que se propone como la *nada* de aquel que ha de seguir al Hijo de Dios. En este sentido san Juan escribe: «De donde todo espíritu que quiere ir por dulzuras y facilidad y huye de imitar a Cristo, no le tendría por bueno».[16]

BIENAVENTURADOS SEAN LOS POBRES

Para el Padre del desierto, como para los místicos, el primer paso en el viaje es la pobreza de espíritu. «Bienaventurados los pobres de espíritu» (Mt 5, 3).

μακάριοι οἱ πτωχοὶ τῷ πνεύματι

La purificación activa está basada en esta doctrina central del Evangelio. La pobreza de espíritu significa la pobreza total –la indigencia. Es la *kenosis* de Jesús, que se anonadó de la manera más radical. Es el *mu* del zen. Es la *nada* de san Juan de la Cruz. ¡Bienaventurados sean los pobres! El camino a la felicidad consiste en el anonadamiento, en perderlo todo, en morir la gran muerte. Esta pobreza está presente en todo el Sermón de la Montaña, que se refiere a aquellos que son sumisos y piadosos, a los que son insultados y rechazados, a los que no tienen nada y se convierten en nada. Bienaventurados sean los pobres porque serán iluminados. Bienaventurados los que nada tienen porque lo tendrán todo. «Vende todo lo

15. *Subida*, 2. 7.11.
16. Ibid., 2. 7.8.

El viaje místico hoy

que tengas y dáselo a los pobres y... sígueme», dijo Jesús; y aquí todo quiere decir todo. «Así pues, cualquiera de vosotros que no renuncia a todo lo que posee, no puede ser mi discípulo» (Lc 14, 33). En este viaje renunciamos a todo deseo, a toda atadura, a la posesión, no –y esto debe subrayarse– a la cosa en sí misma. Porque todas las cosas que Dios ha creado son buenas, bellas, y verdaderas. Por eso san Juan de la Cruz puede exclamar en la cima: «Cuando menos lo quería téngolo todo sin querer»; por eso san Francisco de Asís podía glorificarse en su desnudez de espíritu. Por eso innumerables monjes zen han reído a carcajadas y han hablado tremendas paradojas cuando nada tenían.

Renunciando a todo deseo, renunciamos a toda angustia. «¡Olvidaos de la angustia!» es el grito que reverbera de las páginas de los Evangelios y de las obras de los místicos, porque la angustia es una forma sutil de atadura a la que nos aferramos para no caer en la vacuidad. Pero el Evangelio, como el *dharma*, nos dice que renunciemos a este sentimiento, porque cuando caigamos en la vacuidad seremos liberados.

Además, la pobreza de espíritu en la vida mística exige que la persona renuncie a la razón, al pensamiento, y a la imaginación; exige que se renuncie a los consuelos y a los éxtasis espirituales, a las voces, las visiones, y a las experiencias bellas. Y sobre todo, exige que se renuncie a la fascinación de los poderes psíquicos. *Nada, nada, nada, mu, mu, mu.* Todo esto provoca una gran liberación, una profunda iluminación, y auténtica alegría.

Al comienzo de su extraordinaria obra sobre la purificación activa, *Subida del Monte Carmelo,* donde describe en detalle el camino de la renuncia, el gran místico español nos dice que los deseos desmesurados nos atormentan, oscureciéndonos y cegándonos, envileciéndonos, debilitándonos, y haciéndonos tibios en nuestra práctica de la virtud. Y prosigue sin descanso con su *nada, nada, nada* que conduce a la muerte espiritual. Esta doctrina es tan radical que incluso los más atrevidos pueden vacilar y preguntar si todo ello no es deprimente, si no es psicológicamente absurdo.

Sin embargo, aquel que persevera hasta el final encuentra una dulce sentatez. Porque el santo dice claramente que sólo es posible renunciar a las ataduras de las cosas creadas si se tiene otro afecto mayor, el amor por el esposo celestial:

> Porque para vencer todos los apetitos y negar los gustos de todas las cosas, con cuyo amor y afición se suele inflamar la voluntad para gozar de ellos, era menester otra inflamación mayor de otro amor mejor, que es el de su Esposo,

Teología mística

para que, teniendo su gusto y fuerza en éste, tuviese valor y constancia para fácilmente negar todos los otros.[17]

Aquí, pues, en medio de un tremendo ascetismo, aparece de nuevo la bella esposa perdidamente enamorada. Buscando a su amor lo sacrifica todo con gusto y hace luz de la *nada, nada, nada*. San Juan de la Cruz continúa explicando este encuentro amoroso en un lenguaje frío y escolástico:

> Porque acaece, y así es, que la sensualidad con tantas ansias de apetito es movida y atraída a las cosas sensitivas, que, si la parte espiritual no está inflamada con otras ansias mayores de lo que es lo espiritual, no podrá vencer el yugo natural, ni entrar en esta *noche del sentido,* ni tendrá ánimo para se quedar a oscuras de todas las cosas, privándose del apetito de todas ellas.[18]

De todo esto podemos colegir que la clave para comprender el radical ascetismo sanjuanista es el amor de la esposa por su Esposo celestial –el amor que hace que ella salga en la noche, lo deje todo, sin otro afecto que el que inflama su corazón.

Este amor consuma la purificación pasiva. No es adquirido sino infuso, es el don de Dios derramado en el corazón humano, es la llama de amor viva. Es la nube del no saber, es la noche oscura.

No obstante, el místico español, consciente de que su doctrina puede parecer negativa y destructiva, vuelve varias veces al tema de la muerte y la nueva vida.

MUERTE Y NUEVA VIDA

Como ya se ha dicho, san Juan de la Cruz parece negativo e incluso destructivo para quienes no acierten a entender la totalidad de su mensaje. El mismo santo es consciente de este problema y lo afronta directamente. «Porque, viendo cómo aniquilamos las potencias acerca de sus operaciones», escribe, «quizá le parecerá que antes destruimos el camino del ejercicio espiritual que le edificamos.»[19] Y continúa: «lo cual sería verdad si

17. *Subida*, 1. 14.2.
18. Ibid.
19. *Subida*, 3. 2.1.

quisiéramos instruir aquí no más que a principiantes, a los cuales conviene disponerse por esas aprensiones discursivas y aprehensibles».[20]

En otras palabras, la tarea de purificación es un proceso. Al principio la persona debe razonar y pensar y hacer uso de las facultades hasta que llegue la hora de olvidar toda actividad natural para *que se dé lugar a que sean infundidas e ilustradas de lo sobrenatural*.[21] Es muy importante (y todos los escritores místicos subrayan este punto) que la razón y el pensamiento sigan actuando hasta que llegue el momento de abrir el corazón a la influencia silenciosa del Espíritu. Aquel que abandona el uso de las facultades antes de que haya llegado el don del amor es como quien lo vende todo antes de haber visto el tesoro en el campo, es una persona es digna de lástima.

San Juan de la Cruz sigue desarrollando esta doctrina. Hablando de la memoria y de lo que otro autor llama la nube del olvido, escribe: «Acerca de todas las formas se aniquile la memoria si se ha de unir con Dios». La palabra *aniquilación* es, desde luego, muy perturbadora; y el santo, reconociéndolo así, prosigue:

> Dirá alguno que bueno parece esto, pero de aquí se sigue la destrucción del uso natural y curso de las potencias, y que quede el hombre como bestia, olvidado, y aún peor, sin discurrir ni acordarse de las necesidades y operaciones naturales; y Dios no destruye la naturaleza, antes la perfecciona, y de aquí se sigue necesariamente su destrucción.[22]

El santo reconoce que una persona que camina por esta senda puede, durante algún tiempo, ser distraída y excéntrica, «no acordándose de comer ni de beber, ni si hizo, si vio, si no vio y si dijeron o no dijeron, por el absorbimiento de la memoria en Dios». Pero todo esto es temporal, y de hecho, la forma anterior de pensar muere para que nazca una nueva manera. Cuando el proceso está completo, estas personas recuerdan lo que deberían recordar y olvidan lo que deberían olvidar. «El espíritu de Dios las hace saber lo que han de saber, e ignorar lo que conviene ignorar, y acordarse de lo que se han de acordar... y olvidar lo que es de olvidar, y las hace amar lo que han de amar, y no amar lo que no es en Dios. Y así, todos los primeros movi-

---

20. Ibid.
21. Ibid., 3. 2.2.
22. Ibid., 3. 2.7.

Teología mística

mientos de las potencias de las tales almas son divinos; y no hay que maravillar que los movimientos y operaciones de estas potencias sean divinos, pues están transformadas en ser divino».[23] Hay así muerte y resurrección. «¿Por ventura no era necesario que el Cristo padeciese todas estas cosas, y entrase así en su gloria?» (Lc 24, 26). Hay una terrible inevitabilidad, una terrible necesidad de muerte para quien quiera entrar en la gloria. Y el modelo del zen es bastante similar. Los grandes maestros de zen pidieron a sus discípulos que murieran, algunas veces incluso los mataban espiritualmente. No exigían otra cosa que no fuera una especie de aniquilación total –*mu, mu, mu*. Esta muerte produce la gloria de la iluminación, y también un estado donde el verdadero yo de la persona actúa espontáneamente sin pensar o razonar o proyectar. El individuo come porque come, camina porque camina, habla porque habla, permanece en silencio porque permanece en silencio. Todo se realiza con fidelidad al propio ser de uno.

Merece la pena que mencionemos otro pasaje en que san Juan habla de la sublime sabiduría de Dios que hace que la esposa olvide todas las cosas. «Y le parece al alma que lo que antes sabía, y aun lo que sabe todo el mundo, en comparación de aquel saber, es pura ignorancia», dice, como si estuviera degradando el conocimiento científico.[24] Pero enseguida se corrige, diciendo que el conocimiento adquirido no se destruye sino que se perfecciona. «... juntándose una luz pequeña con otra grande, la grande es la que priva y luce, y la pequeña no se pierde, antes se perfecciona, aunque no es la que principalmente luce».[25]

Todo lo que hemos expuesto anteriormente nos hace comprender que el camino de la purificación es dinámico y creativo. No se trata sólo de arrancar las raíces del pecado, sino de crear una persona nueva y de dirigirse a un nuevo objetivo.

EL OBJETIVO

Para comprender el objetivo de la *vía purgativa* tenemos que volver al Génesis. Después del pecado, Adán y Eva perdieron su contemplación y su unidad interior. Divididos, dispersos y angustiados, fueron expulsados del

---

23. Ibid., 3. 2.9.
24. *Cántico espiritual*, 26.13.
25. Ibid., 26.16.

El viaje místico hoy

paraíso para vivir en el exilio. Y nosotros, sus hijos, nos encontramos en este estado de naturaleza caída.

La tradición mística enseña que la contemplación es un ejercicio de «unificación» (la terminología es de *La nube del no saber*) en donde el contemplativo se hace uno, volviendo al estado de inocencia del Jardín del Edén. Según san Juan, el alma, cuando se aproxima al matrimonio místico, no tiene conocimiento del mal y del bien, como nuestros primeros padres antes de comer de la fruta prohibida:

> Está el alma en este puesto en cierta manera como Adán en la inocencia, que no sabía qué cosa era mal; porque está tan inocente, que no entiende el mal ni cosa juzga a mal; y oirá cosas muy malas y las verá con sus ojos, y no podrá entender que lo son, porque no tiene en sí hábito de mal por donde lo juzgar, habiéndole Dios raído los hábitos imperfectos y la ignorancia, en que cae el mal de pecado, con el hábito perfecto de la verdadera sabiduría.[26]

De esta manera el contemplativo llega a un estado de paz interior, inocencia e integridad.

Sin embargo, las gentes de hoy seguramente preferirán entender la vida contemplativa más como un viaje hacia el futuro que como un viaje hacia el pasado, sobre todo porque la feliz falta de Adán trajo un redentor que nos hará dignos de una gracia incluso mayor que la de volver al paraíso. Jesús invita a la raza humana, tanto individual como colectivamente, a la divinización: a la *theosis* (θέωσις) de los Padres griegos y de los místicos orientales. Invita a hombres y a mujeres a ser «partícipes de la naturaleza divina» (2 Pe 1, 4).

San Juan de la Cruz habla de una unión de amor en la que la persona vive la vida de Dios. «Cuando hay unión de amor», escribe, «es verdad decir que el Amado vive en el amante, y el amante en el Amado. Y tal manera de semejanza hace el amor en la transformación de los amados, que se puede decir que cada uno es el otro y que entrambos son uno».[27] Luego cita a san Pablo:

> Porque en decir vivo yo, ya no yo, dio a entender que aunque vivía él, no era vida suya, porque estaba transformado en Cristo, que su vida más era divina

---

26. *Cántico espiritual*, 26.14.
27. *Cántico espiritual*, 12.7.

Teología mística

que humana; y por eso dice que no vive él, sino Cristo en él. De manera que, según esta semejanza y transformación, podemos decir que su vida y la vida de Cristo toda era una vida por unión de amor.[28]

El proceso culmina con la experiencia trinitaria ya mencionada, en donde, identificados con el Hijo y llenos del Espíritu, exclamamos: «¡Abba, Padre!».

El místico español continúa apuntando que la transformación paulina alcanza el clímax después de la muerte. «Transformados en Dios», escribe, «vivirán vida de Dios y no vida suya, aunque sí vida suya, porque la vida de Dios será vida suya. Y entonces dirán de veras: vivimos nosotros y no nosotros, porque vive Dios en nosotros».[29]

La purificación mística, por tanto, comienza con la imitación de Jesús y se convierte en vivir la vida de Jesús. Es un vaciarse de sí –la *kenosis* de san Pablo– para quedar identificados con Jesús y llenos del Espíritu gritar, «¡Abba, Padre!». Pero este es un viaje muy, muy largo, y quien lo emprende es como la esposa muerta de amor, que perdida en la noche y herida por los guardas, llora presa de agonía en busca de su amado. Necesita sabia guía y tierna ayuda; necesita aliento. La teología mística pretende proporcionar esta guía mediante el estudio cuidadoso de los caminos tortuosos de este viaje peligroso y sublime.

LA ESPOSA

Es de noche, y la esposa está en la cama. Duerme, y sin embargo no está dormida. Muy profundo, en lo más hondo de su ser, yace un amor silencioso que la hace consciente, de manera que puede cantar: «Dormía yo, y estaba mi corazón velando» (Cantar de los Cantares 5,2). Es como si dijera: «Yo no razonaba o pensaba o imaginaba. Mis facultades estaban dormidas. Pero en el centro de mi ser yo estaba místicamente despierta porque estaba enamorada».

Entonces se produce la llamada en la puerta: ha llegado su amado. ¡Pum, pum, pum! «Ábreme, hermana mía, paloma mía, mi inmaculada». Él no acepta una negativa «porque está llena de rocío mi cabeza y del relen-

---

28. Ibid., 12.7-8.
29. Ibid., 12.8.

El viaje místico hoy

te de la noche mis cabellos». Y continúa la persistente llamada en la puerta. En el pecho de la esposa bulle un angustioso conflicto. ¿Qué es lo que debe hacer? «Ya me despojé de mi túnica», se lamenta, «¿me la he de volver a poner? Lavé mis pies, ¿y me los he de volver a ensuciar?». Debatiéndose entre el deseo de permanecer en la cama y el deseo de encontrarse con el amado, yace en silencio y callada.

¡Pum, pum! «Mi amado metió su mano por la hendidura de la puerta, y de pronto se conmovió mi corazón» (5,4). Y el amor realiza su conquista; encaprichada, enferma de amor, la esposa se levanta de la cama, se dirige a la puerta con manos temblorosas que destilan mirra sobre la cerradura. Va a abrir la puerta. Va a invitarle a pasar. «Su brazo izquierdo, bajo mi cabeza, y con su diestra me abraza» (2,6). Abre la puerta. Pero —y ésta es la tragedia— su amado se ha dado la vuelta y se ha ido. Ahora ella se enfrenta con la noche oscura de la nada. ¿Dónde se ha escondido su amado? ¿Dónde puede ella encontrarle? Y sale en su busca, callada y furtivamente mientras todo el mundo en la casa duerme. Sale fuera sin otra luz que la que luce en su corazón; sólo el amor es su guía. Su angustia recuerda a aquella otra esposa que, con lágrimas abundantes, buscaba en el jardín el cuerpo del que amaba y le rogaba al hortelano que le dijera dónde lo había puesto para poder llevárselo. «Dícele Jesús: María. Volvióse ella al instante, y le dijo, en hebreo: Rabboní (que quiere decir: Maestro). Dícele Jesús: No me retengas...» (Jn 20, 16-17).

Así también la esposa pregunta llena de lágrimas dónde se encuentra el que ella ama. Pero los centinelas se ríen y se burlan de ella. «Me golpearon y me hirieron, y quitáronme mi manto los centinelas de los muros» (Cantar 5,7). Desnuda y privada de todo, perdida en la negrura de la noche, llama lastimeramente a las hijas de Jerusalén:

> Conjúroos, ¡oh hijas de Jerusalén!, que si hallareis a mi amado, le noticiéis cómo desfallezco de amor.

¡Qué relato de amor y sufrimiento! Sin embargo, no es una tragedia: acaba con un triunfo. «Cuando a pocos pasos me encontré al que adora mi alma, asíle, y no le soltaré hasta haberle hecho entrar en la casa de mi madre, en la habitación de la que me dio la vida» (3,4). Ha pasado el invierno, ha terminado la lluvia, ha llegado la hora de cantar, se oye la voz de la tórtola en la tierra.

Por supuesto que hay una interpretación mística del cántico.

Teología mística

La esposa es el alma humana, no separada dualísticamente del cuerpo, sino el verdadero yo, el núcleo y centro de la persona, el ser más recóndito que anhela a Dios como el venado anhela los ríos que corren y la esposa anhela al esposo.

La llamada en la puerta es un símbolo arquetípico que algunas veces aparece en los sueños. Simboliza el despertar, la entrada de una nueva persona en nuestra vida, la invitación a comenzar un nuevo estadio en el viaje humano. El intruso no es siempre un amante (¡cómo temblaba Macbeth cuando oyó la llamada en la puerta después del asesinato de Duncan!), pero puede ser un amante exigente, un amante que lo pide todo. «He aquí que estoy a la puerta, y llamo», dice un gran amante (Ap 3,20) que quiere penetrar en el santuario más recóndito y cenar con la amada.

Nosotros, seres humanos, estamos dormidos. Vivimos en un mundo de ilusión –el *samsara* budista– y necesitamos ser despertados y llamados a afrontar las grandes realidades de la vida, la muerte, y la eternidad. Necesitamos oír la llamada en la puerta, incluso aunque ésta nos haga temblar de miedo. «Escucha, mi amado llama». Pero al escucharla se producen una serie de interrogantes: ¿por qué el amado desaparece después de llamar con persistencia a la puerta, por qué no entró para consumar la unión que ambos anhelaban? ¿Por qué causó este gran sufrimiento a la mujer que amaba? ¿Fue acaso una cruel traición?

Sólo puede haber una respuesta. Él no entró porque quería que ella saliera; quería que ella abandonara la casa y la comodidad de la cama para seguirle en la noche oscura. Quería que dejara su acostumbrada manera de pensar, de actuar y de sentir con todas sus mezquindades, angustias y temores. Quería que dejara la casa de su pequeño ego con su amor egoísta a la comodidad y a la seguridad para penetrar en la vasta y misteriosa noche de la fe donde él se escondía. Por muy doloroso que fuera, ella debía salir en éxtasis –en pos de la verdadera libertad. «Salí sin ser notada», escribe san Juan de la Cruz identificándose con la esposa, e insiste en que el contemplativo no debe permanecer en su confortable cama si desea encontrar a aquel que ama: «Por tanto, el que rehusare salir en la noche ya dicha a buscar al Amado y ser desnudado de su voluntad y mortificado, sino que en su lecho y acomodamiento le busca, como hacía la esposa, no llegará a hallarle, como esta alma dice de sí que lo halló, saliendo ya a oscuras y con ansias de amor».[30]

---

30. *Noche oscura*, 2.24.4.

El alma debe salir y perderlo todo en esta noche de amor. *Nada, nada, nada.* Debe soportar que los guardias se burlen de ella y que le arranquen las vestiduras. Su sufrimiento será tan grande que no habrá palabras para describirlo. Pero ella penetra en una noche gloriosa de libertad y de amor, porque sabe siempre que su amante es fiel y que él también fue herido, atravesado en el Calvario. Tiene la certeza, como Juliana de Norwich, de que todo irá bien, y que todas las cosas irán bien. Porque se unirá con aquel que ella ama en un banquete nupcial que durará eternamente. Este es el viaje de amor a través de la noche oscura hasta el amado.

Trece
LA NOCHE OSCURA

EL PECADO SOCIAL

Ya se ha dicho que la *vía purgativa* es un aspecto del camino místico, un camino de amor, que conduce al yo verdadero, el yo que es uno con Dios, que comparte la vida misma de Dios, que es divinizado por un flujo de gracia divina. Este es un gozoso camino de liberación gloriosa. Liberados de las cadenas de la concupiscencia y de la tiranía del deseo exorbitante exclamamos: «¡Abba, Padre!». Pero, ¡ay!, la liberación no es nunca completa en esta vida, porque siempre podemos volver a caer en las garras del pecado. Y debemos saber además que la imitación de quien llevó su cruz al Calvario antes de entrar en su gloria es un camino de gran sufrimiento.

Una característica destacada de nuestra época es que la conciencia de las personas con respecto a la dimensión social del pecado es cada vez más acendrada. Somos conscientes del pecado de los gobiernos corruptos que libran guerras crueles y aniquilan naciones enteras, de la maldad de las organizaciones terroristas que matan y mutilan a niños inocentes. Sabemos que hay multinacionales gigantescas que destruyen el medio ambiente, masacran la vida salvaje, contaminan la atmósfera, explotan a gentes indefensas y fabrican armas letales. Todo ello por el sucio lucro y el injustificable dios dinero. ¿Acaso no estamos presenciando hoy la parábola del rico Divas y el pobre Lázaro a escala mundial?. Y somos además conscientes del pecado institucional de religiones que parecen sagradas: de la iglesia, de la sinagoga, de la mezquita y del templo. Todos estos males son tanto más abyectos cuanto que a menudo se acompañan de hipocresía y arrogancia. Sabemos, finalmente, que todos somos responsables colectivamente por los pecados del mundo, que nadie puede señalar a otros con

Teología mística

el dedo o trasladar la responsabilidad a los de arriba. Porque todos tenemos nuestra parte de culpa.

El problema religioso más importante de nuestros días es cómo se puede producir la purificación de la sociedad. El Concilio Vaticano II pidió una conversión colectiva. El papa Juan se refirió en su oración a un segundo Pentecostés: «Renueva en este tiempo nuestro tus prodigios como en un nuevo Pentecostés».[1] Y de hecho, el Concilio se abrió con una referencia a los apóstoles, que reunidos en oración con María la Madre de Jesús experimentaron un cambio profundo en el corazón. ¿Era posible –se preguntaban las gentes– que en toda la Iglesia del siglo XX tuviera lugar una conversión comunitaria de tal categoría? ¿Les es ahora posible a las comunidades de hombres y mujeres experimentar un cambio colectivo de corazón como el de los apóstoles?

Puede ser posible. Pero es más probable que una persona o algunos elegidos sufran y experimenten la purificación por el grupo, como predijo Caifás cuando dijo que era mejor que uno muriera por las gentes que la nación entera pereciera. Ocurre a menudo que aquellos que mueren por los pueblos son los místicos, que experimentan una purificación que es mucho más profunda que la que justificarían sus pecados personales, puesto que ellos sufren por toda la familia humana. Son los místicos los que atraviesan la noche oscura del alma con Jesús en Getsemaní. Algunas veces regresan a la plaza del mercado como líderes, activistas, profetas o impulsores de una mueva cultura más humana, otras mueren en la oscuridad. En ambos casos desempeñan un papel clave en la reforma de la sociedad, porque sin ellos todo el mundo podría perecer.

Pero antes de hablar de la noche oscura es necesario que examinemos los antecedentes psicológicos.

ANTECEDENTES PSICOLÓGICOS

La teología mística tradicional tomó su psicología de los griegos. Dionisio y los Padres griegos estaban profundamente influidos por el neoplatonismo, y esta influencia aún pervive en nuestros días. La teología mística posterior estuvo, sin embargo, dominada por santo Tomás de Aquino, que tomó su psicología principalmente de Aristóteles –aun cuando citara a Dionisio li-

1. *Humanae Salutis*, 25 de diciembre de 1961.

El viaje místico hoy

bremente– y que interpretó el neoplatonismo de una forma muy personal. Todo fue cuidadosamente sistematizado por los escolásticos. La persona humana –dijeron– está compuesta de cuerpo y alma, sentido y espíritu. Hay sentidos exteriores y sentidos interiores que conducen al poder espiritual de la memoria, el entendimiento y la voluntad, que se conocen como «los tres poderes del alma». El sentido es del espíritu (*sensus est propter intellectum*), y no hay nada en el intelecto que no estuviera previamente en los sentidos (*nihil est in intellectum quod non fuit prius in sensu*). Mientras que los escolásticos distinguían claramente entre sentido y espíritu, estaban profundamente convencidos de la unidad de la persona humana. Esta era la psicología básica utilizada por la teología mística tradicional.

Por lo referido a la esencia de la experiencia mística, sin embargo, la teología mística, siguiendo de nuevo a santo Tomás, iba más allá de los griegos para hablar del gran misterio trinitario que yace escondido en el centro de la persona humana. «Para lo cual es de notar», escribe san Juan, «que el Verbo Hijo de Dios, juntamente con el Padre y el Espíritu Santo, esencial y presencialmente está escondido en el íntimo ser del alma».[2]

Después continúa citando a san Agustín: «no te hallaba, Señor, de fuera, porque mal te buscaba de fuera; que estabas dentro».[3] Y se dirige al alma, hablándole de las maravillosas riquezas que están dentro de donde mora el Amado:

> ¿Qué más quieres, ioh alma!, y qué más buscas fuera de ti, pues dentro de ti tienes tus riquezas, tus deleites, tu satisfacción, tu hartura y tu reino, que es tu Amado, a quien desea y busca tu alma? ¡Gózate y alégrate en tu interior recogimiento con él, pues le tienes tan cerca; ahí le desea, ahí le adora y no le vayas a buscar fuera de ti, porque te distraerás y cansarás y no le hallarás ni gozarás más cierto, ni más presto, ni más cerca que dentro de ti![4]

No es necesario decir que su doctrina se encuentra en todo el cuarto Evangelio en las palabras de Jesús: «Cualquiera que me ama, observará mi doctrina, y mi Padre le amará, y vendremos a él, y haremos mansión en él» (Jn 14, 23).

La experiencia mística es en primer lugar la acción de Dios que mora

---

2. *Cántico espiritual*, 1.6.
3. Ibid.
4. Ibid, 1.8.

Teología mística

en la persona humana y le comunica su amor y su luz. Aristóteles dijo que, mientras el conocimiento ordinario es adquirido a través de los sentidos, el conocimiento místico es infuso: es un don gratuito de Dios que se comunica a sí mismo «por el espíritu puro» con la esencia del ser sin mediación de los sentidos. Por lo tanto, siempre se le dice al contemplativo que deje de pensar, que no se esfuerce, que «no haga nada» para recibir en las profundidades de su ser la sabiduría oscura, informe, infusa de Dios. Esta sabiduría divina ha de producir una transformación maravillosa. Los sentidos, obedientes al espíritu, alumbrarán al amado que mora en nosotros, y la persona nueva, divinizada, tendrá fe en el intelecto, esperanza en la memoria y amor en la voluntad.

Por consiguiente, mientras que el marco era aristotélico y algunas veces neoplatónico, la comprensión más profunda del misterio de la persona humana proviene de la revelación –de la Sagrada Escritura y la tradición.

PSICOLOGÍA MODERNA

Nuestro siglo ha sido testigo de grandes revoluciones psicológicas que han dejado su huella en la teología mística. Freud y Jung, ambos psiquiatras, observaron que la psique occidental estaba enferma y desesperadamente necesitada de curación; y Jung, que creía profundamente en la dimensión terapéutica de la religión, se fue interesando cada vez más por la experiencia religiosa en Oriente y Occidente. Escribió sobre el zen y el yoga, sobre alquimia y gnosticimo, sobre la Eucaristía y el misticismo. La psicología transpersonal habría de seguir posteriormente el mismo camino.

Ahora sabemos que la psique está compuesta de múltiples estratos. Bajo la mente despierta, consciente, se encuentra el inconsciente personal con sus memorias que se remontan a la infancia, al nacimiento, e incluso a la vida uterina. Luego tenemos el inconsciente colectivo con sus figuras arquetípicas y sus raíces imbricadas en la historia. Como las profundidades del océano contienen tesoros preciados y bellos, también la mente inconsciente contiene bellos tesoros de sabiduría e iluminación; es un mundo encantado.

Pero en el inconsciente no todo es belleza. También hay oscuridad, miedos, angustias, shocks medio olvidados y traumas de la niñez. Y lo que es más, hay impulsos inconscientes o medio conscientes, adicciones e instintos que no pueden ser controlados por el «yo haré» y «no haré» porque

El viaje místico hoy

están fuera del control de la mente consciente. De nuevo, nos encontramos escondido en la mente inconsciente un profundo temor a la muerte y un deseo de aferrarnos a la vida. Todo esto constituye lo que Jung llamó la sombra o el lado oscuro de la personalidad. Todo ser humano, en tanto que pecador, tiene su sombra. También la tienen todo grupo o comunidad, toda religión; y toda la raza humana tiene una sombra que está alojada en el inconsciente de cada uno de nosotros.

Jung dijo que los problemas nunca se resuelven, sino que se dejan atrás. El gran proceso de curación es una maduración que tiene lugar cuando lo inconsciente se hace consciente en un proceso que puede producir una gran dicha o un terrible dolor. Cuando sacamos a la luz y nos enfrentamos al lado oscuro de nuestra personalidad afloran a la mente consciente nuestra capacidad para el mal y nuestros demonios interiores, y el gran desafío es enfrentarnos a nuestra sombra, integrarla y aceptarla. Si lo ponemos en términos religiosos, el desafío es aceptar que uno es un pecador y regocijarse. Pablo lo hizo cuando exclamó: «Pues, cuando estoy débil, entonces soy fuerte» (2 Cor 12, 10). Jung observa con agudeza que la sombra aceptada es nuestra amiga; y el Evangelio lo confirma cuando dice que el recaudador de impuestos que reconoció su pecado estaba más justificado que los fariseos que no veían su sombra en absoluto.

Sin embargo, es importante recordar que los seres humanos son mucho más que consciente e inconsciente. Un área de misterio yace más allá del inconsciente personal o colectivo. Los budistas hablan de la naturaleza de Buda; los hinduistas hablan de Bramán y de Atman; los hebreos hablan de la imagen de Dios; los cristianos hablan de la inhabitación de la Santísima Trinidad; el cristianismo oriental habla de las energías increadas; místicos de todas las creencias hablan del sustrato del ser, del centro del alma, del verdadero yo, de la vacuidad, del vacío, de las energías cósmicas.

La psicología no puede tratar este gran misterio que yace escondido en las profundidades de la persona humana, porque es una ciencia, y como tal precisa de datos observables: datos sensibles o datos del mundo consciente; y sobre este misterio no hay datos. Mientras que los psicólogos pueden referirse científicamente al inconsciente personal y colectivo, cualquiera que hable de datos que provienen de sueños, de recuerdos medio olvidados e incluso de mitos y leyendas, de la naturaleza de Buda o del misterio de la Trinidad, debe pasar de la ciencia a la fe porque aquí, como ya se ha dicho, no hay datos. Incluso los místicos permanecen en silencio.

Todo esto es de la mayor importancia para guiar a las personas en el

Teología mística

viaje místico, a través de la oscuridad a la luz, en una experiencia en la que uno se enfrenta necesariamente con sus demonios interiores. Este proceso nunca comienza con el ego pequeño, sino que es la tarea del gran misterio que yace en las profundidades de nuestro. Es una influencia de Dios en el alma, dice san Juan de la Cruz, y de la misma forma podría haber dicho que es un fluir o elevarse de Dios en el alma. Un tema que resuena en toda la tradición mística es: *la iniciativia no proviene de los humanos, sino de Dios*. «Amamos porque Dios nos amó primero» (1 Jn 4,19). La experiencia mística es un despertar de Dios, un nacimiento de Dios, un movimiento de las energías increadas.

Pero ha llegado la hora de describir el proceso místico con más detalle, siguiendo a san Juan de la Cruz y a la tradición mística cristiana.

LA NOCHE DE LOS SENTIDOS

La oración comienza normalmente, como ya se ha dicho, con el razonamiento, el pensamiento y la reflexión sobre los Evangelios o sobre alguna verdad de la fe cristiana. Con el paso del tiempo, sin embargo, se simplifica hasta la repetición de una palabra o frase; y finalmente penetra en un rico silencio. Ahora la persona experimenta la presencia de Dios de una manera existencial, está llena de consuelo. Dios —dice Juan de la Cruz— es como una madre amorosa que abriga al niño con el calor de su pecho, lo alimenta con buena leche y con comida tierna y lo acaricia en sus brazos. «Pero», continúa, «a medida que va creciendo, le va la madre quitando el regalo y, escondiendo el tierno amor, pone el amargo acíbar en el dulce pecho, y, abajándole de los brazos, le hace andar por su pie».[5] El perder a la madre y caminar solo, por muy doloroso y penoso que sea para el niño, es un paso necesario en el crecimiento; y la pérdida de consuelo es una gracia grande. Porque ahora Dios se comunica de otra forma, no a través de los sentidos sino a través del espíritu. Fluyendo hasta lo más profundo del ser (o manando desde el centro del ser de uno) Dios está destetando al alma de la delicada y dulce comida de los infantes, haciendo que coma el pan basto que es el alimento de los fuertes. «La noche oscura», escribe san Juan de la Cruz, «es la privación y purgación de todos sus apetitos sensuales, acerca de todas las cosas exteriores del mundo y de las que eran delei-

---

5. *Noche oscura*, 1.1.2.

El viaje místico hoy

tables a su carne, y también de los gustos de su voluntad».[6] Este proceso recibe el nombre de purificación pasiva porque es principalmente la acción de Dios en la persona receptiva.

Pero penetramos en la noche de los sentidos no sólo mediante la purificación pasiva, sino también mediante la purificación activa en la que renunciamos a todos los placeres sensibles de ver, oír, tocar, y oler. «Cualquier gusto que se le ofreciere a los sentidos, como no sea puramente para honra y gloria de Dios, renúncielo y quédese vacío de él por amor de Jesucristo»,[7] escribe san Juan de la Cruz a quien quiera entrar a la noche; y sigue con su *«nada, nada, nada»*. «Y de esta manera ha de procurar dejar luego mortificados y vacíos de aquel gusto a los sentidos, como a oscuras».

Así, a través de una purificación pasiva y una purificación activa, los sentidos se vacían y quedan en barbecho durante algún tiempo.

No es sorprendente que esta privación de placer sensible tenga sus repercusiones en la vida inconsciente, que algunas veces se rebela. El zen habla de un estado alucinatorio llamado *makyo* (literalmente «el mundo del diablo») cuando el material inconsciente fluye hasta la superficie de la conciencia, causando alteraciones al mediador. San Juan de la Cruz parece estar hablando de algo parecido cuando escribe:

> Por eso él (el diablo) pone muchas veces estos objetos en los sentidos, demostrando a la vista figuras de santos y resplandores hermosísimos, y palabras a los oídos harto disimuladas, y olores muy suaves, y dulzuras a la boca, y en el tacto deleite, para que, engolosinándolos por allí, los induzca en muchos males.[8]

Es interesante apuntar que el zen y la tradición mística cristiana dan un consejo similar, que no se preste atención a estas imágenes, luces, palabras o fragancias, que renunciemos a ellas y permanezcamos en silencio con la sabiduría sin imágenes que se esconde en las profundidades interiores.

Pero san Juan nos dice que puede haber tormentos incluso más inquietantes en aquellos que son llamados a la cima; puede ocurrir que la sexualidad se rebele:

> Porque a algunos se les da el ángel de Satanás (2 Cor 12,7), que es el espíritu de fornicación, para que les azote los sentidos con abominables y fuertes

6. *Subida*, 1.1.2.
7. Ibid., 1.13.4.
8. Ibid., 2.11.5.

Teología mística

tentaciones, y les atribule el espíritu con feas advertencias y representaciones más visibles en la imaginación, que a veces les es mayor pena que el morir.[9]

En este punto san Juan de la Cruz, siguiendo la exégesis de su época, está refiriéndose a la experiencia de san Pablo.

También puede surgir la tentación de odiar a Dios porque «el espíritu de blasfemia... en todos sus conceptos y pensamientos se anda atravesando con intolerables blasfemias»,[10] y puede haber un «abominable espíritu» que causa «mil escrúpulos y perplejidades»,[11] siendo ésta una de las torturas y horrores más onerosos de esta noche.

¿Qué ha de hacer la persona? Evidentemente hay un momento en el que la mayoría de las gentes de nuestro tiempo necesitan consejo para afrontar y entender el lado oscuro de la personalidad que ahora está aflorando, necesitan apoyo y que alguien les asegure que todo ha de ir bien. Tienen simplemente que ignorar estas tormentas y distracciones, conservando la calma interior, «contentándose sólo en una advertencia amorosa y sosegada en Dios, y estar sin cuidado y sin eficacia y sin gana de gustarle o sentirle».[12]

ENTRE LAS NOCHES

La noche pasa, y llega el amanecer. El contemplativo entra entonces en el estadio de los proficientes, «en el cual, así como el que ha salido de una estrecha cárcel, anda en las cosas de Dios con mucha más anchura y satisfacción del alma y con más abundante e interior deleite».[13]

Y lo que es más: la comunicación espiritual de Dios inunda los sentidos que han sido vaciados. Esta comunicación sensorial es tan poderosa que «estos aprovechados, a causa de esta comunicación espiritual que hace en la parte sensitiva, padecen en ella muchas debilitaciones y detrimentos y flaquezas de estómago, y en el espíritu, consiguientemen-

---

9. *Noche oscura*, 1.14.1.
10. Ibid., 1.14.2.
11. Ibid., 1.14.3.
12. Ibid., 1.10.4.
13. Ibid., 2.1.1.

te, fatigas».[14] San Juan de la Cruz sigue escribiendo sobre estas comunicaciones:

> De aquí vienen los arrobamientos y traspasos y descoyuntamientos de huesos, que siempre acaecen cuando las comunicaciones no son puramente espirituales, esto es, al espíritu sólo, como son las de los perfectos, purificados ya por la noche segunda del espíritu, en las cuales cesan ya estos arrobamientos y tormentos del cuerpo, gozando ellos de la libertad del espíritu, sin que se anuble ni trasponga el sentido.[15]

Es importante hacer observar aquí que el gozo sensible no está causado por una experiencia exterior sensible de ver, oír, oler o tocar, sino porque Dios nos inunda con una comunicación espiritual. Ahora se despiertan los sentidos interiores de manera que tenemos una nueva y rica manera de ver, oír, oler y tocar. Ahora los sentidos purificados glorifican a Dios como dice san Juan poéticamente:

> *Las profundas cavernas del sentido*
> *Que estaba oscuro y ciego*
> *Con extraños primores*
> *Calor y luz dan junto a su Querido*[16]

Una vez que la purificación sensible ha tenido lugar, los sentidos exteriores e interiores se unen para dar calor y luz al esposo. En sus tratados sistemáticos (*Subida* y *Noche oscura*) el místico español separa las dos noches y describe cada una de ellas con detalle. Sin embargo, es consciente de que el proceso místico no es simple ni está claramente definido: «no pasa en todos», escribe, «de una manera ni unas mismas tentaciones; porque esto va medido por la voluntad de Dios conforme a lo más o menos que cada uno tiene de imperfección que purgar».[17] Y más aún, nadie está por completo en la noche o fuera de ella. Manifiesta según su experiencia:

---

14. Ibid, 2.1.2.
15. Ibid., 2.1.2.
16. *Llama de amor viva*. 3.
17. *Noche oscura*, 1.14.5.

Teología mística

Pero las almas que han de pasar tan dichoso y alto estado como es la unión de amor, por muy apriesa que Dios las lleve, harto tiempo suelen durar en estas sequedades y tentaciones ordinariamente, como está visto por experiencia.[18]

Parece que este largo tiempo se puede extender a varios años.

LA SEGUNDA NOCHE

La noche de los sentidos es preliminar, y sólo es noche en un sentido figurado. «La purgación del sentido», escribe san Juan, «sólo es puerta y principio de contemplación para la del espíritu»,[19] y, «como también habemos dicho, más sirve de acomodar el sentido al espíritu, que de unir el espíritu con Dios».[20] La diferencia entre las dos noches es como la diferencia entre arrancar raíces y cortar una rama, o restregar una mancha reciente y una antigua y muy impregnada. De hecho, la purificación profunda de los sentidos se obtiene sólo en la noche del espíritu, en la que sentido y espíritu son purificados juntos y sanados en preparación para el matrimonio espiritual.

Cuando se refiere a la teología de la noche oscura, san Juan es claro:

Esta noche oscura es una influencia de Dios en el alma, que la purga de sus ignorancias e imperfecciones habituales, y naturales y espirituales, que llaman los contemplativos contemplación infusa o mística teología en secreto enseña Dios al alma y la instruye en perfección de amor, sin ella hacer nada ni entender cómo.[21]

Aquí cada palabra es importante:
«Una influencia de Dios en el alma.» Es decir, una comunicación directa de Dios en lo más profundo del ser de la persona. Lo divino encuentra a lo humano sin mediación alguna. Hay veces –dice el autor de *La nube*– que Dios actúa completamente por sí mismo. San Ignacio habla de «consolación sin causa previa». Todos se refieren a la acción directa y

18. Ibid., 1.4,6.
19. Ibid., 2.2.1.
20. Ibid.
21. Ibid., 2.5.1.

El viaje místico hoy

dinámica de Dios que se llama contemplación infusa (como opuesta a adquirida) o sabiduría mística.

San Juan de la Cruz habla de una influencia. Como ya se ha establecido, también podría haber hablado de un fluir de Dios en el alma, porque Dios, que habita secretamente en las profundidades ocultas de nuestro ser, parece despertarse o elevarse. Esto puede ocurrir de forma gradual o se puede producir como estallido repentino de las energías increadas de las que hablan los místicos del cristianismo oriental. La teología ortodoxa insiste en que estas energías no son sino el mismo Dios. ¡Qué acontecimiento más perturbador es que Dios se alce en las profundidades de la persona humana!

En este proceso Dios, que es el Maestro Interior –el *Magister Internus* de Agustín–, instruye al contemplativo en el arte del amor. «En la contemplación», escribe san Juan, «enseña Dios ocultísima y secretísima al alma sin saber ella cómo, sin ruido de palabras y sin ayuda de algún sentido corporal ni espiritual, como en silencio y quietud, a oscuras de todo lo sensitivo y natural».[22] Este es el conocimiento secreto u oculto que es la teología mística. Es el saber en el no saber.

Pero el alma no hace nada y no puede comprender. «¿Qué me está ocurriendo?», exclama el místico en la noche oscura. El alma está perdiendo el control, es como la esposa perdida en la oscuridad; no sabe adónde va.

EL SUFRIMIENTO DE LA NOCHE

Dios es luz y amor. Entonces, ¿por qué habla el místico de oscuridad y de tormento? San Juan de la Cruz se hace la pregunta y ofrece una respuesta:

> Por dos cosas es esta divina Sabiduría no sólo noche y tiniebla para el alma, mas también pena y tormento; la primera es por la alteza de la Sabiduría divina, que excede al talento del alma, y en esta manera le es tiniebla; la segunda, por la bajeza e impureza de ella, y de esta manera le es penosa y aflictiva, y también oscura.[23]

Hay aquí dos razones. La primera es la altura de la sabiduría divina, que excede la capacidad del alma. Dios es infinito, el misterio de los misterios,

---

22. *Cántico espiritual*, 39.12.
23. *Noche oscura*, 2.5.2.

Teología mística

la luz de las luces, y su sabiduría trasciende cualquier cosa que los seres humanos puedan imaginar o soportar. La influencia de esta luz infinita y eterna puede sacudir a la persona hasta lo más profundo, incluso con una cierta violencia, como dice san Juan:

> Porque, como en esta divina contemplación embiste en el alma con alguna fuerza, al fin de la ir fortaleciendo y domando, de tal manera pena en su flaqueza, que poco menos desfallece, particularmente algunas veces cuando con alguna más fuerza embiste. Porque el sentido y espíritu, así como si estuviese debajo de una inmensa y oscura carga, está penando y agonizando tanto, que tomaría por alivio y partido el morir.[24]

Nadie verá a Dios y vivirá. En otro contexto el santo, consciente de que la luz de Dios le ha de matar, anhela la muerte y grita:

> *Descubre tu presencia, y máteme tu vista y hermosura*[25]

La terrible belleza de Dios va a acabar con él. Y luego, en un pasaje interesante, habla casi divertido de dos visiones que pueden producir la muerte:

> Dos vistas se sabe que matan al hombre, por no poder sufrir la fuerza y eficacia de la vista: la una es la del basilisco, de cuya vista se dice mueren luego; otra es la vista de Dios. Pero son muy diferentes las causas, porque la una vista mata con gran ponzoña, y la otra con inmensa salud y bien de gloria.[26]

En todo esto el místico sigue la tradición escolástica, que mantenía que los seres humanos no pueden soportar la visión de Dios. Incluso los santos en los cielos, dicen los escolásticos, no pueden mirar a Dios frente a frente sin «la luz de gloria» (*lumen gloriae*) que por siempre sostiene y fortifica la débil naturaleza humana. Pero hay también una segunda causa de sufrimiento, que es el encuentro de seres pecadores con el santo Dios. Porque la verdadera luz que a todos alumbra, elevándose en las profundidades del ser del contemplativo, hace aflorar el lado feo de la personalidad humana que generalmente yace escondido. Y, ¡ay!, existe mucha oscuridad en nues-

---

24. Ibid., 2.5.6.
25. *Cántico espiritual*, canción 11.
26. Ibid., canción 11.7

El viaje místico hoy

tra psique, como ya se ha dicho, mucha basura inaceptable, mucha fealdad que nos negamos a aceptar, mucha sombra. San Juan de la Cruz se refiere a los siete pecados capitales enraizados en la psique humana como resultado del pecado original. Dedica un capítulo de *Noche oscura* a cada uno de estos pecados –orgullo, codicia, lujuria, gula, envidia, ira y pereza– y muestra cómo estos vicios pueden enmascararse en virtudes y conducir a la destrucción; y le pide al contemplativo que se enfrente con su sombra. Esto es tanto más doloroso por cuanto en el inconsciente colectivo se encuentra el mal arquetípico y un sentido del pecado de la humanidad, el mal al que Jesús se enfrentó en Getsemaní.

Esta oscuridad llega finalmente a la mente consciente, y san Juan describe gráficamente el tormento del alma que ve su propio pecado:

> El alma se siente estar deshaciendo y derritiendo en la haz y vista de sus miserias con muerte de espíritu cruel; así como si, tragada de una bestia, en su vientre tenebroso se sintiese estar digiriéndose, padeciendo estas angustias como Jonás (2,1) en el vientre de aquella marina bestia.[27]

Describe terriblemente el sentido de rechazo de Dios:

> Cuando esta contemplación purgativa aprieta, sombra de muerte y gemidos de muerte y dolores de infierno siente el alma muy a lo vivo, que consiste en sentirse sin Dios y castigada y arrojada e indigna de él...[28]

Leyendo las descripciones de la noche oscura, podemos comprender la agonía del místico capuchino padre Pío, al que continuamente mortificaba el miedo a condenarse por su propia maldad y pecado, y también podemos comprender a Thérèse de Lisieux, que temía estar perdiendo la cabeza. La experiencia mística está paradójicamente repleta de alegría y sufrimiento.

Sin embargo, san Juan de la Cruz vuelve a referirse a que el sufrimiento no está causado por la contemplación en sí, sino por la fealdad y la debilidad que salen a la luz. «No hay de parte de la contemplación e infusión divina cosa que de suyo pueda dar pena», escribe, «antes mucha suavidad y deleite, como después se dirá, sino que la causa es la flaqueza e

---

27. *Noche oscura*, 2.6.1.
28. Ibid., 2.6.2.

Teología mística

imperfección que entonces tiene el alma, y disposiciones que en sí tiene y contrarios para recibirlos; en los cuales embistiendo la dicha lumbre divina, ha de padecer el alma de la manera ya dicha».[29]

EL FUEGO DE LA PURIFICACIÓN

De cuanto se ha dicho hasta ahora se deduce que el gran sufrimiento de la noche oscura está causado por el amor. De la misma forma que Jesús vino a prender fuego a la tierra, el amor místico es un fuego devorador que consume todo lo que se le pueda oponer. San Juan de la Cruz, apelando a una metáfora muy utilizada en la tradición mística, habla de un fuego que se aplica a un leño húmedo. «El fuego material, en aplicándose al madero, lo primero que hace es comenzarle a secar, echándole la humedad fuera y haciéndole llorar el agua que en sí tiene; luego le va poniendo negro, oscuro y feo, y aun de mal olor, y, finalmente, comenzándole a inflamar por de fuera y calentarle, viene a transformarle de sí y ponerle tan hermoso como el mismo fuego». Continúa diciendo:

> A este mismo modo, pues, habemos de filosofar acerca de este divino fuego de amor de contemplación, que, antes que una y transforme el alma en sí, primero la purga de todos sus accidentes contrarios; hácela salir afuera sus fealdades y pónela negra y oscura, y así parece peor que antes y más fea y abominable que solía. Porque, como esta divina purga anda removiendo todos los malos y viciosos humores, que por estar ellos muy arraigados y asentados en el alma, no los echaba ella de ver, y así no entendía que tenía en sí tanto mal.[30]

Con esta visión de su propia oscuridad y fealdad el alma se siente rechazada por Dios. Pero la dolorosa experiencia es necesaria porque «el alma sin esta purgación no puede recibir su luz divina, suavidad y deleite, así como el madero, que no puede luego que se le aplica el fuego ser transformado hasta que sea dispuesto».[31]

La noche oscura es, por tanto, un viaje de amor en el que la esposa abandona todas las cosas en libertad de espíritu para encontrarse con el Es-

29. Ibid., 2.9.11.
30. Ibid., 2.10.1-2.
31. Ibid., 2.10.4.

El viaje místico hoy

poso y para unirse a él. «Porque el amor es asimilado al fuego, que siempre sube hacia arriba, con apetito de engolfarse en el centro de su esfera».[32] Los capítulos finales de *Noche oscura* sólo hablan del amor. Hay diez estadios del amor que conduce a la visión de Dios. El octavo obliga al alma a asir al Amado sin dejarle ir, como dice la esposa: «Cuando a pocos pasos me encontré al que adora mi alma, asíle, y no le soltaré» (Cantar de los Cantares 3,4). «El nono grado de amor hace arder al alma con suavidad. Este grado es el de los perfectos, los cuales arden ya en Dios suavemente, porque este ardor suave y deleitoso les causa el Espíritu Santo por razón de la unión que tienen con Dios».[33]
El décimo paso es la visión de Dios en la vida eterna. El alma se hace como Dios. «Sabemos que cuando se manifestare seremos semejantes a él» (1 Jn 3,2). «Por lo cual se llamará, y lo será, Dios por participación».[34]

EL PURGATORIO

San Juan de la Cruz compara la noche con el purgatorio, diciendo que «la misma sabiduría amorosa que purga los espíritus bienaventurados ilustrándolos es la que aquí purga al alma y la ilumina».[35] Porque esta noche es un fuego amoroso y purificador de sabiduría. «Porque, así como se purgan allí los espíritus», escribe, «para poder ver a Dios por clara visión en la otra vida, así, en su manera, se purgan aquí las almas para poder transformarse en él por amor en ésta».[36] Todos los mortales deben estar purificados antes de entrar en la visión de Dios, y esta purificación es producida por el fuego del amor divino, ya sea en esta vida o en la próxima.
La comparación con el purgatorio es particularmente acertada por dos razones.
La primera es que la teología tradicional postula, tanto en Oriente como en Occidente, que el dolor del purgatorio tiene su origen sobre todo en la separación de Dios; y, como hemos visto, el contemplativo sufre agudamente porque siente que ha sido rechazado por Dios, y experimenta

32. Ibid., 2.21.6.
33. Ibid., 2.20.4.
34. Ibid., 2.20.5.
35. Ibid., 2.5.1.
36. *Llama de amor*, 1.24.

Teología mística

una profunda soledad o sentido de aislamiento. «*Eloí, Eloí, lama sabactaní?*». Este sentido del ego separado puede ser casi insoportable. Los escolásticos mantenían que las almas benditas están fuera del tiempo en un estado llamado *aevum,* que es el intermedio entre el tiempo y la eternidad.[37] Y también el contemplativo, moviéndose a través de estados de conciencia que pertenecen a la próxima vida más que a ésta, tiene un sentido diferente del tiempo. Esta es la enseñanza de san Juan:

> Aquí le parece el alma que anda fuera de sí en penas. Otras veces piensa si es encantamiento el que tiene o embelesamiento, y anda maravillada de las cosas que ve y oye, pareciéndole muy peregrinas y extrañas, siendo las mismas que solía tratar comúnmente; de lo cual es causa el irse ya haciendo remota el alma y ajena del común sentido y noticia acerca de las cosas, para que, aniquilada en éste, quede informada en el divino, que es más de la otra vida que de ésta.[38]

Atravesando estos estados de conciencia el contemplativo a veces pierde el sentido del tiempo y está constantemente desorientado. «Muchas veces tiene tales enajenamientos y tan profundos olvidos en la memoria, que se le pasan muchos ratos sin saber lo que se hizo ni qué pensó, ni qué es lo que hace ni qué va a hacer, ni puede advertir, aunque quiera, a nada de aquello en que está».[39]

Estar fuera del tiempo en amorosa unión con Dios y con todas las cosas es una experiencia bella y gozosa. Pero estar fuera del tiempo sin Dios, solo, aislado por siempre, es el gran sufrimiento del contemplativo en la noche oscura. Él no puede creer que el aislamiento y la soledad vayan a tener fin, y que su amigo o su confesor se lo aseguren es en vano. Por eso el místico español puede decir de los contemplativos en la noche oscura: «Estos son los que de veras descienden al infierno viviendo (Sal 54, 16), pues aquí se purgan a la manera de allí»[40]; y de nuevo dice que «parece al alma que ve abierto el infierno y la perdición».[41] De las almas del purgatorio mantiene que uno de sus mayores sufrimientos es la duda de si habrán

---

37. La noción de *ævum* se le atribuye a Boecio.
38. *Noche oscura,* 2.9.5.
39. Ibid., 2.8.1.
40. Ibid., 2.6.6.
41. Ibid.

El viaje místico hoy

de salir de él o si su aflicción habrá de tener fin. Estar aislado, solo y fuera del tiempo es la agonía de los místicos. *Eloí, Eloí, lama sabactani.* Este sufrimiento puede ser tanto mayor si uno se enfrenta al mal arquetípico, como ocurre a veces. San Juan de la Cruz habla de un encuentro con el espíritu del mal en la noche oscura:

> Y entonces es grande el tormento y pena que causa en el espíritu, y algunas veces más de lo que se puede decir; porque, como va de espíritu a espíritu desnudamente, es intolerable el horror que causa el malo en el bueno, digo en el del ánima.[42]

Y ¿qué debe hacer el contemplativo? La única respuesta es que sea paciente y confíe en Dios que es fiel; no se puede practicar la oración vocal, ni tan siquiera se le puede pedir ayuda a Dios. Sólo podemos poner nuestra boca en el polvo con esperanza y confianza:

> No es éste tiempo de hablar con Dios, sino de poner, como dice Jeremías (Lam 3, 29) su boca en el polvo, si por ventura le viniese alguna actual esperanza, sufriendo con paciencia su purgación. Dios es el que anda aquí haciendo pasivamente la obra en el alma; por eso ella no puede nada. De donde rezar ni asistir (con advertencia) a las cosas divinas puede, ni menos en las demás cosas y tratos temporales.[43]

Llegará el final. El contemplativo experimenta poco a poco el fuego interior del amor. Se ha originado una nueva energía y vitalidad, y todo el ser está lleno de un amor extraño y desconocido; la noche opresiva ha llegado a su fin. No es que el sufrimiento haya terminado –porque el nuevo amor causa un sufrimiento distinto–, sino que la cruel agonía es reemplazada por la alegría. La persona se da cuenta de que la agonía y el éxtasis tienen el mismo origen.

¡Oh noche amable más que la alborada! Lo que parecía una oscuridad cruel es en realidad la luz intensa de Dios, que imparte la sabiduría más profunda. Ésta es la noche que ha transformado a la amante en su Amado. Finaliza con éxtasis:

---

42. *Noche oscura*, 2.23.5.
43. Ibid., 2.8.1.

Teología mística

Quedéme y olvidéme
El rostro recliné sobre el Amado

LA TRANSFORMACIÓN DE LA SEXUALIDAD

En el jardín de las delicias Adán y Eva se encontraban en lo que los escolásticos llamaron el estado de inocencia o el estado de integridad. Es decir, sus pasiones, incluyendo la sexualidad, estaban integradas, de manera que vivían en armonía los unos con los otros, con el universo y con Dios. Estaban desnudos y faltos de vergüenza. Después de la caída, sin embargo, se vieron inmersos en una profunda desarmonía, y llenos de vergüenza, se escondían de Dios. «¿Quién te ha hecho advertir que estabas desnudo?» (Gén 3, 11). Llegaron así al estado de naturaleza caída. «Hizo también el Señor Dios al hombre y a su mujer unas túnicas de pieles, y los vistió» (Gén 3, 21).

Ya se ha dicho que el camino místico es una vuelta al estado de integridad o estado de inocencia, un lento proceso en el que se integran las pasiones y la persona se unifica, se purifica de adicciones compulsivas, de pasiones desenfrenadas y de afectos excesivos. No obstante, el proceso se acompaña necesariamente de caídas (según la definición de la Iglesia de que nadie está libre de pecados veniales), e incluso el mayor de los místicos es un pecador hasta la muerte.

También se ha dicho que este proceso de integración exige un desasimiento tan riguroso que san Juan de la Cruz se vio obligado a defenderse contra la acusación de falta de humanidad y de ser destructivo. «Viendo cómo aniquilamos las potencias acerca de sus operaciones», escribe, «quizá le parecerá que antes destruimos el camino del ejercicio espiritual que le edifiquemos».[44] Y continúa defendiéndose, hablando de la muerte y el renacer y la transformación de toda la persona. Esto es muy relevante con respecto a la cuestión de la sexualidad. En un primer momento puede parecer que san Juan es partidario de aniquilar cualquier deseo sexual, pero una lectura cuidadosa del texto muestra que lo que él pretende es una integración y una transformación de la sexualidad. Es más, él camina hacia una divinización de la misma en el matrimonio espiritual que es «intercambio de amor entre el alma y Cristo, su Espo-

44. *Subida*, 3. 2. 1.

so».[45] Pero esta divinización sólo tiene lugar mediante los rigores y el inmenso sufrimiento de la noche oscura. La completa purificación de la sexualidad (en tanto que alguna vez ocurra) se produce no en la noche de los sentidos, sino en la noche del alma, porque el impulso sexual tiene sus raíces en el espíritu.

Ya se ha dicho que cuando describe a la persona humana en el estado de naturaleza caída, el místico español habla de los siete pecados capitales que están enraizados en lo que ahora llamamos el inconsciente. Entre ellos se encuentra el vicio de la lujuria, es decir, el deseo sexual no integrado e incontrolado. En los principiantes esta lujuria aparece incluso cuando oran.

> Porque muchas veces acaece que en los mismos ejercicios espirituales, sin ser en mano de ellos, se levantan y caen en la sensualidad movimientos y actos torpes, y a veces aun cuando el espíritu está en mucha oración, o ejercitando los Sacramentos de la Penitencia o Eucaristía.[46]

Aquí la sexualidad no está integrada; no está bajo el control de la voluntad. El santo incluso indica que algunas personas pueden perder el autocontrol.

«Algunas veces», escribe, «echan de ver haber sucedido algunos torpes y rebeldes actos...»[47] En el caso de aquellas personas que pasan a la segunda noche describe revueltas incluso más violentas de la sexualidad.

Sin embargo, con el proceso de oración contemplativa experimentada como una callada llama interior de amor, o (en palabras del autor de *La nube*) como una agitación ciega del amor, la energía sexual se transforma en energía contemplativa. Por ello, antes de aventurarse en la noche oscura la esposa canta que su casa está callada, refiriéndose a que todas sus facultades sensibles se han silenciado, integrado, y que se encuentran en paz:

Estando ya mi casa sosegada

La energía sexual transformada sólo se puede comprender a la luz de los sentidos interiores o espirituales que han tenido un papel importante en la

---

45. *Cántico espiritual*, prólogo.
46. *Noche oscura*, 1.4.1.
47. Ibid., 1.4.5.

Teología mística

teología mística desde la época de Orígenes. Es el momento de referirnos a ellos.

En la vida mística hay toda una rica área de experiencia que conocen pocos psicólogos. Hay un oído interior: una palabra real se puede percibir claramente pero no con estos oídos; hay una visión interior, un olfato interior, un tacto interior. Hay una experiencia de luz interior y de fuego interior. Algunos de los místicos hablan, leyendo el Cantar de los Cantares, de un beso interior; y hay un impulso sexual interior que conduce a la unión con Dios en el matrimonio espiritual. Es importante observar que estos sentidos interiores no se activan por medio de un objeto que nos estimula desde el exterior, sino que son puestos en movimiento por una experiencia profundamente espiritual.

A cualquiera que lea la poesía de san Juan de la Cruz le es evidente que el santo no aplastaba o reprimía su sexualidad. La vivía de una forma nueva a nivel de los sentidos interiores, en sus oraciones y en su poesía. Pero el lector entendido también encuentra obvio que el santo sólo la podía vivir a este nivel porque había pasado por los terrores purificadores de la noche oscura en la que su sexualidad se anulaba y volvía a renacer. Sólo mediante esta profunda purificación podía entrar en el matrimonio espiritual con el santísimo Dios. Sólo a través de esta profunda purificación podía incluir su sexualidad en ese grito que triunfa sobre todas las cosas creadas: «Cuando menos lo quería téngolo todo sin querer».[48]

El viaje de amor conduce al matrimonio espiritual, que es «una transformación total en el Amado, en que se entregan ambas las partes por total posesión de la una a la otra, con cierta consumación de unión de amor, en que está el alma hecha divina y Dios por participación, cuanto se puede en esta vida».[49] Y san Juan de la Cruz pasa a referirse a un matrimonio en el que el espíritu humano se encuentra y se une al espíritu de Dios:

> Porque así como en la consumación del matrimonio carnal son dos en una carne, como dice la divina Escritura (Gén 2, 24), así también, consumado este matrimonio espiritual entre Dios y el alma, son dos naturalezas en un espíritu y amor, según dice san Pablo, trayendo esta misma comparación diciendo: El que se junta al Señor, un espíritu se hace con él (1 Cor 6, 17).[50]

48. *Monte de perfección.*
49. *Cántico espiritual,* 22.3.
50. Ibid.

El matrimonio espiritual puede ser celebrado en esta vida, y conduce al matrimonio glorioso que tiene lugar en la eternidad.

EL NACIMIENTO DEL NIÑO

Este capítulo comenzó con una referencia al pecado social e institucional, diciendo que cuando el místico pasa por los terrores de la noche oscura no lo hace para su propia purificación, sino para la purificación de la humanidad. Como Pablo, el contemplativo lleva a cabo lo que precisa el sufrimiento de Cristo para su cuerpo que es la Iglesia. Desde la época de Orígenes los teólogos místicos han visto una dimensión eclesiástica en el Cantar de los Cantares, han visto en la esposa no sólo la persona individual sino toda la Iglesia. En la era posterior al Vaticano II podemos interpretar que esta esposa es el pueblo de Dios unido de diversas formas con toda la familia humana.

El místico tiene por tanto un papel principal en la vida del mundo; resuena con la gran frase conciliar: «Las alegrías y las esperanzas, las tristezas y las angustias de los hombres de nuestro tiempo, sobre todo de los pobres y de todos los afligidos, son también gozo y esperanza, tristeza y angustia de los discípulos de Cristo».[51] El místico se encuentra en el núcleo del pueblo de Dios y de toda la raza humana, con un amor especial por aquellos que son pobres o que sufren.

Todos los místicos son creativos. No todos los místicos son activos, puesto que algunos viven y mueren en soledad, pero todos son creativos. Dan a luz a un niño que coopera con Jesús en la salvación del mundo. Este niño es el reino de Dios, el frágil grano de mostaza que se convierte en un gran árbol, la amada esposa de Cristo.

La noche antes de morir, Jesús habló a aquellos once hombres sobre la llegada de la noche oscura. «La mujer», dijo, «en los dolores del parto, está poseída de tristeza, porque le vino su hora; mas, una vez ha dado a luz un infante, ya no se acuerda de su angustia, por el gozo de haber dado un hombre al mundo» (Juan 16, 21). Como aquella mujer, los apóstoles sufrieron el dolor de la pena hasta que con gran alegría dieron a luz a su hijo; y esta alegría nadie se la podía quitar. ¡Y qué niño era! Su voz, que cantaba las alabanzas del Creador, se oyó por todo el mundo.

---

51. *Gaudium et Spes*, prólogo 1.

Teología mística

Todos los místicos han engendrado a su hijo. Teresa y Juan, Eckhart y Juliana, Thérèse y Edith Stein han tenido una influencia que nunca morirá. Pero igualmente influyentes, si no más, son las voces de los místicos ocultos que murieron sin que nadie les llorara, sin honores y sin cánticos, porque ellos son los revolucionarios del mundo. Hoy caminan mano a mano con los místicos de la India, China y el Tibet. Todos sufren el dolor de la pena para que un nuevo mundo pueda ver la luz.

CONCLUSIÓN

A algunos estudiantes de teología mística la noche oscura de san Juan de la Cruz les resulta esotérica y muy distante de la experiencia humana común. Se preguntan si el gran poeta español no exageraba. ¿Utiliza el lenguaje de la hipérbole? ¿Le llevaba su temperamento artístico al melodrama?

Estas preguntas no son, en absoluto, absurdas. Pero otras consideraciones permiten a la persona sensata concluir que mientras que algunos elegidos experimentan una purificación especialmente profunda por la salvación del mundo, la experiencia en sí misma es muy humana, no es extraordinaria en absoluto.

La primera consideración es que en toda su descripción de la noche oscura, siempre muy vívida y a veces terrible, los ojos del santo están puestos en un Jesús que se anonadó, que murió una muerte ignominiosa y que resucitó para entrar en la gloria. En el momento de su muerte Jesús estaba completamente aniquilado en su alma sin consuelo o alivio. San Juan de la Cruz dice: «Por lo cual fue necesitado a clamar diciendo: ¡Dios mío, Dios mío!, ¿por qué me has desamparado? (Mt 27, 46). Lo cual fue el mayor desamparo sensitivamente que había tenido en su vida...»[52] Esta fue, además, una experiencia profundamente humana, puesto que Jesús era Hijo de hombre, el ser humano arquetípico, y san Juan de la Cruz considera que la noche oscura es el camino de aquellos que quieren seguir a Jesús radicalmente para traer salvación al mundo. La *nada, nada, nada,* no es sino el grito de quien renuncia a todas las cosas para compartir el sufrimiento del crucificado, a quien ama apasionada y místicamente. ¿Hay algo más humano que esto?

52. *Subida,* 2.7.11.

El viaje místico hoy

Una segunda consideración es que en su descripción de experiencias profundamente religiosas, los budistas hablan de la gran muerte, de la gran duda, de la nada, del vacío, de la pérdida de todas las cosas. Es decir, el místico budista también pasa por una noche oscura antes de obtener la iluminación y la sabiduría suprema, y utiliza un lenguaje que no está lejos del de san Juan de la Cruz. Una importante mística comprometida con el diálogo entre las religiones opina que la conexión entre el budismo y el cristianismo es el Jesús abandonado.[53]

Una tercera consideración es que las últimas tendencias de la psicología manifiestan que hay hombres y mujeres que atraviesan una noche oscura de gran angustia antes de llegar a la profunda iluminación espiritual. No pocas veces estas personas son mal interpretadas y reciben tratamiento inadecuado por parte de psiquiatras ignorantes que, sin saber nada de la vida mística, sólo piensan en términos de desequilibrio químico. Aunque es cierto que el hecho de no ser comprendido hace que el sufrimiento del místico sea terrible, no es menos cierto que esta incomprensión es una parte importante de la purificación.

Parece que de nuevo algunas personas, en el momento de su muerte, gritan su particular *lamá sabactani* antes de entrar en la gloria. Los budistas también se refieren a una gran muerte que precede a la muerte física.

Todo esto nos lleva a la conclusión de que la noche oscura es relevante para las personas de hoy día; que es un heraldo de profunda liberación, y que las personas creativas que se encuentran aisladas en una oscuridad impenetrable son los verdaderos privilegiados que forman parte de la redención del mundo. ¡Oh noche amable más que la alborada!

---

53. Véase *Unity and Jesus Forsaken*, Chiara Lubich, New York City Press, Philippines, 1985. Ed. castellana: *La unidad y Jesús abandonado*. Ciudad Nueva, Madrid, 1992.

Catorce
ENAMORARSE DE DIOS

LA TEOLOGÍA DEL AMOR

Ya se ha dicho que la teología mística es sabiduría secreta que se comunica e infunde al alma por amor,[1] y precisamente porque proviene del amor, es muy deliciosa. «Esta ciencia es muy sabrosa», escribe san Juan de la Cruz, «porque es ciencia por amor, el cual es el maestro de ella y el que todo lo hace sabroso».[2] Y más adelante describe la teología mística como «la ciencia del amor».[3]

En su concepción de esta teología mística y de amor, el santo cita extensamente la Sagrada Escritura y reflexiona sobre la experiencia mística, tanto en su propia vivencia como en la de otros. Y lo que es más, siguiendo una tradición mística que se ha desarrollado desde el siglo XIV, hace uso de la teología escolástica. «Y así espero que, aunque se escriban aquí algunos de teología escolástica cerca del trato interior del alma con su Dios», le dice casi disculpándose a la madre Ana de Jesús, «no será en vano haber hablado algo a lo puro del espíritu en tal manera».[4] Es evidente que es consciente de las limitaciones de la teología escolástica para aproximarse a un tema tan sublime como es la sabiduría mística.

El escolasticismo hablaba de tres poderes del alma: la memoria, el entendimiento, y la voluntad, y cuando san Juan trata la unión con Dios en un contexto escolástico se refiere a la fe en el intelecto, la esperanza en la memoria, y el amor en la voluntad, y de esta forma describe a la persona huma-

---

1. *La noche espiritual*, 2.17.2.
2. *Cántico espiritual*, 1.27.5
3. Ibid.
4. *Cántico espiritual*, prólogo 3.

na llena de la presencia de Dios. Sin embargo, este enfoque escolástico está lejos de ser satisfactorio. Si tomamos en consideración la poesía sanjuanista y otras obras menos escolásticas, percibimos que el amor, lejos de residir en una facultad, consume a la persona entera: la herida creada por la llama de amor viva se encuentra en el centro y en el núcleo de nuestro ser.

Por lo tanto, creemos más conveniente aproximarnos a la teología mística a través de una metodología que hable de niveles de conciencia, que alcanzan el clímax cuando nuestro ser se enamora. Éste es el método de Bernard Lonergan, que abandonando la teología de las facultades, escribe sobre el enamorarse de Dios. «Este enamoramiento», dice, «no es un conjunto de actos, sino un estado dinámico que origina y conforma todos nuestros pensamientos y sentimientos, todos nuestros juicios y decisiones».[5] ¿No podría la teología que habla del estado de enamoramiento convertirse en la base y en el punto de partida de una renovada teología mística en nuestra época?

Pero antes de reflexionar sobre este sentimiento es necesario que consideremos el amor primero de Dios y algunos de los poderosos símbolos que los místicos han utilizado para describir el amor que es derramado en sus corazones.

EL AMOR PRIMERO DE DIOS

«Amamos», escribe san Juan, «porque Dios nos amó primero» (1 Juan 4, 19); y estas sabias palabras resuenan en toda la teología mística subsecuente. No se trata de que nosotros amáramos a Dios, sino de que Dios nos amaba, y prueba de ello es que envió a su único Hijo para el sacrificio expiatorio de nuestros pecados. También san Pablo escribe con vehemencia del amor primero de Dios, diciéndonos que éste lo vierte en nuestros corazones el Espíritu Santo que nos ha sido dado. «El Hijo de Dios me amó y se entregó por mí», dice (Gál 2, 20), convencido de que nada en el cielo o en la tierra puede separarle del amor de Dios que está en Jesucristo. Y de este sentimiento de ser amado surge toda su energía, su inflamado amor por la cruz de Dios, y sus experiencias místicas extáticas.

Ya el mismo Jesús estaba profundamente convencido de que el Padre le amaba antes de la creación del mundo, y predicaba «para que el amor

---

5. *A Second Collection*, Bernard Lonergan, Londres, 1974, p. 153.

El viaje místico hoy

con que me amaste, en ellos esté, y yo en ellos» (Juan 17, 26). Lo cual no ha de sorprendernos si tenemos en cuenta que en un texto clave para toda teología mística se dice que «amó tanto Dios al mundo que no paró hasta dar a su Hijo unigénito...» (Jn 3, 16).

En la vida mística el conocimiento de que somos amados no es sólo teoría, sino que es experiencia real, vivida, porque la vida mística comienza cuando una agitación ciega de amor (la terminología es de *La nube*) se desarrolla en el corazón. Esta agitación no se origina nunca como resultado del esfuerzo humano, sino que proviene de uno-no-sabe-dónde. «Es algo que yo jamás podría haber causado; es un don, una gracia, es algo no merecido». Esta es la callada convicción de la persona contemplativa.

Merece la pena mencionar que una convicción similar se origina en los corazones de los místicos de todas latitudes, ya sean budistas, hinduistas, o de cualquier confesión. El místico siente que es receptor indigno de un tesoro no merecido y que nunca podría ser ganado. La teología mística cristiana lo entiende como el don del amor de Dios.

FUEGO DE AMOR

En un principio la agitación ciega de amor es muy ligera, tan ligera que apenas si se percibe, tan ligera que la angustia o una extrema actividad podrían aplastarlo. Pero quien está atento a su presencia siente que desea estar solo, sin pensar o razonar, sin temor o preocupación, simplemente saboreando la misteriosa presencia de Dios que habita en nosotros, Dios en el que vivimos y nos movemos y tenemos nuestro ser. Con el paso del tiempo, nos llenamos de consuelo y del sentimiento de ser amados con un amor imperecedero.

Pero la conciencia de presencia no dura para siempre, sino que es sustituida por la ausencia. El consuelo da paso a la desolación, a la aridez, y a un sentimiento de abandono. Seguramente la agitación ciega del amor sigue ahí, pero ahora está realizando la tarea de purgación, quemando las impurezas en el leño húmedo y negro que es la persona humana. Finalmente se convierte en un fuego cruel (aunque todavía no se pueda reconocer como tal) que causa un gran sufrimiento y una aguda angustia. Ésta es la noche oscura.

Sin embargo, la noche pasa, y aquellos que progresan en la vida mística comienzan a experimentar el fuego interior de una manera nueva y misteriosa. Ahora se eleva como una poderosa fuente de energía que envuelve todo nuestro ser. Es ésta una etapa en la que la persona necesita

Teología mística

consejo, guía y ánimo, porque no puede entender lo que está ocurriendo. Algunos místicos perplejos han llegado a sentir que el fuego interior podría incluso matarlos o volverlos locos.

El director sabio le dice al angustiado contemplativo que permanezca tranquilo y en paz, que deje que el fuego crezca y el proceso continúe, y que nunca luche contra Dios, porque habrá de llegar el tiempo de liberación. «Todo irá bien, todo irá bien y todas las cosas irán bien.»

Poco a poco nos percatamos de que el fuego interior, aunque sea doloroso, es nuestro amigo, que nos da fuerza y energía para amar de una forma tan radical que uno podría morir por los demás y sacrificarlo todo por Dios. De manera que por fin la persona empieza a resonar con los textos de la Escritura que hablan de amor y de fuego. Hay un texto de el Cantar de los Cantares que dice del amor:

> Sus brasas, brasas ardientes
> y un volcán de llamas
> Las muchas aguas no han podido extinguir el amor
> ni los ríos podrán sofocarle (Cant 8, 6-7)

Este fuego interior no es sino un fuego ardiente que no pueden sofocar todas las aguas del mundo. Ahora vemos con ojos nuevos la zarza del *Éxodo* y las palabras de Jesús de que llegaba para prender fuego a la tierra, y con ojos nuevos leemos que el Espíritu Santo descendió sobre los apóstoles en lenguas de fuego, y el pasaje de la *Epístola a los Hebreos* que dice que «nuestro Dios es fuego devorador» (Hebreos 12, 29).

La tradición mística oriental habla elocuentemente de este sentimiento interior. Se cuenta la historia del discípulo que llegó a José en busca de guía en la oración, a lo que el Maestro contestó alzando los brazos al cielo convertidos sus dedos en diez antorchas de fuego cuando dijo, «¿por qué no hacerse fuego total?».[6] En otras palabras, «¿por qué no dejar que el fuego abarque todo tu ser?». También podemos acudir a Simeón el Nuevo Teólogo, que habla de un fuego abrasador y de una luz arremolinada, diciendo impertérrito que está contando su propia experiencia, e incluso opinaba que quien no ha tenido estas vivencias es todavía un principiante en el viaje hacia Dios.

6. *Why Not Become Totally Fire?* George Maloney, Paulist Press, Nueva Jersey, 1989, p. 5.

El viaje místico hoy

A la pregunta de qué es este fuego interior la tradición ortodoxa contesta con la teoría de las energías increadas de Dios. Un estudioso del tema escribe:

> La doctrina de las energías, en cuanto se distinguen de la esencia, es la base de toda experiencia mística. Dios, que es inaccesible en su esencia, está presente en sus energías. Es completamente inaccesible en su esencia, pero se revela en sus energías.[7]

Por lo tanto, estas energías increadas no son sino el Dios trinitario en su acción amorosa y dinámica. Dios que ama habita en sí y genera una tremenda energía (o, dicho más correctamente, Dios *es* una tremenda energía) que inunda los sentidos, causando tanto un gozo intenso como un agudo sufrimiento. Ésta es la vivencia de muchos místicos.

LLAMA DE AMOR

No es necesario mencionar que en la tradición occidental el fuego abrasador tiene un papel central en la experiencia y doctrina de san Juan de la Cruz, cuya poesía más apasionada gira en torno al fuego delicioso pero cruel al que él da el nombre de llama de amor viva. El fuego atraviesa muchos estadios. Al principio es suave y consolador, pero finalmente acaba por causar el terrible sufrimiento de la noche oscura. Más tarde, cuando la purificación ha terminado, estalla con inmensa energía, proporcionando gran gozo y una alegría incontenible. ¡Y qué fuego es! «Dios es aquí el principal amante», escribe el santo, «que con la omnipotencia de su abismal amor absorbe al alma en sí con más eficacia y fuerza que un torrente de fuego a una gota de rocío de la mañana».[8] Este es un fuego espiritual que penetra en las profundidades de la persona humana con más intensidad que cualquier cosa que pudiera sobre influir los sentidos.

Hay veces, además, en que la experiencia de amor es como el toque

---

7. *Uncreated Energy*, George Maloney, Nueva York, 1987. Para más información sobre la energía increada véase también «Cristianismo oriental», capítulo 5 del presente libro.
8. *Cántico espiritual*, 31. 2.

Teología mística

momentáneo de una chispa que salta del fuego prendiendo toda el alma. «Cuando él quiere tocar al alma algo apretadamente, es el ardor del alma en tan sumo grado que le parece... que está ardiendo sobre todos los ardores del mundo, por ser él infinito fuego de amor».[9] Y con gran fuerza el santo describe la experiencia mística que resulta del toque de una centella:

> El toque de centella... es un toque sutilísimo que el Amado hace al alma a veces, aun cuando ella está más descuidada, de manera que la enciende el corazón en fuego de amor, que no parece sino una centella de fuego que saltó y la abrasó; y entonces con grande presteza, como quien de súbito recuerda, enciéndese la voluntad en amar y desear y alabar y agradecer y reverenciar y estimar y rogar a Dios con sabor de amor.[10]

Por lo tanto, el fuego no es mi amor por Dios sino el amor de Dios por mí, que diviniza a la persona humana y la hace alabar al Creador con una dicha desbordante. Su ser se ha enamorado.

En su libro *Llama de amor viva* el místico español distingue dos estadios en el crecimiento del fuego contemplativo. En el primero las ascuas crecen poco a poco, proporcionando luz y calor. En el segundo están tan calientes que desprenden una llama viva, que no es sino el Espíritu Santo consumiendo y divinizando a la persona, que se rinde a la acción transformadora. He aquí sus palabras:

> Esta llama de amor es el espíritu de su Esposo, que es el Espíritu Santo, el cual siente ya el alma en sí, no sólo como fuego que la tienen consumida y transformada en suave amor, sino como fuego que, demás de eso, arde en ella y echa llama.[11]

El fuego divino es, por tanto, el Espíritu Santo. Pero san Juan es teólogo, sabe que el Espíritu no actúa independientemente, y pasa a referirse a la experiencia como un anticipo trinitario de la vida eterna diciendo que «estando esta alma tan cerca de Dios, que está transformada en llama de amor, en que se le comunica el Padre y el Hijo y el Espíritu Santo».[12]

En la cima de la vida mística la llama vuelve a estar en calma y en paz.

---

9. *Llama de amor viva*, 2.2.
10. *Cántico espiritual*, 25.5.
11. *Llama de amor viva*, 1.3.
12. Ibid., 1.6.

El viaje místico hoy

La noche oscura se ha convertido en noche serena; la llama consume pero no produce dolor:

> *En la noche serena*
> *con llama que consume y no da pena*

La experiencia se completa cuando la noche se hace día a través de la visión de Dios en la eternidad.

De la misma manera que el fuego consume, el vino embriaga. Ha llegado el momento, pues, de que consideremos otro símbolo de amor místico.

VINO DE AMOR

«Tus caricias son mejores que el vino», canta la esposa (Cantar de los Cantares 1, 1); y el Esposo le contesta que sus besos son «como el más generoso vino... y saboree en él dientes y labios» (Cant 7, 9).

El vino adobado es otro de los símbolos apreciados por san Juan. Aquellos que reciben en sus corazones el desbordante amor de Dios se embriagan con «un vino de amor suave, sabroso y esforzoso».[13] Mientras que la chispa que salta del fuego proporciona una experiencia momentánea de iluminación repentina, la embriaguez del amor de Dios dura mucho tiempo:

> Es de saber que esta merced de la suave embriaguez no pasa tan presto como la centella, porque es más de asiento. Porque la centella toca y pasa, mas dura algo su efecto y algunas veces harto; mas el vino adobado suele durar ello y su efecto harto tiempo, lo cual es, como digo, suave amor en el alma, y algunas veces un día o dos días; otras, hartos días, aunque no siempre en un grado de intensión, porque afloja y crece sin estar en mano del alma. Porque algunas veces, sin hacer nada de su parte, siente el alma en la íntima sustancia irse suavemente embriagando su espíritu e inflamando de este divino vino.[14]

Aquí tenemos la descripción de un místico que pasa algunos días dulcemente ebrio del vino divino del amor.

13. *Cántico espiritual*, 25.7.
14. Ibid., 25.8.

Teología mística

Así como hay vino nuevo y vino viejo, también hay nuevos amantes y antiguos amantes. El vino nuevo, todavía en proceso de fermentación, puede serle muy dañino a la persona que lo bebe en abundancia; pero el vino bueno y viejo está asentado y fermentado. De la misma manera, los nuevos amantes son apresados en el consuelo sensual del licor no fermentado, mientras que los antiguos amantes, inmersos en la sustancia de su ser y lejos de la fascinación de los sentidos, degustan la sabiduría de uno fermentado y asentado.

Luego, en una frase audaz, san Juan de la Cruz exclama:

de mi Amado bebí [15]

Por este trago profundo el místico es imbuido del Amado que es el vino del amor, y escribe:

> Porque, así como la bebida se difunde y derrama por todos los miembros y venas del cuerpo, así se difunde esta comunicación de Dios sustancialmente en toda el alma, o, por mejor decir, el alma se transforma en Dios, según la cual transformación bebe el alma de su Dios según la sustancia de ella y según sus potencias espirituales.[16]

De esta forma se convierte en enamorado de Dios.

También un poeta anónimo medieval describe místicamente la embriaguez del trago del amor, y lo hace en un contexto eucarístico. El autor del *Anima Christi* ruega: Sangre de Cristo, embriágame.

Sanguis Christi Inebria me

Es como si se emborrachara de la sangre eucarística de Cristo.

HERIDA DE AMOR

Desde los albores de la historia la herida de amor ha estado presente en canciones y relatos. La bella doncella, herida de amor, languidece por su

15. Ibid., 26.4.
16. Ibid., 26.5.

amado. «Oh Romeo, Romeo, ¿dónde estás Romeo?». Y a su vez el amante es herido de repente por la doncella. «Es mi señora; Oh, es mi amor!» Este mismo tema recorre el Cantar de los Cantares. «Desfallezco de amor», canta la esposa (Cant 5, 4) cuando, llena de ansia, se levanta a abrir a su amado. En su enamorada búsqueda es cruelmente azotada y herida, y sus ropas hechas jirones. «Me golpearon y me hirieron, y quitáronme mi manto los centinelas de los muros» (5, 7).

Pero ésta es una historia de amor mutuo en la que el Esposo también resulta herido. La misma mirada de los ojos de ella y la vista de su cuello le atraviesan por completo, y grita en agonía:

> Tú prendiste mi corazón, hermana mía, esposa,
> Prendiste mi corazón con una sola mirada tuya
> con una trenza de tu cuello (4, 9)

San Juan de la Cruz, identificándose con la esposa y profundamente herido por el divino esposo, dice:

> Como el ciervo huiste
> habiéndome herido

Una profunda experiencia de Dios, el divino Amado, le ha herido en lo más profundo de su ser. Se ha enamorado de Dios, y ha de salir en busca del Amado, sin coger las flores, sin temer a las fieras, porque tiene «en grande manera de tormento y ansia por ver a Dios».[17] Como los centinelas de la noche golpean y hieren a la esposa, todas las criaturas golpean y hieren al santo, porque le hablan de un Dios que él no puede ver. «No quieras enviarme de hoy ya más mensajero», exclama, como si dijera «no quiero mensajeros, sólo a ti». Sólo la clara visión de Dios habrá de satisfacerle.

El Esposo del Cantar de los Cantares es herido por los ojos de la esposa, y también el santo queda herido por los ojos de Dios. Incapaz de soportar su mirada exclama:

> ¡Apártalos, Amado
> que voy de vuelo!

17. Ibid., 1.18.

Teología mística

Y explica estas palabras: «y así no pudiendo sufrir el exceso en sujeto tan flaco, dice en la presente canción: ¡Apártalos, Amado!.. porque me hacen volar saliendo de mí a suma contemplación sobre lo que sufre el natural».[18] El amor de la esposa y el Esposo es mutuo, y también (*mirabile dictu*) lo es el amor entre Dios y el alma. El Esposo divino, el Verbo Encarnado, está herido. Es el ciervo herido. «El Esposo, viendo la esposa herida de su amor, él también al gemido de ella viene herido del amor de ella; porque en los enamorados la herida de uno es de entrambos, y un mismo sentimiento tienen los dos».[19]

Dulces y deliciosas son estas heridas «por lo cual querría el alma estar siempre muriendo mil muertes a estas lanzadas, porque la hacen salir de sí y entrar en Dios».[20]

Algunas veces la vida mística es realmente dramática. En un estadio avanzado del viaje el alma siente que un serafín la asalta con una flecha o dardo que está incandescente de amor, y «al herir de este encendido dardo, siente la llaga el alma en deleite sobre manera».[21] No hay duda de que san Juan de la Cruz conoció estas experiencias gracias a su santa colega Teresa, que describe muy vívidamente un suceso similar. A su lado vio un ángel en forma corpórea. «Era hermoso, el rostro tan encendido que parecía de los ángeles muy subidos, que parece todos se abrasan».[22] Y continúa:

> Veíale en las manos un dardo de oro largo, y al fin del hierro me parecía tener un poco de fuego. Este me parecía meter por el corazón algunas veces, y que me llegaba a las entrañas. Al sacarle, me parecía las llevaba consigo, y me dejaba toda abrasada en amor grande de Dios. Era tan grande el dolor, que me hacía dar aquellos quejidos; y tan excesiva la suavidad que me pone este grandísimo dolor, que no hay desear que se quite, ni se contenta el alma con menos que Dios.[23]

Teresa prosigue diciendo que el dolor no es físico, sino espiritual, aunque el cuerpo participa de él.

18. Ibid., 13.2.
19. Ibid., 13.9.
20. Ibid., 1.19.
21. *Llama de amor viva*, 2.9.
22. *Vida*, 29.13.
23. Ibid.

Así es la herida de quien ha tenido un atisbo del Creador y anhela verle claramente. La única cura es la posesión de Dios: «Hasta esta posesión está el alma como el vaso vacío, que espera su lleno, y como el hambriento, que desea el manjar, y como el enfermo, que gime por la salud, y como el que está colgado en el aire, que no tiene en qué estribar. De esta manera está el corazón bien enamorado».[24]

ESPÍRITU, MATERIA, ENERGÍA

Por cuanto se ha dicho hasta ahora debemos entender que la experiencia mística tiene profundas repercusiones en el cuerpo humano. Esto es especialmente evidente en el caso de la extática santa Teresa, que describe los cambios en su respiración, el movimiento de sus ojos, la elevación de su cuerpo, y los extraños fenómenos que eran causa de su profunda vergüenza cuando el éxtasis le acontecía en lugares públicos. «Algunas veces», escribe, «se me quitan todos los pulsos casi, según dicen las que algunas veces se llegan a mí de las hermanas... y las canillas muy abiertas, y las manos tan yertas, que yo no las puedo algunas veces juntar, y así me queda dolor hasta otro día en los pulsos y el cuerpo, que parece me han descoyuntado».[25] Continúa diciendo que cuando le sobrevienen los raptos es como si su cuerpo estuviera muerto.

San Juan de la Cruz, que también conoce de primera mano las experiencias de las que habla su santa colega, se refiere al periodo en el que la persona parece muerta porque «el cuerpo se queda helado y encogidas las carnes como muerto».[26]

> Porque es a veces tan grande el tormento que se siente en las semejantes visitas de arrobamiento, que no hay tormento que así descoyunte los huesos y ponga en estrecho al natural; tanto que, si no proveyese Dios, se acabaría la vida.[27]

Todo esto ocurre cuando, en el pasaje que ya se ha citado, le pide a Dios

---

24. *Cántico espiritual* 9.6.
25. *Vida*, 20.12.
26. *Cántico espiritual*, 14 y 15. 19.
27. Ibid., 13.4.

Teología mística

que retire sus ojos divinos si no quiere que ellos envíen a su espíritu a la muerte.

En su explicación teológica para estos fenómenos el místico acude a la fisiología y psicología de su tiempo. Cuando habla de cuerpo y de alma, de sentido y de espíritu, recurre con bastante naturalidad al escolasticismo. La experiencia espiritual tiene su reflejo en el cuerpo, porque «Dios, ordinariamente, ninguna merced hace al cuerpo que primero y principalmente no la haga en el alma».[28] De esta forma explica los estigmas de san Francisco –la herida y la llaga aparecían *en el exterior* cuando el serafín le hería *espiritualmente*. «Cuando, llagándole el alma de amor en las cinco llagas», escribe, «también salió en aquella manera el efecto de ellas al cuerpo, imprimiéndolas también en él y llagándole como también las había impreso en su alma».[29] Dice lo mismo de la experiencia del de Tarso: «y como en san Pablo, que del gran sentimiento que tenía de los dolores de Cristo en el alma, le redundaba en el cuerpo, según él daba a entender a los de Galacia, diciendo: Yo en mi cuerpo traigo las heridas de mi Señor Jesús» (Gál 6, 17).[30]

Para comprender mejor estos fenómenos es importante recordar la doctrina de los sentidos interiores o espirituales que está presente en la tradición mística cristiana desde los tiempos de Orígenes, y a la que santa Teresa tenía gran aprecio. Así como existe una visión interior, un oído interior, un tacto interior, un olfato interior, cualidades que son todas muy reales, también hay un fuego interior, una herida interior, una embriaguez interna de vino, etc. Toda esta experiencia interior esta de alguna manera conectada con los sentidos exteriores, pero no es idéntica a ellos.

Como ya se ha dicho, la tradición ortodoxa habla de la energía increada –el fuego divino de amor– que se origina en el interior de la persona humana. Los hesicastas estaban especialmente interesados en la luz increada que se irradiaba de las ropas y del cuerpo de Jesús en el momento de la Transfiguración, y aseguraban que también ellos veían la luz divina que emanaba el cuerpo de Jesús.

La doctrina ortodoxa de las energías increadas podría tener hoy un gran significado cuando intentamos explicar la experiencia mística al mundo moderno, y ello por varias razones.

28. *Llama de amor viva*, 2.13.
29. Ibid.
30. Ibid., 2.14.

El viaje místico hoy

En primer lugar, a cualquier estudioso de santa Teresa le es evidente que una energía arrolladora emanaba de manera incontrolable de todo su ser; sólo de esta forma podemos acercarnos a comprender sus raptos y éxtasis. Y lo mismo podemos decir de san Juan de la Cruz, porque, ¿acaso no se explicarían mejor el fuego abrasador, el vino embriagador y la herida lacerante si los considerásemos desde la perspectiva de la energía divina? Porque era ésta una energía espiritual —una energía increada— que inundaba los sentidos dejando al contemplativo a veces tan tieso como si estuviera muerto.

La explicación de fenómenos místicos en relación con la energía puede abrir el camino a un diálogo con el pensamiento científico moderno, que es crecientemente evolucionista y dinámico. Desde la época de Einstein los físicos se han ocupado de la energía y la velocidad de la luz, y cualquier escolar sabe que

$$E = mc^2$$

Teilhard de Chardin, en su intento de unir física y teología, dijo que el amor es una energía humana. Por ello, ¿no puede la teología llegar a concebir a Dios como Suprema Energía, fuente de toda energía en el universo cambiante?

También el hecho de que expliquemos la experiencia mística a través de la energía puede hacer que el cristianismo abra otras vías de diálogo con Asia. Porque lo cierto es que la energía es la clave para entender la cultura de Asia, que gira en torno a la fuerza vital, a la energía vital —*chi* o *ki*.

La medicina china pretende el equilibrio de las energías en el cuerpo, puesto que postula que la enfermedad está causada por un desequilibrio de las mismas. Por ejemplo, el flujo de energía tiene una importancia crucial en la ceremonia del té y en las artes marciales, y es central en la meditación. A través de la respiración abdominal y la postura correcta la persona puede regular la energía, permitiendo que ésta fluya por el cuerpo y

Teología mística

produzca alivio. La postura del loto y la respiración abdominal están en el corazón mismo de la meditación budista.

Incluso más significativa es la tradición tántrica de la India y el Tibet, que distingue entre el cuerpo vulgar con sus sentidos exteriores y el cuerpo imperceptible con los *chakras* o puntos de energía a través de los que mana la fuerza vital. La noción de un cuerpo imperceptible tiene mucho en común con los sentidos espirituales o interiores de los místicos cristianos. Pero quien se interese por la experiencia mística debe entender que además de la energía ordinaria de *prana* hay otra fuerza durmiente extremadamente poderosa –una energía divina– que puede ser despertada o incitada. Esta es la *kundalini* o energía serpiente que desempeñó un papel muy importante en la experiencia mística de Ramakrishna y de otros grandes místicos de la India.[31]

El diálogo con el budismo tibetano y tántrico es todavía incipiente, y poco se puede decir por el momento. Es posible, no obstante, que la fisiología y la psicología asiáticas ejerzan un papel importante en la teología mística del futuro, y que la doctrina ortodoxa de las energías increadas construya un puente de gran valor entre el cristianismo y las religiones de Asia.

ENAMORARSE DE DIOS

Los hombres y mujeres se hacen verdaderamente humanos cuando se trascienden a sí mismos. Es decir, se hacen auténticos cuando abandonan su yo para encontrar el yo del que habla el texto bíblico cuando manifiesta: «quien quiere salvar su vida la perderá; cuando, al contrario, quien perdiere su vida por causa de mí, la salvará» (Lc 9, 24). Este abandono del yo es el *salir* o el éxtasis de los místicos que lo dejan todo para aventurarse a la noche de la fe donde lo encuentran todo.

Lonergan opina que la persona se autotrasciende cuando es fiel a los preceptos trascendentales –expresión del impulso básico de la persona humana–, que son: sé atento, sé inteligente, sé razonable, enamórate. La fidelidad a estos preceptos produce una serie de conversiones. Por la con-

---

31. Con respecto a la relación entre el yoga tántrico y el hesicasmo véase *Yoga and the Jesus Prayer Tradition*, Thomas Matus, Paulist Press, Nueva Jersey, 1984. Véase también el capítulo 9 de este libro: «Misticismo y energía vital».

El viaje místico hoy

versión intelectual la persona se autotrasciende intelectualmente; por la conversión ética la persona se autotrasciende éticamente. Pero la verdadera autotrascendencia sólo se produce a través del amor, que es el que promueve la conversión religiosa. La capacidad individual para la auto-trascendencia se hace actualidad –dice Lonergan– cuando nos enamoramos. Y continúa:

> Entonces nuestro ser se convierte en enamorado de Dios. Este enamorarse de Dios tiene sus antecedentes, sus causas, sus condiciones, sus ocasiones. Pero una vez que ha florecido y por el tiempo que dure, toma las riendas. Es el primer principio, y de él fluyen los deseos y los miedos de la persona, las alegrías y las tristezas, el discernimiento de los valores, las decisiones y los actos.[32]

Aquí Lonergan habla de un sentimiento que se adueña de la persona entera. No es sólo cuestión de amar a esta persona o a aquélla, sino de un amor que es tan total que puede verdaderamente llamarse encaprichamiento. El ser de la persona se convierte en enamorado de Dios. Y mientras que este amor brilla en las páginas de la literatura como en el trágico amor entre Romeo y Julieta, aparece a otro nivel en un contexto religioso. Lonergan dice después hablando de los grados del amor:

> El enamorarse de Dios tiene diversas categorías. Hay un amor de intimidad, de esposo y esposa, de padres e hijos. Hay un amor a nuestro prójimo que fructifica en la obtención del bienestar para toda la humanidad.[33]

En el texto anterior Lonergan se refiere al amor romántico, al amor filial, al amor a la patria, a la sociedad, etc. Pero hay otro sentimiento que trasciende a todos estos, incluso cuando les incluye en su abrazo:

> ...es el amor a Dios con toda nuestra alma, con todo nuestro corazón, con toda nuestra mente y toda nuestra fuerza (cf. Mc 12, 30). Es el amor a Dios que inunda nuestros corazones por el Espíritu Santo que nos ha sido dado (Rom 5, 5), y que cimenta la convicción de san Pablo de que «ni la muerte, ni la vida, ni ángeles, ni principados, ni virtudes, ni lo presente, ni lo venidero, ni la fuerza o violencia, ni lo alto, ni lo profundo, ni ninguna otra criatura

---

32. *Method in Theology*, Bernard Lonergan, Londres, 1972, p. 105.
33. Ibid.

Teología mística

podrá jamás separarnos del amor de Dios, que se funda en Jesucristo nuestro Señor» (Rom 8, 38-9).[34]

Aquí Lonergan cita a san Pablo, que es un amante cuyo ser convierte en un enamorado de Dios; pero también podría haber citado a los amantes del Cantar de los Cantares o a Francisco de Asís, a san Juan de la Cruz, a Edith Stein, o a tantos otros cuyo ser se convirtió en enamorado de Dios cuando eran consumidos por el fuego que era una llama viva.

A la pregunta de en qué se diferencia este amor del amor romántico de Romeo y Julieta, Lonergan responde: «Todo amor es autoentrega, pero el enamorarse de Dios es estarlo sin límites o derechos, o condiciones, o reservas».[35] Como la mente humana, que puede hacer preguntas, preguntas, preguntas, el corazón humano puede amar, y amar, y amar. «De la misma forma que el cuestionar sin restricciones constituye nuestra capacidad de autotrascendencia, el enamorarse de Dios sin restricciones constituye la realización de esa capacidad».[36]

¿Qué se puede decir entonces sobre este amor?

Es sobre todo y principalmente un don, y sólo en segundo lugar un precepto. Amamos porque él nos amó primero. Es algo que no entendemos y que no podemos comprender, porque es un misterio, es amor existencial, amor al nivel del ser. Es amor de lo finito por lo infinito, amor de lo limitado por lo ilimitado, amor de lo contingente por lo necesario, amor de la criatura por el Creador. Es ésta una pasión espiritual que consume a la persona entera. Es la herida del ser separado que anhela ser completo, y que sólo se puede curar cuando nuestro ser se une con Dios que es amor. Es el anhelo del salmista que exclama lleno de pasión: «¡Oh Dios!, mi Dios tú eres, yo te busco anheloso. Sedienta está de ti mi alma, por ti me carne ansía, como la tierra seca pide el agua». (Salmo 63). Y también: «Como la cierva brama por las corrientes de agua viva, así, Dios mío, a ti mi alma anhela. Sedienta esta mi alma del Dios vivo...» (Salmo 42). Cuando nuestro ser se enamora de Dios somos fuego total, nos embriagamos con el vino del amor divino, penetramos en el matrimonio espiritual.

No olvidemos nunca, sin embargo, que asi como sólo Dios es Ser en el sentido total del término, sólo Dios es Ser-Enamorado en todo el senti-

---

34. Ibid.
35. Ibid.
36. Ibid., p. 106.

El viaje místico hoy

do de la palabra. Nosotros, los seres humanos, que luchamos contra nuestra tendencia a rechazar el amor, a odiarnos a nosotros mismos y a otros, a destruirnos y a destruir a otros, sólo nos podemos enamorar en un sentido muy restringido. Sólo podemos estar enamorados en tanto que estamos unidos con el Supremo Ser-enamorado que es Dios. Alcanzar esta unión es un proceso lento y doloroso; es un viaje en el que uno sale de sí para penetrar en la oscuridad de la noche, sufriendo la pérdida de todas las cosas, siendo herido, golpeado y desnudado como la esposa del Cantar de los Cantares. Y el final del viaje se encuentra más allá de la tumba cuando por medio de la muerte vemos a Dios cara a cara y somos divinizados, haciéndonos Dios por participación. «Sabemos que cuando se manifestare seremos semejantes a él porque le veremos como él es» (1 Jn 3, 2).

Sin embargo, la esposa penetra en el matrimonio espiritual incluso en esta vida y la divinización es posible en cierta medida. Éste es el camino místico: cuando la unión con Dios crece en intensidad nuestro ser se convierte en enamorado de Dios de una forma real aunque imperfecta. Entonces irradiamos amor por todos los hombres y mujeres y por todo el cosmos, y es ahora cuando adquiere significación el precepto de que seamos perfectos como lo es nuestro Padre Celestial. Y como nuestro Padre Celestial «hace nacer su sol sobre buenos y malos; y llover sobre justos y pecadores» (Mt 5, 45), la persona cuyo ser se está enamorando irradia amor universal por todas las personas y por todas las cosas.

El autor de *La nube* dice que el contemplativo irradia amor por todos, especialmente por sus enemigos:

> Porque en esta obra el perfecto artesano no desmerece a quien esté a su lado, sea conocido o desconocido, amigo o enemigo. Porque todo hombre o mujer son como él, y nadie le es extraño, todos son sus amigos y nadie su enemigo. Incluso quienes le ofenden y le hieren en esta vida son amigos queridos y especiales, y todo lo que desea para sus mejores amigos lo desea para ellos.[37]

Así es el contemplativo cuyo ser se está transformando en enamorado de Dios.

Pero volvamos a Lonergan.

Cuando habla del objeto del amor religioso, es decir, de qué o de quién nos enamoramos, escribe:

37. *La nube del no saber*, C. 24.

Teología mística

Enamorarse de Dios es estarlo de alguien. Enamorarse de Dios sin cualificaciones o condiciones o reservas o límites es enamorarse de alguien trascendente. Cuando alguien trascendente es mi amado, está en mi corazón, es real dentro de mí, supremo en inteligencia, verdad, bondad. Puesto que él elige venir a mí por un don de amor, él mismo debe ser amor.[38]

El objeto de nuestro amor es una persona viva, es bondad trascendente, es amor. ¿Quién es esa persona? ¿Podemos añadir algo sobre esta persona a la que Lonergan, con un toque de perspicacia mística, llama «el amado desconocido»?

Para poder hacerlo debemos recurrir a la tradición mística, que desde los tiempos de Orígenes establece sin lugar a dudas que el objeto del amor místico es el Verbo Encarnado. Ésta es la doctrina de san Bernardo, como lo es también de san Juan de la Cruz, que describe su *Cántico espiritual* como «Canciones que tratan del ejercicio de amor entre el alma y el Esposo Cristo».[39]

Cristo es el Verbo Encarnado, es el Esposo, y aquel de quien se enamora el místico. Puesto que Cristo es a la vez humano y divino, el amor por él es tanto humano como divino. Pero para poder decir algo más de este sentimiento es necesario que consideremos brevemente el misterio de la Encarnación y su papel en la teología mística.

LA ENCARNACIÓN

Este siglo en el que nos encontramos, que está dominado por el enfoque crítico-histórico de la Biblia, tiene los ojos puestos en el Jesús terrenal. ¿Quién era este Jesús de Nazaret? ¿Podemos llegar a saber las palabras reales que salieron de sus labios? ¿Qué es lo que podemos decir de sus milagros y de sus enseñanzas? Estas son las preguntas que nos hacemos en el siglo XX.

Es obvio que las investigaciones históricas de estudiosos eminentes tienen un gran interés y que han ayudado a un gran número de personas a leer la Biblia. Pero sería una catástrofe para la fe cristiana que nuestros ojos estuvieran de tal manera puestos en la figura histórica de Jesús que nos olvidáramos del que resucitó de entre los muertos, que entró en su

---

38. *Method*, p. 109.
39. *Cántico espiritual*, prólogo.

El viaje místico hoy

gloria, y que incluso ahora ruega por nosotros a la diestra del Padre. Este Jesús también se manifiesta en las páginas del Nuevo Testamento. Su presencia es especialmente evidente en el cuarto Evangelio, en los escritos de san Pablo y en el Apocalipsis. Jesús es el cordero sacrificado que puede decir: «Yo soy el alfa y la omega, el primero y el último, el principio y el fin» (Ap 22, 13). El Concilio Vaticano II habla en un lenguaje profundamente escriturístico del Jesús que vive hoy:

> Cristo es la cabeza de este cuerpo. Él es imagen de Dios invisible, y por medio de Él fueron creadas todas las cosas. Él es anterior a todo y todo se mantiene en Él. Él es la cabeza del cuerpo, que es la Iglesia. Él es el principio, el primogénito de entre los muertos, y así es el primero de todo (cf. Cor 1,15-18). Por su gran poder es el Señor del cielo y de la tierra y, por su perfección y actividad extraordinarias, colma a todo el cuerpo con las riquezas de su gloria (cf. Ef 1,18-23).[40]

Este es el Cristo cósmico que vive hoy en el mundo, es el Cristo presente en la Eucaristía «donde los elementos de la naturaleza, cultivados por el hombre, se transforman en su cuerpo y sangre gloriosos».[41] Este es el Jesús al que aman los místicos, con el que entran en el matrimonio espiritual, y en cuya unión su ser se convierte en enamorado de Dios.

Una de las grandes experiencias místicas del Nuevo Testamento es la de Esteban, el primer mártir, que lleno del Espíritu Santo, miró al cielo y vio la gloria de Dios y Jesús a la diestra de Dios. «Mirad», dijo, «estoy viendo ahora los cielos abiertos, y al Hijo del hombre de pie a la diestra de Dios» (Hechos 7, 56). Y mientras le apedreaban oraba: «Señor Jesús, recibe mi espíritu».

Es evidente que Esteban vio al Jesús que había entrado en su gloria. Pero Cristo estaba tan transfigurado y su cuerpo tan glorificado que el mártir ya no le podía percibir con los ojos de la carne, sino con los ojos interiores de los sentidos espirituales. Porque ningún ser humano puede tener una imagen adecuada o una visión perceptible del cuerpo glorificado del Hijo de Dios.

Pero, ¿qué es el cuerpo glorificado? ¿Cuál es el cuerpo glorificado de Jesús y de quienes resucitan de entre los muertos?

40. *Lumen Gentium*, 1.7.
41. *Gaudium et Spes*, 1.3.38.

Teología mística

Éste es desde luego un gran misterio de la fe cristiana, y poco se puede decir sobre él. Pero Pablo, dirigiéndose a los Corintios, entre los que había quienes negaban la resurrección, habla enérgica y claramente. A aquellos que se hacen esta pregunta primero les dice, «¡necio!, lo que tú siembras no recibe vida si primero no muere» (1 Cor 15, 36). Es como si les dijera: «¡No hagáis preguntas insensatas!». Y continúa explicando que no toda la carne es la misma carne, que una es la de los hombres, otra la de los animales, otra la de los pájaros y otra la de los peces. Hay cuerpos celestiales y cuerpos terrenales, pero la belleza de unos es distinta de la de los otros. Así ocurre con la resurrección de los muertos.

Sin embargo, la teología mística es una disciplina pastoral o práctica que no pretende desvelar los misterios del cuerpo glorificado, sino guiar a las personas a un camino de encarnación donde rechazarán la fascinación del espíritu puro y pondrán sus mentes y corazones en el Verbo Encarnado. Y lo que es más, la teología mística enseña a amar a un único Jesús: el Jesús de Nazaret terrenal que se convirtió en el Jesús celestial y que es Señor del Universo. Esto puede parecer un desafío sobrecogedor, pero en la vida de los místicos no ha constituido problema alguno porque sus ojos siempre estuvieron puestos en el Crucificado. Ellos consideraban que la muerte y glorificación de Jesús eran inseparables. Éste fue el caso de Pablo, que se glorificó en la cruz de Nuestro Señor Jesucristo, y también el del autor del *Apocalipsis,* que se arrodilló ante el Cordero *sacrificado*. Ésta era la opinión de Francisco de Asís, que amaba el cosmos y amaba al Crucificado; y éste fue el caso de Juliana de Norwich, de Juan de la Cruz, de Teresa y de otros muchos. Como hicieran los apóstoles en el cuarto evangelio, ellos vieron las heridas en el cuerpo glorificado de Jesús. «¿Por ventura no era conveniente que el Cristo padeciese todas estas cosas, y entrase así en su gloria?» (Lc 24, 26).

Pero la unión con el Verbo Encarnado no es el último estadio en el viaje místico. Porque él es uno con el Padre en el Espíritu Santo. «Yo y el Padre somos uno», dijo Jesús (Jn 10, 30); y el contemplativo que se une con Jesús también puede decir: «Yo y el Padre somos uno». Así, todos los miembros de Jesús, todas las gentes de Dios; es decir, «los fieles católicos y todos aquellos que crean en Cristo, y toda la humanidad»[42] son llamados al estado de enamoramiento con el Verbo Encarnado y con el Padre a través de él.

---

42. *Gaudium et Spes*, 2.13.

El viaje místico hoy

De esta manera, el viaje místico alcanza su punto culminante en una experiencia trinitaria de amor. La persona humana —y toda la raza humana— se une con el Hijo, y en el Espíritu exclama, «¡Abba, Padre!»

CONCLUSIÓN

La teología mística es la teología del amor, especialmente del amor de Dios que es derramado en el corazón humano. Al describir su experiencia, los místicos utilizan símbolos llenos de color y paradojas desconcertantes, hablando de un fuego cruel, de luz cegadora, de vino embriagador y de deliciosas heridas. Sin embargo, los teólogos místicos, a los que les preocupaba la dirección espiritual y la guía práctica por encima de todo, se sintieron obligados a construir una filosofía y psicología prácticas, para lo cual recurrieron a los griegos en primer lugar y a los escolásticos después.

Hoy en día, que entramos en una nueva era, pensamos que es necesario actualizar nuestra teología mística y encontrar una nueva metodología, y en este proceso nos resulta de gran valor el método de Bernard Lonergan basado en preceptos trascendentales que conducen a la autenticidad del ser humano en el estado de enamoramiento.

Cuando Lonergan dice que su método es trascendental se refiere a que es universal, a que consagra el impulso básico y dinámico de la persona humana, y a que se puede aplicar a todos los hombres y mujeres en todo tiempo y todo lugar. Si aceptamos esta tesis y su aplicación al misticismo, habremos de interpretar que todos los seres humanos están llamados al misticismo.

Todo lo anterior puede parecer sorprendente e incluso revolucionario, pero es, de hecho, bastante tradicional. Al principio de este siglo un grupo de teólogos se refería a «la vocación universal al misticismo».[43] Consideraban que «universal» se refería a que todos los cristianos son llamados, a que la llamada al misticismo estaba incluida en la gracia del bautismo. A partir de aquí llegamos a la interesante conclusión de que el misticismo no es sólo para una élite, sino para todos. Lo cual no im-

---

43. Réginald Garrigou-Lagrange (1877-1964) y sus discípulos insistían en que hay una llamada universal al misticismo. Consideraban la experiencia mística (que Garrigou llamaba contemplación infusa) como el camino normal a la perfección cristiana.

Teología mística

plica que cualquiera esté llamado a la sexta o séptima morada de santa Teresa, sino que todos están llamados a estar enamorados de Dios de una manera experiencial y que el ser de la familia humana está llamado a enamorarse. Esta concepción nos proporciona una gran esperanza para el futuro.

Quince
ESPOSA Y ESPOSO

'YIN' Y 'YANG'

El *yin* y el *yang* de la filosofía china continúan fascinando a Occidente. Psicólogos de la talla de Carl Jung y científicos como Niels Bohr han visto un significado profundo en este drama cósmico, en la interrelación entre dos principios que representan la sombra y la luz, la tierra y el cielo, lo pasivo y lo activo, el vientre y la cabeza, lo femenino y lo masculino.[1] Éstos son principios cíclicos: el *yin* de la oscuridad se mueve en dirección al *yang* de la luz y viceversa, y cada uno contiene la semilla del otro, como está representado en el antiguo símbolo chino *T´ai-chi T´u* o Diagrama del Último Supremo:

1. En 1937, el físico danés Niels Bohr, después de haber desarrollado completamente su teoría cuántica, visitó China y quedó impresionado por el *yin* y el *yang*. En 1947 fue nombrado caballero y eligió como motivo para su escudo de armas el símbolo chino *t´ai-chi* junto con la frase *Contraria sunt complementa*.

Teología mística

Nos encontramos así con un movimiento que se separa del dualismo occidental para caminar hacia la complementariedad y la unión de los opuestos, que se distancia del «o... o» para llegar al «ambos».

Influido por el *yin* y el *yang*, Jung desarrolló su teoría del principio femenino en el hombre, que llamó *anima*, y el principio masculino en la mujer, que llamó *animus*. En su opinión, los seres humanos llegan a la individualización cuando luchan por integrar la dimensión contrasexual de su personalidad y por consumar el matrimonio interior. Ésta es tarea para toda una vida; pero una vez que el matrimonio interior ha tenido lugar, aun cuando sea de forma imperfecta, los hombres y mujeres pueden comenzar a amar profunda y verdaderamente sin proyectarse y sin buscar su propio yo.

LA TRADICIÓN BÍBLICA

En la tradición bíblica existe otro drama cósmico: el matrimonio entre Israel y Yahvé. A través del tema del esposo y la esposa, presente en toda la historia de Israel, el pueblo judío se refiere a la alianza que personifica el inquebrantable amor de Dios. Y he aquí que la esposa no siempre le es fiel al esposo, que exclama:

¡Oh Israel!, conviértete al Señor Dios tuyo; porque por tus maldades te has precipitado (Oseas 14, 2)

Por medio de Isaías, Jeremías y Ezequiel, Yahvé amenaza a Israel con un atroz castigo, pero su amor inquebrantable permanece inalterado —«aun cuando las montañas se conmuevan, y se estremezcan los collados, mi misericordia no se apartará de ti, y será firme la alianza de paz que he hecho contigo, dice el Señor, compadecido de ti» (Is 54, 10). Por lo tanto, la historia de Israel puede ser interpretada como un gran romance, una gigantesca historia de amor en la que esposa y esposo sufren por igual toda la tristeza y toda la agonía, toda la comedia y toda la tragedia que son la base de la tumultuosa relación hombre-mujer.

En esta historia de amor tiene gran importancia en el Cantar de los Cantares, que rezuma un amor deslumbrante y extático, y en el que el Esposo se recrea en la belleza de la esposa mientras que ella se deleita en el encanto de él. «Tú sí, amado mío, que eres hermoso y agraciado. Son tus

El viaje místico hoy

ojos como palomas» (Cant 1, 15) El ser de ambos, esposa y Esposo, se convierte en enamorado de Dios.

En el Nuevo Testamento Jesús personifica al Esposo y sus discípulos a la esposa: «¿cómo es posible que los compañeros del Esposo en las bodas ayunen, mientras el Esposo está con ellos?» (Mc 2, 19). Pero llegará el día en que el Esposo parta. De hecho, parte por propia voluntad, porque prueba su amor sacrificando la vida; y Pablo, que siente este amor profundamente («me amó y se entregó a sí mismo por mí» (Gál 2, 20)) dice a los esposos humanos que imiten a Jesús sacrificando sus vidas por las de sus mujeres. «Vosotros, maridos, amad a vuestras mujeres, así como Cristo amó a su Iglesia, y se sacrificó por ella...» (Ef 5, 25). Es precisamente en la muerte donde el esposo muestra este compromiso radical con la mujer que ama.

Pablo identifica la comunidad cristiana con la casta virgen prometida a Cristo. «Soy celoso de vosotros en nombre de Dios. Pues que os tengo desposados con este único Esposo, que es Cristo, para presentaros a él como una casta virgen» (2 Cor 11, 2). Pero, ¡ay!, de la misma forma que Eva fue engañada por la astuta serpiente y la Virgen Israel se apartó de Yahvé, también la comunidad podría separarse de la devoción sincera y pura a Cristo. Y aquí surgen los celos divinos de Pablo.

Esta versión paulina de la comunidad como fiel y veleidosa esposa de Cristo continuó repitiéndose en las obras sagradas y en las liturgias de la Iglesia; y pervive todavía hoy porque «Dios, que habló en otros tiempos, sigue conversando siempre con la esposa de su Hijo amado».[2] Es una visión que culmina en el *eschaton* cuando la esposa, que ya no es veleidosa, se llena de gran belleza y «una voz como de gran gentío, y como el ruido de muchas aguas, y como el estampido de grandes truenos, decía: Aleluya... pues son llegadas las bodas del Cordero y su esposa se ha puesto de gala» (Apocalipsis 19, 6-7). Y Juan Evangelista puede decir: «vi una ciudad santa, la nueva Jerusalén, descender del cielo por la mano de Dios, compuesta como una novia engalanada para su Esposo» (Ap 21, 2). Éste es el matrimonio escatológico, el cumplimiento de la alianza entre Yahvé y la nueva Israel. A este matrimonio se dirigen todas las relaciones humanas, y en él encuentran significado.

Fue el filósofo griego Orígenes de Alejandría quien entendió que Cristo no solamente estaba casado con la comunidad, sino también con la

2. Concilio Vaticano II, *Dei Verbum*, II.8.

Teología mística

persona individual. Describe poéticamente a la esposa, que está a punto de desposarse y arde de amor por el Esposo, que es la palabra de Dios. «Y profundamente le amaba, fuera ella el alma hecha a su imagen o la iglesia...».[3] Desde los primeros siglos de historia cristiana se ha desarrollado una tradición mística que describe una historia de amor aún más gigantesca: el matrimonio entre la persona humana y el Verbo Encarnado. Este tema es tan fundamental que la teología mística de Orígenes, Bernardo de Claraval, Ambrosio de Milán, Juan de la Cruz y Teresa de Jesús puede realmente llamarse una teología del matrimonio. Todo conduce al matrimonio espiritual, el grado más alto de unión divina que un ser humano puede alcanzar en esta vida. Pero el fin no llega con la muerte, porque a través de ella y de la entrada en la gloria entramos en una unión incluso más íntima: el matrimonio glorioso, que no es ni más ni menos que la visión de Dios.

Pero, ¿cuál es la naturaleza de este matrimonio y cuál su relación con el amor humano y con la intimidad y la sexualidad? Para poder reflexionar sobre este aspecto desde un punto de vista teológico es necesario que nos refiramos primero a las relaciones interpersonales.

PERSONA A PERSONA

«Que no es oración mental», escribe santa Teresa, «sino tratar de amistad, estando muchas veces tratando a solas con quien sabemos que nos ama».[4] Esta dimensión interpersonal de la oración está en el corazón mismo de las tradiciones místicas del judaísmo, del islam y del cristianismo. La familiaridad sagrada con Yahvé caracteriza a los santos de las escrituras hebreas. Moisés es un gran místico precisamente porque Dios le habló cara a cara como un hombre hablaría a su amigo, en tanto que Job y Jonás se refieren a Dios como a una persona con quien tienen una relación muy próxima. «Yo te amo, Señor, mi fortaleza», dice el salmista (Salmo 18); y sus palabras han tenido eco en los corazones de innumerables místicos a través de los siglos.

Santa Teresa considera que el amigo «que sabemos que nos ama» es

---

3. Orígen: *The Song of Songs: Commentary and Homilies*, trad. R. P. Lawson, Nueva York, 1956, prólogo, p. 29.
4. Santa Teresa: *Libro de su vida*, 8,4.

el Verbo Encarnado, es Jesús que murió en la cruz y entró en su gloria. Éste es el Jesús que dijo, «ya no os llamaré siervos... pero os he llamado amigos, porque os he dado a conocer cuantas cosas oí de mi Padre» (Jn 15, 15). La intimidad con el Jesús glorificado recorre toda la tradición mística cristiana. Aparece en Orígenes, que escribe de forma conmovedora que nadie que no se haya recostado sobre el pecho de Jesús, como lo hizo su discípulo bienamado, puede comprender el cuarto Evangelio. Aparece también en los hesicastas, que recitaban sin cesar la oración de Jesús; en Bernardo de Claraval, cuyo misticismo se centra en Jesús; en el Kempis, que escribe delicadamente sobre su familiar amistad con el Hijo de Dios; en Ignacio de Loyola, que quería que sus discípulos fueran compañeros de Jesús. Todo esto concuerda perfectamente con el enamorarse de Lonergan y con el enamorarse de Dios sin restricciones.

Es obvio que este enamoramiento no es sólo una cuestión de palabras. Con el desarrollo de la intimidad hay periodos de silencio, de unión o comunión, hay veces en que el yo parece estar perdido. Luego se produce una experiencia de inhabitación como la de Pablo, que exclamó, «vivo, pero no yo, es Cristo quien vive en mí» (Gál 2, 20). Esta experiencia llena las páginas del cuarto Evangelio, donde Jesús les dice a los apóstoles: «permaneced en mí como yo en vosotros» (Jn 15, 4) y les exhorta a que permanezcan en su amor. El clímax es la transformación en la que uno «se convierte» en Cristo, como en la Eucaristía, de la que san León Magno dice que «la participación del Cuerpo y la Sangre de Cristo no hace sino transformarnos en lo que consumimos».[5] Aquí tenemos la piedra angular de la vida mística.

Es más, esta dimensión interpersonal de la oración inunda la vida diaria en las relaciones entre las personas. El Concilio Vaticano II, entendiéndolo así, dice: «el Señor Jesús, cuando pide al padre que todos sean uno..., como nosotros también somos uno (Jn 17, 21-22), ofrece perspectivas inaccesibles a la razón humana, porque sugiere cierta semejanza entre la unión de las personas divinas y la unión de los hijos de Dios en la verdad y la caridad. Esta semejanza revela que el hombre, que es la única criatura en la tierra a la que Dios ha amado por sí misma, no puede encontrarse plenamente a sí mismo sino en la entrega sincera de sí mismo».[6]

Con esta simple declaración el Concilio establece tres puntos de in-

---

5. San León Magno, «Serm.» 63.7, *Patrología latina*, de J. B. Migue, París, 54, 357 C.
6. Gaudium et Spes, I. II. 24.

Teología mística

mensa significación teológica. Uno es que la unión entre los seres humanos está hecha a imagen de la unión entre las personas de la Santísima Trinidad. El segundo es que, mientras todas las cosas han sido creadas para los seres humanos, los seres humanos han sido creados para sí mismos. El tercero es que sólo en la muerte (la entrega de sí) pueden los seres humanos encontrarse a sí mismos.

Finalmente, nunca debemos olvidar que el amor por el Verbo se irradia a todo el universo, en el que el Verbo se ha encarnado. Este aspecto es especialmente evidente en el misticismo de san Francisco de Asís, que hablaba con gran familiaridad a pájaros y animales, que tan lleno de alegría amaba al hermano sol y a la hermana luna. El mismo espíritu invade a los santos del budismo mahayana, que sienten por todos los seres vivos la mayor de las compasiones.

HOMBRE Y MUJER

La forma primaria de comunión interpersonal es la relación hombre-mujer. Ésta es la doctrina del Concilio Vaticano II, que al comentar los primeros capítulos del Génesis, dice que Dios no creó al ser humano como ser solitario, puesto que desde el principio «los creó hombre y mujer», y continúa: «la relación entre ambos constituye la primera forma de comunión entre personas».[7] Todos los animales fueron llevados a la presencia de Adán, y él les dio nombre uno a uno, pero sólo Eva era su igual, sólo ella era carne de su carne y sangre de su sangre. Con ella podía tener una amistad y una intimidad que trascendía su relación con las flores del campo y los pájaros del aire.

Por su parte, los místicos observan una nueva dimensión de amor en esta relación hombre-mujer. Identificándose con la esposa (y es significativo que tanto los místicos como las místicas se identifiquen con la esposa) dicen experimentar un profundo amor por el Esposo divino que se comunica al alma como espíritu puro. Este amor trasciende cualquier cosa que pudieran imaginar los seres humanos, cualquier cosa que haya visto el ojo o haya percibido nuestro oído o pueda concebir la mente humana. Es sobre todo un sentimiento, que produce una gran alegría y un sufrimiento intenso. Comienza como una agitación suave y apenas perceptible y crece

7. Ibid., 1.1.12.

El viaje místico hoy

hasta convertirse en un poderoso fuego o llama viva de una energía tal, dice san Juan de la Cruz, que su arremetida podría causar la muerte si no interviniera Dios.

Los místicos encuentran este amor en Oseas, en Isaías y en Ezequiel, en los apasionados versos del Cantar de los Cantares donde «el amor es fuerte como la muerte; sus brasas, brasas ardientes» (Cant 8, 6). El amor que ellos descubren va más allá de la vivencia romántica, trasciende el amor sexual para llegar a una dimensión en la que pueden decir que su mismo ser se convierte en enamorado de Dios.

En el Nuevo Testamento los místicos perciben este amor divino representado sobre todo por María Magdalena, que es la esposa que en el Cantar de los Cantares busca llena de lágrimas a aquel que ama. «Dime dónde lo pusiste y yo me lo llevaré» (Jn 20, 15). El autor anónimo de *La nube del no saber* describe conmovedoramente la relación entre Jesús y María Magdalena:

> Dulce era el amor entre Nuestro Señor y María. ¡Cómo le amaba ella, mucho más que él a ella! Pues quien haya de saber lo que ocurrió entre él y ella... verá que ella no encontraba consuelo con cosa alguna por debajo de él, ni que separar podía su corazón de él.[8]

Tan grande era el sentimiento de Jesús por María que «increpó a Simeón el Leproso en su misma casa, pues había pensado mal de ella. Era éste un amor grande, incomparable».[9]

Esta experiencia mística es un gran misterio que no puede comprender la mente humana. Sin embargo, tiene expresiones y frutos por los que puede ser conocido. El primero de ellos es la disposición a morir por el Amado, pues no hay mayor amor que el de la persona que está dispuesta a sacrificar su vida por un amigo. Este tipo de amor es palpable tanto en la vida como en la literatura, en la que nos encontramos con el personaje dickensiano heroico y disoluto que murió en la guillotina por su amigo: «Es lo mejor que he hecho, con mucho». La voluntad de ir a prisión, de sufrir, de aceptar la cruz en la vida diaria son las pruebas y las expresiones del amor divino que se despierta en lo profundo del corazón humano. Es un amor que «a todo se acomoda, lo cree todo, todo lo espera y lo soporta todo» (1 Cor. 13, 7).

---

8. *La nube del no saber*, C. 22.
9. Ibid.

Teología mística

Este sentimiento también se puede expresar en una palabra, en una mirada, en un gesto, en una sonrisa, en un pequeño acto de amabilidad, en un tierno abrazo. Y en última instancia puede ser expresado en la relación sexual, en la que un hombre y una mujer se entregan radicalmente al otro y se hacen una sola carne. No es necesario que digamos que millones de místicos ocultos y olvidados en todas las generaciones y en todas las religiones han expresado su amor por los esposos de esta forma y han llegado al matrimonio espiritual por el camino del matrimonio humano. Lo han vivido no sólo en una fidelidad inquebrantable –aunque exigente– a su pareja, sino también en su vida diaria de sacrificio por sus hijos y por la sociedad en general. Estos son los místicos que salvan al mundo.

Al mismo tiempo nadie puede olvidar a los millones de místicos de todas las tradiciones religiosas que han expresado su amor divino privándose de la relación sexual y llevando una vida de abstinencia. Estas personas son los célibes, que han renunciado a las relaciones sexuales en la creencia de que para ellos (aunque no para toda la raza humana) la abstinencia de la actividad sexual permite que la llama interior de amor crezca y florezca. Estas personas aman con gran intensidad, y algunas veces tienen amistades célibes de intimidad sin igual. A menudo sus vidas están dedicadas al servicio extremo de la humanidad, y son voces proféticas en un mundo tumultuoso. El Concilio da a entender que estos célibes celebran otro tipo de matrimonio. Hablando del celibato de los sacerdotes observa que «con él evocan el misterioso matrimonio que fue establecido por Dios y que habrá de manifestarse en el futuro, y por el que la Iglesia tiene a Cristo como único Esposo».[10] Los célibes saben que, mientras el celibato es un don carismático que sólo se concede a unos pocos para que vivan una vida de amor y servicio, el matrimonio es la vocación por la cual la mayoría de las personas sirven al mundo y llegan al matrimonio escatológico con el Esposo divino.

Tanto si la persona está casada como si es célibe, el amor divino y místico es el mismo don de Dios. Es, de hecho, el mayor de los dones, puesto que sobrepasa a los más maravillosos carismas, como tan bien dijo Pablo cuando les manifestó a los Corintios que «el más excelente de todos es el amor» (1 Cor 13, 13).

Veamos ahora algunas de las características de este amor.

10. *Presbyterorum Ordinis*, III.2.16.

AMOR Y BELLEZA

«¡Qué hermosa eres, amiga mía, qué hermosa eres!» (Cantar de los Cantares 4, 1). El Esposo y la esposa están fascinados por la cegadora belleza que ven el uno en el otro. «Toda eres hermosa, amiga mía; no hay defecto alguno en ti» (Cantar 4, 7). Orígenes entiende que estas líneas son reflejo de un amor por la belleza trascendental, por la belleza increada, y escribe:

> El alma se conmueve de amor y añoranza celestiales cuando, habiendo contemplado con claridad la belleza y la hermosura de la Palabra de Dios, se enamora profundamente de su beldad...[11]

Los escolásticos, siguiendo a Platón y a Aristóteles, hablaron de los trascendentales: el uno, lo verdadero, lo bueno, y lo bello

Unum Verum Bonum Pulchrum

Es la belleza trascendental, la fuente de toda la belleza terrena, la que ven los místicos cuando miran extáticamente a su amado. Esta belleza trascendental es tan abrumadora que mata a cualquier mortal que la contemple. «Máteme tu vista y hermosura», exclama san Juan de la Cruz; y nos dice que la esposa «sabe que en aquel mismo punto que la viese sería ella arrebatada a la misma hermosura, y absorta en la misma hermosura, y transformada en la misma hermosura, y abastada y enriquecida como la misma hermosura.»[12]

En este punto deberíamos decir que un gran número de místicos de Oriente y Occidente eran poetas, artistas, amantes de la belleza. Podríamos mencionar al salmista y al profeta Isaías, podríamos hablar del trovador de Dios, san Francisco, del poeta que escribió el Sutra del Corazón, de Basho y de Ryokan. Podríamos hablar de los innumerables maestros de zen que dominaban el arte de la caligrafía y que practicaban artísticamente la ceremonia del té. Todos ellos eran amantes de la belleza natural. Pero, ¿acaso no tuvieron un atisbo de la belleza trascendental, la belleza increada? Si el mundo que nos rodea es tan bello, y si los hombres y muje-

11. Orígenes., *Op. supra cit.*, p. 29.
12. *Cántico espiritual*, 11.10.

res pueden vivir vidas de tal belleza, ¿qué podríamos decir del artista divino que es fuente de todo?

San Juan de la Cruz ya había escrito gran parte de su famoso *Cántico espiritual* cuando conoció a una monja carmelita y le pidió que le describiera su oración. Francisca de la Madre de Dios le contestó que oraba mirando la belleza de Dios y regocijándose de que Él la tuviera. Esta respuesta gustó tanto al santo, que comenzó a hablar extáticamente de la belleza de Dios, y finalmente acabó por escribir las cinco últimas canciones de su gran poema comenzando con las palabras

> *Gocémonos, Amado,*
> *y vámonos a ver en tu hermosura*

Comentando estas líneas y embriagado por la cegadora fascinación de la belleza increada plasmó sus sentimientos en una canción, pidiendo al Esposo: «hagamos de manera que por medio de este ejercicio de amor ya dicho lleguemos hasta vernos en tu hermosura en la vida eterna».[13] Continúa con un asombroso himno a la belleza personificada:

> Esto es, que de tal manera esté yo transformada en tu hermosura, que, siendo semejante en hermosura, nos veamos entrambos en tu hermosura, teniendo ya tu misma hermosura; de manera que, mirando el uno al otro, vea cada uno en el otro su hermosura, siendo la una y la del otro tu hermosura sola, absorta yo en tu hermosura; y así te veré yo a ti en tu hermosura, y tú a mí en tu hermosura, y yo me veré en ti en tu hermosura, y tú te verás en mí en tu hermosura; y así parezca yo tú en tu hermosura, y parezcas tú yo en tu hermosura, y mi hermosura sea tu hermosura y tu hermosura mi hermosura; y así seré yo tú en tu hermosura, y serás tú yo en tu hermosura, porque tu misma hermosura será mi hermosura; y así nos veremos el uno al otro en tu hermosura.[14]

En esta extraordinaria oración al Verbo Encarnado que es belleza trascendental el santo combina la hipérbole poética con la exactitud teológica. Está usando una imagen de espejo, común entre los místicos orientales y occidentales; el esposo es el espejo en el que mira la esposa con un amor que corroe. Y ¿qué es lo que ella ve? Ve al amado, a la Palabra de Dios

---

13. *Cántico espiritual*, 36.5.
14. Ibid.

El viaje místico hoy

que es belleza increada; y también se ve a sí misma participando de esa belleza – «y yo seré tú en tu hermosura, y tu serás yo en tu hermosura». Esto es el éxtasis. Es la unión transformadora. Es el preludio de la vida eterna.

LOS ESPONSALES

La casa está sosegada, todos duermen. La esposa se desliza en la oscuridad: tiene un encuentro con su amado, al que conoce tan bien, y que la espera en un lugar donde no aparece nadie más. Y cuando le encuentra le dice:

allí le prometí de ser su esposa

La unión llega cuando ella se entrega, cuando reclina la cabeza sobre el pecho del Amado olvidando sus preocupaciones entre las azucenas:

Quedéme y olvidéme
el rostro recliné sobre el Amado
cesó todo y dejéme
dejando me cuidado
entre las azucenas olvidado

Así es la historia de amor entre la esposa y el Verbo Encarnado. El matrimonio espiritual al que ella accede constituye el clímax del amor divino en esta vida; pero tan sólo es una sombra de otro matrimonio glorioso y escatológico que a través de la muerte tiene lugar en la eternidad. «Porque por altas que sean las noticias que de Dios se le dan al alma en esta vida», escribe san Juan, «todas son como unas muy desviadas».[15] La visión sólo se produce con la muerte.

En su comentario en prosa el santo interpreta la romántica aventura de la esposa en fríos términos escolásticos. La casa está sosegada porque se han calmado las rebeldes pasiones y las facultades revoltosas, y en este momento el alma sale de sí fácilmente y con seguridad:

Conviénele al alma enamorada, para conseguir su fin deseado, hacerlo también así, que saliese de noche adormidos y sosegados todos los domésticos de

15. Ibid., 13.10.

Teología mística

su casa, esto es, las operaciones bajas y pasiones y apetitos de su alma adormidos y apagados por medio de esta noche, que son la gente de casa, que recordada, siempre estorban el alma estos sus bienes, enemiga de que el alma salga libre a ellos.[16]

Tras la lucha y el sufrimiento de la noche oscura desciende sobre la esposa una gran calma, y ella sale en silencio y seguridad. Este salir, el éxtasis, es sólo el comienzo de un viaje largo, muy largo, que acaba en la unión. La esposa y el Esposo se besan y abrazan. «Este beso es la unión... en la cual se iguala el alma con Dios por amor».[17] La esposa, que siempre ha anhelado ver la faz de Dios sin la mediación de seres humanos, de ángeles, o de las cosas creadas, suspira: «se uniese mi naturaleza ya sola y desnuda de toda impureza temporal, natural y espiritual contigo solo, con tu sola naturaleza sin otro algún medio».[18] Ésta es la interpretación sanjuanista del comienzo del Cantar de los Cantares: «Reciba yo un ósculo de su boca» (Cant 1, 1).

El abrazo es como si el alma estuviera «ya colocada en los brazos de tal Esposo».[19] San Juan explica este punto en relación con la experiencia de san Pablo, y escribe: «con el cual ordinariamente siente el alma tener un estrecho abrazo espiritual, que verdaderamente es abrazo, por medio del cual abrazo vive el alma vida de Dios. Porque de esta alma se verifica aquello que dice san Pablo: «Vivo, ya no yo, pero vive en mí Cristo» (Gal 2, 20)».[20]

Es importante que recordemos que en este romance el esposo toma la incitativa y va en busca de la esposa, de quien está enamorado. «Cuanto a lo primero es de saber que», escribe el místico, «si el alma busca a Dios mucho más la busca su Amado a ella».[21] El amor previo de Dios que ama apasionadamente a la familia humana y a la persona individual es la clave de todo este drama, y san Juan de la Cruz subraya este aspecto citando muy extensamente el vívido capitulo dieciséis de Ezequiel, donde Yahvé, viendo a la joven Israel abandonada, en ruinas y revolcándose en su pro-

16. *Noche oscura*, II.14.1.
17. *Cántico espiritual*, 24.2.
18. Ibid., 22.8.
19. Ibid., 22.6.
20. Ibid.
21. *Llama de amor viva*, 3.28.

El viaje místico hoy

pia sangre, la ama tan profundamente que la toma a su cuidado para criarla y hacerla su amada esposa y reina:

> Y cuando saliste a luz, en el día de tu nacimiento no te cortaron el ombligo, ni te lavaron con agua purificadora, ni usaron contigo la sal, ni fuiste envuelta en pañales. Nadie te miró compasivo, ni se apiadó de ti para hacer contigo alguno de estos oficios; sino que fuiste echada sobre el suelo con desprecio de tu vida el día en que naciste (Ezequiel 16, 4-5).

Ésta era la pequeña Israel. Ésta es la raza humana. Ésta es el alma individual. Todos estamos desvalidos, abandonados, detestados, olvidados en el suelo.

Pero Yahvé nos vio y se llenó de compasión:

> Y pasando yo cerca de ti, te vi revolcándote en tu propia sangre; y te dije en tu sangre: Vive. Y creciste como la hierba de los campos. Te desarrollaste, te hiciste grande y llegaste a la edad núbil. Se afianzaron tus senos y tu cabellera se hizo abundante; pero tú estabas desnuda (Ezequiel 16, 6-7).

Y cuando la virgen Israel creció y se hizo bella, Yahvé selló una alianza con ella, tomándola como esposa:

> Y pasé junto a ti, y te vi, y estabas tú ya entonces en la edad de los amores, y extendí yo sobre ti mi manto, y cubrí tu ignominia, y te hice un juramento, e hice contigo un contrato (dice el Señor Dios), y desde entonces fuiste mía. Y te lavé con agua, y te limpié de tu sangre, y te ungí con óleo (Ezequiel 16, 8-9)

Ahora ella habrá de convertirse en la reina gloriosa y privilegiada. Yahvé la engalana con adornos, le pone brazaletes en las manos, un collar alrededor del cuello, un anillo en la nariz, zarcillos en las orejas, y una bella diadema en la cabeza. Está vestida con ropajes de plata y oro; come harina y aceite. Yahvé sigue diciendo:

> Viniste, en fin, a ser extremadamente bella. Y tu hermosura te adquirió nombradía entre las naciones, gracias al esplendor de que yo te revestí, dice el Señor Dios (Ezequiel 16, 13-14)

San Juan de la Cruz cita a Ezequiel al completo y explica: «y de este talle

Teología mística

está el alma de que aquí vamos hablando».[22] Lo importante es que la iniciativa amorosa parte de Dios y que todo en el camino místico es un don, ¡y qué don! La pequeña abandonada y desvalida acabará por convertirse en la ardorosa y bella esposa del Verbo Encarnado.

EL MATRIMONIO ESPIRITUAL

Un aspecto importante de la relación marital es que la esposa y el esposo son iguales, y que esta igualdad procede del amor. San Juan vuelve continuamente sobre este tema y escribe que el Hijo de Dios desea exaltar al alma y hacerla su igual:

> Porque la propiedad del amor es igualar al que ama con la cosa amada. De donde porque el alma aquí tiene perfecto amor, por eso se llama esposa del Hijo de Dios, lo cual significa igualdad con él, en la cual igualdad de amistad todas las cosas de los dos son comunes a entrambos, como el mismo Esposo lo dijo a sus discípulos diciendo: «Ya os he dicho mis amigos, porque todo lo que oí de mi Padre os lo he manifestado» (Jn 15, 15).[23]

El Esposo ama a la esposa de tal manera que la hace su igual, y por su parte, la esposa tiene un gran deseo de ser igual al Hijo de Dios:

> La pretensión del alma es la igualdad de amor con Dios, que siempre ella natural y sobrenaturalmente apetece, porque el amante no puede quedar satisfecho si no siente que ama cuanto es amado.[24]

Aquí no sólo nos encontramos con el lenguaje de la hipérbole, sino que el santo justifica su extraordinaria tesis con una teología tomista que afirma que Dios, que no ama nada fuera de sí, de alguna forma pone al alma dentro de sí y la hace su igual:

> Es de notar... que Dios, así como no ama cosa fuera de sí, así ninguna cosa ama más bajamente que a sí, porque todo lo ama por sí, y así el amor tiene la razón del fin; de donde no ama las cosas por lo que ellas son en sí. Por tanto,

22. *Cántico espiritual*, 23.6.
23. Ibid., 28.1.
24. Ibid., 38.3.

El viaje místico hoy

amar Dios al alma es meterla en cierta manera en sí mismo, igualándola consigo, y así ama al alma en sí consigo, con el mismo amor que él se ama.[25] Dios ama porque ama; se ama a sí mismo y a todas las cosas en sí. Es de este modo como san Juan explica la vocación sublime de la persona humana, que no es ni más ni menos que una llamada a la divinización y a la igualdad con Dios a través del amor.

El matrimonio se ha consumado. De la misma forma que en el Génesis se dice que en la consumación del matrimonio carnal dos se hacen una sola carne, cuando se consuma el matrimonio espiritual entre Dios y el alma hay dos naturalezas en un espíritu y amor, como expresa san Pablo al hacer la misma comparación: «Quien está unido con el Señor es con él un solo espíritu» (1 Cor 6, 17).[26] Es importante observar al respecto que en este matrimonio hay un espíritu y un amor, pero hay, sin embargo, dos naturalezas. El alma es divinizada a través del amor, aunque la naturaleza humana nunca se convierte en naturaleza divina. San Juan de la Cruz pone buen cuidado en evitar cualquier mácula de panteísmo.

La unión es tan extraordinaria que el santo escribe:

> El desposorio espiritual es una transformación total en el Amado, en que se entregan ambas partes por total posesión de la una a la otra, con cierta consumación de unión de amor, en que está el alma hecha divina y Dios por participación, cuanto se puede en esta vida.[27]

En otras obras el místico español utiliza comparaciones diferentes, diciendo que los dos se hacen uno como la ventana se une con el rayo de luz o el carbón con el fuego o la luz de las estrellas con la luz del sol. Pero en última instancia no hay palabras para describir esta unión, como tampoco ninguna palabra puede describir el ser de Dios.

MISTICISMO Y SEXUALIDAD

Es un hecho generalmente aceptado que desde los primeros siglos de nuestra era el enfoque cristiano con respecto a la sexualidad ha sido negativo, lo que algunas veces se atribuye a la influencia neoplatónica en los

---

25. Ibid., 32.6.
26. Ibid., 22.3.
27. Ibid.

Teología mística

Padres de la Iglesia, que es muy evidente en la tradición mística. Orígenes, que rechazaba violentamente su propia sexualidad y optó por una interpretación totalmente espiritual del Cantar de los Cantares, se levanta como un gigante en las fuentes de la corriente mística, y su influencia neoplatónica todavía pervive en nosotros. Pero junto con su enfoque negativo hacia la sexualidad había un amor positivo por el celibato y la virginidad con una apreciación de que la abstinencia por el reino es un camino privilegiado a Dios. Ésta es, sin duda, una de las glorias de la tradición mística cristiana.

El matrimonio se consideraba la segunda mejor opción. Había, por supuesto, místicos casados, pero nunca estaba demasiado claro cómo integraban la experiencia sexual con la oración mística. Por lo que respecta a los célibes podemos decir que, mientras el ideal de muchos era transformar la energía sexual en energía espiritual, como hicieron Francisco de Asís y Teresa de Ávila, otros tantos consideraban que debían reprimir o rechazar su sexualidad para poder transitar el camino místico que lleva a Dios.

Santa Teresa se expresa de una forma típica cuando habla del matrimonio espiritual:

> Y aunque sea grosera comparación, yo no hallo otra que más pueda dar a entender lo que pretendo, que el sacramento del matrimonio. Porque aunque de diferente manera, porque en esto que tratamos jamás hay cosa que no sea espiritual (esto corpóreo va muy lejos, y los contentos espíritus que da el Señor, y los gustos, al que deben tener los que se desposan, van mil leguas los unos de los otros), porque todo es amor con amor, y sus operaciones son limpísimas, y tan delicadísimas y suaves, que no hay cómo decirse...[28]

Aquí Teresa dice algo importante: que las alegrías del espíritu son mucho más grandes que los placeres de la carne, pero no acierta a ver que también las personas casadas pueden experimentar los gozos espirituales. En otro punto reconoce que los casados pueden transitar el camino de la santidad, pero dice que a velocidad de gallina.

En un artículo sobre misticismo y sexualidad Bernard McGinn observa que la tradición mística cristiana ha visto poca conexión entre la sexualidad y la santidad.[29] Mientras que los místicos cristianos utilizan des-

28. *Castillo interior*, V. 4.3.

El viaje místico hoy

de la época de Orígenes abundantes imágenes sexuales –tanto, que hay una conexión entre el misticismo y el lenguaje erótico– se abstienen de la práctica sexual por considerarla incompatible con el camino místico a Dios. Éste es un contraste agudo con el judaísmo y el islam, donde la práctica sexual, además de la imaginería sexual, tienen su presencia en la vida mística. «Los judíos y los musulmanes», dice Bernard McGinn, «fueron capaces de desarrollar tipos de misticismo que utilizaban la actividad sexual transformada; es decir, la relación sexual practicada en y como parte de una disciplina sexual».[30] En el judaísmo el mandato de Dios de procrear tuvo su importancia en la vida mística. En el islam la mayoría de los místicos estaban casados; y de acuerdo con Ibn Arabi, el «Supremo Maestro» de los sufíes, la actividad sexual del místico verdadero es una honrosa manera de llegar a la unión con Dios.

El profesor McGinn tiene gran estima por los valores de celibato y virginidad en relación a la tradición mística cristiana, pero se pregunta si ésta es la única forma viable de misticismo cristiano. En el umbral de una nueva era en este misticismo, McGinn hace la siguiente y significativa pregunta:

> Si el interés actual por la espiritualidad y por el misticismo indica la posibilidad del comienzo de lo que podría convertirse en un nuevo estadio, o estrato, en la larga historia del misticismo cristiano, uno que no anule lo anterior, sino que al contrario aprendiera de él para crear sus propias posibilidades nuevas para una vida más profunda en Dios, la cuestión de qué hacer con la sexualidad se convertiría... en uno de los problemas más serios a los que habremos de enfrentarnos.[31]

¿Qué hacer con la sexualidad? La respuesta no es clara. La sexualidad nunca debe ser reprimida, sino que tanto los casados como los célibes deben integrarla y transformarla. Pero, ¿cómo se puede llevar a cabo esta transformación?

San Juan de la Cruz, como ya se ha dicho, insiste en que sólo se produce mediante la noche oscura, que es una influencia de Dios en el alma,

---

29. Cf. «Mysticism and Sexuality», de Bernard McGinn, en *The Way*, Suplemento 77, verano, 1993.
30. Ibid.
31. Ibid.

Teología mística

una profunda y desgarradora purificación de la persona entera; y estamos legitimados para preguntar si hay otro camino o si la noche oscura puede adoptar otra forma para las personas que estén casadas.

Al enfrentarse con este desafío, el profesor McGinn sugiere sabiamente el diálogo con el judaísmo y el islam. Aquí podríamos añadir otra sugerencia: dialogar también con Asia.

Las culturas china y japonesa han encontrado la manera para dirigir, guiar y equilibrar la energía psíquica que fluye en el cuerpo humano. Esta es una preocupación fundamental en la medicina china, asi como en las artes marciales. Pero es sobre todo en la meditación donde se logra la transformación de la energía a través de la respiración y la postura, y sobre todo a través de la vivencia de un compromiso total con la fe. E incluso más importante que el diálogo con China y Japón es el diálogo con India y Tibet, donde está muy desarrollada la transformación de la energía sexual en el yoga *kundalini*. Es evidente que «diálogo» no es sinónimo de una aceptación y asimilación total, sino que se refiere al estudio prudente a partir de la buena voluntad y la fidelidad a la verdad.

Este diálogo exige tanto una gran erudición como una gran experiencia mística. Va más allá de lo que pretende este libro, en el que será suficiente que reflexionemos sobre lo que la tradición mística cristiana postula hoy.

COMUNIDAD DE AMOR

Refiriéndose a la vocación universal a la santidad, el Concilio Vaticano II apunta que las personas casadas tienen su propio y singular camino hacia Dios. Describe una espiritualidad del matrimonio que bien podría convertirse en la base de un misticismo no menos poderoso, no menos trascendental, no menos exigente que el que vivieron Orígenes, Bernardo, Teresa de Jesús, y los demás.

El Concilio nos recuerda que Dios es autor del matrimonio, y que la íntima relación de la vida de casados está enraizada en la alianza conyugal de consentimiento personal irrevocable. Porque una unión que está moldeada a imagen de la alianza entre Israel y Yahvé alumbra una comunidad de amor, es un camino como el de Cristo, que se entregó por su esposa la Iglesia:

El viaje místico hoy

Pues de la misma manera que Dios en otro tiempo salió al encuentro de su pueblo con una alianza de amor y fidelidad, ahora el Salvador de los hombres y Esposo de la Iglesia, mediante el sacramento del matrimonio, sale al encuentro de los esposos cristianos. Permanece además con ellos para que, como Él mismo amó a la Iglesia y se entregó por ella, así también los cónyuges, con su mutua entrega, se amen con perpetua fidelidad.[32]

Es así como Cristo el Salvador entra en esta comunidad de amor y camina con la familia. Puede que haya una presencia de Cristo similar al sentido de presencia que experimentan los místicos, y lo que es más importante, hay una progresiva divinización de la familia cuando «el amor conyugal es asumido en el amor divino»[33] y cuando «hay una fusión de lo humano y lo divino».[34] Así nos aproximamos al matrimonio espiritual que es la cumbre de la vida mística.

Quisiéramos apuntar que en este sentido es probable que se produzca en la teología mística una evolución o desarrollo, ya que en tanto que la tradición cristiana temprana, siguiendo al judaísmo, contemplaba el matrimonio espiritual como una unión entre Dios e Israel, y Orígenes lo entendía como una unión entre Dios y la persona individual, ahora nosotros concebimos el matrimonio como una unión entre Yahvé y la pareja de casados. Ahora sabemos que la pareja camina mano a mano subiendo el Monte Carmelo y atravesando la noche oscura del alma. Porque de ellos es todo el sufrimiento, todo el éxtasis y toda la agonía; pero en un contexto nuevo.

Sin separar la relación sexual del contexto general del amor conyugal, el Concilio dice que el acto marital expresa y perfecciona la alianza de amor que existe entre los cónyuges:

> Este amor se expresa y perfecciona de manera singular en el acto propio del matrimonio. Por ello, los actos con los que los esposos se unen íntima y castamente entre sí son honestos y dignos, y, realizados de modo verdaderamente humano, significan y fomentan la recíproca donación, con la que se enriquecen mutuamente con alegría y gratitud.[35]

32. *Gaudium et Spes*, II.1.48.
33. Ibid.
34. Ibid., II.1.49.
35. Ibid.

Teología mística

Esta donación recuerda la entrega de Cristo en la muerte por su esposa la Iglesia. Esta entrega total de sí es parte integral de una vida mística que se centra en *todo o nada,* y la relación sexual da significado y promociona tal entrega.

Que la relación sexual ha de tener lugar en el contexto de la oración es algo que nace de la tradición bíblica. No tenemos más que leer el Libro de Tobías:

> Habían salido todos, y la puerta del dormitorio estaba ya cerrada. Se levantó entonces Tobías y le dijo a Sara: «Levántate, prima; recemos y supliquemos a nuestro Señor para que tenga misericordia de nosotros y nos proteja» (Tob 8, 4).

Es entonces cuando Tobías dice: «Ahora, Señor, tomo a mi prima no por placer, sino con elevados sentimientos» (Tob 8, 7). Como en el resto de los textos bíblicos, el Libro de Tobías idealiza la unión sexual al tiempo que apela a la restricción de la misma.

El profesor McGinn seguramente tiene razón cuando llama al diálogo con otras tradiciones religiosas que integran la relación sexual en el camino místico. Cuando comencemos a dialogar no nos cerremos a la posibilidad de que estas tradiciones místicas también puedan enseñarnos el valor de la abstinencia sexual en ciertos momentos –abstinencia periódica– para poder transitar por el camino místico con más seguridad. Esto es lo que nos dicen el judaísmo y el islamismo, y especialmente el auténtico budismo tántrico que, lejos de abogar por la desenfrenada indulgencia en el aspecto sexual, exige el ascetismo más riguroso.

Pero podemos preguntarnos qué valor tiene la abstinencia periódica o los periodos de celibato.

En este punto los hombres y mujeres que aspiren al misticismo dentro del matrimonio harán bien en reflexionar sobre lo que los autores antiguos llamaban «el uso y no-uso de las criaturas». Hay un tiempo en que los seres humanos, en su camino hacia Dios, encuentran amor, energía, alegría y fuerza en el uso de cosas creadas, y hay un tiempo en el que los seres humanos encuentran amor, energía, alegría y fuerza no haciendo uso de esas mismas cosas creadas. Como el anciano y sabio Qohélet dijo, hay un tiempo para todo bajo el sol, hay un tiempo «de abrazar y tiempo de alejarse de los abrazos» (Eclesiastés 3, 5). Todo es una cuestión de tiempo.

Que hay un tiempo para abrazar es evidente. Hay un tiempo para expresar el auténtico amor físico, para rendirse al otro, para colaborar con

Dios en la tarea de la creación. Por lo tanto, ¿por qué restringirnos de abrazar?

En este sentido debemos recordar que de la misma manera que el ayuno clarifica la mente preparándola para la oración, también el abstenerse de la relación sexual sobre la base del mutuo acuerdo puede dar origen a una claridad similar. Pablo se lo escribe prudente y cautamente a los Corintios: «No os defraudéis el derecho recíproco, a no ser por algún tiempo de común acuerdo, para dedicaros a la oración...» (1 Cor 7, 5). Por lo tanto, la abstención sexual periódica, de mutuo acuerdo, favorece el distanciamiento de los sentidos externos y hace que se despierten los sentidos espirituales interiores. Liberados de la tiranía de los sentidos, hombres y mujeres pueden amarse los unos a los otros con un amor místico que trasciende lo sexual, sin excluirlo. De manera que es posible que, especialmente en nuestros días, los padres responsables, entendiendo que deben limitar la familia, se vean llamados a la abstinencia periódica. No es necesario decir que este hecho presupone la oración asidua, el diálogo sincero, sensibilidad hacia la acción del Espíritu en uno mismo y en el otro, discernimiento prudente, y auténtico amor. Todo ello forma parte del camino místico.

Por último, debemos decir que mucho de lo que se ha escrito aquí sobre el matrimonio es necesariamente provisional. La teología mística de la vida matrimonial todavía está por escribir. Sin duda la escribirán hombres y mujeres que han leído juntos el Cantar de los Cantares, que han subido el Monte Carmelo, atravesado la noche del alma, y que aspiran a llevar a la plenitud el matrimonio espiritual con el Verbo Encarnado.

Dieciséis
UNIÓN

TODAS LAS COSAS SON UNA

En el transcurso de este siglo, científicos de todos los países han llegado a la conclusión de que existe una unidad en todo el universo. La antigua concepción newtoniana de los cuerpos sólidos y de entidades separadas que se movían en el espacio y en el tiempo ha dado paso a una nueva cosmovisión que entiende el universo como un campo de energía dominado por la conciencia. Sabemos ahora que existe interrelación e interdependencia entre todas las cosas creadas hasta el punto de que ya no es posible separar al observador de la cosa observada. Al penetrar en los secretos del mundo subatómico, los científicos han visto con sorpresa que la lógica antigua no podía ser ya aplicada, y se encuentran, por tanto, frente a un universo de incertidumbre.

Albert Einstein, que estaba convencido de que Dios no juega a los dados, buscó sin descanso el fundamento unificado de la física. Otros muchos científicos han seguido sus pasos; algunos de ellos lo han hecho mediante la filosofía asiática, en la convicción de haber encontrado una extraordinaria semejanza entre sus hallazgos científicos y las percepciones de los místicos orientales. Un distinguido físico japonés se ha unido recientemente a esta búsqueda. Mutsuo Yanase opina en un libro titulado *Conocer a Dios a través de la ciencia* que la fuerza unificadora es la existencia, y en última instancia la fuente de toda existencia, es decir, Dios.[1]

---

1. Cf. *Meeting God through Science: Hidden Realism*, Mutsuo Yanase, traducido con un prólogo de William Johnston, Sophia University, 1991. Mutsuo es licenciado por la Universidad de Tokio y estudió en Princeton con Robert Oppenheimer, con

Teología mística

A través de lo que él llama «realismo oculto» Yanase consigue percibir una existencia que se encuentra en todas las existencias, que está oculta pero que es muy real. En su opinión esta realidad no se percibe mediante la lógica formal con su conocimiento claro y conceptual, sino mediante una lógica confusa que proporciona conocimiento oscuro en una nube de no saber. Esta realidad es el Dios de los místicos cristianos.

En todo este proceso el profesor Yanase pasa de la física a la metafísica, y está especialmente influido por Aquino, que además de místico consumado era un metafísico de gran altura. En ambas dimensiones Aquino tuvo una visión profunda del universo como unidad en Dios.

TODAS LAS COSAS NO SON UNA

Si todas las cosas son una, el sentido común nos dice que todas las cosas no son una. Esta es la contradicción a la que se enfrentaron los filósofos griegos, y a partir de la que formularon la cuestión del «uno y lo múltiple». Aquino heredó este problema, y siguiendo a Aristóteles le dio una solución al mantener que todas las cosas son una por razón de su existencia (*que son*), y muchas por razón de su esencia (*lo que son*). En Dios, que es el origen, esencia y existencia son la misma cosa. El Ser que unifica todos los seres es Dios.

Pero hay todavía otra manera —una manera trágica— de estar separados. Desgarrados por la soberbia, la codicia, la lujuria, la gula, la envidia, la ira y la pereza, hemos combatido los unos contra los otros, nos hemos apartado del universo en el que vivimos. Las disputas políticas, sociales, económicas, raciales e ideológicas continúan incluso hoy en día, y junto a estas pasiones desatadas se alza el peligro de una guerra que puede reducirlo todo a cenizas.

La filosofía budista es consciente de todo ello. Ve que todo es sufrimiento (*dukkha*). Habla de ilusión (*maya*) y del ilusorio ser separado, del dualismo pernicioso y del karma heredado de vidas pasadas. Y tiene la esperanza de que todos los seres sensibles, al convertirse en budas, entrarán en el nirvana. Éste es el camino místico budista en el que el pequeño ego separado se disuelve para que todo se haga uno.

Para san Juan de la Cruz y para la teología mística tradicional todo se

---

quien tuvo una estrecha relación. En la actualidad es profesor emérito de la Universidad de Sophia.

El viaje místico hoy

remonta al jardín del Edén y a la sublevación contra Dios. Adán y Eva eran contemplativos, vivían en armonía consigo mismos y con el entorno. Adán, que vivía en comunión con Dios, dio nombre a todos los animales mientras caminaba por el jardín de las delicias. Pero él y la mujer cayeron en desgracia y vivieron desde entonces un cruel dualismo que les separaba de Dios, de la madre tierra, y al uno del otro. Y nosotros, desgraciados hijos de Eva, hemos heredado su pecado.

El camino místico es un regreso a la unión, es decir, es un regreso a la unión con Dios, a la unión con todos los hombres y mujeres, con el universo y con nosotros mismos. ¡Pero qué gran lucha es ésta! El viaje sería completamente imposible sin la gracia de Dios.

LA UNIÓN CON DIOS

San Juan de la Cruz, en tanto que tomista convencido, vio que todas las cosas son una en razón de su existencia en Dios. Hablando de la unión mística escribe:

> Para entender, pues, cuál sea esta unión de que vamos tratando, es de saber que Dios, en cualquier alma, aunque sea la del mayor pecador del mundo, mora y asiste sustancialmente. Y esta manera de unión siempre está hecha entre Dios y las criaturas todas, en la cual les está conservando el ser que tienen; de manera que si de ellas de esta manera faltase, luego se aniquilarían y dejarían de ser.[2]

De esta manera Dios es la realidad oculta, manteniendo todas las cosas en existencia.

Sin embargo, como teólogo místico, a san Juan de la Cruz le preocupa sobre todo otra unión que procede del amor. «Y así», escribe, «cuando hablamos de unión del alma con Dios, no hablamos de esta sustancial, que siempre está hecha, sino de la unión y transformación del alma con Dios, que no está siempre hecha, sino sólo cuando viene a haber semejanza de amor».[3]

La unión con Dios a la que se refiere la teología mística es, por tanto, una unión mediante el amor, y el fruto de un viaje de amor. Depende de la

---

2. *Subida*, 2.5.3.
3. Ibid.

Teología mística

gracia de Dios y de la voluntad libre del hombre. Este viaje es la *Subida del Monte Carmelo* con su *nada, nada, nada;* es la noche oscura que purifica y libera de las cadenas del pecado y de los afectos desmedidos aun cuando torture y atormente al alma: «Cuando el alma quitare de sí totalmente lo que repugna y no conforma con la voluntad divina, quedará transformada en Dios por amor».[4] En otras palabras, cuando el alma se libere a sí misma de todo lo que repugna y no se conforma con la voluntad divina, su ser se convierte en enamorado de Dios.

Este amor se puede describir en razón de la inhabitación, como si el Esposo estuviera dormido en lo profundo del alma:

> ¡Oh, cuán dichosa es esta alma que siempre siente estar Dios descansando y reposando en su seno! ¡Oh, cuánto le conviene apartarse de cosas, huir de negocios y vivir con inmensa tranquilidad, porque aun con la más mínima motica o bullicio no inquiete ni revuelva el seno del Amado![5]

Y así como hay muchas mansiones o moradas en el castillo interior, también hay muchas formas de que Dios habite en los seres creados:

> En algunas almas mora solo y en otras no mora solo; en unas mora agradado y en otra mora desagradado. En unas mora como en su casa, mandándolo y rigiéndolo todo, y en otras mora como extraño en casa ajena, donde no le dejan mandar nada ni hacer nada.[6]

Pero la unión se puede hacer tan poderosa que el alma parece ser Dios:

> Cuando Dios hace al alma esta sobrenatural merced, que todas las cosas de Dios y el alma son unas en transformación participante. Y el alma más parece Dios que alma, y aun es Dios por participación; aunque es verdad que su ser naturalmente tan distinto se le tiene del Dios como antes, aunque está transformada, como también la vidriera le tiene distinto del rayo, estando de él clarificada.[7]

No hay duda de que san Juan de la Cruz se refiere a su propia experiencia.

---

4. Ibid.
5. *Llama de amor viva*, 4.15.
6. Ibid., 4.14.
7. *Subida*, 2.5.7.

Sabe que al principio de la vida contemplativa experimentamos un sentido de presencia con la convicción de que Dios está en nosotros y alrededor nuestro. Primero tenemos la oración del silencio de Teresa donde la persona se une con Dios a un nivel profundo mientras que la imaginación –la loca de la casa– corretea alegremente de aquí allá. Luego se produce una profunda unión en la que estamos totalmente inmersos en Dios como una esponja en el vasto océano. Atravesando la noche oscura uno se olvida tan completamente de sí que «el alma más parece Dios que alma». Ahora el alma es Dios «por participación».

Con estas palabras san Juan de la Cruz se hace eco de la frase bíblica citada constantemente por los místicos orientales –«para hacernos partícipes de la naturaleza divina» (2 Pedro 1,4). Y lo que es más, sigue a Aquino en cuanto a que propugna que compartimos el ser de Dios por analogía. Sin embargo, experimentar esta unión profundamente es algo estremecedor. Si fuera abandonada a sí misma el alma podría pensar que se ha hecho Dios, pero por la fe sabe que es distinta de Dios de la misma manera que la ventana iluminada por el haz de luz tiene un ser distinto del haz.

En la vida cristiana, por otra parte, toda unión con Dios es a través de Jesucristo nuestro Señor. Por lo tanto, es necesario que consideremos el papel de Cristo en la unión mística.

LA UNIÓN CON CRISTO

Cristo es el Esposo con quien se une el alma en el matrimonio místico. Para comprender a los místicos es importante recordar su creencia de que Cristo, el Esposo, es el Verbo eterno de Dios, consustancial con el Padre. «En el principio era el Verbo, y el Verbo estaba en Dios, y el Verbo era Dios» (Juan 1, 1). Es más, el Verbo ilumina a todos los que vienen a este mundo y lo ha hecho así desde el principio de los tiempos. El Concilio Vaticano II, en la línea de los Padres de la Iglesia, lo manifiesta claramente:

> Antes de hacerse carne para salvar a todas las cosas y para recapitularlas en Él, ya estaba en el mundo «como luz verdadera que a todos ilumina».[8]

El Verbo se ha manifestado a todo hombre y mujer que haya nacido, y por

---

8. *Gaudium et Spes*, 57.

Teología mística

su Encarnación se unió a todos los hombres y a todas las mujeres. Esto, de nuevo, lo manifiesta el Concilio claramente:

> El Hijo de Dios, con su Encarnación, se ha unido, en cierto modo, con todo hombre y mujer. Trabajó con manos de hombre, pensó con inteligencia humana, obró con voluntad humana, amó con corazón humano.[9]

Después de su muerte en la cruz, el Verbo Encarnado entró en su gloria de acuerdo con su propia oración: «Ahora glorifícame tú, ¡oh Padre!, en ti mismo, con aquella gloria que tuve yo en ti antes que el mundo fuese» (Jn 17, 5), y continúa iluminando a todo hombre y mujer poniéndolos en contacto con su cruz y resurrección. El Concilio también lo entiende así al decir:

> Puesto que Cristo murió por todos y puesto que la vocación última del hombre es realmente una, es decir, la vocación divina, debemos creer que el Espíritu Santo ofrece a todos la posibilidad de que, de un modo conocido sólo por Dios, se asocien a este misterio pascual.[10]

Ésta es la universalidad de la gracia de Cristo, Señor del Universo, ante quien toda rodilla ha de inclinarse y toda lengua confesar que Jesucristo es el Señor para gloria de Dios Padre.

El místico, por tanto, se une en un amor transformador con el Jesús glorificado. Éste es el Jesús que dijo: «Y cuando yo sea levantado en la tierra atraeré a todos hacia mí» (Jn 12, 32). Éste es el Jesús de quien se escribe: «Vivo, pero no yo, es Cristo quien vive en mí» (Gál 2, 20). Este Jesús transformado es tan distinto del Jesús histórico que Pablo exclama: «Si antes conocimos a Cristo en cuanto a la carne, ahora ya no le conocemos así» (2 Cor 5, 16). Sin embargo, Pablo se refiere al mismo Cristo, al Jesús que murió en la cruz, cuando dice: «Traemos siempre en nuestro cuerpo los mortales sufrimientos de Jesús, a fin de que la vida de Jesús se manifieste también en nuestros cuerpos» (2 Cor 4, 10).

Poco antes de su muerte en su *ashram* en el sur de la India, Bede Griffiths (1906-1993) escribió una breve descripción de su oración personal. Durante más de cincuenta años –nos dice– recitó la oración de Jesús como

---

9. Idem., 22.
10. Ibid.

El viaje místico hoy

el peregrino que caminaba por Rusia recitaba el nombre de Jesús: «Señor Jesús, Hijo de Dios, ten piedad de mí, pecador». Cuando no estaba ocupado en otra actividad o pensando otra cosa la oración continuaba calladamente, algunas veces incluso mecánicamente. Y podemos añadir que alguien muy cercano a Bede cuenta cómo, en el momento de morir, sus labios proferían la oración de Jesús.

Lo que interesa aquí es el significado teológico de la oración:

Cuando exclamo «Señor Jesucristo, Hijo de Dios», pienso en Jesús como el Verbo de Dios, que abarca el cielo y la tierra y se revela a toda la humanidad en modos distintos y con distintos nombres y formas. Yo considero que su Palabra «ilumina a todos los que vienen a este mundo», y aunque es posible que no se reconozca así, está presente en todo ser humano en las profundidades de sus almas. Más allá de palabras y pensamientos, más allá de señales y símbolos, este Verbo habla en secreto en todos los corazones en todo tiempo y lugar.[11]

Estas palabras recuerdan la declaración del Concilio de que la gracia llama a todas las personas al Verbo: desde el principio de los tiempos el Verbo ha estado iluminando a todos los que nacen en el mundo. Bede continúa: «Creo que el Verbo se encarnó en Jesús de Nazaret y que en él podemos encontrar una forma personal del Verbo a quien rezar y en quien confiar».[12] En otras palabras, podemos rezar íntimamente al Jesús que anduvo por el mar de Galilea y que murió en la cruz, al mismo tiempo que creemos por la fe que el mismo Jesús, cósmico y glorificado, se le revela a todos los hombres y mujeres que han existido o existirán. Ésta es la grandeza de la unión mística con Cristo, el Verbo Encarnado.

Pero no hemos llegado aún al final, porque mediante la unión con Jesús, que es el Hijo, nos unimos al Padre en una experiencia trinitaria que

---

11. «In Jesus' name», de Bede Griffiths, en *The Tablet*, Londres, 18 de abril, 1992.
12. Ibid. En otro lugar, Bede vuelve a poner énfasis en la singularidad de Jesús: «El valor singular del cristianismo radica en su estructura profundamente histórica. Es éste un punto clave para mí. Cristo no es un avatar. La Encarnación es un acontecimiento histórico singular y Jesús es una personalidad histórica única. Al reunir en sí todas las cosas, toda la humanidad, y toda la materia, él transforma el mundo, devolviendo el cosmos a su origen en la realidad trascendente que él llama Abba Padre. Esto es algo único» («The New Consciousness», de Bede Griffiths, en *The Tablet*, Londres, 16 de enero, 1993).

Teología mística

habrá de alcanzar el clímax en el *eschaton;* «entonces conoceréis que yo estoy en mi Padre, y que vosotros estáis en mí, y yo en vosotros» (Jn 14, 20).

DIMENSIÓN ECLESIAL

En las escrituras hebreas Yahvé es el Esposo y el pueblo de Israel es su amada esposa. En el Nuevo Testamento Jesús es el Esposo y la Iglesia –la nueva Israel– es su amada esposa. Hoy la Iglesia, a pesar de sus pecados, continúa siendo la amada esposa, como nos dice el Concilio Vaticano II cuando habla de «la esposa de la Palabra hecha carne y discípula del Espíritu Santo»,[13] diciéndonos que «Dios, que habló en otros tiempos, sigue conversando siempre con la esposa de su Hijo amado».[14] En resumen: la esposa es, ante todo, la comunidad.

Aunque Orígenes identificaba a la persona individual con la esposa, nunca olvidó la dimensión eclesiástica de la experiencia mística, y la teología mística subsecuente, siempre práctica y pastoral, siguió advirtiéndoles a las personas inclinadas a la oración mística que no debían ser escapistas aislados, porque, por muy solitaria que pudiera ser la vida en el desierto o en la montaña, siempre formaban parte del cuerpo místico de Cristo, con una inclinación a orar, a sufrir y a hacer penitencia por la salvación de todo el mundo. Dicho de un modo concreto: sus vidas debían enraizarse en los sacramentos. Su llamada mística se origina en el bautismo, donde, como san Pablo, murieron y resucitarán a una nueva vida. Pero incluso más importante es la Eucaristía, el pan de la vida, que alimenta la oración contemplativa. Y, por supuesto, todos somos pecadores y necesitamos el sacramento de la reconciliación.

La teología mística tradicional, que sabe por experiencia que el camino místico está lleno de escollos y potenciales decepciones, insiste en que los contemplativos deben consultar y obedecer a un director, puesto que las revelaciones y los mensajes de las alturas pueden ser una trampa y un camino a la destrucción. Por otra parte, las declaraciones de los místicos de que se sometían en todas las cosas al juicio de la Iglesia han sido interpretadas como temerosas protestas de hombres y mujeres que se enfrentaron con una jerarquía opresora o con una inquisición implacable y vigi-

13. *Dei Verbum*, 23.
14. Ibid., 8.

El viaje místico hoy

lante; pero es más probable que sus palabras deriven de una verdadera falta de seguridad en sí mismos y de una genuina creencia en que el Espíritu estaba obrando en todo el cuerpo de quien eran miembros débiles y falibles, capaces de caer en la ilusión a cada paso.

Porque la verdad es que muchos místicos estuvieron profundamente comprometidos con la iglesia institucional y con su arbitraria política. Algunos, como Gregorio Magno y Pio X, eran papas. Otros fueron obispos, como Agustín de Hipona y Anselmo de Canterbury. Algunos fundaron órdenes religiosas, y otros, como santa Catalina de Siena, tuvieron un papel profético y se enfrentaron a grandes conflictos por desafiar a sus autoridades y luchar enérgicamente contra ellas.

Uno de los místicos más gloriosos y tiernos de la historia cristiana tenía una vocación profundamente eclesial. Nos referimos a María Magdalena, que se sentó llena de amor a los pies de Jesús, y que siempre será considerada un modelo de oración mística. De pie ante la cruz ella atravesó llena de agonía su noche oscura. Tuvo un profundo despertar (¿quizá fuera un matrimonio espiritual?) cuando Jesús dijo «María» y ella contestó «Rabboni». Pero su vocación sólo alcanzó el clímax cuando fue enviada con las tremendas palabras: «Ve a mis hermanos y diles: Subo a mi Padre y a nuestro Padre; a mi Dios y vuestro Dios» (Jn 20, 17). Más tarde María anunciaría a sus discípulos: «He visto al Señor» (Jn 20, 18). Sobre el testimonio de María Magdalena se fundó la Iglesia institucional.

LA COMUNIDAD AL COMPLETO

Pero la Iglesia es mucho más que la institución, y algunos místicos ocultos y desconocidos han vivido al margen de la Iglesia institucional. Para comprender su experiencia eclesial debemos recordar «la comunión de los santos». Una antigua tradición concibe la Iglesia como comunidad triple:

> La Iglesia militante
> La Iglesia sufriente
> La Iglesia triunfante

Sin utilizar esta terminología el Concilio Vaticano II habló de una Iglesia de Cristo de tres dimensiones:

Teología mística

Mientras tanto, algunos de sus discípulos vagan en la tierra, otros, ya difuntos, están siendo purificados. Otros están en la gloria, contemplando a Dios mismo, y trino, tal cual es.[15]

He aquí a los discípulos de Cristo, los vivos y los muertos, todos unidos en una gran comunidad. El Concilio observa una relación cercana entre los que están vivos y los que han muerto:

> Por lo tanto, la unión de los peregrinos con los hermanos que durmieron en la paz de Cristo de ninguna manera se interrumpe, sino que al contrario, según la constante fe de la Iglesia, se refuerza con la comunicación de los bienes espirituales.[16]

Esta comunidad, formada por innumerables seres humanos, vivos y muertos, se hace aún más espléndida a la luz del Concilio Vaticano II.

La Iglesia militante es hoy el pueblo de Dios que se relaciona de diversas maneras con toda la familia humana: «a esta unidad pertenecen de diversas maneras o a ella están destinados los católicos, los demás cristianos e incluso todos los hombres en general».[17] También incluye a la Iglesia pecadora, de la mano de todos los pecadores en todo lugar, de todos cuanto, habiéndose separado de Dios y de los otros, vagan a tientas en la oscuridad. El místico conforma el núcleo de esta vasta Iglesia, y como Moisés alza la mano para interceder ante Dios por la paz de mundo y por la salvación de toda la familia humana.

La Iglesia sufriente la constituyen aquellos que han muerto y que están siendo purificados. Las almas en el purgatorio, dice san Juan de la Cruz, experimentan la purificación que pasan los místicos en la tierra mediante la noche oscura. Su proximidad con los hombres y las mujeres de la tierra se revive en la oración eucarística: «Recuerda a los hermanos y hermanas que partieron en la esperanza de la resurrección y la vida eterna...».[18]

En la Eucaristía también está presente la *Iglesia triunfante*. «Haznos dignos de compartir la vida eterna con María, la Madre de Dios, los após-

---

15. *Lumen Gentium*, 49.
16. Ibid.
17. Ibid., 17.
18. Segunda Oración Eucarística de la Liturgia Romana.

El viaje místico hoy

toles y todos los santos...».[19] Todos los santos se encuentran presentes en el altar. La vida mística nos comunica con esta vasta asamblea de vivos y muertos de una forma muy real. Algunas veces, en un momento de iluminación, los contemplativos se han sentido en contacto con la totalidad de la existencia y con Dios que es el origen. Han percibido en lo más profundo de su ser la realización de la oración de Jesús —«que todos sean uno; que como tú, ¡Padre!, en mí, y yo en ti, así sean ellos en nosotros» (Jn 17, 21).

EXPERIENCIA MÍSTICA COMUNITARIA

¿Podemos hablar de una experiencia mística comunitaria? ¿Puede una comunidad, como un individuo, entrar en la oración del silencio o en la oración de unión, o atravesar en angustiosa soledad la noche oscura del alma para llegar al matrimonio místico? Si la esposa se identifica con la comunidad, podríamos suponer que sería posible tener una experiencia comunitaria en la que muchas personas, unidas en mente y corazón, sufrieran juntas, y en la que juntas encontraran la iluminación.

El ejemplo típico de una experiencia así es la venida del Espíritu Santo sobre los apóstoles. La comunidad había atravesado una angustiosa noche oscura cuando Jesús fue crucificado y cuando los discípulos huyeron llenos de terror. Ahora, reunidos en un lugar con María y las santas mujeres, oyeron cómo se levantaba, repentinamente, un viento violento, y vieron las lenguas de fuego y se llenaron del Espíritu Santo. San Juan de la Cruz considera que esta experiencia es realmente una experiencia mística. El sonido del viento fiero no fue, en su opinión, sino una manifestación exterior del intenso clamor interior que los apóstoles oyeron en los profundo de sus almas.

En todo el libro de los Hechos de los Apóstoles vemos cómo el Espíritu desciende sobre el grupo, comunicando dones y llenando a todos con su presencia. Del mismo modo, las comunidades fundadas por Pablo oraban juntas como un solo cuerpo, cada uno de ellos con su propio don. A menudo sus oraciones trascendían la conciencia racional y llegaban a la conciencia mística, donde el Espíritu habla según su voluntad.

19. Ibid.

Teología mística

Pero era sobre todo en la Eucaristía donde la comunidad oraba como un cuerpo. Era aquí donde se realizaba la unión más profunda entre ellos y el Señor. «Porque, si hay un solo pan, somos todos un mismo cuerpo, puesto que todos participamos de un mismo pan» (1 Cor 10, 17). Debían ser uno en Jesús como el sarmiento y la vid. Debían ser perfectamente uno como el Padre en el Hijo y el Hijo en el Padre. Al igual que Jesús, que tomó el pan, lo bendijo, y lo cortó, ellos también llegaron a su experiencia: su muerte y su resurrección.

Pero la lucha por la unidad fue tremenda. Dentro de la comunidad había profundas divisiones. Un ejemplo de ello era Corinto, donde Pablo preguntó con enfado si Cristo había sido dividido, donde la Eucaristía no era una experiencia mística, sino una excusa para la diversión bulliciosa y la bebida. «Ahora pues, cuando vosotros os juntáis ya no es para celebrar la cena del Señor. Porque cada uno se adelanta en comer lo que ha llevado para cenar, y uno pasa hambre, y el otro está ebrio... En eso no os alabo» (1 Cor 11, 20-2).

Desde el principio los cristianos hicieron grandes esfuerzos para crear una comunidad: para compartir sus bienes, para tener un solo corazón y una sola alma, para orar juntos, para ayudarse mutuamente, para recibir juntos los dones del Espíritu, para dar testimonio juntos —«en esto reconocerán todos que sois mis discípulos, si os tenéis amor unos a otros» (Jn 13, 35). Y con el transcurrir de los siglos las grandes familias religiosas (benedictinos, franciscanos, dominicos, jesuitas) continuaron la lucha por construir una experiencia contemplativa comunitaria que estuviera basada en una norma común y en un modo de vida común, fracasando a menudo como los Corintios, a los que Pablo escribió lleno de enojo. La lucha por una comunidad continúa hoy en día que hombres y mujeres de todo el mundo se esfuerzan por hacer frente a las necesidades del mundo nuevo en el que estamos entrando. El ideal evangélico no se cumplirá hasta el *eschaton*. Entonces la familia humana tendrá una experiencia mística comunal cuando la nueva Jerusalén descienda de Dios, dispuesto como una esposa que se engalana para su esposo. Éste es el matrimonio místico; no el matrimonio místico de millones de individuos separados, sino el matrimonio místico de toda la familia humana reunida en uno solo. El Hijo le entregará el reino al Padre, dice san Pablo, «a fin de que Dios lo sea todo en todas las cosas» (1 Cor 15, 28). Padre, Hijo, y Espíritu Santo se convertirán con toda la familia humana y con el cosmos entero en Enamorado de Dios.

AMISTAD CONTEMPLATIVA

De la misma forma que el tema del matrimonio es central en la teología mística, también el tema de la amistad tiene una gran importancia. En este sentido Moisés, a quien Dios habló cara a cara como quien habla a un amigo, es una figura arquetípica. «Ni después se vio jamás en Israel un profeta como Moisés, con quien conversase el Señor cara a cara» (Deuteronomio 34, 10). La imponente figura del Moisés místico, que subió a la montaña y entró en la nube, es fundamental para toda la tradición apofática desde Gregorio de Nisa y Dionisio hasta el autor de *La nube* y san Juan de la Cruz. La amistad entre Yahvé y Moisés era tan íntima que algunos teólogos opinan que Moisés tuvo el privilegio de ver a Dios fugazmente. Esta tesis, a la que hoy nosotros concedemos poca importancia, nos indica en qué alta consideración tenía la tradición mística a este gran profeta.[20]

La amistad tiene un papel fundamental en los Evangelios. Jesús amaba a Marta y a María, y derramó lágrimas por Lázaro. También quiso a Pedro, a Santiago y a Juan. ¡Qué profundamente íntima era su relación con el discípulo bienamado que simboliza a cada cristiano! Sin embargo, no es hasta su último sermón cuando habla enérgicamente de la amistad. El gran amor se basa en el sacrificio, y les dice a los apóstoles que no hay mayor amor que el del que sacrifica su vida por un amigo. «Vosotros sois mis amigos...» (Jn 15, 14). La relación ha cambiado; antes eran siervos, ahora son amigos. El maestro puede amar al siervo, pero no le abre su corazón. Jesús ha revelado todo lo que le oyó al Padre –todo su ser– y este hecho fue motivo no sólo de una gran intimidad, sino también de una relación de igualdad, y dice: «No me elegisteis vosotros a mí; sino que yo soy el que os he elegido a vosotros» (Jn 15, 16) como si se refiriera a que la amistad es un don, y no algo que los discípulos pudieran adquirir mediante la acción humana, o que merecieran por sus buenas obras.

La unión que proviene de esta amistad es como la unión de la vid y el sarmiento. «Permaneced en mí», dice Jesús. «Perseverad en mi amor»

---

20. Cuthbert Butler considera esta cuestión en profundidad y dice para concluir: «Por lo tanto, es posible que toda la concepción de Moisés y de san Pablo con respecto a la visión de la esencia de Dios, esté construida sobre la incorrecta interpretación de san Agustín de una mala traducción de un texto bíblico». (*Western Mysticism*, Dom Cuthbert Butler, Londres, 1926, p. 1 xviii).

Teología mística

(Jn 15, 9) dice. Los discípulos experimentan una profunda unión con Jesús (preludio de otra comunión que experimentarán en la Eucaristía) y se les partió el corazón con su marcha. «Mas», dice, «os conviene que yo me vaya; porque si yo no me voy, el Consolador no vendrá a vosotros, pero si me voy, os lo enviaré» (Jn 16, 7). La experiencia era necesaria, era purificadora. El Espíritu les inspiraría un amor incluso más profundo, una nueva y distinta intimidad. No debían aferrarse a él, como más tarde le diría también a Magdalena que no se aferrara a él. «No me retengas, porque no he subido todavía a mi Padre» (Jn 20, 17).

La unión de la amistad tiene una intensidad creativa, porque así como el sarmiento da frutos, así también lo harán los discípulos; de la misma forma que la madre da a luz a su hijo con gran sufrimiento y se llena de alegría, así también los discípulos darán a luz con gran sufrimiento a su hijo y se llenarán de alegría. Todo conduce a una creatividad dinámica y a una alegría desbordante.

En relación con todo esto es muy importante advertir que el cuarto Evangelio habla no sólo de la amistad con Jesús, sino de la amistad entre los discípulos: «del modo que yo os he amado, así también os améis recíprocamente» (Jn 13, 34). Ellos habrían de lavarse los pies mutuamente como antes lo hiciera Jesús, habrían de sacrificar la vida los unos por los otros en su recuerdo. Como él habitó en ellos, ellos habrían de habitar los unos en los otros, y como él fue su amigo, ellos también habrían de ser amigos entre sí. Tenían que ser uno como Padre e Hijo eran uno. ¡Qué magnífico ideal! No hay duda que los discípulos lo hicieron lo mejor que pudieron; pero el Nuevo Testamento nos muestra una Iglesia incipiente acosada por luchas intestinas y por disputas enconadas.

No obstante, un cierto ideal de amistad penetró en la tradición, influido no sólo por la Biblia, sino también por el *De Amicitia* de Cicerón. En este sentido tuvo una importancia especial el abad cisterciense inglés Aelred de Rievaulx (1110-1167) que, siguiendo a Agustín y a Bernardo, escribió sobre la amistad contemplativa en la vida monástica. Quien es contemplativo en relación con Dios lo será en relación con las personas e incluso en relación con la naturaleza. Es decir, el contemplativo se relaciona a un nivel profundo como en la oración del silencio o en la oración de unión; y cuando esta relación de amor es mutua dará como resultado una comunión silenciosa, una inhabitación profunda de la que nacerá un hijo espiritual. La amistad dará sus frutos como el sarmiento que mora en la vid.

El viaje místico hoy

Contemplando la vida de los místicos es evidente que la profunda amistad contemplativa era casi siempre parte integral de su viaje espiritual. Algunas veces la amistad comenzaba en el contexto de la dirección espiritual, pero con el paso del tiempo, mediante un proceso que recuerda al del siervo y el maestro del cuarto Evangelio, el hijo espiritual se convertía en un amigo maduro y en un igual. En otros casos la relación era entre padre e hijo, como ocurría por ejemplo entre Mónica y Agustín y Tomás Moro y su querida hija Margarita. También se han producido estas amistades contemplativas en las circunstancias corrientes de la vida, como es el caso de Teilhard de Chardin, que afirmaba que su trabajo creativo había sido inspirado por relaciones de afecto que significaban mucho para él. Como es evidente, el amor contemplativo puede existir entre marido y mujer, y de hecho es el mayor don del matrimonio, y recuerda al matrimonio escatológico entre Dios y el alma.

Pero la amistad contemplativa es el final de un largo proceso. Es verdad que algunas veces místicos consumados se han encontrado en lo más profundo de su ser en un momento de iluminación. Pero esto es una excepción; normalmente el viaje al amor contemplativo en las relaciones humanas es una forma de purificación como la subida del Monte Carmelo y la noche oscura del alma.

SUBIDA AL AMOR

En el contexto de la relación hombre-mujer Jung se refiere a cuatro símbolos que describen la subida al amor contemplativo, ya sea en el matrimonio o en el celibato.[21] Estos símbolos son:

Eva
Helena
María
Sapiencia

21. Cf. *The Collected Works of C. G. Jung*, 16. 361, Londres, 1954. Aquí Jung se refiere simplemente a estos símbolos sin desarrollarlos. Sin embargo, algunos de sus discípulos sí que los desarrollaron en el contexto del crecimiento del ánima. Véase «Process of Individuation», de M.L. von Franz, en *Man and his symbols*, ed. Carl Jung. Londres, 1964. Ed. castellana: *El hombre y sus símbolos*, Luis de Caralt, Barcelona, 1984.

Teología mística

Eva, que se asocia con *Hawah* o tierra, simboliza el amor biológico, instintivo, sexual. Es un símbolo del impulso instintivo de procrear y de conservar las especies.

Helena de Troya representa el amor romántico o cortés del trovador. Es una bella mujer que embruja al Fausto de Marlowe y que le hace exclamar en éxtasis: «¿Es ésta la faz que botó mil barcos y quemó las torres sin techo de Ilío? Dulce Helena, hazme inmortal con un beso».

María simboliza el amor devoto de quien ora con profundo sentimiento y con lágrimas.

Sapiencia o sabiduría es el amor místico; es la Sulamita del Cantar de los Cantares. Amarla con una pasión espiritual ilimitada y para siempre constituye la gloria de la persona humana.

Llamados y sostenidos sólo por la gracia, la persona atraviesa los estadios de crecimiento que están simbolizados por Eva, Helena y María, y alcanza el clímax con el amor de la sabiduría, que todo lo consume. En esta subida, sin embargo, es importante observar que el inferior no es rechazado por el superior. Eva no es rechazada por el que ama a Helena, y Eva, Helena y María no son rechazadas por quien ama a la Sapiencia. De hecho, Eva, Helena, y María se encuentran contenidas en la Sapiencia, que abarca todo lo femenino. El amor sin restricciones continúa sin fin, trascendiendo pero no rechazando.

Es evidente que este camino es muy exigente, porque mientras que la persona no rechaza a Eva, a Helena y a María, sí que rechaza *aferrarse* a ellas. No debe existir este aferrarse, este apego desmesurado. Este es el camino de la *nada, nada, nada*, el camino del *mu, mu, mu*. Es una renuncia de todo para encontrarlo todo.

En la cima el individuo alcanza un amor que es a la vez humano y divino, válido tanto para los casados como para los célibes. La persona casada, aun siendo consumida por el amor sapiencial por el otro, puede expresar este amor al nivel de Eva cuando es apropiado hacerlo. El célibe está finalmente tan consumido por el amor sapiencial que es capaz de sacrificar el amor de Eva sin un sufrimiento excesivo. En el análisis final lo que importa no es el celibato o el matrimonio, sino el amor, porque el mismo amor se derrama en los corazones de todos.

Y en este punto es necesario añadir algo más sobre este amor a la sapiencia.

En este libro se ha hecho referencia a la obra de Bernard Lonergan, que considera que los preceptos trascendentales de ser atento, inteligente,

El viaje místico hoy

razonable, y responsable están coronados por el precepto de amar. Sin embargo, siguiendo la tradición cristiana, Lonergan dice claramente que el amor sólo es un precepto secundario. Es fundamentalmente un don que es derramado en el corazón humano por el Espíritu Santo que nos ha sido dado. Este amor no tiene restricciones, porque carece de límites, condiciones o reservas. Es un amor que continúa una y otra vez en tanto nuestro ser se convierte en enamorado de Dios y que nos lleva a cumplir el mandato de amar a Dios con todo nuestro corazón, con toda nuestra alma, con toda nuestra mente y con todas nuestras fuerzas.

El objeto de este amor es Dios, y Lonergan habla de estar enamorado de Dios. Es más, en la tradición mística cristiana (aunque Lonergan no desarrolla su teología en esta línea) el objeto de este amor es el Verbo Encarnado. Nuestro ser se convierte en ser-enamorado-del-Verbo-Encarnado. Y puesto que el Verbo Encarnado es el Hijo a quien ama el Padre, nuestro ser se convierte en ser-enamorado del Padre. En otras palabras, este amor sin restricciones nos lleva finalmente a la experiencia trinitaria.

Pero, ¿quién es este Verbo Encarnado del que nuestro ser se enamora?

Es Jesús, que ha resucitado de entre los muertos y entrado en su gloria. Es Jesús, que se identifica con los pobres y los enfermos, con los afligidos y con los que sufren. Es Jesús, que se identifica con toda la familia humana.

En tanto que, según el Sermón de la Montaña, los seres humanos están llamados a un amor universal que incluye al amor por nuestros enemigos, el amor sapiencial de la amistad tiene características especiales que vale la pena mencionar.

La primera de todas es la reciprocidad. En palabras que pueden hacernos sonreír, san Juan de la Cruz habla de la intimidad de los amantes:

> Es extraña esta propiedad que tienen los amados en gustar mucho más de gozarse a solas de toda criatura que con alguna compañía. Porque, aunque estén juntos, si tienen alguna extraña compañía que haga allí presencia, aunque no hayan de tratar ni de hablar más escuso de ella que delante de ella, y la misma compañía trate ni hable nada, basta estar allí para que no se gocen a su labor. La razón es porque el amor, como es unidad de dos solos, a solas se quieren comunicar ellos.[22]

22. *Cántico espiritual*, 36.1.

Teología mística

Estas palabras bien pudieran ser producto de un autor de novelitas románticas. Pero san Juan de la Cruz, que explica el Cantar de los Cantares a su manera, usa esta imaginería para expresar la profunda comunión que existe finalmente entre el alma y Dios. Esto revela asimismo su perspicaz visión de la intimidad que existe entre amantes humanos que quieren estar juntos y a solas.

Una segunda característica de amor o amistad es que es de persona a persona, y precisamente porque penetra en el núcleo divino del otro, no cambia. «La caridad nunca fenece», escribe Pablo (1 Cor 13, 8). «El amor no es el loco del tiempo», exclama Shakespeare. Los labios y las mejillas sonrosadas, añade, caen bajo la guadaña cruel del tiempo, pero el amor es en sí eterno e inmutable. Es como si dijera que Helena habrá de marchitarse y morirá, pero que Sapiencia es eterna, siempre bella y joven.

Una tercera característica es que la culminación de este amor es una unión en la que uno encuentra su verdadero yo. Teilhard de Chardin, enfrentado al problema de la unión, se preguntó cómo uno se podía convertir en el otro mientras seguía siendo él mismo; y, haciendo la distinción entre unión y absorción, llegó a la paradójica conclusión de que *la unión diferencia*. Padre, Hijo, y Espíritu Santo son uno en la mayor de todas las uniones, y sin embargo el Padre no es el Hijo, ni el Hijo es el Espíritu Santo. Asimismo, los discípulos se hicieron uno como las personas de la Trinidad –de acuerdo con la oración de Jesús–, pero sin embargo siguen siendo ellos mismos. Magdalena no es Pedro; Juan no es Marta; Pablo no es Lucas. Pero son uno. Y así será en el *eschaton*: «Que todos sean uno; que como tú, ¡Padre!, en mí, y yo en ti, así sean ellos en nosotros» (Jn 17, 21).

LA COMUNIDAD MUNDIAL

En una época en la que el mundo se unifica con una rapidez sin precedentes, en que hombres y mujeres de todo lugar toman conciencia de su interdependencia, sentimos con gran fuerza la necesidad de una comunidad mundial. El Concilio Vaticano II, desde su mismo inicio, percibió esta necesidad y manifestó claramente que la Iglesia quería ser una señal o sacramento de unidad, que deseaba actuar de acuerdo con la oración de Jesús en favor de la unidad entre todos los cristianos y de una profunda reconciliación con judíos, musulmanes, hinduistas y budistas. Deseaba trabajar por la unidad entre las naciones y procurar la paz del mundo,

El viaje místico hoy

quería ser la Iglesia de los pobres y de los enfermos y oprimidos sin excluir a nadie de su tierno abrazo. Ésta era la concepción y el ideal del Concilio. Por lo que respecta a las formas concretas de llegar a esta unidad, el Concilio habla elocuentemente sobre el diálogo. La Iglesia quería conversar con el mundo sobre los muchos problemas críticos de nuestro tiempo, ansiaba promover el diálogo dentro de la Iglesia y hablar con personas de todas las religiones en términos de igualdad. «El deseo de este diálogo... no excluye por nuestra parte a nadie», proclamó el Concilio, añadiendo que deseaba el diálogo incluso con aquellos que persiguen a la Iglesia, siempre desde el respeto a la completa dignidad de la persona humana.[23]

Sin embargo, el diálogo a nivel del razonamiento discursivo, aunque valioso y necesario, no ha de lograr mucho a menos que los participantes estén unidos en corazón y mente. En otras palabras, los participantes deben encontrar unidad a un nivel de conciencia que trascienda las palabras y las letras y el pensamiento, es decir, a un nivel místico. En este punto no habrá ni controversias ni política, ni polémica o manipulación, sino comunión silenciosa. Si el diálogo procede de una comunión así será verdaderamente fructífero.

En el Parlamento de las Religiones reunido en Chicago en 1993, doscientos cincuenta líderes religiosos de todo el mundo firmaron la Declaración de una Ética Mundial, que había sido redactada por el teólogo suizo Hans Küng. Refiriéndose a la agonía del mundo –la paz se nos escapa, estamos destruyendo el planeta, los vecinos viven atemorizados, hombres y mujeres se distancian entre sí, los niños mueren– el documento declara solemnemente: «Afirmamos que en la doctrina de las religiones se encuentran una serie de valores centrales comunes a todo el mundo, y que éstos conforman la base de una ética mundial».

Lo importante de este documento es que no contiene una serie de reglamentos legalistas que todos deben seguir, sino que por el contrario propugna una transformación de la conciencia, y se refiere a la reflexión, a la meditación, a la oración, al pensar en positivo, a la conversión del corazón. «Juntos podemos mover montañas. Sin la disposición a asumir riesgos y sin la disposición al sacrificio no puede haber un cambio fundamental en nuestra situación».

Al autor de este libro le parece que este documento, sin hablar explícitamente de misticismo, está apuntando la dimensión mística de las reli-

---

23. *Gaudium et Spes*, 92.

Teología mística

giones. Es aquí donde encontraremos la unión de mentes y corazones que hará posible que nos enfrentemos con los graves y críticos problemas del mundo de hoy.

CONCLUSIÓN

La Declaración de una Ética Mundial manifiesta los enormes problemas a los que nos enfrentamos. Sin embargo, bajo todos ellos se encuentra un único problema básico que afecta a millones de hombres y mujeres: el sentido de alienación, la soledad, el aislamiento, la separación, el estar desarraigado. Las personas que se encuentran alienadas de la familia, de los amigos y de la sociedad, del tierno abrazo de la madre tierra, buscan escapar de un terrible aislamiento que les llena de horror. Quieren la comunión.

El misticismo de todas las religiones conduce a una unión y a una comunión que es parte del viaje de la vida. Es cierto que en este viaje pasamos por periodos de soledad, de aislamiento, y de aparente separación (porque Getsemaní es una parte inexcusable de la aventura humana), pero es un viaje de amor que produce unión con otras personas, con el universo y con la Realidad Última que los cristianos llaman Dios.

Diecisiete
SABIDURÍA

LA BÚSQUEDA DE LA SABIDURÍA

Desde los albores de la historia hombres y mujeres de todas las culturas han dedicado su vida a la búsqueda de la sabiduría. Un ejemplo típico de esta búsqueda era el continente asiático, donde los monjes se desplazaban de lugar a lugar soportando condiciones de extrema dureza y sufriendo enormemente en pos del tesoro de la iluminación. Su búsqueda culminaba cuando conocían a un maestro sabio, a un guía profundamente iluminado, que no les proporcionaba la sabiduría como si ésta fuera un producto ya confeccionado, sino que desarrollaba con el discípulo una profunda relación que le permitía enseñar los caminos a la iluminación mediante la meditación, la salmodia y la lectura de los sutras. Un antiguo dicho reza que «ni siquiera los budas hacen otra cosa que señalar el camino», subrayando el hecho de que es uno mismo quien debe encontrar su propio tesoro oculto, porque éste no ha de llegar desde el exterior.

En la tradición mahayana observamos ciertos puntos que merecen ser mencionados.

El primero es que no hay sabiduría sin compasión, y aquel que desee alcanzar la iluminación debe tener una extremada compasión por todos los seres sensibles, debe amar a los pobres, a los enfermos y a los que sufren, y debe compartir sus penas. Pero es más, la compasión no acaba en la ayuda material. El compasivo procura la salvación de todos, e incluso rehúsa entrar en el nirvana hasta que todos los seres sensibles se hayan salvado. La compasión conduce a la sabiduría de la misma manera que la sabiduría conduce a la compasión.

La segunda de las características es el vacío. Mediante la compasión uno se vacía, abandonando cualquier atadura, y llega a estar tan vacío que

Teología mística

puede recibir a todo el universo en el vientre. La persona medita repitiendo *mu* o *ku* con la exhalación del aliento, y por tanto se libera de todo y experimenta un vacío total.

En estrecha relación con la sabiduría está la conciencia budista por la cual percibimos cada aliento, cada acción, y la energía (el *ki*) que fluye por todo nuestro cuerpo. La persona toma incluso conciencia de la energía cósmica del vasto universo, y de esta forma se llena de sabiduría. El don que alcanzamos así es trascendental, es *prajnaparamita*, es decir, es la sabiduría de quien ha cruzado la orilla de la ilusión y el sufrimiento para llegar a la orilla de la iluminación: *ido, ido, ido más allá, a la otra orilla*

揭諦揭諦波羅揭諦波羅僧揭諦
GYA TE GYA TE HA RA GYA TE HA RA SO GYA TE
Cruzado, he cruzado a la otra orilla, he alcanzado la iluminación

Pero sólo se llega a la otra orilla mediante una larga purificación en vidas sucesivas.

Esta sabiduría es informe y vacía, es conocimiento en una nube de no saber. El Sutra del Corazón, que es un himno a la belleza de la iluminación, expresa claramente que la forma es el vacío y que el vacío es la forma.[1] En la conciencia iluminada no existe el dualismo, no hay separación entre la forma y lo informe, porque la forma es igual a lo informe y lo informe es igual a la forma.

Finalmente, puesto que lo informe es igual a la forma, a la persona iluminada no se le arranca del mundo de sufrimiento y aflicción, sino que permanece en el mundo con sus rutinas y sus quehaceres diarios. Antes de la iluminación corta madera y lleva agua, y después de la iluminación corta madera y lleva agua. La persona sabia es muy corriente.

AMOR Y SABIDURÍA

En las Escrituras Hebreas la sabiduría está personalizada. He aquí una bella dama que estuvo con Dios al principio y que ahora grita por las calles:

---

1. Cf. el Apéndice 1.

El viaje místico hoy

Yo amo a los que me aman
y los que me buscan
me encuentran (Proverbios 8, 17)

La búsqueda de la sabiduría es una historia de amor con esta mujer que se puede comparar con la Sulamita del Cantar de los Cantares. La misma dama camina en las páginas de la literatura de la Sabiduría, y tenemos un atisbo de ella en el Nuevo Testamento. En la tradición cristiana se la identifica a veces con María, madre de Jesús, el Asiento de la Sabiduría (*Sedes Sapientiae*), al que rezaban doctores y eruditos y al que dedicaban sus obras.

El don está personalizado también en la figura de Pablo, para quien la mayor de las sabidurías es conocer a Cristo crucificado y resucitado de los muertos. Pablo plantea esta idea con energía: «A fin de conocerle a él y la eficacia de su resurrección, y participar de sus penas...» (Flp 3, 10). Pero es en la primera carta a los Corintios donde brilla con más intensidad su amor por Cristo crucificado y la subsiguiente sabiduría. El apóstol no quería predicar el Evangelio con la sabiduría elocuente de los griegos porque no quería que la cruz de Cristo se vaciara de su poder: «Puesto que me propuse no saber otra cosa entre vosotros, sino a Jesucristo, y éste crucificado» (1 Cor 2, 2). Los judíos exigían señales y los griegos deseaban la sabiduría, pero Pablo proclamó a Cristo crucificado, lo que era un escollo para los judíos y una locura para los gentiles, pero para aquellos que eran llamados, tanto judíos como griegos, «Cristo es la virtud de Dios y la sabiduría de Dios» (1 Cor 1, 24).

La doctrina de Pablo es una locura, y sin embargo, como si volviera a reflexionar sobre ello, piensa paradójicamente que esta locura es sabiduría real: «Hablamos sabiduría entre los perfectos... hablamos la sabiduría de Dios, misteriosa, que ha permanecido oculta». ¡Escondida y oculta! Esta sabiduría, como la sabiduría informe y vacía del budismo, no se puede expresar en conceptos e imágenes netamente definidos, y no tiene nada que ver con los sentidos. Pablo añade, como si quisiera ponerle énfasis a este hecho: «Lo que ni ojo vio, ni oído oyó, ni pasó a hombre por pensamiento...» (1 Cor 2, 9). Ésta es sabiduría en una nube de no saber. Sin duda el mismo Pablo experimentó esta sabiduría informe cuando, elevado al tercer cielo tanto en el cuerpo como fuera del cuerpo, oyó voces que ni podía repetir ni expresar con palabras humanas.

Esta doctrina paulina pasó a la tradición mística cristiana donde tuvo una inmensa influencia. La más alta sabiduría no se encuentra necesaria-

Teología mística

mente en los largos periodos de oración silenciosa o de meditación, sino en un profundo amor por Cristo crucificado, es decir, por el Cristo que murió en la cruz y por el Cristo crucificado en los pobres, los enfermos, los afligidos, los oprimidos, y los moribundos. El amor cristiano es el camino a la visión mística tanto como la compasión budista lo es a la iluminación.

La personificación de la sabiduría alcanza un punto álgido con el descenso del Espíritu Santo. En la última cena Jesús dijo que enviaría el Espíritu a aquellos que le amaban —«Yo rogaré al Padre, y os dará otro Consolador, para que esté con vosotros eternamente. Éste es el Espíritu de la verdad» (Jn 14, 16-17). A lo largo de la historia cristiana muchos contemplativos han apelado al Espíritu Santo repitiendo las palabras «¡ven Espíritu Santo!, ¡ven Espíritu Santo!», pidiéndole al Espíritu que encendiera en sus corazones la luz de la sabiduría y el fuego del amor. Porque el Espíritu Santo es la sabiduría divina (*Divina Sapientia*) que ilumina y guía a través de la oscuridad de la noche y de la luz del día.

La sabiduría es, por lo tanto, el fin, y el amor es el medio. Ésta era la doctrina de Aquino, que manifestó que la meta de la persona y de la raza humana es la visión de Dios de acuerdo con las palabras de Jesús: «la vida eterna consiste en conocerte a ti, único Dios verdadero, y a Jesucristo, a quien tú enviaste» (Juan 17, 3). San Juan de la Cruz, siempre tomista, sigue esta doctrina, y dice «la gloria esencial consiste en ver a Dios y no en amar».[2] Su *Cántico espiritual* es el grito agónico de quien ama a Dios pero no puede verle. Es el grito de quien desea la muerte no porque sea buena en sí, sino porque sólo a través de ella puede obtener la deseada visión de Dios. «No quieras enviarme de hoy más mensajero», exclama, como diciendo «no quiero más señales o avisos, sino tu presencia y tu obra en el mundo; quiero la visión clara de ti como tú eres en ti mismo».

Sin embargo, san Juan era ante todo un enamorado. Cuando pregunta por qué la meta ha de ser la visión y no el amor, responde que el deseo de ver está incluido en el deseo de amar, y concluye: «con el amor paga el alma a Dios lo que le debe, y con el entendimiento antes recibe de Dios».[3] El hecho es que el don de Dios es una mezcla deliciosa de sabiduría y amor. En todos los escritos del santo encontramos una diestra interacción entre intelecto y voluntad, amor y sabiduría, luz y fuego. Algunas veces

2. *Cántico espiritual*, 38.5.
3. Ibid.

El viaje místico hoy

predomina el fuego y hay poca luz; otras predomina la luz y hay poco calor. Pero la sabiduría y el amor están siempre tan entrelazados que son inseparables.

EL DON DE LA SABIDURÍA DIVINA

De lo dicho hasta ahora se puede deducir que en la vida humana hay dos tipos de conocimiento. Uno es el conocimiento claro en imágenes y conceptos, el conocimiento adquirido por medio del sentido común, del razonamiento filosófico y de la investigación científica, que ha sido estudiado cuidadosamente por la epistemología occidental durante más de dos mil años.

El otro tipo de conocimiento, llamado más apropiadamente sabiduría, no sólo se encuentra en el budismo y en el cristianismo, sino en la tradición mística de todas las grandes religiones. Esta sabiduría es conocimiento informe, oscuro, en una nube de no saber. La tradición cristiana se ha referido a él como un don, y lo ha llamado contemplación infusa o teología mística. En tanto que el conocimiento adquirido proviene de los sentidos, el conocimiento infuso e informe fluye desde las oscuras profundidades del ser o hacia éstas como un río que no tuviera nacimiento.

En concreto, los teólogos místicos del siglo XX (Joseph de Guibert, y Garrigou-Lagrange entre otros) enseñan a los principiantes a utilizar la oración discursiva del razonamiento, del pensamiento, de la lectura de las Escrituras, de la meditación sobre la palabra sagrada y el diálogo con Dios. Según explican, con el paso del tiempo esta oración discursiva se simplifica y da lugar a una oración afectiva y a la repetición de una exclamación como el nombre de Jesús. A esto lo podemos llamar contemplación adquirida.

En el estadio siguiente la persona entra en un silencio carente de palabras o de imágenes, apoyándose sólo en la presencia de Dios. Ésta es la oración del silencio, principio de la contemplación infusa. Cuando la persona penetra más y más en la nube del no saber, debe renunciar a todo tipo de razón y de pensamiento para abrir su ser al flujo de Dios. Cada vez ha de hacer menos esfuerzos y llega a lo que san Juan de la Cruz llama «ociosa tranquilidad». El santo describe esta sabiduría con bellas palabras:

La divina sabiduría es amorosa, tranquila, solitaria, pacífica, suave y embriagadora del espíritu, en el cual se siente robado y llagado tierna y blandamen-

Teología mística

te, sin saber de quién, ni de dónde, ni cómo. La causa es porque se comunicó sin operación propia.[4]

Sin operación propia. El alma «no hace nada» y la sabiduría es puro don. En el mismo contexto insiste en que se debe renunciar a toda razón, pensamiento, e imaginación:

> No es posible que esta altísima sabiduría y lenguaje de Dios, cual es esta contemplación, se pueda recibir menos que en espíritu callado y desarrimado de sabores y noticias discursivas.[5]

Es éste conocimiento en el no saber. La persona abandona el conocimiento discursivo ordinario (que es el no saber) para disfrutar de la sublime sabiduría que es infundida por Dios. *La nube del no saber* lo describe muy gráficamente diciendo que existe arriba una nube de no saber (porque no podemos ver a Dios) y una nube de olvido debajo (porque debemos olvidar todas las cosas creadas), y que permanecemos en un vacío total con el conocimiento informe, que es maravillosa sabiduría.

El don que es infundido en el alma tranquila y silenciosa es a la vez sabiduría y amor. San Juan lo describe poéticamente como «admirables y subidas noticias de Dios, envueltas en divino amor», y vuelve a insistir en que se abandonen las formas y la meditación discursiva para recibir este don:

> Porque así, poco a poco, y muy presto, se infundirá en su alma el divino sosiego y paz con admirables y subidas noticias de Dios, envueltas en divino amor. Y no se entremeta en formas, meditaciones e imaginaciones, o algún discurso, porque no desasosiegue el alma y la saque de su contento y paz, en lo cual ella recibe desabrimiento y repugnancia.[6]

La persona no ha de tener escrúpulos en permanecer inactiva, ociosa, y en paz. Dice citando al salmista: «Deteneos y por Dios reconocedme» (Sal 46, 10) y explica: «aprended a estaros vacíos de todas las cosas, es a saber, interior y exteriormente, y veréis como yo soy Dios».[7]

4. *Llama de amor viva*, 3.38.
5. Ibid., 3.37
6. *Subida*, 2.15.5
7. Ibid.

El viaje místico hoy

Es precisamente al estar vacío cuando Dios infunde a la persona sublime sabiduría y amor, y de hecho, cuando uno está verdaderamente vacío puede haber un toque de la divinidad. En tanto el conocimiento ordinario proviene de los sentidos, Dios comunica directamente al espíritu esta sabiduría. «Esta es comunicación», escribe san Juan de la Cruz, «esencial de la divinidad sin otro algún medio en el alma, por cierto contacto de ella en la divinidad, lo cual es cosa ajena de todo sentido y accidentes, por cuanto es toque de sustancias desnudas, es a saber, del alma y la divinidad».[8] En otra parte escribe pleno de energía y claridad:

> En lo cual se da a entender claro que en este alto estado de unión que vamos hablando, no se comunica Dios al alma mediante algún disfraz de visión imaginaria o semejanza o figura, ni la ha de haber; sino que boca a boca, esto es, esencia pura y desnuda del alma, que es la boca del alma en amor de Dios.[9]

Es evidente que esta sublime sabiduría es un don maravilloso, una entrada de Dios en el mundo de los hombres y las mujeres. Pero en el contexto de los siglos XX y XXI, cuando son las personas casadas o las que trabajan las que aspiran a la oración mística, debemos preguntarnos el papel que ésta cumple en la fábrica, la cocina o el aula, y también es posible que los científicos se pregunten cuál es su papel en el trabajo del laboratorio. Porque es evidente que la persona corriente no puede pasarse la vida en una nube de no saber, enterrando todas las preocupaciones terrenas bajo una nube de olvido. ¿Cuál es entonces la relación entre la sublime sabiduría y la vida diaria, o entre la sublime sabiduría y el conocimiento de un científico o de un académico?

LA SABIDURÍA MÍSTICA Y EL CONOCIMIENTO CIENTÍFICO

La reconciliación de la sabiduría contemplativa con el conocimiento ordinario, lleno de sentido común, es un problema práctico al que se enfrentan los directores espirituales, porque es un hecho que el don de la sabiduría es tan poderoso, tan absorbente, tan irresistible, que puede llevar a la

---

8. *Cántico espiritual*, 19.4
9. *Subida*, 2. 16.9.

Teología mística

persona a un mundo de éxtasis y olvido. Los contemplativos pueden olvidarse del tiempo y del espacio de tal manera que ya no presten atención a los hechos normales de la vida.

Sin embargo, Teresa, que quedaba absorta constantemente en raptos y éxtasis, era una mujer eminentemente práctica y llena de sentido común. Tenía un sentido del humor inteligente, y sabía cómo barrer pasillos y fregar platos. Otros contemplativos eran eruditos y científicos; algunos incluso tenían un agudo sentido comercial. ¿Cómo podemos explicar esta reconciliación entre la sabiduría y el conocimiento práctico o científico?

San Juan de la Cruz se enfrenta al problema desde la perspectiva de la teología y sigue la tradición mística cristiana, que declara unánimemente que al lado de la magnífica sabiduría infundida por Dios, el conocimiento del mundo (ya sea el conocimiento del sentido común, o el del erudito o teólogo) es como una frágil vela contra la luz deslumbrante del sol del mediodía. En este punto san Juan es muy claro; nos ofrece una encantadora descripción de la esposa bebiendo de la sabiduría suprema y olvidando todas las cosas terrenas: «le parece al alma que lo que antes sabía, y aun lo que sabe todo el mundo, en comparación de aquel saber, es pura ignorancia».[10] El místico insiste incluso en que las ciencias naturales son ignorancia:

> ...en aquel exceso de sabiduría alta de Dios, esle ignorancia la baja de los hombres; porque las mismas ciencias naturales y las mismas obras que Dios hace, delante de lo que es saber a Dios, es como no saber, porque donde no se sabe a Dios no se sabe nada.[11]

Posteriormente cita a san Pablo con respecto a que la sabiduría de Dios es locura para los seres humanos, y hace una clara distinción entre la sabiduría divina y la sabiduría humana:

> Por lo cual los sabios de Dios y los sabios del mundo, los unos son insipientes para los otros, porque ni los unos pueden percibir la sabiduría de Dios y ciencia, ni los otros la del mundo; por cuanto la del mundo, como habemos dicho, es no saber acerca de la de Dios, y la de Dios acerca de la del mundo.[12]

10. *Cántico espiritual*, 26.13.
11. Ibid.
12. Ibid.

El viaje místico hoy

Todo esto nos suena a dualismo; parece un rechazo radical de la ciencia natural. Pero el que sigue leyendo se da cuenta de que no es sino la hipérbole de un poeta y místico. En otra parte, después de citar a san Pablo y de arremeter contra la vanidad de predicadores retóricos, rectifica con estas palabras: «la intención del Apóstol y la mía aquí no es condenar del buen estilo y retórica y buen término, porque antes hace mucho al caso al predicador...».[13]

De hecho, san Juan deja claro que la sabiduría infusa y divina, lejos de destruir el conocimiento adquirido de la ciencia, lo perfecciona. Escribe sobre la esposa:

> Y no se ha de entender que, aunque el alma queda en este no saber, pierde allí los hábitos de las ciencias adquisitos que tenía, que antes se le perfeccionan con el más perfecto hábito, que es el de la ciencia sobrenatural que se le ha infundido.[14]

En resumen: el conocimiento científico es ignorancia *en comparación* con la sabiduría de Dios. *El conocimiento ordinario y el conocimiento científico se unen a la sabiduría superior de Dios y se perfeccionan en ella.*

Todo esto tiene gran importancia en la actualidad, porque algunos científicos, atraídos por la visión mística, están estudiando el misticismo oriental y occidental. Si son inspirados por un amor fidedigno a la verdad hallarán una sabiduría que, lejos de ser irrelevante para su estudio científico, lo completa y perfecciona. Lo mismo se aplica a las gentes comprometidas con el estudio de la economía o de la política o de cualquier otra disciplina. De la misma manera que la gracia perfecciona la naturaleza, también la sabiduría mística perfecciona la ciencia, la erudición y el sentido común.

Sin embargo, dicho esto, no olvidemos que éste es un campo en el que la teología mística cristiana tiene mucho que aprender de Asia. Influidos por el neoplatonismo y fascinados por escapar del mundo, algunos místicos cristianos han despreciado los avances científicos y las tareas de la vida diaria. Necesitan que se les recuerde que los éxtasis y los raptos son transitorios, y que lo que importa al final es cortar madera y llevar agua. El viejo y anciano Qohelet lo sabía y, en palabras que nos recuerdan al zen, dice:

13. *Subida*, 3.45.5.
14. *Cántico espiritual*, 26.16.

Teología mística

«¿No sería mejor comer, y beber, y regalarse con lo ganado a costa de sus fatigas?» (Eclesiastés 2, 24).

EL MÉTODO DE LONERGAN

Bernard Lonergan, que dedicó su vida al estudio del método, acabó por encontrarse con el mismo problema que san Juan de la Cruz; es decir, cómo integrar el conocimiento adquirido y la sabiduría infusa.

El método de Lonergan ya se ha comentado brevemente en este libro. El conocimiento es un proceso en el que se experimenta, se entiende, y se juzga; y el ser auténticamente humano lucha por seguir los preceptos trascendentales: Sé atento, sé inteligente, sé razonable. Aquel que es fiel a estos preceptos llegará al conocimiento objetivo en el juicio de que «esto es así», y lo que es más, esta persona se trascenderá a sí misma intelectualmente y llegará a la conversión intelectual.

Este método, que sigue el impulso más profundo de la naturaleza humana, ha sido utilizado por la ciencia desde la revolución científica que empezó con Galileo y culminó con Newton. Por supuesto que los científicos no analizan normalmente su propio método, y sin embargo los grandes pioneros sí que hicieron un descubrimiento práctico que ha logrado cosas extraordinarias en nuestro planeta y en el espacio exterior. Lonergan, no obstante, viendo que la ciencia podía ser inhumana e incluso destructiva si se limitaba sólo a seguir este método, formuló otro precepto, también de acuerdo con el impulso natural de la naturaleza humana: Sé responsable. La fidelidad a este concepto nos lleva a la conversión ética.

En la última parte de su vida, cuando Lonergan reflexionaba sobre la experiencia religiosa, llegó a un nuevo tipo de conocimiento: el conocimiento que proviene del amor, la sabiduría de los místicos. La verdadera autotrascendencia se presenta cuando nos enamoramos de Dios y cuando nuestro ser se convierte en enamorado de Dios. Sin embargo, este enamorarse de Dios no es consecuencia del esfuerzo humano, es el don de sabiduría y amor derramado en los corazones humanos por el Espíritu Santo. Es ésta una sabiduría informe, oscura, que no proviene de los sentidos y que no es adquirida por la experiencia, el entendimiento y el juicio. «El amor de Dios ha sido derramado en nuestros corazones por obra del Espíritu Santo, que nos ha sido dado» (Rom 5, 5).

El viaje místico hoy

Es más, como la luz verdadera ilumina a todos los que vienen a este mundo, también a todo hombre y mujer nacido en el mundo se le ofrece el amor de Dios.

Pero Lonergan no vivió lo suficiente para ver cómo estos dos tipos de conocimiento (conocimiento adquirido y sabiduría infusa) pueden ser integrados en la misma persona. Si hubiera vivido habría llegado a una conclusión similar a la de san Juan de la Cruz, es decir, es posible que se hubiera dado cuenta de que su original método se transforma y perfecciona por razón del amor. Puesto que el amor y la sabiduría derramados en las profundidades de nuestro ser influyen en todos nuestros actos, los preceptos trascendentales se pueden formular del siguiente modo:

Sé amorosamente atento
Sé amorosamente inteligente
Sé amorosamente razonable
Sé amorosamente responsable

El amor abarca la totalidad de la vida humana incluyendo el método científico, al que perfecciona y completa. Es en este sentido en el que podemos decir que el científico que dedica su vida a investigar con un amor profundo a la verdad, que es amorosamente atento, inteligente, razonable, y responsable, alcanzará la máxima sabiduría. Esto es lo que implica el Concilio Vaticano II cuando manifiesta: «Más aún, quien con espíritu humilde y animo constante se esfuerza por escrutar lo escondido de las cosas, aun sin saberlo, está como guiado por la mano de Dios, que, sosteniendo todas las cosas, hace que sean lo que son». Es decir, la ciencia que se construye sobre la base del amor a la verdad es un sendero a Dios.[15] La vida de Teilhard de Chardin y de muchos científicos actuales es ejemplo de todo cuanto se ha dicho anteriormente.

Alegrémonos, por lo tanto, del matrimonio entre el conocimiento adquirido, científico, y la sabiduría divina e infusa, porque éste es el camino del futuro.

---

15. *Gaudium et Spes*, 36. Desgraciadamente, Lonergan no era consciente de ello, porque sin caer en la cuenta de todo lo que implicaba su propio método trascendental, no advirtió que el método científico puede ser perfeccionado por el amor. Separa el método científico de Dios, creando así un dualismo intolerable en la mente de los científicos que buscan al Creador. Véase el capítulo 8 de este libro.

LA SABIDURÍA Y EL MUNDO

Hemos dicho que la máxima sabiduría es el conocimiento de Dios, que alcanza su punto culminante cuando vemos a Dios cara a cara en la visión beatífica. Sin embargo, la sabiduría divina no abandona al mundo con sus alegrías y sufrimientos y con sus inmensos problemas sociales, lo que es evidente cuando el Concilio Vaticano II, después de ensalzar las grandes victorias de la ciencia moderna, se refiere a que «la naturaleza intelectual de la persona humana se perfecciona y debe perfeccionarse por medio de la sabiduría».[16] Es tan grande nuestra necesidad de sabiduría que el mundo se encuentra en peligro a menos que surjan hombres y mujeres más sabios. A este respecto el Concilio advierte:

> Nuestra época, más que los siglos pasados, necesita esa sabiduría para que se humanicen todos los nuevos descubrimientos realizados por el hombre. El destino futuro del hombre está en peligro si no se forman hombres más sabios.[17]

Después dice, de un modo característico en él, que estos hombres y mujeres sabios pueden surgir del Tercer Mundo:

> Hay que advertir que muchas naciones, económicamente más pobres pero más ricas en sabiduría, pueden prestar a las demás una excelente aportación.[18]

Es un hecho que muchas naciones pobres en bienes económicos han sustentado la rica y antigua sabiduría que se ha perdido en el Occidente sofisticado y materialista.

Pero, ¿cuál es la naturaleza de esta sabiduría que es a la vez terrena y divina?

Cuando las personas realizan progresos en la contemplación desarrollan a veces percepciones extrasensoriales, lo que forma parte de un proceso natural y no debe entenderse como algo extraordinario. San Juan de la Cruz parece hablar de telepatía o clarividencia cuando dice que «las per-

16. *Gaudium et Spes*, 15.
17. Ibid.
18. Ibid.

El viaje místico hoy

sonas perfectas... muy ordinariamente suelen tener ilustración y noticia de las cosas presentes o ausentes»;[19] y añade: «lo cual conocen por el espíritu que tienen ya ilustrado y purgado».[20] Más adelante indica que estas personas tienen una facultad natural para leer las mentes:

> Estos que tienen el espíritu purgado con mucha facilidad naturalmente pueden conocer, y unos más que otros, lo que hay en el corazón o espíritu interior, y las inclinaciones y talentos de las personas, y esto por indicios exteriores, aunque sean muy pequeños como por palabras, movimientos y otras muestras.[21]

Los contemplativos cuyo espíritu ha sido purificado por largos silencios y por el sufrimiento de la noche oscura pueden observar que sus sentidos se agudizan y se refinan haciéndose muy sensibles al lenguaje corporal. A través del cuerpo –un rápido gesto o una palabra dicha sin pensar– pueden leer la mente.

Este conocimiento, adquirido a través de los sentidos, se diferencia bastante de la sabiduría informe, infusa, divina. Es interesante observar que las personas que pasan muchas horas en *zazen* hablan de una agilización similar de los sentidos. Están alerta frente al color y al sonido, captan claramente el lenguaje corporal, y el desprendimiento radical les proporciona claridad de visión; adquieren el «espíritu purgado e ilustrado» del que habla san Juan.

Aunque el mismo místico español tenía extraordinarios poderes de percepción extrasensorial, era muy cauto en el uso de este conocimiento, porque según dice, los contemplativos pueden ser fácilmente engañados, y «el demonio se entremete aquí grandemente y con mucha sutileza».[22]

Más importantes que el conocimiento natural adquirido a través de un desarrollo de los sentidos son los dones infusos del Espíritu Santo que incluyen sabiduría, conocimiento, fe, profecía, discernimiento o reconocimiento de los espíritus, conocimiento de lenguas, interpretación de palabras, etc. Todos éstos les son ofrecidos a las personas sin esfuerzo por su parte. «Porque acaecerá que, estando la persona harto descuidada y remo-

19. *Subida*, 2.26.13.
20. Ibid.
21. Ibid., 2.26.14.
22. Ibid.

Teología mística

ta, se le pondrá en el espíritu la inteligencia viva de lo que oye o lee, mucho más claro que la palabra suena».[23] Es más, habrá veces en las que Dios «revele a algunas personas los días que han de vivir, o los trabajos que han de tener, o lo que ha de pasar por tal o tal persona, o por tal o tal reino».[24] Cuando este conocimiento es realmente un don del Espíritu, proporciona una gran convicción:

> Y es de esta manera este conocimiento, que, cuando se le da al ama a conocer estas verdades, de tal manera se le sientan en el interior sin que nadie le diga nada, que, aunque la digan otra cosa, no puede dar el consentimiento interior a ella, aunque se quiera hacer fuerza para asentir, porque está el espíritu conociendo otra cosa en la cosa con el espíritu que le tiene presente a aquella cosa; lo cual es como verlo claro. Lo cual pertenece al espíritu de la profecía y a la gracia que llama san Pablo don de discreción de espíritus (1 Cor 12, 10).[25]

Sin embargo, san Juan de la Cruz insiste en que incluso en estas circunstancias se debe obedecer al director espiritual.

Ahora es necesario que consideremos la sabiduría del profeta.

PROFECÍA

La profecía bíblica aparece en un contexto semítico de adivinación y éxtasis que culmina en las grandes visiones inaugurales de Isaías, Jeremías y Ezequiel. Los profetas estaban llenos de sabiduría porque Dios les hablaba a ellos y a través de ellos. Cuando les llegaba la palabra de Dios, podían expresar con total confianza: «Esto dice el Señor...». De hecho, una de las características distintivas de las religiones semíticas es la creencia de que Dios hablaba y que continúa haciéndolo. «Dios, que en otro tiempo habló a nuestros padres en diferentes ocasiones y de muchas maneras por los profetas, nos ha hablado, en estos días postreros, por medio de su Hijo» (Hebreos 1, 1-2).

El Concilio Vaticano II hizo renacer la noción de profecía, que había sido postergada en el cristianismo católico después del Concilio de Tren-

23. Ibid., 2.26.16.
24. Ibid., 2.27.2.
25. Ibid., 2.26.11.

to. El Concilio vio en Jesús al más importante de los profetas (la cristología conciliar se centraba en Jesús como sacerdote, rey y profeta) y manifestó claramente que los creyentes de cualquier condición comparten la vocación profética de Jesús. De los dones dice el Concilio: «Distribuye sus dones a cada uno según quiere, y reparte gracias entre los fieles de cualquier estado o condición» (1 Cor 12, 11)».[26] Entre estos dones la profecía es tan importante que Pablo le escribe a los neófitos: «Corred para alcanzar la caridad, y codiciad dones espirituales, mayormente el de la profecía» (1 Cor 14, 1).

Cuando los primeros cristianos se reunían para orar, algunos hablaban lenguas, otros profetizaban, otros ponían en práctica dones de curación o de discernimiento, y de esta forma crearon la comunidad. La profecía era tan fundamental que Pablo advirtió sombríamente a los Tesalonicenses: «no apaguéis el Espíritu; no desprecies las profecías» (1 Tes 5, 19-20). Tanto el Antiguo como el Nuevo Testamento nos recuerdan que debemos ser receptivos a este don que puede aparecer en las más sorprendentes personas en los momentos más inesperados. El mismo Pedro cita al profeta Joel: «Sucederá en los postreros días, dice el Señor, que yo derramaré mi Espíritu sobre toda carne, y profetizarán vuestros hijos y vuestras hijas» (Hechos 2, 17).

Aunque la profecía se debilitó por la condena del montanismo en el siglo II, siguió existiendo y floreció con las grandes místicas: Hildegarda de Bingen en el siglo XII, Brigitta de Suecia en el XIII y Catalina de Siena en el XIV. De la misma forma que en el Antiguo Testamento había a veces una tensión saludable, aunque dolorosa, entre el rey y el profeta, también ha habido en la Iglesia tensiones similares entre la jerarquía y las grandes figuras proféticas. Ambos era necesarios para la casa de Dios, que se asienta «sobre el fundamento de los apóstoles y los profetas» (Ef 2, 20).

Nuestra época ha visto nacer a grandes profetas que han hablado al mundo con sus palabras, con sus escritos, con sus vidas, y no pocas veces, con sus muertes sangrientas. Mahatma Gandhi (1869-1948) hablaba de justicia, de paz, de no violencia. Asesinado cuando se disponía a rezar, murió exclamando, «¡Ram, Ram!» –«¡Dios mío, Dios mío!»–. Edith Stein (1891-1942) murió en Auschwitz, recordándonos que el mundo se salva por la sangre de personas inocentes. Dietrich Bonhoeffer (1906-1945), martirizado por los nazis, dio testimonio de que no se puede pactar con el

---

26. *Lumen Gentium* 12.

Teología mística

diablo. Óscar Romero (1917-1980), asesinado a tiros por un sicario mientras celebraba la Eucaristía en su iglesia en San Salvador, clama contra la injusticia y la opresión de los pobres. Podríamos citar además otros muchos nombres: Martin Luther King, Dorothy Day, Alexander Solzhenitzyn, Thomas Merton, Teilhard de Chardin, la Madre Teresa, y tantos y tantos cuyas palabras proféticas están aún vivas y siempre tendrán eco en la historia. Es más, en el futuro nos encontraremos con más profetas, porque como dijo el Concilio, si hemos de salvarnos de la destrucción, nuestra era necesita de personas sabias.

Desde la publicación de *La sociología de la religión,* de Max Weber, se ha puesto de moda enfrentar a sacerdotes y profetas. Sin embargo, no debemos olvidar que el poder establecido también ha engendrado grandes profetas. Entre éstos es relevante el papa Juan XXIII (1881-1963), que reunió al Concilio Vaticano II en respuesta a una voz interior. Nos dice que se dirigía a la asamblea de cardenales en la fiesta de san Pablo, cuando, de la misma forma que Pablo vio brillar una luz inesperada en su camino a Damasco, también él experimentó una inesperada visión de luz, «la llegada repentina a nuestros corazones y a nuestros labios de las sencillas palabras "Concilio Ecuménico"»[27], y prosigue diciendo:

> Fue completamente inesperado, como un haz de luz celestial que derramara dulzura en ojos y corazones, y al mismo tiempo hizo surgir un gran fervor en todo el mundo a la espera de la celebración de un Concilio.[28]

Porque el papa Juan era profeta, el Concilio que él reunió fue uno de los grandes acontecimientos proféticos del siglo XX. Pero nuestros días no sólo han engendrado profetas de valor extraordinario, sino también falsos profetas cuyas palabras han traído consigo una terrible destrucción y el tremendo sufrimiento de millones de personas. Cuando pensamos en los males de nuestra época: los campos de concentración, las cámaras de gas, los gulag, las marchas hacia la muerte, las violaciones sistemáticas, la opresión de los pobres, la tortura de los inocentes, la destrucción de ciudades enteras, los intentos de genocidio, la explotación del medioambiente, los escuadrones de la muerte, el prejuicio racial, la prostitución infantil, la compraventa de seres humanos, el asesinato de los no-nacidos, las guerras

27. Convocatoria Inaugural del Concilio del Papa Juan XXIII.
28. Ibid.

El viaje místico hoy

crueles en el nombre de la religión, la sutil y diabólica propaganda que ha engañado a millones de personas bienintencionadas, cuando reflexionamos sobre ello, es difícil dudar de la existencia de falsos profetas a través de los que se manifiesta y actúa el espíritu del demonio. Los Evangelios nos hablan de los que vienen revestidos de piel de cordero cuando en realidad son lobos voraces. También nos dicen cómo distinguir los verdaderos de los falsos:

> Por sus frutos los conoceréis. ¿Acaso se cogen uvas de los espinos, o higos de las zarzas? Así todo árbol bueno produce frutos buenos, y todo árbol malo da frutos malos (Mt 1, 16-17).

Por sus frutos los conoceréis; y una de las tareas más importantes y delicadas de la teología mística es precisamente ésta, la de distinguir el profeta verdadero del que no lo es. Este discernimiento no es en última instancia un proceso racional que lleven a cabo los estudiosos, sino un don del Espíritu, y por ello es un problema que la teología no puede obviar.

LA VOZ INTERIOR

Una voz interior resuena en las profundidades de todos y cada uno de los seres humanos, como asegura la doctrina del Concilio Vaticano II cuando manifiesta sobre la voz de la conciencia: «siempre llama a amar y a hacer el bien y a evitar el mal diciéndole al corazón: haz esto, evita aquello».[29] El Concilio prosigue diciendo que es Dios mismo quien habla: «La conciencia es el núcleo más secreto y el santuario del hombre, en el que está solo con Dios, cuya voz resuena en lo más íntimo del ser».[30] Su voz habla en el corazón de todos los que nacen en el mundo del mismo modo que la luz verdadera los ilumina a todos.

En los grandes profetas de la antigüedad la voz interior se manifestó con energía y claridad. Deútero Isaías puede decir: «Una voz ordena: Clama. Yo respondí: ¿Qué es lo que he de clamar?» (Is 40, 6). Jeremías oyó la voz que decía: «Antes de que yo te formara en el seno materno te conocí» (Jer 1, 4). Asimismo, Ezequiel y el Bautista oyeron una voz que hablaba

---

29. *Gaudium et Spes*, 16.
30. Ibid.

Teología mística

con inequívoca claridad. Jesús les dice a los apóstoles que también ellos la oirán en tiempos de grandes conflictos, que no deben tener miedo pues «cuando os hicieran comparecer, no os preocupe lo que vais a decir ni cómo tenéis que hablar, porque os será comunicado en aquella misma hora lo que tengáis que decir; puesto que no sois vosotros quien habla entonces, sino el Espíritu de vuestro Padre, el cual habla por vosotros» (Mt 10, 19-20).

Algunos contemplativos oyen una voz especial que emerge desde las profundidades de la vacuidad –algunas veces de manera totalmente inesperada– que actúa de inmediato trastornando sus vidas. La voz puede decir: «¡No tengas miedo!», y la persona queda inmediatamente liberada del miedo. O puede decir: «Perdona» y la persona perdona a todos inmediatamente. «Estas locuciones», escribe san Juan de la Cruz, «le son al alma vida y virtud bien incomparable, porque la hace más bien una palabra de éstas que cuanto el alma ha hecho toda su vida».[31] Y añade: «Dichosa el alma a quien Dios la hablare. Habla, Señor, que tu siervo oye» (Sam 3, 10).[32] Esta es la palabra que produce sustancialmente en el alma lo que es dicho.

Pero no todas las palabras interiores son sustanciales. La psicología moderna nos recuerda que la compleja psique humana contiene un coro de voces que pueden muy bien ser una cacofonía. El zen lo sabe muy bien. Quien permanece sentado durante mucho tiempo puede encontrar que, una vez que los primeros estratos de la psique se limpian, el subconsciente sale a la superficie, y se pueden oír voces extrañas y luces de colores o experimentar sensaciones extrañas. Este es el *makyo*, que significa «el mundo del diablo», y el sabio y prudente maestro de zen nos pide que lo ignoremos, porque quien se enreda en este mundo del diablo puede resultar tristemente engañado.

Pero las voces pueden tener origen en un área más profunda de la psique, porque del verdadero yo pueden surgir locuciones sucesivas, o se pueden oír palabras ceremoniosas que parecen proceder de otra persona. Pero mientras la palabra sustancial produce efecto inmediatamente, aquí uno es libre de rehusar o de aceptar la voz interior, y de ahí la importancia del discernimiento.

Incluso aunque el discernimiento prudente nos haga saber que la voz es buena y santa, que conduce a la paz interior y a la gloria de Dios, debe-

---

31. *Subida*, 2.31.1.
32. Ibid., 2.32.2.

mos tener calma en aceptarla como profecía auténtica, porque el lenguaje de Dios es bastante distinto del lenguaje humano. San Juan de la Cruz nos da una impresionante lista de santos bíblicos que malinterpretaron la palabra de Dios; y escribe:

> Lo cual a cada paso vemos en la Sagrada Escritura; donde a muchos de los antiguos no les salían muchas profecías y locuciones de Dios como ellos esperaban, por entenderlas ellos a su modo, de otra manera, muy a la letra.[33]

Muchos santos han dado pasos en falso porque han captado la palabra de Dios en su superficie, no en su espíritu. Las voces de Juana de Arco le dijeron que sería liberada, lo que ella interpretó en relación con su prisión, cuando a lo que realmente se referían era a la liberación que proporciona la muerte. El engaño, sin embargo, puede provenir del diablo. En este punto es importante recordar que para los místicos de todas las religiones las fuerzas del mal son muy reales, como lo fueron para san Pablo, que escribe que nuestra lucha no es contra algo de carne y hueso, sino «contra los espíritus malignos de las regiones de los aires» (Ef 6, 12). Las fuerzas cósmicas del mal están actuando en el mundo, y es más, los místicos no creen que el espíritu del mal sea normalmente un enemigo violento que ataca de frente, sino el padre de las mentiras, un astuto enemigo de gran inteligencia que se disfraza de ángel de la luz para guiar a las mentes incautas a la destrucción. Pero aunque sea inteligente, no puede penetrar en el santuario interior de la persona humana donde sólo Dios mora, es decir, no puede entrar a menos que se le invite a hacerlo. Ocupa su lugar entre el sentido y el espíritu, e influye en las personas por medio de la sugestión; ésta es la doctrina tradicional.

El espíritu del mal, que posee una inteligencia superior, angélica, puede a veces ver el futuro. «También puede conocer el demonio», dice san Juan de la Cruz, «que Pedro naturalmente no puede vivir más de tantos años y decirlo antes».[34] Y escribe refiriéndose al maligno:

> Conoce el demonio que la disposición de la tierra, aires y término que lleva el sol, van de manera y en tal grado de disposición, que necesariamente, llegado tal tiempo, habrá llegado la disposición de estos elementos, según el término

---

33. Ibid., 2.19.1.
34. Ibid., 2.21.11.

Teología mística

que llevan, a inficionarse, y así a inficionar la gente con pestilencia, y en las partes que será más y en las que será menos. Ve aquí conocida la pestilencia en su causa. ¿Qué mucho es que, revelando el demonio esto a una alma, diciendo: «De aquí a un año o medio habrá pestilencia», que salga verdadero? Y es profecía del demonio.[35]

Incluso los auténticos profetas se ven engañados por las fuerzas del mal, y deben examinar su conciencia, ver dónde han sido engañados, y poner cuidado en que no les vuelva a suceder. Las personas con fuertes adicciones, los paranoicos, los que son adictos al conocimiento oculto o a los poderes psíquicos, o los que persiguen a toda costa que se les considere santos son especialmente vulnerables, y pueden incluso firmar un pacto con las fuerzas del mal para obtener lo que quieren. El ejemplo clásico es Fausto, que después de vender su alma al diablo realiza sorprendentes tretas mágicas, vuela por los aires, y conjura a los muertos. Ésta puede ser la figura de un melodrama, pero san Juan de la Cruz conocía a personas que pactaron con el maligno para obtener poderes sobrenaturales:

> A tanto hace llegar el gozo de estas obras la codicia de ellas, que hace que, si los tales tenían antes pacto oculto con el demonio, porque muchos de esto por este oculto pactos obran estas cosas, ya vengan a atreverse a hacer con él pacto expreso y manifiesto, sujetándose, por concierto, por discípulos al demonio y allegados suyos.[36]

Y lo que es más, estas personas pueden llegar a extremos terribles:

> Y a tanto mal llega el gozo de éstos sobre estas obras, que no sólo llega a querer comprar los dones y gracias por dinero, como quería Simón Mago (Hch 8, 18), para servir al demonio, sino que aun procuran haber las cosas sagradas y aun lo que no se puede decir sin temblar, las divinas, como ya se ha visto haber sido usurpado el tremendo Cuerpo de nuestro Señor Jesucristo para uso de sus maldades y abominaciones. ¡Alargue y muestre Dios aquí su misericordia grande![37]

---

35. Ibid., 2.21.8.
36. Ibid., 3.31.5.
37. Ibid.

El viaje místico hoy

San Juan era un director espiritual cauto y lleno de sentido común, pero sí que conoció casos de posesión diabólica, por ejemplo en Ávila, donde exorcizó a una monja que había firmado un pacto con el diablo con su propia sangre.
Para concluir esta sección bastará que nos refiramos a dos argumentos del gran místico español. El primero es que nadie debería buscar las revelaciones, locuciones, o conocimientos ocultos:

> La razón de esto es, porque a ninguna criatura le es lícito salir fuera de los términos que Dios le tiene naturalmente ordenados para su gobierno. Al hombre le puso términos naturales y racionales para su gobierno; luego querer salir de ellos no es lícito, y querer averiguar y alcanzar cosas por vía sobrenatural es salir de los términos naturales; luego no es cosa lícita, luego Dios no gusta de ellos.[38]

En un contexto moderno, sin embargo, la ciencia de la parapsicología y sus investigaciones sobre telepatía, clarividencia, psicoquinesis, etc., no es, en absoluto, ilícita.
El segundo argumento es incluso más importante, porque san Juan opina que la persona debería escuchar el consejo de una segunda. Escribe al respecto:

> Y adviértase mucho en que el alma jamás dé su parecer, ni haga cosa ni la admita, de lo que aquellas palabras le dicen sin mucho acuerdo y consejo ajeno, porque en esta materia acaecen engaños sutiles y extraños; tanto que tengo para mí que el alma que no fuere enemiga de tener las tales cosas, no podrá dejar de ser engañada en muchas de ellas.[39]

Es necesario que nos preguntemos al respecto si la doctrina sanjuanista tiene relevancia hoy, porque tal vez bajo los horrores del siglo XX se encuentre el mal real actuando a través de falsos profetas.
En este punto es conveniente que consideremos el viaje al misterio de la nube del no saber.

38. *Subida*, 2.21.1
39. Ibid., 2.30.6.

SEGUIMOS ADENTRÁNDONOS EN EL MISTERIO

Cuando penetramos en la nube del no saber y trascendemos todo pensamiento y toda imagen, nos adentramos en el misterio de Cristo. «Hay mucho que ahondar en Cristo», escribe san Juan de la Cruz, «porque es como una abundante mina con muchos senos de tesoros, que, por más que ahonden, nunca les hallan ni fin ni término, antes van en cada seno hallando nuevas venas de nuevas riquezas acá y allá. Que, por eso, dijo san Pablo (Cl 2, 3) del mismo Cristo, diciendo: En Cristo moran todos los tesoros y sabiduría escondidos».[40] Este es el Cristo resucitado, es alfa y omega, principio y fin, el que estará con nosotros todos los días incluso hasta el fin del mundo.

Penetrar en el misterio de Cristo significa adentrarse más y más en el matrimonio espiritual donde «con gran facilidad y frecuencia descubre el Esposo al alma sus maravillosos secretos como su fiel consorte...»[41] Pero, ¿cuáles son estos maravillosos secretos de los que nos habla?

San Pablo fue arrebatado al paraíso, donde oyó palabras inefables «que no es dado a un hombre proferirlas» (2 Cor 12, 4). La voz que oyó no era de este mundo (porque él no sabía si estaba en el cuerpo o fuera del cuerpo), y le refirió misterios que el apóstol nunca podría repetir, aunque sus magníficas epístolas pueden considerarse un intento titubeante de expresar con palabras estos sublimes secretos. San Juan de la Cruz se refiere a ellos más explícitamente diciendo que son «los subidos y altos y profundos misterios de sabiduría de Dios que hay en Cristo sobre la unión hipostática de la naturaleza humana con el Verbo divino, y en la respondencia que hay a ésta de la unión de los hombres a Dios, y en las conveniencias de justicia y misericordia de Dios sobre la salud del género humano».[42] En otras palabras: en el silencio y la nada de la nube del no saber la persona tiene una comprensión supraconceptual de los misterios de Cristo. Como los apóstoles en la Transfiguración, podemos oír una voz de la nube que dice: «Éste es mi hijo, el elegido, escuchadle» (Lc 9, 35).

Porque en la nube «comunica al alma principalmente dulces misterios de su Encarnación y los modos y maneras de la redención humana».[43] La Encarnación es, por encima de cualquier otro, el misterio que san Juan

---

40. *Cántico espiritual*, 37.4.
41. Ibid., 23.1.
42. Ibid., 37.3.
43. Ibid., 23.1.

El viaje místico hoy

anhela comprender, y para poder conseguirlo, desea la muerte: «una de las cosas más principales por que desea el alma ser desatada y verse con Cristo (Flp 1, 23) es por verle allá cara a cara, y entender allí de raíz las profundas vías y misterios eternos de su Encarnación, que no es la menos parte de su bienaventuranza».[44]

El viaje místico alcanza su clímax cuando el alma «se transforma en las tres personas de la Santísima Trinidad en revelado y manifiesto grado».[45] El Hijo, que es la sabiduría de Dios y con quien se une la persona humana mediante el matrimonio espiritual, *se despierta*. El Espíritu, que es el amor que existe entre el Padre y el Hijo, *respira*. La persona humana, unida con el Hijo, tiene una *visión cara a cara* del Padre, que es el misterio de los misterios. Este despertar nunca se puede expresar en palabras, y san Juan de la Cruz, después de intentarlo en vano, opta por el silencio.

EL DESPERTAR

«Muchas maneras de recuerdos hace Dios al alma, tantos, que, si hubiésemos de ponernos a contarlos, nunca acabaríamos», escribe san Juan de la Cruz.[46] No los explica todos, sino que escribe poéticamente sobre uno de los más excelsos:

¡Cuán manso y amoroso
recuerdas en mi seno...

Y junto con este despertar le canta lleno de ternura al aliento del Espíritu.

y en tu aspirar sabroso
de bien y gloria lleno
cuán delicadamente me
enamoras!

Es interesante observar que el santo nunca dice «despierto...» o «me ilumino...». *Es el Hijo de Dios quien despierta en mí,* y lo que es más, no es un

---
44. Ibid., 37.1.
45. Ibid., 39.3.
46. *Llama de amor viva,* 4.4.

Teología mística

despertar de un Dios de espíritu puro, es el despertar del Verbo Encarnado. «Porque este recuerdo es un movimiento que hace el Verbo en la sustancia del alma...» He aquí sus palabras:

> Porque este recuerdo es un movimiento que el Verbo hace en la sustancia del alma, de tanta grandeza y señorío y gloria, y de tan íntima suavidad, que le parece al alma que todos los bálsamos y especias odoríferas y flores del mundo se trabucan y menean, revolviéndose para dar su suavidad, y que todos los reinos y señoríos del mundo y todas las potestades y virtudes del cielo se mueven.[47]

Pero las palabras no son adecuadas para describir el movimiento de este gran Emperador (la referencia que hace aquí es a Isaías 9, 6). El gozo extraordinario de este despertar es que el alma llega a conocer a las criaturas a través de Dios y no al contrario, es decir, llega a conocer los efectos mediante su causa y no la causa mediante sus efectos. «Viendo el alma lo que Dios es en sí y lo que en sus criaturas en una sola vista, así como quien, abriendo un palacio, ve en un acto la eminencia de la persona que está dentro, y ve juntamente lo que está haciendo.»[48] Y entonces una voz poderosa resuena dentro:

> Totalmente es indecible lo que el alma conoce y siente en este recuerdo de la excelencia de Dios, porque, siendo comunicación de la excelencia de Dios en la sustancia del alma, que es el seno suyo... suena en el alma una potencia inmensa en voz de multitud de excelencias de millares de virtudes, nunca numerables, de Dios.[49]

Y si ésta es la experiencia de un hombre o de una mujer en vida, ¿qué será la experiencia de la visión de Dios en la gloria? «Porque si una vez que recuerda mala vez abriendo el ojo, pone tal al alma, como habemos dicho, ¿qué sería si de ordinario estuviese en ella para ella bien despierto?».[50]

Además del despertar tenemos el aliento del Espíritu. Pero sobre éste no habla el místico español. «En la cual aspiración, llena de bien y de glo-

---

47. Ibid.
48. Ibid., 4.7.
49. Ibid., 4.10.
50. Ibid., 4.15.

El viaje místico hoy

ria y delicado amor de Dios para el alma, yo no querría hablar, ni aun quiero; porque veo claro que no lo tengo de saber decir, y parecería que ellos es menos si lo dijese».[51]

Y así, *La llama de amor viva* acaba en silencio.

LA VISIÓN DE DIOS

Si no podemos expresar con palabras el más grande despertar en esta vida, ¿cómo podríamos hablar de la visión de Dios en la gloria? Cuando trata de la visión beatífica, objetivo de la vida humana, el místico español sigue la teología de la época. Hacia el final de *La noche oscura,* cuando habla de la escala de amor por la que el individuo asciende hasta Dios, utiliza una metáfora interesante. Nos dice que «porque así como con la escala se sube y escalan los bienes y tesoros y cosas que hay en las fortalezas, así también por esta secreta contemplación, sube el alma a escalar, conocer y poseer los bienes y tesoros del cielo».[52] De manera que subimos por la escala, travesaño a travesaño, hasta llegar a la visión de Dios. Tras el noveno peldaño el alma sale del cuerpo y atraviesa un periodo de purificación –puesto que pocas personas se purifican por completo en esta vida– antes de entrar en la gloria donde ve a Dios cara a cara. Éste es el matrimonio glorioso, la culminación de la vida mística. San Juan de la Cruz escribe:

> Dice san Juan: Sabemos que seremos semejantes a él (1 Jn 3,2), no porque el alma se hará tan capaz como Dios, porque eso es imposible, sino porque todo lo que ella es se hará semejante a Dios; por lo cual se llamará, y lo será, Dios por participación.[53]

Pero de nuevo, cuando tratan de la visión de Dios, los grandes místicos enmudecen.

Citando libremente el Nuevo Testamento el Concilio Vaticano II se refiere al estado de gloria «en el que seremos como Dios, puesto que Le veremos como Él es» (cf. 1 Jn 3, 2). Cita también a san Pablo diciendo «los sufrimientos de la vida presente no son de comparar con aquella gloria ve-

---

51. Ibid., 4.17.
52. *Noche oscura*, 2.18.1.
53. Ibid., 2.20.5.

Teología mística

nidera que se ha de manifestar en nosotros» (Rom 8, 18), y concluye con una visión apocalíptica:

> Cuando Cristo se manifieste y tenga lugar la gloriosa resurrección de los muertos, el resplandor de Dios iluminará la ciudad celestial y su luz será el Cordero (cf. Ap 21, 24). Entonces toda la Iglesia de los santos, en la suprema felicidad del amor, adorará a Dios y al Cordero que fue inmolado (Ap 5, 12), proclamando con una sola voz: Bendición, honor, gloria y poder, por los siglos de los siglos, al que está sentado en el trono y al Cordero (Ap 5, 13-14).[54]

Así es la visión de Dios en la eternidad.

---

54. *Lumen Gentium*, 51.

Dieciocho
ACCIÓN

EL PROBLEMA DE NUESTROS DÍAS

Estamos entrando en una era en que la meditación y el misticismo ya no son patrimonio exclusivo de monjes, monjas, y anacoretas. Ahora son las personas que trabajan en oficinas, en fábricas y en laboratorios, aquellas que se dedican a lavar platos, a enseñar o a trabajar con ordenadores las que buscan algo profundo que dé significado a sus vidas. Y se preguntan si la meditación y el misticismo están hechos para ellas, si podrán ayudarles en sus ocupadas vidas. Saben, por supuesto, que la meditación genera ondas cerebrales alfa, que es relajante, que hace posible que nos enfrentemos a la vida con coraje y ecuanimidad. Pero ¿qué más?

La cuestión no es nueva. Con el paso de los siglos la historia de Marta y María se ha contado una y otra vez con diversas interpretaciones. «María eligió la mejor parte» era la excusa para denigrar la acción y para ensalzar la meditación, aunque siempre ha habido personas que consideran a Pablo un activista: «en viajes muchas veces, en peligros de ríos, peligros de ladrones, peligros de los de mi nación, peligros de los gentiles, peligros en poblado, peligros en despoblado, peligros en la mar, peligros entre falsos hermanos» (2 Cor 11, 26). Y lo mismo podríamos decir de Domingo, Francisco, Juana de Arco, Ignacio, y tantos otros que encontraron en la acción lo que estaban buscando.

La controversia entre la primacía de la contemplación y el valor de la actividad ha sido una constante a lo largo de la historia, y la comunidad cristiana, fiel al Evangelio, llegaba siempre a la misma conclusión: lo que importa no es la acción o la contemplación, sino el amor. Cuando el amor nos dice que actuemos, actuamos; cuando el amor nos dice que entremos en una contem-

Teología mística

plación silenciosa, lo hacemos. Es así como cumplimos la voluntad de Dios.[1] Pero la polémica entre aquellos que no confiaban en la acción y se refugiaban en la contemplación y aquellos que sobrevaloraban la acción a expensas de la contemplación ha continuado en el siglo XX, y los padres del Concilio Vaticano II se vieron en la obligación de expresar su opinión sobre la actividad humana.

El Concilio dice que la Iglesia está «entregada a la acción y dada a la contemplación, presente en el mundo, y sin embargo peregrina».[2] Manifiesta que lo humano se subordina a lo divino, lo visible a lo invisible, la acción a la contemplación, y lo presente a la ciudad que ha de llegar. Y lo que el Concilio dice de la Iglesia lo aplica también al individuo, es decir, que éste debe entregarse a la acción, pero teniendo presente que la acción se subordina a la contemplación.

En otro texto, cuando reflexiona sobre los extraordinarios logros de la familia humana, manifiesta claramente que «el hombre, creado a imagen de Dios, ha recibido el mandato de regir el mundo en justicia y santidad, sometiéndose a la tierra y a todo cuanto en ella hay»[3], y describe la actividad como experiencia espiritual:

> Pues los hombres, cuando actúan, no sólo cambian las cosas y la sociedad, sino que también se perfeccionan a sí mismos. Aprenden mucho, cultivan sus facultades, salen de sí y se trascienden.[4]

Este salir de sí y trascenderse es ya una forma de contemplación.

Pero el Concilio era muy consciente de las tentaciones y los peligros. La actividad humana está infestada de pecado: «en nuestros días el poder acrecentado de la humanidad amenaza con destruir al propio género humano».[5] Por lo tanto, la actividad humana necesita ser purificada, y esta purificación tiene lugar en una vida de contemplación. Es decir, la actividad humana es de un inmenso valor y contribuye a llevar a cabo el proyecto divino en la historia, pero debe purificarse mediante la contemplación

---

1. Véase el capítulo 4 de este libro.
2. *Sacrosanctum Concilium*, 2.
3. *Gaudium et Spes*, 34.
4. Ibid., 35.
5. Ibid., 37.

El viaje místico hoy

por la cual la persona se une a Dios. El ideal es una vida en la que acción y contemplación se unan en armónico matrimonio.

ACCIÓN CONTEMPLATIVA

En los primeros tiempos del monaquismo la contemplación y la acción no estaban separadas. Después de recitar el oficio divino, celebrar la Eucaristía, y pasar horas en oración silenciosa, los monjes trabajaban en los campos y se ocupaban de las tareas domésticas. Al cavar la tierra o lavar los platos permanecían en la presencia de Dios que moraba en la naturaleza y en las profundidades de su ser; debían buscar a Dios en todas las cosas y mantener una *pureza de intención* para no obrar por egoísmo o por propio interés. Y lo que es más, daban comida y bebida a los pobres, a los enfermos, y a los impedidos que se agolpaban a las puertas de los monasterios, y unían así contemplación y acción.

También en Asia la unión de la contemplación y la acción ha estado siempre muy viva. El ideal que pretenden tanto los que meditan como los que practican las artes marciales (el *do*) es la perfección de la acción. «Cuando camino soy consciente de que estoy caminando. Cuando estoy sentado soy consciente de que estoy sentado. Cuando me tumbo soy consciente de que estoy tumbado... soy consciente de cualquier posición de mi cuerpo, cualquiera que ésta sea. Practicando esta disciplina, tengo una conciencia constante y directa de mi cuerpo». Y esta conciencia se extiende a cualquier actividad, porque la persona es consciente de cada aliento, de cada movimiento, de cada pensamiento, de cada sentimiento. Entra en un estado conocido como no-mente (*mushin*) donde percibe el fluir de la mente a través de cada parte del cuerpo. Todo el ser se unifica: la persona se une con el té, o con la espada, el arco, la flor, y llega a la unipolarización. Y cuando encontramos nuestro verdadero yo podemos actuar con extraordinaria espontaneidad, sin razonar, pensar, o planificar. Los maestros zen piden a sus discípulos que lleven la conciencia a la vida diaria, al trabajo en la cocina, en la oficina, el laboratorio o la clase, con un claro mensaje: «Vive el presente». Y de esta forma la persona llega a la perfección de la acción.

El *Bhagavad Gita*, que persigue la renuncia a los frutos del trabajo, describe una acción contemplativa similar. Según cuenta la leyenda, cuando a Gandhi le decían que su no-violencia no tendría éxito él contestaba

Teología mística

que no la practicaba para que tuviera éxito, sino porque era lo que debía hacer. Quería renunciar al éxito y perseguir la perfección de la acción.

LA TOMA DE DECISIONES

Uno de los aspectos más retadores e importantes de la vida activa es tomar decisiones. Las personas deben decidir qué hacer y qué no hacer, qué decir y qué no decir. El Concilio, dotado siempre de una gran perspicacia, señaló que las personas de nuestra época consideran que tomar decisiones es parte de la dignidad humana, y que les desagrada más que nunca recibir coacciones y presiones del exterior:

> Los hombres de nuestro tiempo tienen una conciencia cada vez mayor de la dignidad de la persona humana y crece el número de los que exigen que los hombres actúen según su propio criterio y hagan uso de una libertad responsable, no movidos por coacción, sino guiados por la conciencia del deber.[6]

El Concilio se refería a la libertad religiosa, pero el problema incluye todos los aspectos de la vida humana. Los jóvenes deben tomar decisiones, algunas veces angustiosas, sobre cuál debe ser su camino en la vida, en tanto que los padres intentan elegir lo mejor para la unidad familiar. Los presidentes de las naciones y de las grandes compañías se enfrentan al desafío de influir en la vida de millones de personas, y bien sabemos que en nuestro siglo muchas han sido sometidas a la esclavitud por las decisiones de políticos irresponsables, y que la tierra ha sido destruida por multinacionales sin escrúpulos.

Pero también sabemos que estamos entrando en una era en la que muchas personas casadas, que trabajan en el mundo de la política, de la economía y de la educación, se sienten llamadas a la auténtica experiencia mística que las ayudará a elegir llenas de una fe valiente y de amor desinteresado. Estos individuos son cristianos comprometidos que quieren seguir a Cristo como lo hicieron los monjes y monjas del pasado, y están llamados a llevar a cabo una tarea –quizás una tarea de la que depende la raza humana– que sólo ellos pueden realizar, y para la que buscan guía.

6. *Dignitatis Humanae*, 1.

El viaje místico hoy

En este sentido es especialmente importante el misticismo de un vasco del siglo XVII. Ignacio de Loyola (1491-1556) fue un místico de acción que buscó siempre la voluntad de Dios y que enseñó a otros a hacer lo mismo. Su doctrina exigente (el misticismo no es nunca dulce o fácil) predica el compromiso total con el Cristo crucificado, y puede conducirnos a un profundo misticismo en nuestras ocupadas vidas.

MÍSTICO EN ACCIÓN

La conversión de Ignacio comenzó en la época que guardaba cama a causa de una pierna rota tras el sitio de Pamplona cuando su aburrimiento le llevó a leer vidas de santos, en especial la *Vita Christi* del cartujo Ludolfo de Sajonia. Tras una vida de pecado (que alcanzó momentos culminantes en Manresa) decidió dedicar días y noches a la oración, pasando por una angustiosa crisis que se desvaneció cuando llegó a una iluminación profunda mientras contemplaba el fluir del río Cardoner.

La característica principal de su conversión radica en que fue un compromiso radical con Cristo. Amaba el *Anima Christi* con su grito místico: «¡Escóndeme en tus heridas!».

Intra tua vulnera absconde me

La primera semana de sus *Ejercicios espirituales* concluye cuando el ejercitante se arrodilla a los pies de la cruz diciendo:

¿Qué he hecho por Cristo?
¿Qué hago por Cristo?
¿Qué debo hacer por Cristo?[7]

Ignacio considera que la acción recta es seguir a Cristo.

Su ideal es seguir a Cristo Rey «en todas injurias y todo vituperio y toda pobreza, así actual como espiritual»[8]. Perfila tres estadios en su camino: po-

---

7. *The Spiritual Exercises of St Ignatius of Loyola*, trad. Louis J. Puhl, Loyola University Press, Chicago, 1968, 53. Para la descripción del misticismo de Ignacio véase *Ignatius of Loyola the Mystic*, Harvey Egan, Michael Glazie, Delaware, 1987.
8. Ibid., 98.

Teología mística

breza con el Cristo pobre, humillación con el Cristo humillado, vacío radical con el Cristo que se rebajó tomando la forma de un esclavo. Éste es el camino de la nada y el vacío; es la *kenosis* del Hijo de Dios. Es el misticismo de san Pablo que dijo a los Corintios que debían convertirse en locos si querían ser sabios, es la *nada, nada, nada* y el *mu, mu, mu*. Conduce inexorablemente a la nube del no saber y a la vacuidad mística.

El joven Ignacio siguió a Cristo como un caballero de brillante armadura, pero con el paso del tiempo su compromiso se hizo cada vez más intensamente trinitario. Mientras se encontraba de viaje en Roma, en un alto en el pequeño pueblo de La Storta «fue visitado muy especialmente por Dios» y tuvo una experiencia que habría de influir en toda su vida y en todos sus actos. La describe así:

> Y estando un día, algunas millas antes de llegar a Roma, en una iglesia, y haciendo oración, sintió tal mutación en su alma y vio tan claramente que Dios Padre le ponía con Cristo, su Hijo, que no tendría ánimo para dudar de esto, sino que Dios Padre le ponía con su Hijo.[9]

Que le colocara con su Hijo era penetrar en el misterio de la Santísima Trinidad.

Hacia el final de su vida pasaba muchas horas orando antes y después de celebrar la Eucaristía. Esta oración, tanto la Eucarística como la trinitaria, iba acompañada de un mar de lágrimas.

Su doctrina sobre la contemplación y la acción era clara: aquel que actúa al servicio de Dios debe estar bien entrenado, bien instruido. Sin embargo, la unión con Dios a través de la caridad es más importante que los dones naturales, por maravillosos que éstos sean. He aquí sus palabras:

> Los medios que juntan el instrumento con Dios y le disponen para que se rija bien de su divina mano son más eficaces que los que le disponen para con los hombres... porque aquellos interiores son los que han de dar eficacia a estos exteriores para el fin que se pretende.[10]

---

9. *A Pilgrim's Testament: The Memoirs of St Ignatius of Loyola*, trad. Parmananda R. Divarkar, Gregorian University Press, 1983, 96.
10. *The Constitutions of the Society of Jesus*, trad. con introducción y comentario de George E. Ganss, St. Louis, Institute of Jesuit Sources, 1970.

El viaje místico hoy

Los dones interiores son los más importantes; la caridad es lo más importante. De la caridad interior fluye la energía que proporciona eficacia a la acción exterior.

Fiel a este compromiso con Jesús y con el Padre, Ignacio quería que sus hijos fueran hombres crucificados para el mundo y a quienes el mundo fuera crucificado. Su orden habría de recibir el nombre de «Compañía de Jesús» y ningún otro. Cuando los cardenales romanos, exasperados porque tenían que quitarse los birretes cuando se mencionaba esta nueva orden, exigieron que se le cambiara el nombre, Ignacio luchó con uñas y dientes para conservarlo. Y así ha seguido llamándose hasta nuestros días.

Pero el joven soldado herido tendría otras experiencias que habrían de influir profundamente tanto en sus propios actos como en los de la orden que fundó. Las consideramos a continuación.

DISCERNIMIENTO DE ESPÍRITUS

Mientras que estaba postrado en la cama a causa de sus heridas, Ignacio comenzó a escucharse a sí mismo y a prestar atención a sus ensoñaciones. Algunas veces sus pensamientos y fantasías volaban hacia bellas mujeres y a los actos de caballería, lo que le satisfacía durante un tiempo, pero que acababa por dejarle triste y desolado. Otras veces soñaba con servir a Dios como los santos, y estos pensamientos empezaron a proporcionarle una paz duradera. Inconscientemente estaba siguiendo el consejo de san Juan: «Amados, no queráis creer a todo espíritu, sino examinad los espíritus si son de Dios...» (1 Jn 4, 1), y poco a poco comprendió qué pensamientos le llevaban a la destrucción y tenían que ser desterrados, y cuáles le proporcionaban una auténtica alegría y debía seguir. Porque el resto de su vida pasó muchas horas de oración escuchando los movimientos interiores, preguntándose cuáles tenían su origen en las fuerzas del mal, cuáles se originaban en sí mismo, y cuáles provenían del Espíritu Santo. El ideal era que el Espíritu Santo le guiara en todas y cada una de sus acciones.

Es importante que mencionemos aquí un ejemplo del discernimiento ignaciano, que tuvo lugar durante su estancia en Manresa. Relata muy vívidamente cómo a plena luz del día vio una bella serpiente en el aire cerca de él:

Estando en este hospital le acaeció muchas veces en día claro ver una cosa en el aire junto de sí, la cual le daba mucha consolación, porque era muy hermo-

Teología mística

sa en grande manera. No divisaba bien la especie de qué cosa era, mas en alguna manera le parecía que tenía forma de serpiente, y tenía muchas cosas que resplandecían como ojos, aunque no lo eran. Él se deleitaba mucho y consolaba en ver esta cosa; y cuanto más veces la veía, tanto más crecía la consolación; y cuando aquella cosa le desaparecía, le desplacía dello.[11]

A la visión le seguía una tempestad interior, desolación, y tristeza. Posteriormente llegó el gran despertar cuando se encontraba sentado junto al río. Rebosante de alegría se dirigió a una cruz cercana para dar gracias a Dios, y vio de nuevo a la serpiente:

> Allí le apareció aquella visión que muchas veces le aparecía y nunca la había conocido, es a saber, aquella cosa que arriba se dijo que le parecía muy hermosa, con muchos ojos. Mas bien vio, estando delante de la cruz, que no tenía aquella cosa tan hermosa color como solía...[12]

Supo entonces que era el demonio, que continuó apareciéndosele; pero él lo espantó con un bordón que llevaba en la mano.

¿Cuál era la importancia de esta bella serpiente que Ignacio vio flotando en el aire? La serpiente es un símbolo sexual y sabemos que en esta época Ignacio todavía soñaba con bellas y atractivas mujeres. Sabemos también que la serpiente es un símbolo de vida primitiva, de la vida en el útero, y es posible que Ignacio se encontrara entonces en una encrucijada. Se enfrentaba a la posibilidad de seguir su camino y aceptar la pobreza y la humillación de la cruz o de dar un paso atrás para aceptar la fascinante belleza de la serpiente; ésta era su lucha en Manresa.

Después de esta experiencia Ignacio viajó hasta Tierra Santa y a varios lugares en Europa, siempre a la búsqueda de Dios, siempre escuchando los movimientos interiores de su alma, haciéndose cada vez más receptivo a la voz interior del Espíritu. Posteriormente dedicó gran parte de sus oraciones a elegir lo que tenía que escribir en las constituciones de su orden. Mientras que otros místicos desechaban enérgicamente estos pensamientos para estar a solas con Dios, Ignacio incluyó todas sus preocupaciones y todos sus problemas en sus oraciones y en la celebración de la Eucaristía, como había hecho María, que reflexionaba en el corazón sobre los acontecimientos de su vida. Sus abundantes lágrimas, sus locuciones

---

11. *A Pilgrim's Testament*, 19.
12. Ibid., 31.

El viaje místico hoy

interiores o *loquela* le guiaban cuando tenía que tomar decisiones importantes, y continuó intentando discernir las buenas de las malas, con el temor de que los movimientos interiores pudieran tener su origen en las fuerzas del mal y le llevaran al camino equivocado.

El misticismo del discernimiento es parte de la herencia que legó a su orden. Ignacio dice claramente que es remiso a escribir reglas, y considera que lo que debe gobernar las acciones de los padres y madres no es la ley exterior (¡el parecido con san Pablo es inmenso!) sino «la ley interior de caridad y amor que el Espíritu Santo escribe e imprime en el corazón».[13] Lo primero es la fidelidad al Espíritu; la fidelidad a la ley es secundaria. «La letra mata, mas el Espíritu vivifica» (2 Cor 3, 6).

¿Pueden los hombres y mujeres de nuestros días aprender a seguir al Espíritu en un misticismo de discernimiento? ¿Es ésta una forma viable de vida para aquellos que viven en la ciudad seglar? A este respecto es interesante recordar dos puntos de la doctrina de Ignacio.

El primero es que a Ignacio le preocupaba mucho la opción fundamental. Aquel cuya opción fundamental sea el bien encuentra paz y dicha en seguir al Espíritu y angustia en el mal; por otra parte, aquel cuya opción fundamental sea el mal encontrará angustia y dolor en seguir al Espíritu y dicha maliciosa en el mal. La opción fundamental es lo más importante, de manera que el misticismo del discernimiento es la opción de quienes están totalmente comprometidos con Cristo.

El segundo punto es que éste es un proceso de aprendizaje que lleva su tiempo. Ignacio da por hecho que todas las personas cometen errores, y dice con buen humor que sólo tenemos que mirar a la cola de la serpiente (la *cauda serpentina*) y proponernos no volver a cometer el mismo error.

Pero hay veces que el individuo debe tomar una decisión trascendente que habrá de determinar todo el rumbo de la vida, y para ello Ignacio recomienda seguir sus ejercicios espirituales.

GRANDES DECISIONES

Antes de comenzar su vida pública Jesús pasó cuarenta días en el desierto, solo y en oración. Antes de elegir a sus discípulos «se retiró a lugares desiertos y hacía oración» (Lc 5, 16). Antes de su pasión y muerte oró en Get-

---

13. *Constituciones*, parte I.

Teología mística

semaní, haciendo el mayor de los sacrificios: «no se haga lo que yo quiero, sino lo que tú» (Mt 26, 39). Los acontecimientos más importantes de su vida estuvieron siempre precedidos por la oración.

Siguiendo su ejemplo Ignacio pide que se ore larga e intensamente antes de decidir nuestra postura frente a la vida. A quien hace sus *Ejercicios Espirituales* le propone que pase treinta días en silencio, orando al menos cinco horas durante el día y algunas veces una hora a medianoche. Con respecto a los métodos de orar, Ignacio enseña primero una oración discursiva de la memoria, el entendimiento y la voluntad (las llamadas tres facultades del alma), y luego una oración contemplativa que había aprendido de Ludolfo de Sajonia y en la que la persona se representa imágenes de los evangelios. Estas formas de orar recibieron el nombre de «ignacianas», y desgraciadamente, algunos directores espirituales insistían en que el ejercitante orara sólo de esta manera, excluyendo así de los ejercicios el contenido místico. Pero de hecho, al enseñar la oración discursiva Ignacio sólo estaba simplificando los métodos de la oración comunes en aquella época. Era receptivo a cualquier tipo de oración que sugiriera el Espíritu, y le dice al ejercitante que se detenga donde encuentre frutos y que descanse allí, preparándose de esta manera para el don de la experiencia mística. Sólo era necesario que la persona se adentrara progresivamente en el misterio de Cristo, probando el fruto interior y deleitándose en él con suspiros o lágrimas o con cualquier don que le fuera dado.

Para escuchar al Espíritu Santo que mora en nosotros debemos renunciar a lo que nos rodea y fijar los ojos solamente en la gloria de Dios. Porque quien esté aferrado al dinero, al poder, a la salud, a una vida corta, a una larga, no tendrá la calma interior necesaria para escuchar al Espíritu y tomar la decisión correcta. Por otro lado, quien está preso de la angustia y el miedo pierde la paz interior necesaria. El individuo debe tener lo que Ignacio llama «indiferencia» por todas las cosas creadas. Pero ¿cómo llegar a esta indiferencia?

En este punto la meditación oriental –la conciencia de la respiración y el cuerpo para vivir el momento presente– tiene un gran valor, y también la renuncia oriental a los frutos del trabajo nos enseña una lección similar. Las personas que practican la toma de conciencia pueden llegar a esta paz interior, y si siguen a Ignacio en la fe cristiana orientarán toda su vida al fomento de la gloria de Dios o (como a Ignacio le gustaba decir) a la mayor gloria de Dios.

El viaje místico hoy

Es obvio que el director que acompaña al ejercitante tiene un papel clave en todo el proceso, aunque siempre debemos tener presente que el verdadero director es el Espíritu Santo y no otro. Por lo tanto, el director debe escuchar con atención y hacer las preguntas pertinentes, pero nunca debe influir al ejercitante en un sentido o en otro, no debe entrometerse nunca en la tarea de Dios; debe poner buen cuidado en dejar al ejercitante solo con el Solo.

En el contexto del discernimiento Ignacio habla de consolación sin causa previa.[14] «Sólo es de Dios nuestro Señor dar consolación.» ¿A qué se refiere esta consolación sin causa previa que él considera tan importante?

En una parte anterior de este libro se hizo la distinción entre la contemplación que se adquiere mediante el esfuerzo humano y la contemplación que es puro don, porque es infundida por Dios. En la vida hay veces que las personas reciben un don divino. Están convencidas de que no merecen este don y de que no han hecho nada para producirlo; están llenas de confusión y de un sentimiento de falta de mérito. Es ésta una gracia mística a la que Ignacio llama consolación sin causa previa, y sus *Ejercicios* tienen por objeto preparar al ejercitante para que la reciba.

Los *Ejercicios* alcanzan su punto culminante cuando la persona recibe el don. Ejemplos de esta gracia son Pablo en su camino a Damasco y Mateo cuando decidió, en un momento, dejarlo todo para seguir a Jesús. La elección de estos dos apóstoles no tuvo origen en la acción humana, sino que fue un don de Dios. «No me elegisteis vosotros a mí; sino que soy yo el que os he elegido a vosotros» (Jn 15, 16).

Estos momentos de don deslumbrante no son extraordinarios en absoluto; han llenado de gracia la vida de personas que oraban, en todo tiempo y lugar, y siguen haciéndolo. Sin embargo, Ignacio, consciente de que éste es un don, nos propone otras formas de llegar a una decisión importante.

DISCERNIMIENTO DE LA POBREZA

Ignacio se enfrentó a una importante decisión con respecto a la pobreza de su recién nacida sociedad. Afortunadamente, conservamos las notas que escribió rápidamente cuando trataba de decidir si las iglesias de la Com-

14. *Ejercicios espirituales*, 330.

Teología mística

pañía debían tener unos ingresos fijos. Nos dice que mientras celebraba la Eucaristía se sentía inclinado a la pobreza total, y esta inclinación permanecía con él toda la jornada. Unos días más tarde escribe: «Vi a la Madre y al Hijo propicios para interpelar al Padre y me sentí más inclinado a perfeccionar la pobreza en aquella hora y durante el día».[15] Continúa orando y reflexionando, y después de algunos días vuelve a escribir que «es confusión el tener en parte, el tener todo un escándalo, y un ayudar para deprimir la pobreza que Dios nuestro Señor tanto alaba».[16]

Su experiencia de discernimiento, lejos de ser racional y calculada, estaba llena de fuego y lágrimas: «Sentí en mí un ir o llevarme delante del Padre, y en este andar un levantárseme los cabellos, y moción como ardor notabilísimo en todo el cuerpo, y consecuente a esto lágrimas y devoción intensísima».[17] Fue así como tomó la decisión de adoptar una pobreza total, y ofreciendo esta decisión a Dios, sintió una profunda paz y seguridad interior:

> Con asaz devoción y lágrimas, y después ofreciendo un rato adelante coloquiendo con el Espíritu Santo para decir su misa, con la misma devoción o lágrimas me parecía verle o sentirle en claridad espesa o en color de flama ígnea modo insólito, con todo esto se me asentaba la elección hecha.[18]

Ignacio entendió, por la paz interior y la seguridad que llenaban su alma después de tomar la decisión, que ésta agradaba a Dios:

> Después con grande tranquilidad y seguridad de ánima, como de cansado quien descansa en mucho reposo, y para no buscar ni querer buscar cosa alguna, teniendo la cosa por acabada, si no fuere por dar gracias, y por devoción del Padre y de misa de la Trinidad...[19]

He aquí el discernimiento místico de quien escuchaba la guía del Espíritu cuando celebraba la Eucaristía con lágrimas, calor interior y visiones. Cuando todo hubo acabado Ignacio hizo un análisis racional, escribiendo las ventajas e inconvenientes, sopesando los pros y los contras.

15. *Spiritual Journal of Ignatius of Loyola*, trad. William J. Young, Woodstock College Press, 1958, parte 1.4.
16. Ibid., 5.
17. Ibid., 8.
18. Ibid., 14.
19. Ibid., 19.

El viaje místico hoy

¿Cómo podemos explicar las lágrimas de Ignacio? Ningún otro místico ha llorado tanto. Su amigo íntimo Laínez nos cuenta que solía derramar lágrimas seis o siete veces al día, hasta el punto de que la visión de los ojos estaba afectada por esta abundancia de lágrimas.

Los místicos se refieren a menudo a una experiencia profundamente espiritual que inunda los sentidos. Hablan de un fuego interior, de una agitación ciega del amor, de una llama de amor viva que es tan poderosa que causa estigmas –las cinco heridas de Jesús–, y de otros fenómenos psíquicos como el rapto o el éxtasis o el descoyuntamiento de huesos. Ignacio no tuvo la experiencia de tales fenómenos, pero derramaba lágrimas, lo que en una persona de su temperamento era la expresión externa de la intensidad que tenía su vivencia espiritual interior.

EL DESPERTAR

El diálogo con el misticismo oriental nos ha permitido ser cada vez más conscientes del fenómeno del despertar o la iluminación. Los místicos orientales y occidentales tienen momentos en los que se les abre el ojo interior y llegan a percibir la realidad de una forma distinta. Éste fue el caso de Ignacio, que tuvo una nueva visión del mundo cuando contemplaba el río Cardoner.

Es interesante caer en la cuenta de que a menudo se produce la iluminación ante un río que fluye. «Estando yo en medio de los cautivos junto al río Kebar», escribe Ezequiel, «se abrieron los cielos, y tuve visiones divinas» (Ez 1, 1). Así también Ignacio, cuando iba a una iglesia cerca de Manresa, se sentó y comenzó a mirar al río. Cuenta lo que sucedió de la siguiente manera:

> Estando allí sentado se le empezaron a abrir los ojos del entendimiento; y no que viese alguna visión, sino entendiendo y conociendo muchas cosas, tanto de cosas espirituales como de cosas de la fe y de las letras; y esto con una ilustración tan grande, que le parecían todas las cosas nuevas.[20]

Ignacio no vio visión alguna, ni corpórea ni imaginaria, pero tuvo una nueva percepción de la realidad –«le parecían todas las cosas nuevas»– y quedó maravillado:

20. *A Pilgrim's Testament*, 30.

Teología mística

Recibió una grande claridad en el entendimiento; de manera que en todo el discurso de su vida, hasta pasados sesenta y dos años, coligiendo todas cuantas ayudas haya tenido de Dios, y todas cuantas cosas ha sabido, aunque las ayunte todas en uno, no le parece haber alcanzado tanto como de aquella vez sola.[21]

Esta experiencia es importante y significativa para la teología mística porque es un despertar con un contenido teológico fundamental. Ignacio no se refiere explícitamente a este contenido, pero sí a cuestiones espirituales y cuestiones de fe y de letras. En el mismo periodo de su vida habla de ver la humanidad de Jesús con su ojo interior (es decir, con los sentidos espirituales), como forma blanca –podría haberse tratado de una luz blanca– sin distinción de miembros, y hace esta extraordinaria manifestación:

> Estas cosas que ha visto le confirmaron entonces y le dieron tanta confirmación siempre de la fe, que muchas veces ha pensado consigo: Si no hubiese Escritura que nos enseñase estas cosas de la fe, él se determinaría a morir por ellas, solamente por lo que ha visto.[22]

En esta declaración volvemos a encontrar un claro contenido intelectual de su experiencia.

En su autobiografía también hace un comentario similar sobre las luces que había recibido en oración y a la relación que éstas tienen con el estudio:

> ... con muy y muchas inteligencias de la Santísima Trinidad, ilustrándose el entendimiento con ellas, a tanto que parecía que con buen estudiar no supiera tanto, y después mirando más en ello, en el sentir o ver entendiendo me parecía aunque toda mi vida estudiara.[23]

Aquí dice claramente que su experiencia mística tiene contenido teológico, lo cual difiere bastante de la experiencia apofática de aquellos místicos que hablan con desdén de la teología como de una frágil vela frente a la luz gloriosa del sol. Si la experiencia ignaciana tenía contenido –ya fuera

21. Ibid.
22. Ibid., 29.
23. Ibid., 52.

El viaje místico hoy

teológico o material para el discernimiento– ¿dónde han quedado la vacuidad, el vacío, la nada, la nube del no saber y la oscuridad? El autor de este libro no duda que Ignacio estuviera en la vacuidad y en la nube del no saber; de hecho, sus escritos arrojan luz extraordinaria sobre ésta. No olvidemos que vacuidad y nube no significan que uno haya vaciado la mente de todo contenido hasta el punto de que ésta se convierta en una hoja en blanco o en una *tabula rasa*. *La vacuidad está constituida por la renuncia*. Podemos estar en la vacuidad de muchas maneras: mientras percibimos el sonido de una cascada, el canto de los pájaros, el croar de las ranas; mientras luchamos con el *koan* y cuando nos enfrentamos al objeto del discernimiento; cuando realizamos nuestras tareas en la cocina, en la oficina, el laboratorio o el aula; mientras nos dirigimos a las personas de la Trinidad. Estar en la vacuidad significa que la persona ha entrado en un nivel profundo de conciencia donde se ha desprendido de todo y se encuentra libre, sin ataduras o angustias.

El hecho es que siempre hay contenido en la experiencia auténticamente mística. Algunas veces es Dios mismo el que está tan presente y tan cercano que ciega los ojos como la luz del sol ciega al murciélago, y entonces el contenido es oscuro. Otras veces el ojo interior se abre a una nueva perspectiva de la realidad, y el contenido es brillante. Otras veces Dios revela sus secretos y uno tiene un atisbo parcial de los misterios de la fe.

Todo esto nos lleva a dos conclusiones que son importantes para la teología mística. La primera es que hay una estrecha conexión entre la teología y el despertar místico. La teología de los Padres de la Iglesia –de Agustín, Gregorio, Crisóstomo y otros tantos– deriva de su experiencia mística. Su doctrina de la Trinidad no tenía origen tan sólo en los libros –aunque eran estudiosos asiduos–, sino sobre todo en lo que veían. Podrían decir como Ignacio que si no hubiera Escritura que instruyera sobre estas cuestiones de la fe estarían dispuestos a morir sólo por aquello que habían visto. Si algún defecto tiene nuestra teología del siglo XX es que los teólogos que solamente trabajan con libros y ordenadores han restado importancia a la experiencia mística.

La segunda conclusión es que no podemos decir que el misticismo hinduísta, budista, islámico, judío y cristiano sean la misma cosa. Porque mientras que es verdad que todos los místicos penetran en el silencio y en el vacío de la nube del no saber y mientras también es cierto que la experiencia mística es el mejor lugar para el diálogo entre religiones, no es menos cierto que el contenido es distinto. Esto significa que los místicos pue-

Teología mística

den compartir y enriquecerse entre sí en el camino al misterio. Evitemos caer en un ecumenismo fácil.

VISIÓN DE AMOR

Aunque Ignacio era un romántico incorregible, nunca se rindió al hechizo del Cantar de los Cantares. Sin embargo, sí que habló de los enamorados, diciendo que el amor debería manifestarse en actos más que en palabras, y que el amor consiste en un compartir mutuo. Los enamorados comparten su conocimiento, su dinero, su honor, y todo cuanto poseen. Este compartir mutuo es la culminación de la relación humana con Dios, porque del mismo modo que los enamorados comparten con el otro todo su ser en el matrimonio, también Dios y la persona humana se comparten totalmente. Dios es amor. A través de la creación y de la redención Dios ha compartido con nosotros, está hoy vivo en la totalidad del mundo, dándole existencia: en los elementos, las plantas, los animales, los seres humanos. Dios actúa en los cielos, los elementos, las plantas, los frutos, el ganado, dándose siempre a sí mismo como un gran Enamorado. La bondad de Dios, su justicia, su compasión, descienden sobre nosotros de la misma forma que los rayos de luz descienden desde el sol y las aguas fluyen de la fuente. Dios es amor.

Como Dios lo comparte todo conmigo, yo, a mi vez, lo comparto todo con Dios y digo en mi oración:

> Tomad, Señor, y recibid toda mi libertad, mi memoria, mi entendimiento y toda mi voluntad, todo mi haber y mi poseer.[24]

Ésta es una ofrenda total. Es la *nada,* es el *mu,* es el todo. Y es un acto de amor. Terminamos la oración con las palabras «dadme vuestro amor y gracia, que ésta me basta».[25] La persona pide el don del amor; y se consuma la unión entre amante y amado. Es en este punto donde se realiza la transformación total del amado en el amante.

Esta oración nos lleva más allá, a la perfección de la acción, porque habiendo rendido todas nuestras facultades a Dios oramos:

24. *Ejercicios espirituales,* 234.
25. Ibid.

El viaje místico hoy

Todo es vuestro, disponed de ellas según vuestra voluntad.[26]

Desde ahora la acción ya no es mía, sino que será acción de Dios haciendo uso de mis facultades para mover cielo y tierra. Es ahora el amante divino el que actúa a través de quien le ha rendido todo su ser.

Nos encontramos así con la gigantesca historia de amor del misticismo cristiano tradicional traducido en acción cuando la amante le pide al amado que haga uso de ella y de todas sus facultades según su voluntad. Sobre este punto merece la pena que consideremos dos cuestiones.

La primera es que esta ofrenda es eucarística. Cuando Ignacio celebraba la Eucaristía se ofreció por completo a sí mismo y a sus proyectos con muchas lágrimas, suspiros y sollozos. Y le pide al ejercitante que haga lo mismo con gran sentimiento: «Así como quien ofrece, afectándose mucho... todas mis cosas y a mí mismo».[27]

La segunda es que esta ofrenda es trinitaria, es la ofrenda de todo nuestro ser con el Hijo al Padre en el Espíritu Santo. Ignacio tuvo visiones de tres personas en un solo Dios, y dijo que una vez había visto la esencia de Dios «en figura esférica un poco mayor de lo que el sol parece».[28]

De hecho, toda la «Contemplación para la Obtención del Amor Divino» ignaciana es un intento de poner en palabras el despertar que él experimentó en el río cuando «conoció muchas cosas, tanto de cosas espirituales como de cosas de la fe y de las letras; y esto con una ilustración tan grande, que le parecían todas cosas nuevas». Al final de los *Ejercicios espirituales* él desea guiar a otros a la misma experiencia mística.

Los hijos de Ignacio han compartido aquella experiencia. La Contemplación para la Obtención del Amor Divino ha influido profundamente en la poesía de Gerard Manley Hopkins, la teología de Karl Rahner y la visión mística de Teilhard de Chardin. Todos estos jesuitas vieron un mundo impregnado de la gloria de Dios que es amor; y como amantes respondieron con la oración: «tomad, Señor, y recibid...». Oraban para que sus acciones no fueran suyas, sino las acciones de Dios: «disponed de ellas según vuestra voluntad...».

26. Ibid.
27. Ibid.
28. *Diario espiritual*, 121.

MAESTRO DE ORACIÓN

Ignacio era ante todo un maestro de oración. En su etapa de lego iba de lugar en lugar guiando a las personas elegidas mediante los *Ejercicios*. Más tarde, cuando era general de los jesuitas, continuó enseñando contemplación en acción, siempre con los ojos fijos en el mundo de su época. Aunque amaba a los cartujos e incluso pensó en unirse a ellos, se opuso enérgicamente a cualquier tipo de oración que apartara a su pequeño grupo de la actividad a la que habían sido llamados.

Después de guiar a sus discípulos a través de los *Ejercicios espirituales* les envió a estudiar, y durante este tiempo no pretendía que pasaran muchas horas de oración, sino que insistía en que le dedicaran poco tiempo. La participación en la Eucaristía y dos periodos de quince minutos eran obligatorios. Siempre opinó que quien pretendiera vivir una vida de mortificación y de renuncia haría más progresos en quince minutos que los no mortificados y los egoístas que dedicaran muchas horas a la oración. Fuera del tiempo de oración guiaba a las personas a la presencia de Dios y a buscar a Dios en todas las cosas, y en esto era como los hesicastas que seguían el Evangelio enseñando una oración incesante.

Sus ojos estaban puestos en el mundo de su época, y constantemente discernía sus necesidades, preguntándose qué acción tomar. Envió a Javier a las Indias y a Laínez al Concilio de Trento. La vocación de sus seguidores era viajar, viajar a lugares donde podrían trabajar por la gloria de Dios y el auxilio de las almas.

Si viviera hoy, al discernir los signos de los tiempos, ¿qué haría? Si viera las convulsiones sociales, la pobreza escandalosa junto con el mayor de los despilfarros, la violencia cruel que se mantiene sobre la base de una floreciente industria armamentística, ¿qué diría? Sin duda volvería a caer en la cuenta de que oración y acción no deben separarse, de que debemos continuar discerniendo la acción del Espíritu, y de que hay una dimensión social en la teología mística.

Diecinueve
EL MISTICISMO DE ACCIÓN SOCIAL

LA CONCIENCIA SOCIAL

Desde el momento mismo de su concepción el cristianismo fue una religión vigorosamente activa. «Id, por tanto, y haced discípulos de todas las naciones...» fue un toque de rebato para la actividad misionera. El mandato evangélico de dar de comer al hambriento, de dar de beber al sediento, y de vestir al desnudo estuvo siempre vivo. Dondequiera que hubiera un terremoto, una hambruna, o un desastre natural, dondequiera que hubiera leprosos o ciegos o tullidos se podía encontrar a los cristianos vendando heridas y aplicando aceite como el buen samaritano del Evangelio. Esta compasión está hoy viva cuando las hermanas de la madre Teresa toman en sus brazos a los indigentes y a los moribundos de las calles de las grandes ciudades en todo el mundo.

Desde finales del siglo XIX, sin embargo, ha tenido lugar una evolución. Los cristianos comenzaron a interesarse por las estructuras de la sociedad, se hicieron conscientes del pecado social y vieron que éste, además de ser una ofensa individual contra Dios, está construido sobre las bases mismas de la sociedad. El papa León XIII (1810-1903) promulgó una encíclica sobre los derechos humanos del trabajador que conquistó el nombre de «la carta de los trabajadores»,[1] a la que siguió una serie de encíclicas que desafiaron a los gobiernos establecidos. Los cristianos se opusieron a los gobiernos comunistas no sólo porque persiguieran la religión, sino porque oprimían y deshumanizaban a los seres humanos. También

---

1. *Rerum Novarum* (1891). A esta encíclica le siguió cuarenta años más tarde la *Quadragesimo Anno*, de Pío XI.

Teología mística

lucharon contra las atrocidades raciales del nazismo, y cuando el comunismo y el nazismo se vinieron abajo, los cristianos continuaron luchando contra un capitalismo desenfrenado que trata a las personas como meros objetos que pueden ser utilizados y manipulados por el placer, el poder y el beneficio de unos pocos.

Mientras tanto, el Concilio Vaticano II ponía énfasis en la dimensión social del cristianismo, hablando con autoridad sobre el matrimonio, la economía, la política y la cultura. «La misión de la Iglesia», dijo el Concilio, «no consiste sólo en ofrecer a los hombres el mensaje y la gracia de Cristo, sino también en impregnar el orden temporal con el espíritu del evangelio».[2] Los cristianos se veían abocados a la tremenda tarea de llevar el espíritu del Evangelio a la economía mundial.

En 1993 el Parlamento Mundial de las Religiones en Chicago destacó la dimensión social de todas las religiones, y propuso una ética mundial que ponía de relieve la inviolable dignidad de toda persona humana y que perseguía la justicia social, la no-violencia, la paz mundial y la protección del medio ambiente.

Ahora es evidente que caminamos hacia un solo mundo. Las personas tienen en todas partes del planeta un sentido de la solidaridad de la familia humana, y perciben como nunca antes que deben ayudarse entre sí, protegerse y cuidar a la madre tierra.

EL PAPEL DE LA TEOLOGÍA MÍSTICA

En la gran revolución social que ha tenido lugar en el siglo XX la teología mística tradicional que se enseñaba en seminarios y facultades ya no tenía interés, porque estaba interesada en hacer a las personas santas bien como individuos, bien como parte de un grupo, y alentaba a los estudiantes a dedicarse a la oración y a la lectura del Evangelio aislándolos del mundo. Esta teología mística pronto desapareció del currículo de estudios.

Sin embargo, una ola de contemplación, incluso de misticismo, comenzó a extenderse por el cristianismo desde otro punto. Todo comenzó con un hindú, Mahatma Gandhi, que le dio una dimensión social al Sermón de la Montaña, y su doctrina de la no-violencia, del perdón, del amor a los enemigos conmovió al mundo. Lo que le granjeó a Gandhi el respeto de las per-

2. *Apostolicam Actuositatem*, 5.

El viaje místico hoy

sonas en la India y en muchos otros países fue su pobreza –Winston Churchill le llamaba el «fakir medio desnudo»–, su oración, su ayuno, su compasión, su disposición para perdonar, y su santidad tan cotidiana.

Pero, ¿fue Gandhi un místico? Si por místico entendemos a aquel que tiene experiencias esotéricas, no podemos considerarlo como tal. Pero si nos referimos a una persona de visión, si (como en este libro) nos referimos a aquel en cuyo corazón brilla la llama de amor viva de manera que su ser se convierte en enamorado de Dios, entonces sí que podemos llamar místico a Gandhi. Porque él estuvo plenamente comprometido con la verdad y se refería con frecuencia al poder de la verdad, al que llamaba *satyagraha*. Y lo que es más, pretendió siempre poner en práctica las palabras del que dijo: «Ahora bien, a vosotros que escucháis, digo yo: Amad a vuestros enemigos, haced bien a los que os aborrecen. Bendecid a los que os maldicen, y orad por los que os calumnian. A quien te hiriere en una mejilla, preséntale asimismo la otra...». (Lc 6, 27). Una persona así se ve conducida inexorablemente a la nada, al vacío, a la pérdida de su yo, a la vacuidad que es la base misma de la experiencia mística.

Sea como fuere, lo cierto es que la percepción de Gandhi respecto de la dignidad y la libertad del ser humano fue seguida en los Estados Unidos por Martin Luther King y luego por un conocido contemplativo cisterciense, Thomas Merton. Merton, imbuido del espíritu de los místicos carmelitas, escribió en su juventud libros piadosos sobre la contemplación para miles de lectores entusiastas. Pero con el paso del tiempo se dio cuenta de que ya no podía seguir siendo sólo un observador culpable, y se dedicó a escribir libros y artículos muy polémicos sobre la injusticia, la discriminación, la violencia racial, los males del capitalismo y la explotación de los países pobres por parte de los ricos. Su condena de la guerra del Vietnam y de cualquier guerra fue especialmente elocuente.

A los superiores religiosos de Merton no siempre les satisfacían sus preocupaciones sociales y políticas, y perdió algunos lectores desilusionados. Pero el padre Louis, como era conocido en el monasterio, lejos de abandonar su vocación contemplativa, le habló al mundo precisamente como contemplativo, proclamando desde su retiro en Kentucky que el compromiso social es una parte integral de la vida contemplativa en el siglo XX.

Merton también entendió que los cristianos no están solos en la construcción de una sociedad más humana. Cuando un monje condescendiente con sus actitudes se convirtió en abad, obtuvo permiso para viajar a Asia, donde entró en contacto con monjes vietnamitas y tailande-

Teología mística

ses y habló con el Dalai Lama. Tras su muerte repentina en Bangkok, Merton continuó ejerciendo una gran influencia en el movimiento por la paz que se relaciona con los nombres de Dorothy Day, Thich Nhat Hanh, César Chávez y muchos otros. Esta influencia, que se extendió a la lucha por la justicia y la paz en América Latina, tenía un claro mensaje: el cristianismo no puede pasar por alto la dimensión contemplativa de la revolución social.

Otro contemplativo dedicado a la reforma social fue el vasco Pedro Arrupe (1907-1991), que vivió más de treinta años de su vida en Japón. El 6 de agosto de 1945, cuando las fatídicas bombas cayeron sobre Hiroshima, el jesuita Arrupe, que era entonces maestro de novicios, vivía en las afueras de la ciudad. Había sido estudiante de medicina en su juventud, y rápidamente convirtió el noviciado en un hospital que acogió a la larga cola de heridos que huían desesperados del desierto atómico. Después, como Superior de la Compañía de Jesús, visitó América Latina, y abrumado por lo que vio y oyó, condujo a los jesuitas a un nuevo y polémico camino de compromiso con la justicia y con la paz. Este compromiso habría de dar sus frutos en 1989, cuando cuatro jesuitas y sus acompañantes fueron martirizados por su actitud en favor de la justicia social en El Salvador. Quienes le conocían bien coinciden en afirmar que Arrupe era un místico que pasaba muchas horas en oración, que tradujo a san Juan de la Cruz al japonés, que vivió el ideal ignaciano de ver a Dios en todas las cosas.[3]

El siglo XX, por tanto, que ha sido testigo de tantas revoluciones, también ha visto surgir un nuevo misticismo de compromiso social. Ahora nos encontramos con activistas en cuyos corazones arde enérgicamente la llama de amor viva, cuyo ser se ha hecho enamorado de Dios, que han pasado por la noche oscura de la cruel incomprensión. Éstas son personas que expresan su amor manifestándose en las calles, derramando su sangre en las instalaciones nucleares, condenando estructuras malvadas, oponiéndose a gobiernos dictatoriales, yendo a la cárcel, soportando la tortura e incluso muriendo por sus convicciones. Estos místicos de acción social estarán seguramente junto a Teresa, Juan de la Cruz, y Eckhart en los anales de la historia contemplativa. No podemos olvidar su experiencia en nuestra tarea de crear una teología del futuro.

3. Cf. *Arrupe, una explosión en la Iglesia*, Pedro Miguel Lamet, Madrid, 1989. Véase también *Justice with Faith Today*, Pedro Arrupe, The Institute of Jesuit Sources, St. Louis EEUU, 1980.

ANTECEDENTES ESCRITURÍSTICOS

La preocupación social ha obligado a los estudiosos y a los activistas a leer la Biblia con otra perspectiva. En las Escrituras Hebreas encontraron profetas que estuvieron profundamente comprometidos con los problemas sociales y las cuestiones políticas. Los grandes profetas del siglo VIII Amós, Oseas, Miqueas e Isaías, que fueron duramente atacados por el poder establecido, tanto seglar como religioso, exigían de los ricos y poderosos que renunciaran a la avaricia, a la explotación de los pobres, y a todo tipo de injusticias. A un fiel que lleno de ansiedad le pregunta qué sacrificios complacen a Dios Miqueas le responde:

> ¡Oh hombre!, yo te mostraré lo que conviene hacer, y lo que el Señor pide de ti: que obres con justicia, y que ames la misericordia, y que andes solícito en el servicio de tu Dios (Miqueas 6, 8).

El profeta Jeremías tiene una importancia especial. San Juan de la Cruz, que le considera un místico consumado, le cita repetidamente, y la tradición cristiana ha visto siempre en él un ejemplo del sufrimiento de Jesús.

Jeremías estuvo muy comprometido con la política de su época. Atacó a los profetas que pretendían buscar el favor del poder establecido y que olvidaban la justicia: «De los profetas de Jerusalén se ha difundido la corrupción por toda la tierra» (Jer 23, 15). Jeremías era tan contrario a la violencia que incluso dijo a su gente que se rindieran a Nabucodonosor: «Sujetaos al rey de Babilonia, si queréis salvar vuestra vida» (Jer 27, 17). De hecho se le consideró un traidor porque defendía la causa de Nabucodonosor, a quien llamó siervo de Dios:

> Esto dice el Señor de los ejércitos, el Dios de Israel... he puesto todos estos países en poder de Nabucodonosor, rey de Babilonia, ministro mío; y le he dado también las bestias del campo para que le sirvan (Jer 27, 6).

Jeremías exhortó a los judíos cautivos a que rezaran por la paz de Babilonia y sirvieran al rey. No es de extrañar que los llamados patriotas le odiaran, y probablemente fuera asesinado por ellos.

También, gracias a la teología de la liberación podemos contemplar la pobreza evangélica desde una perspectiva distinta. Ahora caemos en la cuenta de que las condiciones de vida de los millones de personas que vi-

Teología mística

ven en la miseria absoluta con un insulto a la dignidad humana, que no es el designio divino. Jesús vino para liberarnos no sólo de las cadenas del pecado, sino de cualquier otra que le hurte a la persona su dignidad inherente, porque es voluntad de Dios que todo hombre y mujer vivan con la dignidad propia de los seres humanos. Los cristianos piadosos ya no pueden decirles a los desamparados y a los oprimidos que son los elegidos de Dios y que recibirán su recompensa en el cielo.

¿Qué es entonces la pobreza, y a qué se refieren los Evangelios cuando dicen que los pobres son bienaventurados?

Como ya hemos dicho antes, en este aspecto puede ayudarnos el diálogo con el budismo. La pobreza del Evangelio es la renuncia radical de quien se vacía por completo. Es el *mu*, el *ku,* la *nada.* Se refiere al hacerse nada para convertirse en todo en imitación de Cristo, que siendo a imagen de Dios, se anonadó adoptando el ser de un esclavo, y que se humilló hasta el punto de aceptar la muerte, la crucifixión. Nos hacemos pobres de espíritu cuando compartimos la *kenosis* de Jesús.

Esta *kenosis* es, como se ha explicado a lo largo de esta obra, la base misma de toda experiencia mística, y hoy nos encontramos con hombres y mujeres que imitan a Jesús vaciándose totalmente para compartir la miseria absoluta de las gentes a las que aman. Esta pobreza libremente aceptada hace que sus vidas sean a la vez místicas y proféticas.

Al mismo tiempo que los cristianos se enfrentan a la reforma de las estructuras pecaminosas que oprimen a los desamparados, tiene lugar un cambio significativo e interesante: los hombres y las mujeres comprometidos de todo el mundo son cada vez más conscientes de que estas estructuras también existen en sus propias instituciones religiosas. El Concilio se refirió a la necesidad continuada de reformar la Iglesia, diciendo que «Cristo llama a la Iglesia, peregrina en este mundo, a esta reforma permanente de la que ella, como institución terrena y humana, necesita continuamente».[4] En épocas recientes algunos cristianos llenos de coraje, sabedores de esta necesidad de reforma, han criticado las estructuras opresivas de la Iglesia institucional con amor enfadado y vehemencia profética que nos recuerdan al enfrentamiento de Jeremías con los falsos profetas o a Pablo cuando le dijo a Pedro con furia que no debía pretender que los gentiles vivieran como judíos. Este nuevo espíritu de profecía ha causado una conmoción que se percibe aún hoy y que probablemente perdure en los años venideros.

4. *Unitatis Redintegratio,* 6.

LAS RAÍCES DEL PROBLEMA

Enfrentados con los enormes problemas sociales y políticos del mundo en el que vivimos muchas personas buenas tienen una sensación de profunda impotencia que les hace preguntarse por qué han de preocuparse por estos problemas y qué pueden hacer al respecto.

La teología mística podría contestar diciendo que este sentimiento es en sí mismo la clave de la solución. ¿No se glorificó Pablo en su impotencia? Fue precisamente cuando estaba derrotado e impotente cuando el poder de Dios surgió de él y le llevó a exclamar: «pues cuando estoy débil, entonces soy fuerte» (2 Cor 12, 10). Pero antes de referirnos a la cuestión de la impotencia es preciso que descubramos cuál es la raíz de la conmoción en la que nos vemos inmersos.

Jeremías no tuvo dudas acerca de la causa del cruel exilio babilonio: las gentes habían olvidado a Dios. «Pero vosotros, dice el Señor, no me habéis escuchado, antes me habéis irritado con vuestras fechorías...» (Jer 25, 7). Este mismo motivo se encuentra en toda la Biblia, y Oseas propone una solución simple y compasiva: «¡Oh Israel!, conviértete al Señor Dios tuyo; porque por tus maldades te has precipitado!» (Os 14, 2). La respuesta es el regreso en humildad a un Dios que nos ama.

Pablo tuvo una reacción similar ante la corrupción del Imperio Romano, tan lleno de maldad, de perversidad, y de codicia. ¿Cómo se había llegado a ese extremo? El apóstol dice claramente:

> Tales hombres no tienen disculpa, porque, habiendo conocido a Dios, no le glorificaron como a Dios, ni le dieron gracias... (Rom 1, 20-1)

La causa principal del declive fue el rechazo de Dios.

Pero sin embargo el apóstol no es pesimista, porque ha llegado un Salvador. «Mas, cuando llegó la plenitud del tiempo, envió Dios a su Hijo, nacido de mujer, nacido bajo la ley...» (Gál 4, 4). Este Hijo salvó al mundo sacrificando su propia vida.

¡Qué escena contemplan los ojos del visionario que escribió el libro del Apocalipsis! La visión de la gran puta vestida de fino lino, de púrpura y escarlata, adornada de oro, de joyas y de perlas, borracha de la sangre de los santos, es a la vez terrible y realista. ¡Qué poderosa era la gran ciudad de Roma! «Se le dio potestad sobre tribu, y pueblo, y lengua, y nación, y así la adoraron todos los habitantes de la tierra» (Ap 13, 7-8). Pero se derrum-

Teología mística

bará llena de ignominia. «¡Ay, ay de aquella gran ciudad... cómo fue asolada en un momento! (Ap 18, 19).
Porque el autor de esta tragedia apocalíptica, contemplando el Imperio Romano y escuchando la voz que le ordenó que escribiera, vio un significado oculto en todo ello. Vio una lucha entre Jerusalén y Babilonia, entre el gran dragón rojo y el cordero inocente que fue sacrificado. Era una lucha entre el bien y el mal, y Juan no tuvo dudas de que el cordero saldría victorioso «siendo como es el Señor de señores y el Rey de reyes» (Ap 17, 14).
¿Qué es lo que vemos en el mundo de hoy? Vemos que se violan los derechos humanos y se tortura a hombres y mujeres, que los imperios nacen y mueren, que las naciones ricas explotan a las pobres, que las compañías multinacionales contaminan la atmósfera, destruyen la naturaleza y venden armas mortíferas al mayor postor. ¿Dónde esta la raíz del problema?
Jeremías, Pablo y todos los profetas nos recuerdan que no debemos dejarnos arrastrar por los horrores exteriores hasta el punto de olvidar el problema que subyace en todos, que es la batalla entre el mal y el bien, y que tampoco debemos olvidar que en medio de tanta desolación brilla la historia triunfal de la salvación.
La tarea del cristiano junto con los hombres y mujeres de todas las religiones es, por tanto, entender el mundo en dos planos. Aquí y ahora vemos la ciudad terrena en la que los enemigos son el hambre, la enfermedad, la opresión, la injusticia, y las estructuras pecaminosas de la sociedad humana. Al mismo tiempo recordamos con san Pablo que «nuestra pelea no es contra carne y sangre, sino contra los príncipes y potestades, contra los adalides de estas tinieblas del mundo, contra los espíritus malignos de las regiones de los aires» (Ef 6, 12). Y en nuestra tarea para mejorar esta ciudad terrena volvemos nuestros ojos a la ciudad de Dios, en la que ya no habrá muerte porque «Dios enjugará de sus ojos todas las lágrimas» (Ap 21, 4).
¿Cómo se libra esta batalla?
Pablo es muy claro. Les dice a los Efesios que se pongan la armadura de Dios: el cíngulo de la verdad, los zapatos de la paz, la coraza de la justicia, el broquel de la fe, el yelmo de la salvación y la espada del Espíritu. Y resume su doctrina diciendo:

Haced en todo tiempo, con espíritu, continuas oraciones y plegarias (Ef 6, 18).

El viaje místico hoy

El apóstol se refiere al poder del Espíritu, nos está diciendo que combatamos al mal con el bien.
Todo esto nos lleva a una conclusión importante. Si todo el mal estuviera «ahí fuera» y todo el bien estuviera «aquí dentro» la batalla sería fácil; si «ellos» fueran la ciudad de Babilonia y «nosotros» fuéramos la ciudad de Jerusalén estaría claro, pero ¡ay!, sabemos por la revelación y la experiencia que Babilonia habita en nuestros corazones y que la gran puta crece en nuestras instituciones religiosas. Esto hace que la batalla sea compleja. Sabemos, también, que el trigo y la mala hierba crecerán en los campos hasta el fin de los tiempos. «Dejadlos crecer juntos hasta la cosecha», dijo el maestro.
Éste es el mundo que encontramos hoy.

EL PODER DE SER

El misticismo del sureste asiático está dominado por el principio taoísta de *wu-wei*, que generalmente se traduce por no-acción.

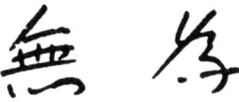

Wu-wei, que también se traduce por no-interferencia, significa que por la no acción uno permite que actúen las fuerzas del universo. El esfuerzo personal pasa a un segundo plano o incluso desaparece cuando surgen las inmensas energías del cosmos y hacen avanzar el proceso. No es necesario decir que el *wu-wei* presupone una gran confianza en la bondad del universo y de sus energías. El individuo no actúa, sabiendo que el universo llevará las cosas a una consumación feliz. El insignificante esfuerzo humano es innecesario, es superfluo.
El *wu-wei* se practica principalmente en la meditación, sentados y sin hacer nada, dejando que las energías se manifiesten. Hay un dicho zen que reza:

Sentados, sólo sentados, y la hierba crece por sí misma

Es como si el maestro dijera: «Permanece sentado y deja que tenga lugar el proceso. No te preocupes de la hierba. Ten confianza en el universo».

Teología mística

Sin embargo, permanecer sentado o simplemente ser es un gran arte que sólo se puede dominar tras muchos años, incluso tras décadas de práctica. Es algo muy distinto de dejarse caer en una silla o dejar que la mente divague; es muy distinto del quietismo. La persona debe disciplinarse en todas las cosas, aprender cómo respirar, cómo sentarse, cómo relajarse, cómo dejar que fluya la energía. Y sobre todo debemos aprender a desasirnos de todo para poder sentarnos en un silencio total sin aferrarnos a nada. Cuando podemos hacerlo (y lleva veinte años aprender este arte) las fuerzas del universo se desatan y nace la verdadera actividad. Es como el nacimiento de un niño o el nacimiento de una gran obra de arte; la madre sufre, deja que el proceso siga su curso, y entonces una nueva vida ve la luz.

Hay un gran paralelismo entre el *wu-wei* y el misticismo de las tradiciones bizantinas y ortodoxas que hablan de la luz divina y de las energías increadas que nacen en el corazón de quien durante muchas décadas ha recitado la oración de Jesús. También en la tradición latina existe un proceso paralelo que vamos a describir brevemente.

Quien recibe la invitación de entrar en la vida mística puede comenzar con la meditación activa sobre la pasión de Jesús o sobre algunas escenas de los Evangelios. Más tarde pasa a repetir una exclamación como la oración de Jesús hasta que llega el momento de permanecer en silencio en el centro del ser, sin hacer nada, sin palabras, sólo siendo. En este momento se aviva el fuego interior, comienza a brillar la luz interior, se despiertan las energías increadas. El ser se ha convertido en enamorado de Dios.

Esta persona, en su no hacer nada, está irradiando energía a todo el universo. Es, sin saberlo, un agente poderoso de la reforma social. En *El medio divino* Teilhard de Chardin habla de una frágil monja inmersa en oración contemplativa y la considera el centro de los poderes cósmicos del universo. ¿No está esta monja conquistando los poderes paulinos de la oscuridad?

En este sentido también el autor de *La nube del no saber* habla del contemplativo en cuyo corazón ha surgido una mansa agitación de amor, y utilizando la terminología de su época describe la dimensión cósmica de esta oración:

> Es esta obra contemplativa del espíritu la que más agrada a Dios. Todos los santos y ángeles se regocijan con esta tarea y se apresuran a asistirle en todos los sentidos; los demonios rabian e intentan impedirlo. Todos los hombres y

El viaje místico hoy

mujeres del mundo se enriquecen de modo maravilloso por esta tarea, aunque tú no sepas cómo, e incluso a las almas del purgatorio se les alivian los sufrimientos por los efectos de esta actividad.[5]

En este «no hacer nada» uno agrada a Dios, ayuda a los hombres y mujeres de todo el mundo, alivia los sufrimientos de las almas del purgatorio, y sobre todo, procura la salvación de toda la familia humana. El poder del enamorarse de Dios es así de importante.

Hay, sin embargo, un aspecto que debe llamar la atención del lector de nuestros días. El autor anónimo inglés exhorta al discípulo a enterrar bajo una nube de olvido a toda criatura que Dios haya creado para estar a solas con Él en una nube del no saber. Ésta es, desde luego, una forma legítima de orar, porque la nube del olvido no supone un rechazo de la creación sino un camino al desasimiento. No obstante, ahora sabemos que ni podemos ni debemos huir de la pobreza, de la injusticia, de la opresión, de la tortura, de la violencia, y del hambre que hacen sufrir a tantas y tantas personas. Tampoco podemos olvidar que el Concilio Vaticano II nos exhortó para que nos hiciéramos eco de todas las alegrías y sufrimientos del mundo. ¿Existe, por tanto, una forma de contemplación que nos ayude a compartir los padecimientos de nuestro prójimo a la vez que nos conduce al núcleo divino de nuestro ser?

Un ejemplo extraordinario de este tipo de meditación es la *bodhisattva* Kannon (en chino *Kuan-Yin*), que tiene gran importancia en todo el continente asiático. Kannon es la *bodhisattva* de compasión que escucha los gritos de los pobres y los afligidos. Sus labios dibujan una suave sonrisa de compasión mientras ella escucha, escucha, escucha. A ella no sólo le preocupa el sufrimiento material de las gentes, sino sobre todo su salvación, y rehúsa entrar en el nirvana hasta que se hayan salvado todos los seres vivos.

Pero Kannon no *hace* nada; no es una activista, y sin embargo su dulce sonrisa irradia consuelo, alegría, y esperanza. Millones de personas se llenan de energía a través de su compasión. Las estatuas exquisitas simbolizan el ser-compasivo, y los contemplativos la imitan cuando escuchan silenciosa y compasivamente el sufrimiento del mundo. Mientras escuchan les puede embargar un sentimiento de impotencia que les haga preguntarse ¿qué es lo que puedo hacer frente a ello?, ¿qué puedo hacer?

5. *La nube del no saber*, C. 3.

Teología mística

El que es buen director les asegura con humildad que cambian el mundo con su no hacer nada, que en el ser y en el sufrir le prestan un gran servicio a la familia humana y al cosmos. Porque debemos recordar que Jesús redimió al mundo mucho menos por lo que *hizo* que por lo que *era* y por lo que *sufrió*. Fue precisamente desde la cruz donde una energía salvadora alcanzó al mundo, como el mismo Jesús profetizó cuando dijo: «Y cuando yo sea levantado en la tierra atraeré a todos hacia mí» (Jn 12, 32). Los contemplativos, por tanto, cambian el mundo incluso cuando no hacen nada. Vencen cuando son.

EL PODER DE LA NO-VIOLENCIA

El *ahimsa* o no-violencia de Gandhi era muy distinto del *wu-wei* de los taoístas. Mientras que estos últimos creían al no hacer nada que las fuerzas del universo actuarían, Gandhi era un activista que creía en el hacer algo. Propugnaba la *no-violencia activa,* creía en la lucha de la no-lucha. El movimiento que él dio origen llama a la oración, al ayuno, a las marchas pacíficas, a la desobediencia civil; se vale del arte, de la poesía, de la música, de los medios de comunicación y de todo tipo de acción simbólica en su búsqueda de la verdad, la justicia, y la paz. Y sobre todo, destaca el poder del sufrimiento, el sufrimiento de ir a la cárcel, aceptando toda clase de calumnias y aceptando la muerte.

Gandhi, que era un hinduista ferviente, amaba al Jesús de la no-violencia. En su pequeña habitación había una imagen de Jesús, y cuando su vida estaba a punto de concluir lloró ante la *Pietà* de Miguel Ángel en la basílica de san Pedro. Ahora que su no-violencia está impregnando la vida cristiana, debemos aprender a centrarla cada vez más en Jesús, que vino no a ser servido, sino a servir y a sacrificar su vida por muchos.

Nadie duda que Jesús predicó la no-violencia; el núcleo mismo de su mensaje es el amor a nuestros enemigos y el perdón para todos. Debemos perdonar, no siete veces, sino setenta veces siete, es decir, debemos perdonar sin límite porque Jesús nos enseñó que si no perdonamos a nuestro prójimo no recibiremos el perdón de Dios. Pero incluso más importante que la doctrina de Jesús es su ejemplo, porque aceptó voluntariamente la muerte y no se resistió al mal. Para los primeros cristianos Jesús era ante todo el siervo sufriente de Isaías:

El viaje místico hoy

Entregué mis espaldas a los que me azotaban, y mis mejillas a los que mesaban mi barba: no retiré mi rostro de los que me escarnecían y escupían (Is 50, 6).

Este es el Jesús no-violento que no gritó o levantó la voz: «la caña cascada no la quebrará; ni apagará el pabilo que aún humea» (Is 42, 3). La muerte de Jesús fue el acontecimiento místico más importante en la historia de la humanidad, fue la *kenosis* culminante de quien se anonadó, haciéndose esclavo, obedeciendo hasta morir. Jesús se hizo nada para convertirse en todo a través de su resurrección, por lo que no es de extrañar que toda experiencia mística cristiana se base en su *kenosis*. Pablo fue crucificado y muere con Jesús: «Estoy crucificado con Cristo» (Gál 2, 19) para poder resucitar con él. La cruz se encuentra en el corazón mismo del misticismo de Francisco de Asís, de Juliana de Norwich, de Edith Stein, que vivieron místicamente la muerte y la resurrección de Jesús.

Una energía impresionante fluyó de la muerte de Jesús. Cuando gritó con voz potente y entregó el espíritu se desató en el universo una gran energía tremenda. El velo del templo se rasgó en dos partes, de arriba abajo, la tierra tembló y se partieron las rocas en dos. Se abrieron las tumbas y se levantaron muchos cuerpos de santos, que entraron en la ciudad sagrada y se aparecieron a las gentes. Incluso el aterrorizado centurión acertó a decir: «verdaderamente este hombre era Hijo de Dios». La muerte de Jesús se extendió por el Imperio Romano, logrando más que los ejércitos del César, y aún hoy es más fuerte que las explosiones nucleares de Hiroshima y Nagasaki.

Así es el poder del sufrimiento. Así es el poder de la muerte. Así es el poder de la no-violencia.

Los primeros cristianos acertaron a comprender que había una energía tremenda no sólo en la muerte de Jesús, sino también en la suya propia. Consideraban que el gran ideal, el ideal glorioso, era el martirio en el cual morirían, como Esteban, por sus enemigos. También entendieron que así como la muerte de Jesús era creativa y dinámica, también lo sería su propio martirio, porque la sangre de los mártires era la semilla de la Iglesia. Por lo que se refiere a dar muerte a otros, los Padres de la Iglesia, incluyendo a Orígenes y Tertuliano, afirmaron que los cristianos no deben cercenar vidas y que no deberían formar parte del ejército romano. Quien participa en la Eucaristía no debe destruir los cuerpos y derramar la sangre de los seres humanos por quienes murió Jesús. En resumen: todo

Teología mística

el clima que rodeaba a los primeros cristianos era de no-violencia, hasta que en el siglo IV el emperador Constantino hizo del cristianismo una religión de estado, y entonces, por alguna circunstancia perversa, la cruz del Jesús no-violento se convirtió en un símbolo para la conquista militar, y ha seguido siéndolo durante más de mil años. No obstante, el sufrimiento horrendo del siglo XX ha dejado su impronta. El Concilio Vaticano II tomó partido firme en contra de la guerra. Manifestando que «hemos de esforzarnos en preparar con todas nuestras fuerzas el tiempo en que por acuerdo de las naciones pueda quedar absolutamente prohibida cualquier guerra»,[6] exhortó a los cristianos a que cooperaran con todos los hombres y mujeres para asegurar una paz basada en la justicia y el amor. Sin embargo, algunos cristianos no estaban satisfechos, entre ellos George Zabelka (1915-1990), que siendo capellán en la isla de Tinian vio como los aviones partían hacia Hiroshima y Nagasaki, y como consecuencia de ello sufrió una crisis de fe. Incapaz de conciliar cualquier forma de violencia con los Evangelios, manifestó que la teología de la guerra justa es falsa y que debe ser desechada, y se unió a un grupo de cristianos que oran, ayunan y peregrinan pidiéndole incansablemente a la Iglesia institucional que se manifieste públicamente en favor de la no-violencia en imitación del Jesús no-violento.[7]

Mientras tanto, el movimiento por la paz continúa cobrando auge en nuestro mundo. La no-violencia es una forma de vida en la que por amor a Dios y al mundo se renuncia a todo tipo de agresión: contra los seres humanos, los animales, el medio ambiente. Es partícipe de la locura de la cruz y de la creatividad dinámica de la cruz; es la energía que habrá de producir el cambio social cuando la guerra y la violencia nos suman en la desilusión, la tristeza y la destrucción. Una teología mística del futuro debe estar preparada para guiar a aquellos que elijan esta desafiante forma de vida, y esto es así porque los que adoptan la no-violencia deben sufrir una profunda y dolorosa purificación mística en la que la ira se transforma en amor por la justicia y la verdad.

---

6. *Gaudium et Spes*, 82.
7. George Zabelka sufrió una conversión profunda a la no-violencia. A la edad de 67 años caminó 14.000 kilómetros desde Washington a Belén rezando por la paz. En Inglaterra se hizo un documental televisivo sobre su vida con el título de *El profeta reacio* (*The Relunctant Prophet*). En Australia todavía se puede escuchar en la radio la conocida canción *Me llamo George Zabelka*.

LA PURIFICACIÓN DE LA IRA

La teología mística tradicional concebía la ira como uno de los siete pecados capitales que se esconden en el inconsciente de los seres humanos, dispuesto siempre a estallar y a destruir. Pero también era consciente de que hay una ira justa, una emoción poderosa y de gran valor que puede reformar y construir la sociedad. Los profetas hebreos, llenos de justa indignación cuando vieron la rebeldía de los infieles, exigieron un retorno a la alianza. El mismo Jesús se enfadó cuando vio el templo profanado: «Quitad eso de aquí y no queráis hacer de la casa de mi Padre una casa de tráfico» (Jn 2, 16).

El desafío en la vida mística no es por tanto aniquilar la ira –porque perderíamos algo muy valioso–, sino purificarla y sanarla, canalizando la energía emocional subyacente hacia un camino constructivo. La tarea no es fácil, porque sabemos que la ira está en lo profundo de la psique humana y que a menudo pasa de generación en generación, haciendo que los pueblos que han sido tratados injustamente durante siglos estén llenos de una rabia incontrolable. Somos conscientes de que algunos de los revolucionarios más importantes de nuestro siglo han mamado la ira en la leche materna y han causado un sufrimiento intolerable a millones de personas. Pero sin embargo esta ira terrible contiene a veces una semilla de bondad que podría haber sido de incalculable valor en la construcción de una sociedad justa. Nuestra tarea debe ser purificarla y preservar lo que es bueno.

También la ira, como otras emociones, puede enmascararse. Las terapias psicológicas de muchas personas que dicen haber perdido la fe o que ya no pueden controlar su sexualidad revelan que el problema real es la ira, lo que hace que esta tarea de purificación sea tanto más difícil.

En concreto, las personas que hacen el camino de la oración pueden preguntarse: «¿Qué he de hacer con mi ira?, ¿qué debo hacer con esta fuerza incontrolable que explota como un volcán amenazando con destruirme a mí y a todo lo que me rodea?».

La teología mística considera que hay una purificación activa que es producto del esfuerzo humano, y una purificación pasiva que es la noche oscura del alma. Pero ya sabemos que el esfuerzo humano, aunque necesario, no es capaz de controlar por sí mismo la ira humana. El «haré» y «no haré» pueden ser incluso contraproducentes, porque reprimen la energía psíquica en el inconsciente, donde se encona y acaba por estallar en alguna forma irreconocible. Es más importante la purificación pasiva

Teología mística

que consigue cicatrizar los niveles inconscientes de la psique, y aunque ya hemos mencionado algo al respecto, no estaría de más que ahora nos refiriéramos a ello un poco más extensamente.

Al principio de la vida contemplativa los niveles superiores de la mente se purifican al liberarse el individuo de todo tipo de preocupación, razonamiento, pensamiento, de todas las ataduras. Cuando esto ocurre, el inconsciente comienza a aflorar a la superficie; es ahora cuando se exterioriza la parte oscura de la personalidad, aquella que ha sido ocultada tras las sombras. Entonces nos enfrentamos con nuestra ira, con nuestra codicia, con nuestra lujuria, con la envidia, la soberbia, etc. Y el que es buen director le dice al contemplativo que no se deshaga de su ira, que no la reprima, que pase por ella para llegar a la liberación. Pero, ¿por qué nos da este consejo?

La razón estriba en que Dios está aflorando en el alma incluso en un nivel más profundo. La energía divina, increada, está, por decirlo así, enfrentando la conciencia con todas las maldades que ha reunido a lo largo de los siglos. Como es evidente, este proceso causa un gran sufrimiento, porque es doloroso hacerle frente a nuestra parte oscura, y es incluso más doloroso enfrentarse con la parte oscura de Dios; el encuentro del limitado humano con el ilimitado divino es necesariamente algo terrible.

Sin embargo, la salvación se produce de esta manera. Al divinizarse la persona humana por el influjo de lo divino también se divinizan las energías humanas: la ira, la sexualidad, los apetitos. Aquella persona cuya rabia se ha transformado puede enfrentarse a la sociedad con una ira divina que verdaderamente conmueve los cielos y la tierra. Y esto no es tan sólo teoría; los líderes de la revolución pacífica han estado llenos de furia divina. Óscar Romero, al identificarse con los pobres y con los oprimidos, castigó a la clase dirigente con una ira apasionada que le condujo a la muerte.

LA MÍSTICA DE LA PAZ

El holocausto nuclear en Nagasaki hizo surgir la figura de un místico de profundidad extraordinaria. Takashi Nagai (1908-1951), doctor en medicina, físico nuclear y director de un departamento de radiología en la universidad de Nagasaki, era un cristiano partidario de su país y de la victoria de Japón en la guerra mundial. Fue entonces cuando cayeron las bombas

El viaje místico hoy

atómicas, y tras sobrevivir enterrado en un montón de escombros descubrió que su mujer había muerto, que no quedaba nada de su casa, que su país había sido vencido, que se habían destruido sus sueños. Después le escribiría a un amigo:

> La universidad lo ha perdido todo. Los edificios están totalmente derruidos. La mayoría del personal ha muerto, y aquellos que han sobrevivido han quedado lisiados e inútiles, como puedes ver. Lo he perdido todo, no tengo nada.[8]

Como los místicos de la tradición apofática, Nagai se había convertido en nada.

Sin embargo, de las profundidades de esta nada surgió una conversión profunda de corazón. Cuando estaba tumbado en su tatami junto con algunos otros médicos y enfermeras llegó un hombre que les pidió que atendieran a un amigo herido. Nagai le dijo bruscamente a la enfermera que se negara. «Japón lo ha perdido todo. ¿Por qué hablar de los heridos? Cien millones de personas están hoy bañadas en lágrimas. ¿Acaso debemos preocuparnos de la vida de un par de personas? Nuestro país ya no se recuperará jamás».[9]

Cuando el hombre se marchaba casi exánime, Nagai tuvo un cambio súbito de corazón. Poniéndose en pie sin apenas poder andar le dijo a la enfermera que llamara al hombre. En su pecho había surgido un amor profundo por toda la humanidad y un deseo de dedicar lo que le quedara de vida a la causa de la paz. Bajo su liderazgo el pequeño grupo de médicos y enfermeras, tullidos y sin fuerzas, se abrieron paso en el devastado país atendiendo a los enfermos hasta que ellos mismos sucumbieron al agotamiento.

Cuando oraba en su pequeña cabaña Nagai intentaba encontrarle sentido a la terrible circunstancia que le había tocado vivir, desgarrado como estaba por dos emociones opuestas.

Por un lado sentía que la guerra era un azote terrible que no debía volver a ocurrir. Los militaristas habían idealizado la guerra con el apoyo de los poetas, lo que hizo exclamar a Nagai:

---

8. *The Bells of Nagasaki*, Takashi Nagai, trad. de William Johnston, Kodansha International, Tokio-Nueva York-Londres, 1984, p. 101.
9. Ibid., p. 81.

Teología mística

¿Dónde está la belleza de la bomba atómica? Si hubierais estado aquí ese día y a esa hora, si ante vuestros ojos el infierno se hubiera hecho en la tierra, si hubierais tenido siquiera un atisbo de todo aquello, nunca, nunca jamás volveríais a abrigar el terrible pensamiento de otra guerra.[10]

Prosigue hablando de los innumerables inocentes cuya vida había sido aniquilada en un segundo: «Ya no habrá bellos relatos, ni canciones, ni poemas, ni pinturas, ni música, ni literatura, ni investigación. Sólo muerte».[11]
Por otro lado, con una fe más profunda que nunca, Nagai intentaba comprender cómo podía concordar la tragedia atómica con la concepción de Dios. ¿Cómo podía un Dios de amor permitir una catástrofe así y tanto sufrimiento?
Contesta con una pregunta: «¿No existe una relación profunda entre la destrucción de Nagasaki y el final de la guerra?».[12] Y llega a la conclusión de que la ciudad santa de Nagasaki, la ciudad que se tiñó de rojo con la sangre de los mártires, «fue elegida para ser la víctima, un cordero puro que murió y fue quemado en el altar de los sacrificios para expiar los pecados cometidos por la humanidad en la Segunda Guerra Mundial».[13] Las víctimas de Nagasaki eran mártires privilegiados escogidos por Dios. «¡Qué noble y espléndido fue aquel holocausto del 9 de agosto cuando las llamas se elevaron en la catedral, dispersando la oscuridad de la guerra y trayendo consigo la luz de la paz!».[14]
Esta teología del sacrificio de Nagai era, y sigue siendo, polémica. Algunos teólogos han argumentado que un Dios de amor no exige estos sacrificios sangrientos, y que Nagasaki fue la consecuencia del pecado humano. Aunque esto sea cierto, nadie puede negar que cuando llegó a una solución práctica Nagai era profundamente cristiano. Su fórmula era simple y evangélica: Amaos los unos a los otros. Si podemos amarnos los unos a los otros se hará la paz.
Cuando estaba muriéndose de leucemia, un amor a la humanidad y un amor a la paz le devoraba. El rosario pasaba por sus débiles dedos mientras repetía: «Danos la paz».

10. Ibid., p. 103.
11. Ibid., p. 104.
12. Ibid., p. 107.
13. Ibid.
14. Ibid., p. 108.

El viaje místico hoy

Él escribía estos caracteres en pergamino con su caligrafía inigualable y los ofrecía a todos cuantos le visitaban en su pequeña cabaña. La paz era un regalo de Dios, no podía obtenerse por medio de la acción humana. Lo más sorprendente era el optimismo que irradiaba Nagai cuando se encontraba a punto de morir. Escuchaba las campanas de la catedral anunciándole al mundo el mensaje de la paz. Estas campanas habían sido silenciadas por la bomba, pero nunca más habrán de serlo, siempre deben resonar por la paz. «Las campanas tocan», exclama el moribundo. «Estas son las campanas del Ángelus tocando desde la catedral destruida, retumbando en el desierto atómico y diciéndonos que ha llegado el amanecer».[15]

Ciertamente había llegado el amanecer. Con las campanas de la paz repicando en la lejanía el moribundo, Nagai le pide a Dios vehementemente un último deseo:

> Concédenos que Nagasaki sea el último desierto atómico en la historia del mundo.[16]

La oración de Nagai todavía resuena en los corazones de millones de personas de todo el planeta.

CONCLUSIÓN

En el siglo XX ha habido un gran avance motivado por el hecho de que los cristianos de todo el mundo han entendido la dimensión social que tiene su religión. Ahora comprenden que para seguir a Cristo deben hacerse eco de los sufrimientos del mundo, deben estar al lado de los pobres, de los afligidos y de los que sufren. El Concilio Vaticano II concretó esta nueva dimensión en la magnífica frase que abre el *Gaudium et Spes:* «El gozo y la esperanza, la tristeza y la angustia de los hombres de nuestro tiempo, so-

15. Ibid.
16. Ibid., p. 118.

Teología mística

bre todo de los pobres y de todos los afligidos, son también gozo y esperanza, tristeza y angustia de los discípulos de Cristo».[17] En esta su concepción del mundo los cristianos no están solos. En la familia humana se ha originado un sentimiento de solidaridad, de unión con el otro, con el medio ambiente y con todo el cosmos. Si las gentes de una parte del mundo experimentan amor y compasión, se regocijan todas las personas. No hacerlo así sería traicionar a nuestra humanidad.

Si los hombres y mujeres caminan hacia la solidaridad, aquellos que están llamados a la vida mística no pueden ser una excepción, porque el auténtico místico nunca puede huir del mundo, debe resonar con el sufrimiento y con la agonía que es el legado común de la humanidad. Incluso el místico solitario que se retira a la montaña o al desierto debe permanecer en contacto con el mundo, amándolo, sufriendo con él, enfrentándose al mal que existe.

También los místicos que viven en el bullicio de la vida cotidiana comparten el silencio interior de quienes viven en el desierto. Experimentan el fuego interior y la luz interior; experimentan la llama de amor viva que hace que su ser se convierta en enamorado de Dios. Y este fuego interior ya no les conduce al desierto (aunque pasen temporadas en él), sino a la concurrida plaza del mercado y a la ciudad interior. La llama de amor viva les hace tomar parte en las marchas por la paz, a manifestarse en las calles, a denunciar estructuras opresivas, a enfrentarse a príncipes y reyes, a ir a la cárcel y a morir. Como el místico en el desierto pasan por la agonía de las noches de oscuridad y llegan a una profunda liberación. El místico en el desierto silencioso y el místico de la ruidosa ciudad se asemejan a quien se anonadó haciéndose esclavo y a quien se le dio un nombre que está por encima de todos los nombres.

17. *Gaudium et Spes*, 1.

Apéndice
EL SUTRA DEL CORAZÓN

Homenaje a la Perfección de la Sabiduría
la Adorable, la Sagrada

Avalokita, el Sagrado Señor y Bodhisattva,
se internaba en el profundo curso de la Sabiduría
que ha ido más allá
miró hacia abajo desde la altura
sólo vio cinco elementos
y vio que en su propio ser
estaban vacíos.
Aquí, ¡Oh! Sariputra, la forma es vacío,
y el vacío mismo es forma;
el vacío no se diferencia de la forma;
la forma no se diferencia del vacío
todo lo que es forma, es vacío;
todo lo que es vacío, es forma,
y lo mismo es aplicable a los sentimientos, las percepciones, los impulsos y la consciencia.

Aquí, ¡Oh! Sariputra,
todos los dharmas se caracterizan por el vacío,
ni son producidos ni detenidos,
no están mancillados ni inmaculados,
ni son deficientes ni completos.

Por lo tanto, ¡Oh! Sariputra,
en el vacío no hay forma
ni sensación, ni percepción

Teología mística

ni impulso, ni consciencia:
Ni ojo, ni oído, ni nariz, ni lengua, ni cuerpo, ni mente;
Ni forma, ni sonidos, ni olores, ni sabores,
ni cosas tangibles, ni objetos de la mente;
Ni elementos del órgano visual, y así sucesivamente,
hasta que llegamos a:
Ningún elemento de consciencia mental;
No hay ignorancia, ni extinción de la ignorancia
y así sucesivamente hasta que llegamos a que:
No hay decadencia ni muerte
ni extinción de la decadencia ni de la muerte.
No hay sufrimiento, ni origen,
ni término, ni sendero
No hay cognición, ni logro,
ni no-logro.

Por lo tanto, ¡Oh! Sariputra,
a causa de su estado de no-persecución de logros
y habiéndome confiado a la perfección de la sabiduría,
un Bodhisattva
vive sin pensamientos que lo envuelvan
al no estar envuelto en pensamientos
no tiene nada por lo que temblar
ha superado las preocupaciones
y al fin alcanza el Nirvana.

Todos los que figuran como Budas
en las tres etapas del tiempo
totalmente despiertos a más no poder, correcta y perfecta
iluminación porque se han confiado a la perfección de la sabiduría.

Por lo tanto, uno debería reconocer al prajnaparamita
como al gran sortilegio, el sortilegio de la gran sabiduría
el sortilegio supremo, el sortilegio inigualable
que alivia todo sufrimiento, en verdad
porque, ¿qué podría ir mal?
Este sortilegio procede del prajnaparamita.
Dice así: ido, ido, ido más allá, ido más allá totalmente
¡Oh! ¡qué despertar! ¡Aleluya!

AGRADECIMIENTOS

El autor desea expresar su profunda gratitud a Heinrich Dumoulin, que leyó el manuscrito de cada capítulo de este libro, y le hizo comentarios inestimables, dándome siempre aliento y apoyo. También desea expresar su gratitud a James Heisig y a los estudiosos del Institute of Religion and Culture de la Nanzan University, con quienes se discutió este libro en el marco de un seminario. Sus comentarios fueron de gran valor. También se siente en deuda con Shigeko Yano, que escribió los caracteres japoneses, y con Renato Ortega, que mecanografió y editó el manuscrito.

El autor desea asimismo agradecer a los editores de *The Way* (Londres), *Studia Missionalia* (Roma) y *Cistercian Studies* (California) el permiso para utilizar material ya publicado en estas revistas. También agradece la autorización para citar *The Collected Works of St John of the Cross* y *The Collected Works of St. Teresa of Avila*, traducidos por Kieran Kavanaugh y Otilio Rodríguez y publicados por The Washington Province of Discalced Carmelites, ICS Publications 2131 Lincoln Road, N.E., Washington, D.C. 20002, EE.UU. Desea también agradecer a los administradores de la Fundación Lonergan el haber podido citar *Method in Theology* y *Second Collection,* de Bernard Lonergan.

Índice analítico

Abe, Masao 178-180 184
Abelardo, Pedro 57-59
Abelardo y Eloísa 79
Abraham 189-190 199
acción 341-358
— social 359-378
— adicción 166
Aelred de Rievaulx 79 308
amistad 307-309
amor 65-66
— ascenso al 309-312
— carnal, *véase* sexualidad
— comunidad de 290-292
— conocimiento a través del 65-68
— cortés 78-79
— de Dios 16-17 252-253
— enamorarse de Dios 127-129 264-268 297-298 310-311
— esposa y esposo 217-218 222-224
— fuego de 159-163 253-355 258-261
— hombre y mujer 278-283 309
— llama de amor 17 85 110-112 163 255-257
— misticismo y 73-86
— naturaleza del 85
— por Jesús 114
— sabiduría a través del 105-115 316-319

amor, teología del 85 108-110 251-252
— unión de 221
— vino de 257-258
— visión del 356-357
— y belleza 281-283
— y ciencia 129-130
Apocalipsis 365-366
Aquiba, Rabino 29
Aristóteles 60 64
Arrupe, Pedro 362
Asia, diálogo con 23 142-145 147-149 168 290 323
— — inculturización 144-145
— pensamiento, *véase también* budismo y budismo zen
— — ascetismo 133-149
— — búsqueda de la sabiduría 315-316
— — chamanismo 153
— — energía 264
— — kundalini 156-159 264
— — liberación 209-210
— — unidad 295-296
— — wuwei 367-368
— — y ciencia 119-120
— — *yin* y *yang* 273-274
Avalokitesvara, Bodhisattva 172-173

383

Teología mística

Barlaam de Calabria 94-95
batalla contra el mal 366-367
belleza trascendental 281-282
Bernardo de Claraval 74-75
Biblia 152, *véase también* Nuevo Testamento y Escrituras
Bouyer, Louis 46-48 55
budismo
– fe 141-142
– iluminación 173-175
– Kannon 172-173 369
– *kenosis* 364
– Sutra del Corazón 171 173
– vacío 170 249
– Zen 142 145-147 164 170 196 233
– – entrenamiento ascético 137-140
– – Hakuin 154156
– – *mu* (gran muerte) 198-199 220
Buenaventura, san 78
Butler, Cuthbert 39

Camino del Peregrino 90
Cantar de los Cantares 51-52 152 254 257 259
– interpretación 222-223
– san Bernardo de Claraval, 74-75
– san Juan de la Cruz 31 284
Capra, Fritjof 119-120
Carmelitas 14 104-116
Casiano, Juan 37
castidad 64
celibato 288-289 292
chamanismo 153
chi (ki) 138 153-154 263
China
– filosofía 273
– medicina 138 263
Cicerón 79
ciencia y misticismo 23 119-132
Compañía de Jesús véase Jesuitas

comunidad
– como esposa de Cristo 275
– de la Iglesia 312-314
– experiencia mística 305-306
– mundial 312-314
Concilio IV de Laterán 33
Concilio Vaticano II 192-193
– actividad humana 342
– ciencia 129
– comunión 278 303
– – interpersonal 277
– conciencia 331
– conversión colectiva 228
– crisis moderna 204
– cristianismo oriental 102-103
– desarrollo de doctrina 149
– Escrituras 19
– estado de gloria 339
– fe 189-191
– Iglesia triple 303-304
– Jesús 269 299
– libertad religiosa 344
– matrimonio 290
– necesidad de diálogo 115 144 210
– – sabiduría 325
– paz 372
– pecado y redención 211-212
– preocupación social 360
– revelación 192-193
– unidad del mundo 377
connaturalidad 63
conocimiento
– adquirido e infuso 84 102-103 319
– científico comparado con la sabiduría 84
– – comparado con la sabiduría 102
– connaturalidad 64-65
– de Dios 33 125
– secreto 128 197 336-337
cristianismo oriental 87-103 133
– diálogo con Occidente 102

Índice analítico

cuerpo
– efectos de la experiencia mística 262
– entrenamiento ascético 137-140
– imperceptible 157 264
– técnicas corporales del hesicasmo 94
– y cuerpo imperceptible 157 264

De San Víctor, Ricardo 78
Déchanet, J. M. 137
decisiones 344-345 349-351
Declaración de la Ética Mundial 313
despertar 201-203 337-339 353-355
   véase también iluminación
Dionisio Areopagita 32-33 82 112
– *Teología mística* 13-14 32 49-51
– *Los nombres divinos* 51
Dios 65-66
– ausencia de 169
– compartirlo todo 356
– conocimiento de 33-34
– esencia y energías 97-99
– – y existencia 60-61
– revelación 192-194
– unión con 60-61 236 267 297-299
– visión de 238 337 339-340
– y ciencia 123-124 130
discernimiento 347-349
– de la pobreza 351-353

Einstein, Albert 132
El Misticismo de «La nube del no saber» 23
Eliade, Mircea 153
enamorarse de Dios 127-129 241 264-268 311
encarnación 193-194 268-270 311
energía 151-168
– increadas 262
Escrituras
– búsqueda de la sabiduría 316
– interpretación de 18-19

– lectura benedictina 76
– preocupación social 363
escuela Benedictina 76
– Franciscana 78
esponsales 283-286
esposa 222 259-260
– y esposo 274-293
Esteban 269
Eucaristía 42 77 122 304 357
Eva *véase* Génesis
Evagrio de Ponto 35-36
Ezequiel 284 285

Fausto 166 344
Festugière, A.J. 44
Filipenses 176-177
física y misticismo 119-120
Forginone, Padre Pío 164
fuego interior 92-93 240-241 253-255

Gandhi, Mahatma 329 343 360-361 370
Génesis 220 244 278 297
Gerson, John 83
Gilson, Étienne 74 82
Gopi Krishna 158-159
Gregorio de Nisa 31-32
Griffiths, Bede 300-301
guerra atómica 374-377
Guibert, Joseph de 73-74 134 162-163

Hakuin, Maestro de Zen 154-156
Harnack, Adolf von 55
Heisenberg, Werner 119
Helena de Troya 310
hesicasmo 88-89
Hildegarda de Bingen 100
hinduismo 142 158
Huxley, Aldoux 135
Huxley, Julian 122

385

Teología mística

Iglesia 302-304 364
— triple 303
iluminación 173 190 *véase también*
	despertar
inconsciente 230-231
inculturización 53-54
ira 373-375

Jeremías 182-183 363
Jerónimo 29
Jesu Dulcis 70
Jesuitas 121 135 362
Jesús 329 345-347
— amor de Dios por 252
— como esposo 275
— conocimiento de 68-69
— crucificado 181
— encarnación de 107-108 268-269
— inhabitación 42 68
— intimidad con 277
— misterio de 336-337
— muerte y resurrección 21 42 199-200 371
— no violencia 371
— oración de 90-93
— purificación 210
— seguir a 214-215
— transfiguración 96 100
— unión con 299
— vacío 176
— y amistad
— y María Magdalena 69 279
— y oración 27
Johnston, William 23
Juan de la Cruz *véase* san Juan de la Cruz
Juan XXIII, Papa 204
Jugie, Martin 102
Juliana de Norwich 80 214 225
Jung, C.C 230-231 274 309

Kannon (Avalokitesvara, Kuan-Yin) 172 173 369
Kempis 59 277
kenosis 178-180 364 371
Ki (chi) 316
Kuan-Yin *véase* Kannon
kundalini 156-159 264
Küng, Hans 179 313

La nube del no saber 14 83 320 368
— conocimiento a través del al 14
— esencia y existencia 52
— pecado 195
Lasalle, Hugo (Enomiya Makabi) 145-147
León XIII, Papa 359
Lewis, C.S 78
llama de amor 21-23 110-112 255-257
Lonergan, Bernard 21 123-129 252 266 271 310 324
Lossky, Vladimir 50
Lutero, Martin 43
luz 18 94 96 99-102

Maestro Eckhart 80
mal 330 366-367
— fuerzas del bien y del mal 165
María Magdalena 69 279 303
María, Madre de Dios *véase* santa María
matrimonio 306
— espiritual 246-247 274-293
McGinn, Bernard 81 288-290
meditación 13 147 368 369
mente, entrenamiento 140
Merton, Thomas 143 361-362
método trascendental 126-127 324-325
Moisés 307
monaquismo 37-38 343
monoteísmo 120
muerte 198-201 203 218 248

mundo
— griego 29 47-53 148 *véase también* cristianismo oriental
— — filosofía 60
— — inculturización 53-54
— moderno 135-136 205 227

nacimiento místico 247-248
nada 180 181-183
Nagai, Takashi 374-377
negación, teología de la 31
Newton, Isaac 131
Nishitani, Keiji 179
no violencia 370-372
Nobili, Robert de 144
noche oscura 233-235
Nuevo Testamento
— amor divino 279
— energía espiritual 151
— misterio 44-47
— oración 27-28
— sabiduría

Okada, Maestro Torajiro 139-140
oración 27-28 37-39 41 105 135 148 276 319 349 358
— de Jesús 89-96 300
Orígenes de Alejandría 29 275 281 288 302
ortodoxia *véase* cristianismo oriental

Pablo *véase* san Pablo
Padres
— capadocios 31-32
— de la Iglesia 47
— del desierto 14 35 133
Palamas, Gregorio *véase* san Gregorio
Parlamento Mundial de las Religiones 313 360
pecado 239
— y purificación social 207 359

pobreza 216-217 363-364
poderes psíquicos 166
prajnaparamita 170 316
preocupación social 27 378
profecía 328-331
psicología
— en la teología mística 228-230
— moderna 230-232 249
purgatorio 241-244
purificación 207-225
— fuego de 240-241
— ira 373 373
— sociedad 228

Rahner, Karl 30 205
redención 212
relaciones personales 277-278
respiración 90
revelación 192-194
Ricci, Matteo 144
Romero, Óscar 330
Ruysbroek, Jan 69 80 83

sabiduría
— a través del amor 65-66 105-115
— y vacío 169-185
san Agustín 39-40
— *Confesiones* 99-100
san Benito 76 134
san Bernardo 57-59 74-75
san Gregorio 34 89 94-96 97
san Ignacio de Loyola 121 134 345-353
— *Ejercicios espirituales* 121
san José de Cupertino 164
san Juan de la Cruz 15-21 34 70 108-113 192-193
— Cantar de los Cantares 20 284
— *Cántico espiritual* 16 20 109 184 268 282
— conocimiento secreto 17-18 51 112-113 197 203 336

Teología mística
- escolasticismo 20-21 251-252
- esposo y esposa 218 224 284 286
- fe 167 189 193 196
- fuego interior 17 240-241
- herida de amor 97 260-261
- imitación de Cristo 214-216
- llama de amor 85 110-112 163
- muerte 203
- *Noche oscura* 110 196-197 233
- poderes psíquicos 326 335
- raptos 161-163 261-262
- revelaciones 167
- sabiduría divina 67 319 322
- sexualidad 233 244-246
- *Subida del Monte Carmelo* 15-16 217-218
- Trinidad 229
- unión con Dios 221 297 312
- vacío 180
- vino de amor 257-258
- visión de Dios 337-339
- voz de Dios 332
san Pablo amor de Dios 252
– – por Cristo crucificado 114 317
- ascetismo 133
- batalla contra el mal 366
- conocimiento secreto 114 336
- Cristo en sí 42 51 68 111 300
- examinando los espíritus 165
- impotencia 365
- inculturización 53-54
- misterio 45-46
- oración 28
- pecado 212
- resurrección 269
- revelación 192
san Simeón 91-94 254
santa María 310
santa Teresa de Jesús 106-108 148 215 276 322
- herida de amor 260-261

- interiores 31 157-158 262
- luz 100-101
- matrimonio espiritual 288
- raptos 161 262-263
- sentidos interiores 157
santo Tomás de Aquino 59-68 71 83-84 105 296 318
- *Summa theologiae* 63-68
Sapientia 310
satori 145-147
sexualidad
- matrimonio 280 291
- misticismo 287-290
- sublevación 233
- subyugación 30 75 136
- trasformación 244-247
Shinran 142
Simeón el Nuevo Teólogo *véase* san Simeón
St. Romain, Philip 159
Stein, Edith 329
sufrimiento 237-240
Sutra del Corazón 171-173
Suzuki, doctor D. T. 81 170

tanden 139-140 147
Teilhard de Chardin, Pierre 121-123 263 312 368
Teófanes el Recluso 93
Tomus Hagioriticus 96
tradición
- mahayana 315
- tántrica 156 264
Trinidad 70 229 270 301 337 346

Ueda, profesor Shizuteru 81
unión 295-314
- con Cristo 111
- con Dios 297-299
- unificación 295-296

388

vacío 169-185 315-316 355
vida seglar 22
Vilagnano, Alessandro 144
vino de amor 257-258
visión de Dios 337-339
Vivekanda 142-143
voz interior 331-335

Ware, Kallistos 94-95 99 101
Woods, Richard 81
wu-wei 367
Yanase, Profesor Mutsuo 295-296
yin y *yang* 274
yoga 156

Zabelka, George 372